PRINCÍPIO DA JURISDIÇÃO EQUIVALENTE

Em busca do equilíbrio entre a colegialidade e o julgamento monocrático do mérito dos recursos nos tribunais brasileiros

Felippe Borring Rocha

PRINCÍPIO DA JURISDIÇÃO EQUIVALENTE

Em busca do equilíbrio entre a colegialidade e o julgamento monocrático do mérito dos recursos nos tribunais brasileiros

2019

EDITORA *Jus*PODIVM
www.editorajuspodivm.com.br

EDITORA *Jus*PODIVM
www.editorajuspodivm.com.br

Rua Território Rio Branco, 87 – Pituba – CEP: 41830-530 – Salvador – Bahia
Tel: (71) 3045.9051
• Contato: https://www.editorajuspodivm.com.br/sac

Capa: Ana Caquetti

R672p Rocha, Felippe Borring.
Princípio da jurisdição equivalente / Felippe Borring Rocha – Salvador: Editora JusPodivm, 2019.
400 p.

Bibliografia.
ISBN 978-85-442-2863-0.

1. Direito Processual Civil. 2. Competência. 3. Jurisdição. 4. Atribuições I. Rocha, Felippe Borring. II. Título.

CDD 341.46

"E quando alguma pessoa se aggravar de algum desembargo,
que o dito Chanceller per si só der, e elle stiver na Mesa ao tempo,
que se houver de despachar, se apartará para outra parte,
em quanto se derem as vozes sobre o dito agravo"

Item 13 do Título IV do Livro I das Ordenações Filipinas – 1603

Dedico este livro para os meus dois amores,
minha esposa, Vanessa, e minha filha, Paula.

AGRADECIMENTOS

Ao professor Mário Frota, pelas preciosas orientações e informações prestadas em relação ao direito português, e ao professor Roberto Fragale, pelas sugestões de enquadramento do objeto da pesquisa e de estruturação do texto.

Ao juiz Antônio Aurélio Abi-Ramia Duarte e ao funcionário Antonio Francisco Ligiero, pela colaboração com este estudo, fornecendo dados sobre o funcionamento do Tribunal de Justiça do Rio de Janeiro.

Aos amigos Eduardo Quintanilha Telles de Menezes, Gustavo Santana Nogueira, Irineu Carvalho de Oliveira, José Roberto Sotero de Mello Porto, pelas ideias e críticas apresentadas durante o desenvolvimento do texto.

Aos meus estagiários e colegas da Defensoria Pública do Estado do Rio de Janeiro, que inúmeras vezes se desdobraram para permitir que eu pudesse cumprir os deveres acadêmicos inerentes ao curso de doutorado. Nesse particular, não poderia deixar de fazer um agradecimento especial para a minha assessora Manuela Simões de Almeida Rodrigues Cortes e para a defensora pública Patrícia Maria Magalhães Saavedra pelo carinho e pelo auxílio imprescindível prestado.

Aos brilhantes membros da minha banca de doutorado, cujas reflexões foram tão importantes para o aprimoramento do presente texto, professores Edson Alvisi Neves, Humberto Dalla Bernardina de Pinho, Pedro Miranda de Oliveira e Olavo Augusto Vianna Alves Ferreira.

Por fim, mas não menos importante, agradeço imensamente aos meus orientadores e professores, Cleber Francisco Alves e Fernando Gama de Miranda Netto, pela dedicação, generosidade e seriedade com que se dispuseram a me guiar por essa trajetória acadêmica.

APRESENTAÇÃO

Tenho a grata satisfação de apresentar ao leitor este novo livro de Felippe Borring Rocha, que corresponde basicamente ao texto que foi por ele apresentado como tese de doutoramento, no início do corrente ano, ao Programa de Pós-Gradução em Sociologia e Direito da UFF – Universidade Federal Fluminense. A pesquisa que resultou nessa tese doutoral foi realizada sob minha orientação, com a decisiva e indispensável colaboração do meu colega Prof. Dr. Fernando Gama de Miranda Netto, que foi o co-orientador.

A trajetória acadêmica e profissional do autor, com sua expressiva produção literária no campo jurídico, é seguramente uma boa referência para dar ao leitor a certeza de que vale a pena escolher esta obra. Há vinte anos Felippe integra o quadro de defensores públicos do Estado do Rio de Janeiro, sendo reconhecidamente um dos mais aguerridos e qualificados membros da instituição. Sua carreira docente também se iniciou há vinte anos, tendo nesse período lecionado em Universidades e Escolas Superiores de carreiras jurídicas, notadamente na Escola Superior da Defensoria Pública e na Escola da Magistratura, ambas do Rio de Janeiro. É autor de dezenas de artigos publicados em periódicos jurídicos especializados, além de capítulos de livros diversos, principalmente na área do Direito Processual Civil. Dentre seus livros, destaca-se o "Manual dos Juizados Especiais Cíveis Estaduais", reconhecidamente uma das obras de referência sobre o assunto, agora já em sua 10ª edição. É conferencista prestigiado, frequentemente convidado para palestrar em eventos regionais e nacionais.

Neste livro que o leitor agora tem em mãos, Felippe Borring Rocha realizou um profundo estudo de questão que se insere no contexto da temática que já tinha sido objeto de seu interesse acadêmico, quando produziu sua dissertação de mestrado, ou seja, a Teoria Geral dos Recursos. Como convém a uma tese doutoral, ele procurou realizar pesquisa meticulosa e – na medida do possível – exaustiva, buscando investigar o que ele designa como PRINCÍPIO DA JURISDIÇÃO EQUIVALENTE. Instigado por situações vivenciadas no seu cotidiano como defensor público, o autor se deu conta da ausência de substrato sólido e consistente para assegurar parâmetros adequados à aplicação prática da hipótese legal em que se admite julgamento monocrático na fase recursal. Dessa constatação surgiu o "problema" que deu ensejo à investigação realizada, de modo tão rigoroso e competente, e que resultou na elaboração da tese que ora é publicada.

As ideias e propostas apresentadas pelo autor neste trabalho têm o intuito de contribuir para uma reflexão crítica sobre o tema pesquisado e de permitir uma compreensão mais clara e precisa dessa modalidade de técnica processual de decisão de recursos, observando-se sua compatibilidade com o sistema constitucional e legal que rege o Processo Civil pátrio, especialmente após a edição do Novo Código de Processo Civil de 2015. Com as oportunas e judiciosas contribuições da eminente banca julgadora que avaliou a tese, aprovando-a para respaldar a concessão do título acadêmico doutoral, a versão final do trabalho, ora publicada, certamente configura-se numa obra que enriquece sobremaneira a literatura jurídica nacional.

Assim, honrado pela oportunidade de ter sido partícipe dessa empreitada, e agradecido ao Felippe por ter confiado em nós e no Programa de Doutorado em Sociologia e Direito da Universidade Federal Fluminense para aqui galgar mais esse degrau na sua já reconhecida carreira acadêmica, só nos resta cumprimentar a Editora JusPodivm pela iniciativa de publicar este livro, inserindo Felippe Borring Rocha no rol de seus prestigiados autores... Então, caro leitor, convido-o logo à leitura!

Petrópolis, maio de 2019.

Cleber Francisco Alves
Pós-Doutorado pelo IALS–University of London.
Doutor em Direito (Teoria do Estado e Direito Constitucional) – PUC-RJ.
Professor Universitário – UFF/UCP.
Defensor Público – RJ.

PREFÁCIO

O livro que o leitor tem em mãos é o fruto da pesquisa de Felippe Borring Rocha, realizada sob minha orientação em litisconsórcio com o Prof. Cleber Francisco Alves, no âmbito do curso de Doutorado no Programa de Pós-Graduação em Sociologia e Direito da Universidade Federal Fluminense – UFF, *campus* Niterói.

Em tempos em que a vida social parece ser administrada autoritariamente por medidas liminares e decisões singulares, Felippe Borring Rocha, ao trabalhar o princípio da prestação jurisdicional equivalente, traz o farol para auxiliar os navegantes do mar processual revolto a encontrar o caminho seguro para dominar os provimentos jurisdicionais monocráticos de mérito. O porto a que está vinculado é o das garantias constitucionais do processo e para lá guia seus leitores. Neste sentido, em uma de suas contribuições o autor denuncia a lógica do não provimento do agravo interno e sugere um "banho de constitucionalidade" (item 6.2). Ora, se o relator do agravo interno é o mesmo que proferiu a decisão agravada, dificilmente essa decisão será modificada. Mais que mera recomendação, é necessário que o órgão que julgará o agravo interno não tenha em sua composição o relator da decisão.

Longe de querer forjar mais um princípio que possa justificar escolhas pessoais do relator, o autor valoriza as decisões colegiadas, combate o arbítrio de um só julgador e revisita as decisões monocráticas de mérito no âmbito recursal à luz dos padrões decisórios vinculativos. Ao indicar que o princípio da jurisdição equivalente já fora invocado algumas vezes, embora timidamente, por alguns tribunais pátrios, o autor procura atribuir densidade normativa ao princípio para: a) explicar a obrigatoriedade de se decidir monocraticamente; b) orientar o emprego dos padrões decisórios pelo relator; c) exigir a oitiva prévia do recorrido no julgamento monocrático; d) impor a necessidade de fundamentação adequada da decisão monocrática.

Tive a oportunidade de acompanhar de perto a trajetória do autor nestes últimos quatro anos. Para apresentar a sua pesquisa acadêmica à comunidade jurídica não houve caminho fácil. De fato, o autor teve que conciliar as suas atividades de discente, docente, pesquisador e defensor público. No percurso até a defesa, faltando praticamente um ano para a defesa, o autor foi atacado, em viagem à África, por um gato preto, o que lhe custou alguns dias de internação no hospital por conta da bactéria que se mostrou resistente aos antibióticos. O autor ainda encontrou tempo para contrair núpcias em bela cerimônia com a sua esposa Vanessa, mas durante os festejos acabou lesionando o ombro, o que lhe comprometeu a movimentação de um dos braços. Em nenhum momento o autor esmoreceu em seu desiderato de trazer uma contribuição séria para a Academia. Contra a minha recomendação, adiou o procedimento cirúrgico para que o tempo de digitação da tese não fosse comprometido.

Posso não concordar com algumas premissas que estão no primeiro capítulo, em especial no que diz respeito ao marco teórico. No entanto, o leitor tem em mãos um precioso livro que traz respostas consistentes aos problemas enfrentados por aqueles que fazem uso do aparelho judicial estatal. Como pesquisador, Felippe Borring Rocha traz importantes reflexões e sugestões voltadas ao aperfeiçoamento das decisões monocráticas de mérito proferidas pelo relator a partir do princípio da prestação jurisdicional equivalente que certamente irão reverberar na doutrina, na legislação e na jurisprudência.

Rio de Janeiro, maio de 2019.

Fernando Gama de Miranda Netto

Doutor em Direito pela Universidade Gama Filho (2007), com período de pesquisa na Alemanha no *Deutsche Hochschule für Verwaltungswissenschaften de Speyer* e no *Max-Planck-Institut* (Heidelberg), com bolsa CAPES/DAAD. Realizou estágio pós-doutoral em Justiça Constitucional na Universidade de Salamanca (2011-2012). É Professor Adjunto de Direito Processual da Universidade Federal Fluminense – UFF, campus Niterói, desde 2009, onde é líder do Laboratório Fluminense de Estudos Processuais e membro dos Programas de Pós-Graduação *Stricto Sensu* em Sociologia e Direito; e em Direitos, Instituições e Negócios. Membro da ABDPRO. Diretor Regional do IPDP-Brasil. Membro da Comissão de Mediação da OAB-RJ.

SUMÁRIO

Capítulo 2

Capítulo 3

ABREVIATURAS

AC	Apelação Cível.
ADC	Ação Declaratória de Constitucionalidade.
ADI	Ação Declaratória de Inconstitucionalidade.
ADPF	Arguição de Descumprimento de Preceito Fundamental.
AgInt	Agravo Interno.
AgRg	Agravo Regimental.
AI	Agravo de Instrumento.
AP	Agravo em Execução Penal.
AR	Ação Rescisória.
ARESP	Agravo em Recurso Especial.
AREXT	Agravo em Recurso Extraordinário.
Art.	Artigo.
CC	Código Civil.
CC	Conflito de Competência.
CDC	Código de Defesa do Consumidor.
CF	Constituição Federal
CJF	Conselho da Justiça Federal.
CNJ	Conselho Nacional da Justiça.
COJES	Comissão Judiciária de Articulação dos Juizados Especiais.
CP	Código Penal.
CPC	Código de Processo Civil.
CPP	Código de Processo Penal.
EC	Emenda Constitucional Federal.
ED	Embargos de Declaração.
EDiv	Embargos de Divergência.
ERESP	Embargos de Divergência em Recurso Especial.
EREXT	Embargos de Divergência em Recurso Extraordinário.
FONAJEF	Fórum Nacional dos Juizados Especiais Federais.

FPPC	Fórum Permanente de Processualistas Civis.
HC	Habeas Corpus.
IAC	Incidente de Assunção de Competência.
IRDR	Incidente de Resolução de Demandas Repetitivas.
LACP	Lei da Ação Civil Pública (Lei nº 7.347/85).
LAJ	Lei Assistência Judiciária (Lei nº 1.060/50).
LC	Lei Complementar Federal.
Lei	Lei Ordinária Federal.
LINDB	Lei de Introdução às Normas do Direito Brasileiro.
LJE	Lei dos Juizados Especiais Estaduais (Lei nº 9.099/95).
LJEF	Lei dos Juizados Especiais Federais (Lei nº 10.259/01).
LJFP	Lei dos Juizados Especiais Fazendários Estaduais (Lei nº 12.153/09).
LL	Lei de Locações (Lei nº 8.245/91).
LMS	Lei do Mandado de Segurança (Lei nº 12.016/09).
LOMAN	Lei Orgânica da Magistratura Nacional (Lei Complementar nº 35/79).
LONDP	Lei Orgânica Nacional da Defensoria Pública (Lei Complementar nº 80/94).
LONMP	Lei Orgânica Nacional do Ministério Público (Lei nº 8.625/93).
LRE	Lei de Recuperação de Empresas (Lei nº 11.101/03).
MC	Medida Cautelar.
MI	Mandado de Injunção.
Min.	Ministro.
MS	Mandado de Segurança.
P.	Página.
PCA	Procedimento de Controle Administrativo.
PP	Pedido de Providências.
Rcl	Reclamação.
Rel.	Relator.
RESP	Recurso Especial.
REXT	Recurso Extraordinário.
RHC	Recurso Ordinário em Habeas Corpus.
RI	Recurso Inominado.
SEC	Sentença Estrangeira Contestada.
STF	Supremo Tribunal Federal.
STJ	Superior Tribunal de Justiça.
TJ	Tribunal de Justiça.
TR	Turma Recursal.

INTRODUÇÃO

Após quarenta e dois anos de vigência do Código de Buzaid, o país recebeu um novo Código de Processo Civil (Lei nº 13.105/2015) que traz em seu corpo a influência de diferentes escolas de pensamento processual.[1] Antes mesmo da edição do novo Código, entretanto, o CPC/1973 passou por mais de duas décadas de minirreformas, que alteraram substancialmente as suas regras processuais, introduzindo diferentes institutos, com vistas a adaptar o processo civil à nova realidade implantada pelo constitucionalismo democrático instalado pela Constituição Federal de 1988. De fato, a edição da Nova Carta inaugurou um período marcado pela expansão da jurisdição constitucional,[2] a valorização dos princípios[3] e a busca pela efetivação dos direitos fundamentais.

Nesse mesmo interregno, é possível vislumbrar que o direito brasileiro, de uma forma geral, passou a ter os seus marcos hermenêuticos questionados,[4] na medida em que se avolumou a percepção de que o positivismo jurídico, de viés liberal-individualista,[5] componente fundamental

---

1. Luiz Rodrigues Wambier, **Notas sobre algumas tendências que concretizaram no projeto do Código de Processo Civil**, p. 313.
2. Luís Roberto Barroso, **Neoconstitucionalismo e constitucionalização do direito**, p. 6.
3. Nesse sentido, vejam-se as obras pioneiras de José Frederico Marques, **Elementos de direito processual penal**, Roberto Rosas, **Direito processual constitucional**, e Nelson Nery Junior, **Princípios do processo civil na Constituição Federal**.
4. Lenio Luiz Streck, **Hermenêutica jurídica e(m) crise**, p. 78.
5. Ao longo do texto, o termo "positivismo jurídico" ou, simplesmente, "positivismo", será empregado de uma maneira ampla, sem se atrelar especificamente às suas diferentes vertentes, atento apenas a um "esqueleto geral", como proposto por Ronald Dworkin, **Levando os direitos a sério**, p. 27, para não desviar o foco sobre os temas em estudo. Não se desconhece, no entanto, que existem ao menos duas linhas distintas de pensamento sobre o positivismo jurídico oriundos da tradição europeia: o positivismo exegético, fruto das reflexões da *École de l'exégèse* francesa, e o positivismo normativista, associado ao pensamento seminal de Hans

da nossa cultura jurídica, não tinha mais condições para oferecer balizas seguras e eficientes para o funcionamento do sistema jurídico em tempos de globalização e pós-modernidade. De fato, a constatação da inadequação do modelo formalista pautado exclusivamente na lei e em sua completude, de natureza local e familiar, pensado para lidar com os conflitos entre indivíduos,[6] frente à multiplicação das relações sociais, aos avanços tecnológicos e à internacionalização dos conflitos de interesse,[7] tem levado os juristas a repensarem os modelos teóricos necessários para a efetivação do direito e para a sua integração com as diferentes formas de prevenção e composição dos conflitos, judiciais e extrajudiciais.

Na esteira desses embates, verificou-se de forma clara não apenas a premência da revisão dos parâmetros hermenêuticos, mas também da relação do direito com a moral e com a política,[8] com o fito de adensar a proteção dos valores inseridos nas novas dimensões de direitos fundamentais.[9] Nesse sentido, diferentes caminhos surgiram para consolidar uma dogmática jurídica capaz de adaptar, do ponto de vista filosófico, as mudanças operadas ao longo dos séculos XX e XXI, como se pode depreender, por exemplo, das teorias normativas,[10] argumentativas,[11] interpretativas (integrais)[12] e tópicas,[13] formadas nas últimas décadas.

No direito processual civil, em particular, a discussão sobre a crise do positivismo jurídico estimulou as críticas ao formalismo processual tradicional.[14] A concepção do processo como um fim em si mesmo, ou ainda, como mero

---

Kelsen, na sua obra **Teoria pura do direito**. Ocorre que no Brasil estas linhas se sobrepõem e ganham novos componentes, dificultando a fluência de uma narrativa essencialmente descritiva. Sobre o tema, tomamos a liberdade de remete o leitor para Dimitri Dimoulis, **A relevância prática do positivismo jurídico**, p. 216.

6. Lenio Luiz Streck, **Hermenêutica jurídica e(m) crise**, p. 34.
7. Frederich Müller, **Teoria estruturante do direito**, p. 198.
8. Ronald Dworkin, **O império do direito**, p. 32.
9. Paulo Bonavides, **Curso de direito constitucional**, e Ingo Wolfgang Sarlet, **A eficácia dos direitos fundamentais**.
10. Escola da qual faz parte, dentre outros, Norberto Bobbio.
11. Trata-se de referência ao pensamento de Robert Alexy.
12. Conforme sustenta Ronald Dworkin.
13. Na esteira do pensamento desenvolvido por autores como Chaïm Perelman e Theodor Viehweg.
14. Carlos Alberto Alvaro de Oliveira, **Do formalismo no processo civil**, p. 23, e José Roberto dos Santos Bedaque, **Direito e processo**, p. 23.

instrumento da prestação da tutela jurisdicional,[15] cedeu lugar aos postulados da efetividade, no sentido da construção de uma ordem jurídica mais justa[16] e, por conseguinte, de proteção dos direitos e garantias fundamentais.[17]

Complementando esse quadro, verifica-se no direito processual civil brasileiro um movimento de acentuada (re)valorização da jurisprudência, no contexto das reformas legislativas e constitucionais operadas a partir do início da década de 1990, através da implantação uma lógica argumentativa e vinculativa de padrões decisórios, normalmente relacionada com o sistema jurídico presente em países de tradição do *Common Law*. Trata-se, a bem da verdade, de um fenômeno mundial, perceptível também em outros países que, como o Brasil, são identificados como integrantes da família dos países influenciados pelo direito romano-germânico (*Civil Law*).[18]

Assim, pareceu adequado escolher como objeto de pesquisa de doutorado um assunto relevante e capaz de perpassar por essas questões centrais, instalado de forma viva no seio do Novo Código de Processo Civil, para ser analisado sob um viés crítico e com enfoque na busca do acesso à Justiça. Era preciso, também, que o objeto escolhido para realização da pesquisa guardasse estreita relação com a linha de pesquisa "acesso à justiça e crítica das instituições político-jurídicas", do Programa de Pós-Graduação em Sociologia e Direito da Universidade Federal Fluminense. Além disso, pretendíamos que o estudo aprofundasse as investigações que se iniciaram durante o curso de mestrado na Universidade Estácio de Sá do Rio de Janeiro e que culminaram na defesa da dissertação sobre a Teoria Geral dos Recursos Cíveis,[19] pesquisando um objeto inserido na temática dos recursos. Pois esse objeto não surgiu de um levantamento acadêmico ou um debate teórico, mas no bojo da nossa experiência profissional, como Defensor Público do Estado do Rio de Janeiro.

De fato, no início de 2009, começaram a surgir decisões oriundas do juízo ao qual nosso órgão de atuação estava ligado declinando da competência em causas de consumo. De acordo com o juiz prolator dessas decisões,

---

15. Cândido Rangel Dinamarco, **A instrumentalidade do processo**.
16. Kazuo Watanabe, **Acesso à justiça e sociedade moderna**, p. 128.
17. Leonardo Greco, **Instituições de processo civil**.
18. Michele Taruffo, **Precedente e jurisprudência**.
19. O título de mestrado em direito foi obtido após a aprovação em 19 de agosto de 2001 da dissertação intitulada "Uma análise crítica sobre a teoria geral dos recursos cíveis", sob a orientação do Prof. Dr. Luis Gustavo Grandinetti Castanho de Carvalho. Esse texto teve a sua edição comercial publicada em 2008, pela Editora Elsevier, como o nome "Teoria geral dos recursos cíveis".

o art. 101, I, do CDC, garantiria ao consumidor apenas o direito de litigar na comarca de sua residência, mas não no foro regional da sua residência. Assim, conforme sua interpretação, dentro da comarca que tivesse subdivisões em foros regionais (matéria afeta à competência legislativa estadual), a demanda deveria ser proposta no foro regional do domicílio do fornecedor, por aplicação do art. 94 do CPC/1973 e das regras de organização judiciária.

Independentemente da correção ou não do raciocínio exposto, através de uma rápida consulta junto aos repositórios de jurisprudência, era possível verificar que a decisão declinatória estava em contraste com a jurisprudência prevalente não apenas no Tribunal de Justiça do Rio de Janeiro, mas também em outros tribunais da federação. O caminho, então, foi ajuizar sucessivos agravos de instrumento, impugnando o declínio de competência, o que era possível na época (art. 522 do CPC/1973). Entre os anos de 2009 e 2010, foram ajuizados pelo menos 42 agravos de instrumento tratando especificamente dessa questão. Destes, apenas dois não foram acolhidos: um deles foi rejeitado por suposta deficiência na formação do instrumento e o outro foi julgado improcedente monocraticamente *"por estar a decisão agravada em sintonia com a jurisprudência remansosa deste Tribunal"*.[20] Na realidade, esse julgado não citou qualquer padrão decisório para embasar a sua conclusão e defendia o posicionamento diametralmente oposto àquele reiterado dentro do órgão colegiado ao qual pertencia o relator. Pois foi essa decisão que nos fez refletir sobre o julgamento monocrático e acabou sendo decisiva para a escolha do objeto da nossa pesquisa de doutorado.

Escolhido o objeto da pesquisa, ele foi sendo gradativamente lapidado ao longo das atividades desenvolvidas no curso de doutorado e dos direcionamentos recebidos dos professores. Apresentar esses cortes ainda no limiar do texto, de maneira clara e objetiva, serve para afastar a sensação, tão comum em trabalhos acadêmicos, de que o pesquisador se esqueceu de tratar de determinados temas ou fez escolhas aleatórias sobre o assunto da sua pesquisa.

Como já dito, o escopo do presente estudo é analisar o julgamento monocrático.[21] Nesse passo, importante destacar que muito embora a estrutura judiciária brasileira seja formada predominantemente por juízos

---

20. Na época, o art. 557 do CPC/1973 permitia ao relator julgar monocraticamente inadmissível, procedente ou improcedente o recurso quando a sua tese jurídica fosse conflitante com a *"jurisprudência dominante"* nos tribunais.
21. A escolha da nomenclatura "monocrático", ao invés de "singular" ou "unipessoal", se deve ao fato de ser o termo mais empregado no CPC/2015 (arts. 1.011, 1.024 e 1.026).

monocráticos na sua base, existem alguns órgãos colegiados instalados na primeira instância, tais como os tribunais do júri (art. 406 a 497 do CPP) e as auditorias militares (art. 125, § 3º, da CF). Para os fins colimados pelo presente estudo, no entanto, somente serão objeto de análise os julgamentos monocráticos proferidos por tribunais, em sua acepção própria, ou seja, como órgãos de instâncias superiores dentro da estrutura judiciária. Nesse sentido, por não ser consideradas como tribunais, [22] as Turmas Recursais dos Juizados Especiais[23] também não estão incluídas no âmbito do trabalho. Essa opção decorreu do fato de que, apesar de tais órgãos funcionarem nos mesmos moldes dos órgãos fracionários dos tribunais e se utilizarem do julgamento monocrático,[24] seu regime jurídico e sua estrutura especializada exigiriam um tratamento demasiadamente específico para serem tratados nos limites deste estudo.

Por outro lado, é preciso reconhecer que o julgamento monocrático pode assumir as mais diferentes feições nos tribunais. Pode representar, por exemplo, um pronunciamento administrativo do presidente do tribunal, no exercício de suas funções institucionais.[25] O objetivo desta pesquisa, no entanto, é analisar as atividades monocráticas de natureza

---

Não há, no entanto, qualquer sentido particular na expressão, que funciona como sinônimo das demais.

22. Felippe Borring Rocha, **Manual dos juizados especiais cíveis estaduais**, p. 25.
23. As Turmas Recursais foram criadas originalmente pelo art. 41, § 1º, da Lei nº 7.244/1984 (Lei dos Juizados de Pequenas Causas). Atualmente, são reguladas também pelo art. 41, § 1º, mas da Lei nº 9.099/1995. Este dispositivo é igualmente aplicado aos Juizados Federais (Leis nº 10.259/2001) e aos Juizados Fazendários (Lei nº 12.153/2009).
24. É assentado nos Juizados Especiais o cabimento do julgamento monocrático pelo relator nas Turmas Recursais que, na vigência do CPC de 1973 era regido pelo art. 557. Nesse sentido, vejam-se os seguintes enunciados do FONAJE: Enunciado 15: *"Nos Juizados Especiais não é cabível o recurso de agravo, exceto nas hipóteses dos artigos 544 e 557 do CPC"*; Enunciado 102: *"O relator, nas Turmas Recursais Cíveis, em decisão monocrática, poderá negar seguimento a recurso manifestamente inadmissível, improcedente, prejudicado ou em desacordo com Súmula ou jurisprudência dominante das Turmas Recursais ou da Turma de Uniformização ou ainda de Tribunal Superior, cabendo recurso interno para a Turma Recursal, no prazo de cinco dias"*; e Enunciado 103: *"O relator, nas Turmas Recursais Cíveis, em decisão monocrática, poderá dar provimento a recurso se a decisão estiver em manifesto confronto com Súmula do Tribunal Superior ou Jurisprudência dominante do próprio juizado, cabendo recurso interno para a Turma Recursal, no prazo de 5 dias"*.
25. Apenas a título de ilustração, o Presidente do STF pode, monocraticamente, executar e fazer cumprir as deliberações do Tribunal tomadas em sessão administrativa e outras de interesse institucional (art. 13, VI, do RISTF).

jurisdicional, ou seja, nas quais o magistrado esteja julgando pretensões jurídicas que lhe são submetidas à apreciação por meio de um processo. Da mesma forma, é preciso enfatizar que a sistemática buscada neste estudo envolve apenas julgamentos de natureza jurídica. Com isso, ficam de fora do estudo os julgamentos de natureza política ou híbrida, tais como a suspensão de segurança,[26] o pedido de intervenção federal (arts. 34 a 36 da CF) e o julgamento do impeachment do presidente da República e de outras autoridades (art. 52, parágrafo único, da CF).

Outro limite que se impôs diz respeito ao tipo de jurisdição prestada por meio do julgamento monocrático. Como se sabe, a jurisdição comporta diferentes tipos de classificação. Uma delas é a que a divide em penal e civil.[27] Isso porque, ainda que se busque firmar um corpo comum dentro da Teoria Geral do Processo, na prática existem dois grandes sistemas legislativos – o Código de Processo Penal e o Código de Processo Civil –, que respectivamente regem a aplicação da jurisdição penal e da jurisdição civil. Essa divisão, inclusive, é responsável pela dicotomia assentada na estrutura judiciária, tanto em primeira instância como nos tribunais de uma forma geral. Além disso, é preciso sublinhar que dentro da jurisdição civil existem segmentos especializados: jurisdição eleitoral, jurisdição trabalhista e jurisdição militar. O alvo da pesquisa em tela é, tão-somente, estudar a jurisdição civil comum (ordinária), excluindo-se a jurisdição especial (eleitoral, trabalhista e militar).

Note-se, ainda, que o julgamento monocrático nos tribunais pode ser aplicado às ações originárias, aos incidentes processuais e aos recursos, por meio de decisão proferida pelo relator, pelo magistrado plantonista ou por

---

26. São exemplos de regras sobre a suspensão de segurança o art. 12, § 1º, da Lei nº 7.347/1985, o art. 4º da Lei nº 8.437/1992, o art. 16 da Lei nº 9.407/1997 e o art. 15 da Lei nº 12.016/2009. Sobre a natureza política do julgamento do pedido de suspensão de segurança, veja-se: *"Corte já concluiu no sentido de* ***não ser cabível o apelo extremo de decisões proferidas no âmbito do pedido de suspensão, uma vez que o apelo extremo visa combater argumentos que digam respeito a exame de legalidade, ao passo que o pedido de suspensão ostenta juízo político"*** (**STJ – 2ª Turma** – AgRg no RESP 1.301.766/MA – Rel. Min. Mauro Campbell Marques, j. em 17/04/2012). O tema, no entanto, não é pacífico, na medida em que o STF já se manifestou no sentido de que o julgamento do pedido de suspensão de segurança não é apenas político, mas também jurisdicional: *"O recurso extraordinário é instrumento processual idôneo para questionar o cabimento de recurso especial manejado em face de decisão proferida em sede de suspensão de liminar deferida ao Poder Público com base no art. 4º da Lei 8.437/1992"* (STF – 1ª Turma – AgRg no REXT 798.740/SP – Rel. Min. Marco Aurélio, j. em 01/09/2015).
27. Athos Gusmão Carneiro, **Jurisdição e competência**, p. 31.

presidente ou vice-presidente de tribunal. Para a presente pesquisa interessa, essencialmente, o julgamento monocrático previsto no art. 932 do CPC/2015 dos recursos ordinários – apelação, agravo de instrumento e embargos de declaração –, eis que as peculiaridades presentes no processamento e no julgamento das demais espécies de decisões monocráticas poderiam comprometer o propósito de firmar uma crítica sistemática.

Na seara recursal, não é todo julgamento monocrático que interessa à pesquisa, mas apenas aquele ligado ao mérito da pretensão recursal. Isso porque a relação entre o julgamento monocrático e a aplicação de padrões decisórios só existe, por imposição legal, no enfrentamento do mérito, ou seja, quando o relator isoladamente concede ou nega provimento ao recurso. Por esse mesmo motivo, não estão abarcadas neste estudo as decisões relativas à admissibilidade dos recursos (art. 932, III, do CPC/2015). De fato, o objetivo deste trabalho é especificamente analisar o julgamento monocrático dos recursos pautado na aplicação de padrões decisórios vinculativos, dentro da técnica de abreviação do procedimento regulada pelo art. 932, IV e V, do CPC/2015.[28]

Por fim, importante salientar que nos tribunais, cada magistrado, quando participa de um julgamento colegiado, profere sua decisão através de uma manifestação, comumente chamada de "voto" (art. 941 do CPC/2015), que será somada aos votos dos outros julgadores para formar a decisão do órgão. Esses "votos", embora possam ser enquadrados num conceito mais elástico de decisão monocrática, não integram o núcleo da presente análise, que mira a decisão proferida fora do julgamento colegiado.

Em suma, o objeto deste livro é o estudo da decisão monocrática proferida:

a) pelos tribunais brasileiros (segunda instância ou instância superior);
b) em sede de jurisdição civil comum (federal, estadual ou distrital);

28. Como será visto mais adiante, a técnica de abreviação do procedimento com base na aplicação de padrões decisórios vinculativos encontra regulamentação também em outros dispositivos legais. De fato, a técnica pode ser vista no julgamento liminar de improcedência do pedido (art. 332 do CPC/2015) e no julgamento monocrático pelo relator do incidente de conflito de competência (art. 955, parágrafo único, do CPC/2015). Além disso, a técnica prevista no art. 932, IV e V, do CPC/2015 é replicada, com algumas diferenças, nos tribunais superiores (art. 21, § 1º, do RISTF, e arts. 255, II e III, e 266-C do RISTJ).

c) no julgamento sobre o mérito dos recursos;
d) como base na aplicação de padrões decisórios vinculativos, regulada pelo art. 932, IV e V, do CPC/2015.

Além da pesquisa bibliográfica apresentada na parte final do texto e da pesquisa jurisprudencial feita junto aos repositórios dos tribunais brasileiros, foram também colhidos dados junto ao Conselho Nacional de Justiça, à Secretaria de Reforma do Judiciário e à Fundação Getúlio Vargas, que já haviam realizado levantamentos sobre o julgamento monocrático e sobre o agravo interno. Por fim, foi escolhido o Tribunal de Justiça do Rio de Janeiro para realizar um levantamento específico, por amostragem, das informações referentes ao objeto da pesquisa.[29] O tribunal fluminense foi escolhido não apenas por questão de proximidade física, mas também pela importância que essa corte tem no país e pela acessibilidade dos seus dados. A maior parte do estudo jurismétrico[30] foi feito a partir de elementos colhidos diretamente no site do Tribunal (www.tjrj.jus.br). O trabalho contou também com dados apurados no levantamento que lhe serviu de inspiração, feito por Leslie Ferraz e Fernanda Pantoja,[31] e com informações fornecidas pela Diretoria Geral de Apoio aos Órgãos Jurisdicionais – DGJUR/TJRJ.

No que se refere à metodologia da pesquisa jurisprudencial realizada no TJRJ, a coleta de dados foi feita através de diferentes cortes. Em primeiro lugar, no plano temporal, a pesquisa se limitou a pesquisar três anos, entre agosto de 2013 e setembro de 2016. No período entre 18 de março de 2016, quando o Novo Código de Processo Civil entrou em vigor, e setembro de 2016, quando a pesquisa foi encerrada, somente foram levantados dados referentes aos recursos nos quais as decisões analisadas haviam transitado em julgado. Isso porque entendemos que a estabilidade da decisão era um fator

29. A análise estatística no direito representa um desafio para o pesquisador, pois não temos a tradição de colher, organizar e divulgar dados sobre o funcionamento da Justiça. Não raras vezes, os números divulgados não seguem um padrão metodológico e as informações são desencontradas. Ainda assim, nos levantamentos feitos, procuramos focar em dados específicos de fontes confiáveis, na expectativa de produzir conclusões o mais próximas possíveis da realidade.

30. Conforme relata Marcelo Guedes Nunes, **Jurismetria**, p. 96, a expressão jurismetria foi empregada pela primeira vez nos Estados Unidos, num artigo publicado em 1949 por Lee Loevinger, intitulado ***Jurimetrics: the nex step forward***. Nas palavras do mesmo autor, jurismetria representa a *"disciplina do conhecimento que utiliza a metodologia estatística para investigar o funcionamento de uma ordem jurídica"* (p. 115).

31. Leslie Shérida Ferraz e Fernanda Medina Pantoja, **Julgamento singular e agravo interno**.

relevante para retratar a temática objeto de análise. Do ponto de vista espacial, foram buscadas decisões de todas as câmaras cíveis isoladas do Tribunal de Justiça do Rio de Janeiro, atualmente composto por 130 desembargadores, distribuídos entre 26 órgãos fracionários,[32] com a maior pluralidade possível de relatores. No plano formal, o conteúdo das decisões monocráticas foi estudado para se definir se o relator se utilizou alguma jurisprudência ou doutrina para fundamentar a sua posição. Além disso, nas decisões em que algum padrão decisório foi citado, buscamos identificar a sua natureza - súmula[33] ou "julgamentos" [34] –, origem e idade. Em relação a esse último critério, definiu-se que a jurisprudência seria considerada "recente" se tivesse sido proferida ou publicada há menos de 5 anos em relação à decisão na qual estava sendo aplicada.[35] Por fim, foram perquiridas também as informações relativas à interposição de agravos internos das decisões monocráticas destacadas e seus respectivos julgamentos.

Foi realizada também, no mesmo Tribunal de Justiça do Rio de Janeiro, buscando novos sentidos no campo do saber jurídico,[36] uma pesquisa empírica, por meio de levantamento de dados e entrevistas com os desembargadores cíveis em atuação no período inicial da vigência do CPC/2015. A metodologia de pesquisa adotada foi a analítico-descritiva, baseada, essencialmente, na coleta direta de informações com os entrevistados. Para realizar as entrevistas, foi elaborado um formulário impresso explicando os

---

32. Não foram consideradas na pesquisa decisões do Conselho da Magistratura, por conta de sua natureza administrativa, do Órgão Especial, por sua atribuição também envolver matéria penal, e da Seção Cível, criada no início de 2016, para atender às novas regras implantadas pelo CPC/2015.
33. Embora saibamos que o termo correto seria "enunciado de súmula da jurisprudência prevalente", adotamos ao longo do trabalho a sua versão abreviada – "súmula" –, apelido amplamente consagrado nos meios doutrinários e até mesmo no texto legal (arts. 311, II, 496, § 4º, I, 521, IV, 932, IV, a, e V, a, 955, I, 1.035, § 3º, i, do CPC/2015).
34. Sob a rubrica "julgamento", foram inseridos julgamentos monocráticos ou colegiados, oriundos de processos subjetivos ou objetivos (julgamentos de casos repetitivos, julgamentos em controle concentrado de constitucionalidade, julgamentos em incidentes etc).
35. A utilização do limite de tempo de 5 anos tem por objetivo verificar se as decisões estão atualizadas com a jurisprudência. No direito estrangeiro, é comum definir limites temporais sobre a jurisprudência. No direito argentino, por exemplo, a decisão proferida em sede de *recurso de inaplicabilidad de la ley* somente tem eficácia vinculativa por 10 anos (art. 288 do CPC nacional da Argentina). Depois disso, se não for reconfirmada, passa a ter força meramente persuasiva. Sobre o tema, Felippe Borring Rocha, **O *recurso de inaplicabilidad de la ley***, p. 145.
36. Bárbara Gomes Lupetti Baptista, **A pesquisa empírica no direito**, p. 130.

objetivos da pesquisa.[37] O formulário foi entregue a 54 desembargadores, num universo de 135 desembargadores cíveis, dentre os 180 desembargadores que formavam o tribunal fluminense no ano de 2016.[38] Destes, apenas 38 se interessaram em participar da pesquisa, respondendo às perguntas do formulário, de próprio punho. Para elaborar as questões presentes no formulário e na entrevista, foram utilizados os elementos que se sobressaíram nos estudos doutrinários daqueles que se dedicaram especificamente a analisar o julgamento monocrático.[39]

Foi estabelecido que para participar da entrevista, o desembargador deveria antes responder ao formulário, de modo a estabelecer um perfil dos entrevistados. Dentre os 38 que efetivamente responderam ao formulário, somente 18 se dispuseram a participar das entrevistas pessoais.[40] Todas as entrevistas foram gravadas em meio eletrônico e objeto de anotações. Foi assegurado aos entrevistados o anonimato das suas informações e declarações. Em todas as entrevistas, os desembargadores responderam às mesmas perguntas, feitas na mesma ordem, conforme consta do questionário em anexo.

---

37. A carta de convite para participação das entrevistas e o formulário empregado então no anexo dessa tese.
38. Como autor da pesquisa optou por entregar pessoalmente os formulários, não foi possível ter acesso a todos os 135 desembargadores cíveis do TJRJ. A bem da verdade, alguns cargos de desembargador são ocupados por juízes de direito. Além disso, no período da pesquisa, realizada em maio de 2016, aproximadamente 20 desembargadores cíveis estavam de férias ou licença e cerca de 5 desembargadores ainda não haviam sido titularizados num órgão julgador (desembargadores itinerantes).
39. Dentre os trabalhos utilizados, podemos destacar Dierle José Coelho Nunes, **Colegialidade das decisões dos tribunais: sua visualização como princípio constitucional e do cabimento de interposição de agravo interno em face de todas as decisões monocráticas do relator**, Pedro Miranda de Oliveira, **Agravo interno e agravo regimental**, Fabiano Carvalho, **Poderes do relator nos recursos**, Tiago Figueiredo Gonçalves, **Julgamento unipessoal nos tribunais e agravo inominado**, Guilherme Jales Sokal, **O julgamento colegiado nos tribunais**, Leslie Shérida Ferraz e Fernanda Medina Pantoja, **Julgamento singular e agravo interno**, e Wanessa de Cássia Françolin, **A ampliação dos poderes do relator nos recursos cíveis**.
40. Em relação ao perfil dos entrevistados, quase metade era oriundo do quinto constitucional (8). Os desembargadores tinham em média 8 anos de atuação no tribunal e 23 anos de atuação como magistrados, para aqueles que chegaram ao cargo por promoção na carreira. Quase todos tinham pós-graduação (16) e tiveram atividade docente (13), bem como livros, artigos ou pesquisas jurídicas publicadas (16). A maioria era natural do Estado do Rio de Janeiro, sendo 12 homens e 6 mulheres.

Capítulo 1

AS PREMISSAS CONCEITUAIS AO ESTUDO DO JULGAMENTO MONOCRÁTICO DO MÉRITO DOS RECURSOS

1.1. A NOVA FEIÇÃO DO SISTEMA JURÍDICO BRASILEIRO

1.1.1. O enquadramento da discussão

Ao longo da história remota da humanidade, em diferentes momentos, os povos começaram a se organizar sob a forma de Estados. Essa organização passou, necessariamente, pela formação de um complexo de regras jurídicas, dotadas de unidade e coerência, que constituíram aquilo que se convencionou chamar de ordenamento jurídico. A forma de funcionamento de um ordenamento jurídico, por sua vez, é conhecida como sistema jurídico.[1] Tão antigo quando a existência dos sistemas jurídicos e a ocorrência de trocas entre os sistemas jurídicos, seja pela adesão consensual ou pela força. Após as revoluções burguesas, no entanto, esse intercâmbio foi sensivelmente reduzido, em razão da consolidação jurídica dos Estados ao redor do planeta. Isso permitiu uma delimitação mais clara entre os modelos adotados e a sua classificação.

Se é verdade que diferentes classificações dos sistemas jurídicos já existiam, sem dúvida alguma foi o francês Rene David o responsável por organizar e difundir a classificação mais aceita mundialmente na atualidade. Em seu livro "Os grandes sistemas do direito contemporâneo", de 1964, a partir de um amplo estudo de direito comparado, David identificou as similitudes nos fundamentos dos ordenamentos jurídicos de diferentes países e os agrupou em famílias, segundo critérios geográficos, culturais, históricos, religiosos e jurídicos, dentre outros.[2] Assim, traçou o perfil dos sistemas

1. Norberto Bobbio, **Teoria do ordenamento jurídico**, p. 112.
2. René David, **Os grandes sistemas do direito contemporâneo**, p. 16.

europeus, americanos, socialistas, mulçumanos, orientais e africanos. Nos seus estudos, entretanto, David percebeu que as principais influências presentes na construção dos ordenamentos jurídicos ao redor do mundo foram, de um lado, as tradições romano-germânicas, e, de outro, as tradições do Direito Comum (*Common Law*). Com isso, ele pôde vislumbrar a existência de sistemas jurídicos essencialmente baseados em uma das duas tradições, o que difundiu a noção de que tais modelos seriam refratários entre si.

Nas últimas décadas, essa visão sectária foi sendo gradativamente atenuada, na medida em que se percebeu que o intercâmbio de ideias e mecanismos entre os sistemas jurídicos é um processo natural e inevitável, notadamente num mundo globalizado e interligado.[3] Ainda assim, no Brasil, em particular, o debate em torno da nossa convergência com os sistemas jurídicos integrantes da família do *Common Law* tem gerado acalorados debates.[4] De fato, desde o início do período republicano, o Brasil vem agregando ao seu sistema jurídico, considerado como filiado à tradição do *Civil Law*, componentes oriundos dos países de base jurídica consuetudinária. Nesse sentido, podemos destacar a técnica de controle difuso da constitucionalidade (*judicial review*), as ações coletivas (*class actions* e *representative actions*), as técnicas alternativas de composição dos conflitos (*alternative dispute resolution*) e os processos modelos (*global litigation order*). Nenhum tema, entretanto, causou maior impacto em nosso ordenamento jurídico do que a concessão de efeito vinculante à jurisprudência (*binding precedent*). Embora não seja propriamente uma novidade e tenha características próprias,

3. Sobre a aproximação dos sistemas jurídicos romanos-germânicos com o *Common Law*: na Alemanha, veja-se Álvaro J. Pérez Ragone, e Juan Carlos Ortiz Pradillo, ***Código processual civil alemán (ZPO)***, p. 65; na Espanha, vejam-se Patrícia Perrone Campos Mello, **Precedentes**, p. 55, e Alexandre Freitas Câmara, **Levando os padrões decisórios a sério**, p. 56; em Portugal, veja-se Dário Moura Vicente, **O lugar dos sistemas jurídicos lusófonos entre as famílias jurídicas**, p. 419; nas cortes internacionais, veja-se Mohamed Shahabuddeen, ***Precedente in the world court***, p. 67; em diversos países, veja-se Mauro Cappelletti, **Juízes legisladores?**, p. 111. Sobre a aproximação do sistema jurídico americano com o *Civil Law*, veja-se o clássico artigo de Roscoe Pound, de 1938, intitulado ***The influence of the civil law in America***. Sobre a aproximação do sistema jurídico inglês com o *Civil Law*, vejam-se os livros de J. H. Baker, ***An Introduction to English Legal History***, de 2002, e o artigo de José Carlos Barbosa Moreira, **Uma novidade: o Código de Processo Civil inglês, de 2000.**
4. Nesse sentido, vejam-se Lucas Buril de Macêdo, **Precedentes e o direito processual civil**, p. 60, Ronaldo Cramer, **Precedentes judiciais**, p. 13, Hermes Zaneti Jr., **O valor vinculante dos precedentes**, p. 30, Thomas da Rosa de Bustamante, **Teoria do precedente judicial**, p. 93, e Luiz Guilherme Marinoni, **Precedentes obrigatórios**, 99.

distintas da lógica presente na doutrina do *stare decisis* do *Common Law*, a dotação de força vinculante à jurisprudência acirrou o debate sobre a "commonlização" do direito brasileiro.

Destarte, analisar a circulação de tecnologias jurídicas e a sua recepção no Brasil representa uma premissa importante ao estudo do julgamento monocrático do mérito dos recursos, objeto principal desta pesquisa, uma vez que essa técnica de abreviação do procedimento recursal é construída exatamente sobre a aplicação da jurisprudência dotada de eficácia vinculativa (art. 932, IV e V, do CPC/2015). A tarefa, no entanto, não é das mais fáceis, pois existem profundas discussões sobre os métodos mais adequados para realização de uma análise comparativa de direito, embora isso se mostre cada vez mais importante e necessário.[5] Parece ser o mais recomendável, de qualquer sorte, que o estudo dos sistemas jurídicos tenha por base uma perspectiva histórica e cultural dos ambientes onde estão inseridos e se desenvolveram, naquilo que Michele Taruffo identificou como "projeto cultural".[6] De fato, a mera comparação entre sistemas estrangeiros, associada a um pensamento eminentemente normativo-positivista, perde espaço na atualidade para uma visão mais ampla dos fenômenos jurídicos, capaz de promover uma verdadeira reflexão sobre seus conteúdos e objetivos, qualidades e defeitos.[7]

Note-se, ainda, que, para facilitar e otimizar a análise, foi escolhido como paradigma da família jurídica do *Common Law* o direito inglês. A Inglaterra é, sem sombra de dúvida, a matriz que gerou os demais modelos associados a essa tradição e que preserva com maior "pureza" as suas características. Por certo, entretanto, sempre que possível, serão buscados elementos de outros países integrantes da família do *Common Law*, para ampliar o leque de observações.

---

5. Sobre a importância da pesquisa comparativa na atualidade globalizante, veja-se a introdução feita por Stephen Breyer ao livro de Antoine Garapon e Ioannis Papadopoulos, "Julgar nos Estados Unidos e na França: cultura jurídica francesa e *Common Law* em uma perspectiva comparada".
6. Michele Taruffo, ***Aspetti fondamentali del processo civile di civil law e di common law***, p. 28. Diz Taruffo que projeto cultural do estudioso de direito comparado orienta não apenas suas escolhas (sobre quais ordenamentos, quais institutos, quais experiências colocar em debate), mas também o método com o qual a comparação vem a se desenvolver.
7. Márcio Louzada Carpena, **Os poderes do juiz no *common law***, p. 31.

1.1.2. O *Civil Law*

Conforme ressalta Juan Iglesias,[8] os ordenamentos jurídicos se desenvolveram com certa autonomia no mundo ocidental até o início do século III a.C. A partir desse período, o Império Romano,[9] que já possuía uma estrutura normativa avançada para aquele tempo (Lei das XII Tábuas – 450 a. C.), deixa de ser circunspecto a uma Cidade-Estado (*Civitas*) e começa a se expandir, dentro e fora da península itálica, de maneira vertiginosa, o que o levou a dominar praticamente toda a área hoje compreendida pelo continente europeu, além de regiões da Ásia e da África. Com essa expansão, a maior parte dos povos europeus passou a ser influenciada pelo modelo de ordenamento jurídico constituído em Roma nos primeiros séculos da cristandade.

Embora na fase inicial da formação do seu sistema jurídico tenha prevalecido a jurisprudência como fonte principal do direito,[10] na etapa mais aguda do expansionismo do Império Romano a expressão maior do poder estatal regulatório foi a lei (*ius positum*).[11] Trata-se de uma decorrência direta da adoção do modelo republicano de organização política, de inspiração grega,[12] onde o Imperador (cônsul ou príncipe), o Senado, os magistrados

---

8. Juan Iglesias, **Direito romano**, p. 11.
9. De acordo com José Cretella Júnior, **Curso de direito romano**, p. 25, Roma nasceu da fusão de diversas tribos situadas às margens do rio Tibre. As mais importantes teriam sido os latinos, os sabinos e os etruscos. Reza a lenda que a cidade de Roma teria sido fundada pelos irmãos Rómulo e Remo em 753 a.C. Os relatos dão contam que Rómulo teria assassinado seu irmão e se tornado o primeiro rei de Roma.
10. No início do Império Romano, sustenta José Cretella Júnior, **Curso de direito romano**, p. 56, a jurisprudência representava o conjunto de "pareceres" ou "opiniões" proferidas pelos jurisconsultos acerca das questões jurídicas. Essa é a origem etimológica da palavra jurisprudência (*juris prudentia*), ou seja, o direito interpretado pelos prudentes. Seria, hoje, o equivalente à palavra "doutrina". Somente na fase final da era republicana, com o incremento das atividades judiciais, é que a jurisprudência passou a ser associada com o conjunto de decisões tomadas pelos juízes (*praetori*). Nesse sentido, veja-se, também, Rodolfo de Camargo Mancuso, **Divergência jurisprudencial e súmula vinculante**, p. 11. Sobre as características do período consuetudinário romano, veja-se René David, **Os grandes sistemas do direito contemporâneo**, p. 29.
11. Juan Iglesias, **Direito romano**, p. 63.
12. De acordo com Guido Fernando Silva Soares, ***Common law***, p. 26, apesar de menosprezar o seu modo de vida e a sua fraqueza militar, o pragmatismo romano enxergou na lógica institucional grega, especialmente na forma de organização da vida na *polis*, um elemento chave para a consolidação e expansão do seu poder. Com efeito, a assimilação dos ideais helênicos auxiliou na construção de uma cultura jurídica voltada à formação de regras de conduta de observância coercitiva e dotadas de um sentido

(*praetori*) e os comícios, cada um a seu modo e em diferentes períodos, ditavam regras escritas que deveriam ser observadas por todos aqueles que se encontravam sob seu jugo.[13]

A partir do século III d.C., no entanto, o Império Romano iniciou um longo e conturbado processo de declínio, marcado por derrotas militares, disputas políticas, crises econômicas e uma sequência de invasões bárbaras, comandadas por hunos e visigodos, que culminou com a tomada de Roma pelos hérulos, em 476 d. C.[14] A queda do Império Romano[15] é reconhecido como o marco inicial da Idade Média na Europa, que perdurou entre os séculos V e XV. Nesse interregno, os povos europeus viveram sob uma intensa fragmentação política, com a substituição das estruturais estatais centrais por diferentes feudos. A obediência à lei escrita e geral, defendida pela tradição romana, foi gradativamente substituída pela submissão às determinações (editos) e às normas não escritas dos senhores feudais e dos clérigos. Nesse período, o direito, de uma maneira geral, era formado pelos costumes, por elementos religiosos e por pouquíssimas normas positivas, voltadas basicamente para a regulação de aspectos fundamentais das nações,[16] deixando de fora a maior parte das relações sociais.[17] Mesmo o Direito Romano, quando aplicado, era utilizado na sua forma vulgar, com simplificações e ajustes feitos sem rigor técnico ou preocupações sistematizantes.

---

comum, capaz de disciplinar e pacificar a vida em sociedade. Noções como dever, punição, posse, dívida, dentre outros, serviram para alicerçar as bases de uma sociedade que dominou parcela significativa do planeta. Do ponto de vista filosófico, portanto, o Direito Romano foi estruturado por componentes das escolas gregas de pensamento.

13. JONES, Peter. ***Vini, vidi, vici: everything i ever wanted to know about the romans but were afraid to ask***. London: Atlantic Books, 2013, p. 47, afirma que uma das principais razões pela qual o Império Romano logrou dominar tantos povos diferentes foi exatamente a constatação por esses povos dos benefícios decorrentes da adoção do sistema jurídico romano. A obediência à *lex romana* propiciava paz e desenvolvimento, especialmente para as elites locais, que acabavam por se submeter de bom grado ao comando de Roma.
14. José Cretella Júnior, **Curso de direito romano**, p. 98.
15. Normalmente, quando se fala em queda do Império Romano, a referência é ao Império Romano do Ocidente. O Império Romano do Oriente, também chamado de Império Bizantino, perdurou até 1453, tendo fim com a tomada de Constantinopla pelos turcos otomanos.
16. Via de regra, essas normas fundamentais eram encartadas em documentos específicos e solenes, como na *Magna Charta Libertatum*, assinada pelo Rei John da Inglaterra, em 1215. Essa assinatura completou 800 anos em 10 de julho de 2015.
17. René David, **Os grandes sistemas do direito contemporâneo**, p. 30.

Na etapa final da Idade Média, por volta do século XII, as classes políticas em ascensão na Europa começaram a sentir a necessidade da restauração de uma ordem jurídica mais segura e estável.[18] Assim, dentro de um processo de renascimento cultural,[19] começaram a estimular o estudo das leis romanas (*Lex Romana*)[20] e, em especial, do *Corpus Iuris Civilis.*[21] Esse movimento desenvolveu novas bases para a formação do direito privado no ordenamento jurídico das nações que se desenvolviam,[22] que assim, puderam restaurar o arcabouço jurídico das estruturas legais, inicialmente sob a forma de governo absolutista-monárquica,[23] e, posteriormente, dentro da lógica dos Estados de Direito pós-revolucionários.

---

18. Como bem, assinala René David, **Os grandes sistemas do direito contemporâneo**, p. 31, *"a sociedade, com o renascer das cidades e do comércio, toma de novo consciência de que só o direito pode assegurar a ordem e a segurança necessárias ao progresso. O ideal de uma sociedade cristã fundada sobre a caridade é abandonado; renuncia-se à criação na Terra da cidade de Deus. A própria Igreja distingue mais nitidamente a sociedade religiosa dos fiéis da sociedade laica, o foro externo do foro íntimo, e elabora, nessa época, um direito privado canônico"*.
19. Esse fenômeno se deu no momento em que surgiam as primeiras universidades, conforme destaca Guido Fernando Silva Soares, ***Common law***, p. 26.
20. Conforme relata Juan Iglesias, **Direito romano**, p. 73, as leis romanas estavam escritas em latim. Por isso, os primeiros estudiosos desses textos foram os monges, que dominavam essa língua. Esses monges, acostumados ao direito canônico ordenado e sistematizado, começaram a organizar as regras romanas, criando verdadeiros diplomas normativos. Eles foram chamados de glosadores (tradutores).
21. Nas palavras de José Cretella Júnior, **Curso de direito romano**, p. 25, o *Copus Iuris Civilis* foi uma compilação das leis jurídicas romanas, realizada pelos mais notáveis juristas da época, sob as ordens do imperador bizantino Justiniano I. Por isso, essa compilação foi chamada, originalmente, de *Novus Iustiniano Codex* e foi publicada em 530 d. C. (somente no século XVI é que ela passou a ser conhecida como *Corpus Iuris Civilis*). Posteriormente, esse conjunto de normas foram caindo em desuso pelos imperadores que se sucederam.
22. Como bem sublinha OQUENDO, Ángel Ricardo. ***Latin amarican law***. 2ª ed., New York: Foundation Press, 2011, p. 4, é errado pensar que o Direito Romano se limitava a regular as relações privadas. O que acontece é que a maioria das sociedades que assimilou o Direito Romano já possuía, em alguma medida, uma estrutura própria de Direito Público. De modo que as normas de Direito Privado se transformaram na parte mais "copiada" do Direito Romano e, assim, formaram o elemento central do *Civil Law*.
23. O exemplo mais notável desse momento foi a edição do Código Civil francês de 1804, conhecido como Código Napoleônico. Sobre o tema, confira-se o estudo de NÚÑES, Carlos Ramos. ***El Código Napoleónico y su recepción en América Latina***. Lima: *Fondo Editorial de La Pontificia Universidad Católica Del Perú*, 1997, p. 39.

No limiar do processo de difusão do Direito Romano, juristas e filósofos passam a defender a concepção, presente na cultura romana, de que o direito deve reger a vida em sociedade, separando a religião e a moral da ordem civil.[24] Os meios acadêmicos, inclusive os jurídicos, são invadidos por um desejo de racionalidade, capaz de incutir lógica e ordem ao funcionamento social. Esse movimento é construído à margem do modelo político e das práxis, fundado sobre uma *"comunidade de cultura"*:[25] as universidades.[26] Nelas, o direito criado "artificialmente" pelos juristas, sem relação com casos concretos, é visto como um conformador social e um catalizador das virtudes humanas. Como as nações onde era gestado esse "novo" sistema jurídico ainda se apresentavam fragmentadas e sob características feudais, o direito precisava de uma nova roupagem, de índole "filosófica", para se contrapor aos "direitos locais" (consuetudinários e praxistas) e religiosos que dominavam o cenário jurídico europeu. Não por acaso as disciplinas que compõem os primórdios do estudo do direito são essencialmente filosóficas e teleológicas.

Contribuiu também para a incorporação do Direito Romano o fato dele ser sistematizado e escrito em uma língua transnacional e elitista: o latim. Com efeito, o latim exalava prestígio e cientificismo, elementos muito valorizados na época. Além disso, o Direito Romano era concebido sob o signo da unidade nacional, objetivo tão almejada pelos juristas e políticos da época.[27] Importante destacar, ainda, que a doutrina de São Tomás de Aquino foi fundamental para a superação da crítica, tão comum nos séculos anteriores, de que o Direito Romano era um direito pagão e incompatível com uma sociedade religiosa.[28] Com isso, as principais barreiras ideológicas ao estudo do Direito Romano pelos religiosos, os grandes pensadores de então, foi ultrapassada.

Em decorrência desse processo, ao longo dos séculos XIII, XIV e XV, várias escolas voltadas à análise do Direito Romano foram se sucedendo na Europa. Numa apertada síntese, é possível identificar as mais relevantes, em ordem cronológica. Primeiro, surgiram os glosadores, que se preocupavam

24. Miguel Reale, **Lições preliminares de direito**, p. 149.
25. René David, **Os grandes sistemas do direito contemporâneo**, p. 32.
26. A universidade de Bolonha, na Itália, fundada em 1088, foi a primeira a ensinar Direito na Europa.
27. O caráter nacional do direito, entretanto, ainda levou séculos a ser consolidado na Europa. Isso porque essa característica dependia da consolidação dos Estados Nacionais, o que só começou a ocorrer a partir do século XVII.
28. René David, **Os grandes sistemas do direito contemporâneo**, p. 34.

em traduzir as regras romanas pertinentes à sua realidade, para extraírem delas regras gerais. Em seguida, é possível vislumbrar o aparecimento dos pós-glosadores. Estes não apenas traduziam o Direito Romano, mas também o completavam e organizavam, dele extraindo ramos como o Direito Comercial e o Direito Internacional.

Destarte, ao longo do tempo, vários países europeus, com maior ou menor força, passaram a adotar o direito romano erudito, glosado e sistematizado/codificado, como base lógico-filosófica dos seus ordenamentos jurídicos,[29] adaptando-o à sua realidade e às suas características. As nações mediterrâneas e da península ibérica foram as primeiras a assimilar essa tendência.[30] Além disso, ao Direito Romano foram incorporadas as tradições germânicas da Europa central e o Direito Canônico, passando a ser estudado sob o nome de *Usus Modernus Pandectarum*. É o início da Escola Pandectista, que forma, a partir do século XVIII, as bases do *Ius Commune* europeu. Conforme esclarece René David,[31] o *Ius Commune* não se confunde com o *Common Law*, apesar de compartilharem da mesma tradução. O *Ius Commune* era um direito sistematizado, fundado na razão dos ideais iluministas do século XVII, com vocação para ser aplicado de modo universal.[32] O *Ius Commune* foi essencial para o desenvolvimento do direito europeu, até então dominado por uma percepção metafísica do direito natural.

Com a virada do século XIX, os países de inspiração romano-germânica iniciam uma nova etapa na formação de seus ordenamentos jurídicos, por meio da compilação e codificação das suas leis.[33] Com isso, consolida-se a visão de que a fonte primária do direito é a lei positivada (escrita), oriunda do Poder Legislativo, dentro de um modelo tripartido de funções estatais. Nesse contexto, o diploma legal mais destacado, inclusive por servir de modelo para os demais, foi o Código Civil francês, promulgado por Napoleão Bonaparte em 1804. Além desse, pode ser destacado também o Código Civil alemão, de 1900, também fortemente influenciado pelo estudo do direito

29. Juan Iglesias, **Direito romano**, p. 321.
30. Esse fenômeno se deu no momento em que surgiam as primeiras universidades, como bem lembra Guido Fernando Silva Soares, ***Common law***, p. 26.
31. René David, **Os grandes sistemas do direito contemporâneo**, 36.
32. Como bem sublinha Margarida Maria Lacombe Camargo, **Hermenêutica e argumentação**, p. 61, as escolas exegéticas foram um fruto do racionalismo científico alemão, que desenvolveram a ideia presente no jusnaturalismo da estruturação do direito como um sistema. A marca fundamental desse período é o formalismo jurídico, que enxergava na aplicação do direito como uma atividade mecânica de subsunção dos fatos à norma.
33. Guido Fernando Silva Soares, ***Common law***, p. 27.

romano. Esses dois códigos, por sinal, foram fontes de inspiração do Código Civil brasileiro de 1916.

Nos países filiados à lógica romano-germânica a aplicação dos precedentes tradicionalmente era feita de maneira subsidiária à lei e sem eficácia vinculativa[34] ou maior preocupação argumentativa, em decorrência da observância mais estrita do princípio da legalidade e da separação dos poderes. Nos raros casos nos quais o precedente tinha aplicação obrigatória, por expressa previsão legal, a vinculação decorria do tribunal que a proferia, cortes constitucionais ou administrativas, por exemplo, ou do tipo de procedimento que era realizado.[35] Assim mesmo, na maioria dos países os precedentes mantiveram uma função voltada para apresentar a forma de interpretação das leis prevalentes nos tribunais e não para a criação de uma norma.

Os países que passaram a compartilhar da base romano-germânica em seus ordenamentos jurídicos, com um direito escrito e de aplicação silógica (dedutiva),[36] foram identificados como pertencentes a uma mesma "família" ou "tradição" jurídica, designada como *Civil Law*.[37] Esse modelo, por sua vez, foi exportado através do processo de colonização praticado pelos países da Europa continental para diversas partes do mundo, sendo adotado na maioria das nações da América do Sul, da América Central, do Caribe, e em parte da África e da Ásia.[38]

No caso do Brasil, a tradição do *Civil Law* foi implantada, no início da colonização, por meio da legislação portuguesa reinol. De fato, em terras

---

34. Alexandre Freitas Câmara, **Levando os padrões decisórios a sério**, p. 31.

35. Por exemplo, na Áustria e na Alemanha, há quase um século as decisões sobre controle de constitucionalidade proferidas pelos tribunais constitucionais têm força vinculante para as cortes e autoridades, como se lei fosse. Nesse sentido, veja-se Gilmar Ferreira Mendes e Paulo Gustavo Gonet Branco, **Curso de direito constitucional**, p. 1008. Posteriormente, outros países adotaram a mesma fórmula, dentre os quais se destaca Portugal, Espanha e a Itália. Nesse sentido, veja-se FERREIRA, Olavo Augusto Vianna Alves. **Controle de constitucionalidade e seus efeitos**. 3ª ed., Salvador; Juspodivm, 2016, p. 181.

36. O silogismo é método de raciocínio lógico que se utiliza da dedução (*dedutio*) para obter uma conclusão a respeito de determinadas premissas. O grande difusor do silogismo foi Aristóteles. Nesse sentido, veja-se ABBAGNANO, Nicola. **Dicionário de filosofia**. São Paulo: Martins Fontes, 2012, p. 1065.

37. TUCCI, José Rogério Cruz e. **Precedente judicial como fonte do direito**. São Paulo: Revista dos Tribunais, 2004, p. 23, e BUSTAMANTE, Thomas da Rosa de. **Teoria do precedente judicial**, São Paulo: Noeses, 2012, p. 112.

38. OQUENDO, Ángel Ricardo. ***Latin amarican law***. 2ª ed., New York: Foundation Press, 2011, p. 4.

brasileiras a aplicação das Ordenações do Reino de Portugal (Manuelinas, Afonsina e Filipinas), dentro da lógica romana[39] e da forma escrita, foi o traço marcante que permaneceu em destaque mesmo após a sua elevação à condição de reino unido (1815) e, posteriormente, à proclamação da independência (1822).[40] No início da fase de colonização, entretanto, a falta de compatibilidade com a realidade local fez com que alguns preceitos do direito português não tivessem aplicabilidade no Brasil. Gradualmente, então, começou a surgir uma legislação portuguesa especialmente concebida para adaptar o direito português à realidade da colônia, bem como uma legislação local para tratar das questões brasileiras. Com o início da fase republicana, a produção legislativa brasileira deslanchou, preservando a tradição jurídica presente na legislação portuguesa e de outros povos da Europa continental que também compartilhavam a base romano-germânica.

1.1.3. O *Common Law*

O termo "*Common Law*" teve seu marco inicial deflagrado após a invasão da Inglaterra por William I, Duque da Normandia, no ano de 1066, quando venceu o Rei Harold na Batalha de Hastings. O adjetivo "comum" foi cunhado em razão desse sistema jurídico ser originário das sentenças dos tribunais reais estabelecidos nos anos que se seguiram pelos conquistadores normandos,[41] que valiam em toda a Inglaterra, em oposição aos direitos

---

39. Conforme leciona ALVES, José Carlos Moreira. **Estudos de direito romano**. Brasília: Senado Federal, 2009, p. 297, as Ordenações do Reino de Portugal sofreram influências de diferentes tradições jurídicas, mas sem dúvida a principal força inspiradora de sua concepção foi o Código Visigótico, de origem romana pré-justinianéia. Além disso, prossegue Alves, as lacunas existentes eram supridas com o Direito Romano Real.

40. ALVES, José Carlos Moreira. **Estudos de direito romano**. Brasília: Senado Federal, 2009, p. 302, esclarece ainda que a Lei nº 20/1823 manteve em vigor no Brasil as Ordenações do Reino de Portugal. Por isso, o país ficou à margem das reformas liberais introduzidas no Direito Português das décadas seguintes, especialmente daquelas levadas a efeito pelo Marques de Pombal.

41. Inicialmente, os normandos implementaram na Inglaterra um modelo de corte real chamado de *Curia Regis*, formada por nobres. Posteriormente, este tribunal foi se especializando e se subdividindo, criando a Corte do Tesouro (*Court of Exchequer*), com competência para o julgamento de questões tributárias, a Corte de Queixas Comuns (*Court of Common's Pleas*), incumbida de julgar litígios concernentes à posse de terra, e a Corte do Assento do Rei (*Court of King's Bench*), tribunal que julgava as questões mais

particulares que eram adotados em cada uma das tribos que formavam o povo da Ilha antes da conquista pelos normandos.[42] Por isso, Miguel Reale define o *Common Law* como a experiência jurídica da Inglaterra, baseada nos usos e costumes consagrados pelos precedentes firmados através das decisões dos tribunais.[43]

Nesse passo, é preciso esclarecer que ainda antes da invasão, o ato de julgar era uma prerrogativa do rei, que o delegava aos juízes locais, de maneira semelhante à do juiz romano (*praetor*). Com isso, a justiça era administrada principalmente pelos tribunais de condado, presididos por religiosos e pelos xerifes, que exerciam jurisdição tanto eclesiástica quanto civil.[44] Esses tribunais aplicavam os costumes e usos locais na formação dos julgamentos. Com a tomada do poder pelo Rei William I, que se considerava descendente dos povos saxões, houve acentuada centralização política e a busca pela unificação do direito em todo território por meio de um sistema de vinculação ao direito jurisprudencial produzido pelos tribunais reais, chamados de Tribunais de Westminster. Ainda assim, era inevitável que as decisões "nacionais", formadoras do Direito Comum, respeitassem, em alguma medida, os costumes "locais".[45] Por isso, embora tenha nascido com a invasão normanda, é correto afirmar que o Direito Comum inglês deita raízes nas tradições jurídicas ancestrais da Inglaterra.[46]

Ao se tornar rei em 1154, Henry II consolidou ainda mais o *Common Law*, reforçando a unidade do sistema jurídico, abolindo diversas regras locais, reintroduzindo o julgamento por júri e ampliando os poderes decisórios reais. Além disso, o Rei Henry II desenvolveu a prática de enviar juízes de seu próprio tribunal central (*Court of King´s Bench*) para resolver as diversas controvérsias por todo o país. Seus juízes julgavam as causas de modo *ad hoc* e quando retornavam a Londres, discutiam os casos e as

---

importantes do reino. Estes tribunais eram denominados genericamente de Tribunais de Westminster.

42. Maurício Ramires, **Crítica à aplicação de precedentes**, p. 63.
43. Miguel Reale, **Lições preliminares de direito**, p. 90.
44. Guido Fernando Silva Soares, ***Common law***, p. 33.
45. Exatamente por isso Antoine Garapon e Ioannis Papadopoulos, **Julgar nos Estados Unidos e na França**, p. 23, falam em anterioridade do direito na *Common Law*.
46. José Rogério Cruz e Tucci, **Precedente judicial como fonte do direito**, p. 151. O mesmo autor destaca que os princípios norteadores do direito nessa fase inicial de consolidação do Direito Comum foram trazidos do direito germânico.

decisões entre si.[47] Esse deslocamento dos juízes reais era chamado de "circuito" e deu origem ao termo *circuit*, que até hoje serve para definir a circunscrição territorial das cortes na Inglaterra e nos EUA. Após os debates entre os magistrados, as decisões mais importantes eram registradas, formando os chamados *Statute Books.*[48]

É preciso reconhecer, entretanto, que as reformas promovidas pelo Rei Henry II provocaram graves atritos com a Igreja Católica, na medida em que implicaram em significativa redução dos poderes eclesiásticos. Após diversos embates,[49] Henry II viu-se forçado a permitir que os clérigos continuassem a julgar determinadas causas, num regime jurídico dualista, naquilo que ficou conhecido como Justiça de Equidade (*Equity Justice*). A Justiça de Equidade foi originalmente concebida para atenuar as falhas da Justiça Comum, marcada pela rigidez e formalismo, permitindo às partes a possibilidade de buscar a revisão de uma decisão, por meio do pedido de graça (*writs*) formulado ao Chanceler (*Lord Chancellor*), clérigo oriundo da Igreja e nomeado pelo rei. Com o tempo, a *Equity* passou a dispor de tribunais próprios, chamados de Cortes de Chancelaria (*Courts of Chancery*), e uma estrutura procedimental formal e escrita, inspirada no Direito Canônico. Enquanto a jurisdição prestada no *Common Law* era exercida a partir do direito jurisprudencial consolidado, a da *Equity Law* era aplicada com base nos princípios de equidade e nos valores religiosos. A autonomia da Justiça de Equidade se manteve até a Reforma Anglicana de 1534, conduzida pelo Rei Henry VIII, quando então o cargo de Chanceler deixou de ser prerrogativa eclesiástica. Ainda assim, somente no final do século XIX é que a Justiça de Equidade foi incorporada pela Justiça Comum na Inglaterra, através dos *Judicature Acts* editados entre os anos de 1873 e 1875.[50]

De qualquer forma, a prática de registrar os julgamentos nos *Statutes Books* é apontada como a grande catalizadora da tradição inglesa de aplicar os precedentes no julgamento das causas. Essa cultura perdurou por séculos sem que houvesse qualquer determinação para que os julgamentos fossem conduzidos dessa maneira. Mesmo após a Revolução Gloriosa de 1688, que culminou

---

47. Maurício Ramires, **Crítica à aplicação de precedentes**, p. 67.
48. Existiam, ainda, as *Courts of Exchequer*, que tratavam de questões fazendárias (tributos, licenças etc). Suas decisões também integravam os *Statute Books* da Coroa britânica.
49. O mais conhecido deles levou ao assassinato do Arcebispo da Cantuária Thomas Becket, que havia sido tutor e chanceler de Henry II, dentro da catedral da Cantuária, em 1170.
50. Maurício Ramires, **Crítica à aplicação de precedentes**, p. 63.

com a afirmação solene da doutrina da *Supremacy of the English Parliament*,[51] o *Common Law* permaneceria como principal fonte do direito inglês.[52]

Na realidade, somente a partir de meados do século XVIII é que a obrigatoriedade da aplicação dos precedentes (*binding effect*) foi assentada pela jurisprudência inglesa, no julgamento do caso *Beamish vs. Beamish*, em 1861.[53] Nele, a *House of Lords* cassou a decisão proferida por um Tribunal Irlandês e estabeleceu que os juízes tinham que obrigatoriamente observar em seus julgamentos os precedentes existentes sobre a matéria. De modo que a doutrina da eficácia vinculativa dos precedentes, de maneira rígida, conhecida como *stare decisis et non quieta mouvere*,[54] surgiu cerca de oito séculos depois do início da implementação do *Common Law* na Inglaterra.

De acordo com a doutrina do *stare decisis*, o juiz estava obrigado a seguir as razões contidas no precedente (*ratio decidendi*), quando o caso sob julgamento tivesse o mesmo enquadramento fático que ele, para garantir a integridade, a coerência e a previsibilidade do sistema jurídico, conferindo tratamento igual a casos iguais (*treating like cases alike*).[55] Quando não houvesse consenso quanto ao precedente aplicável, o julgador deveria buscar de forma idealizada uma solução harmônica com os precedentes mais próximos da causa.[56] Entretanto, se o tribunal concluísse que a controvérsia em exame era fundamentalmente diferente de todos os casos anteriores, poderia decidir como uma "questão de primeira impressão" (*matter of first impression*). Com o tempo, se referendada, tal decisão se tornava um precedente e vinculava os julgamentos futuros.[57]

---

51. A chamada Revolução Gloriosa (1688-1689) promoveu a derrubada do Rei James II e a ascensão do Rei Willian III ao trono do Reino Unido, levando ao fim do absolutismo monárquico britânico e o aumento dos poderes do Parlamento inglês. Com isso, a doutrina da supremacia do Parlamento se instaurou, asseverando que os juízes não poderiam afastar de suas decisões as medidas editadas por aquela casa legislativa.
52. Luiz Guilherme Marinoni, **Precedentes obrigatórios**, p. 46.
53. NOGUEIRA, Gustavo Santana. **Precedentes vinculantes no direito comparado e brasileiro.** 2ª ed., Salvador: Juspodivm, p. 132.
54. O adágio latino pode ser traduzido como "o que está decidido, está decidido, e não mexe no que está quieto".
55. ASSIS, Guilherme Bacelar Patrício de. **A história do precedente vinculante na Inglaterra**. *In*: Revista da Faculdade de Direito da UFMG, nº 67, Belo Horizonte: UFMG, jul./dez. 2015, p. 301.
56. José Rogério Cruz e Tucci, **Precedente judicial como fonte do direito**, p. 153.
57. José Rogério Cruz e Tucci, **Precedente judicial como fonte do direito**, p. 162.

Assim, as soluções adotadas pelos tribunais se perpetuavam e tinham que ser respeitadas, ainda que sob o risco de causar injustiças ou indevidos entraves ao desenvolvimento do Direito, como ficou expressamente assentado no paradigmático caso *London Tramways Co. vs. London County Council*, de 1898. Mal comparando, rediscutir um precedente no *Common Law* representava uma conduta tão condenável quanto seria, no *Civil Law*, permitir que as partes de um processo pudessem rediscutir uma decisão que nele transitou em julgado, fora dos mecanismos apropriados para tanto.

Por isso, na Inglaterra, ao contrário do que ocorre nos países tradicionalmente associados à família do *Civil Law*, o direito é em grande parte criado pelos juízes (*jugde made law*), ainda que essa atividade seja desenvolvida a partir de regras positivas. Como consequência, o direito é essencialmente prático, pragmático e casuístico. As diretrizes que norteiam a solução dos conflitos são conhecidas e aplicadas caso a caso (*reasoning case by case*). Além disso, a atividade legislativa é restrita e tem papel essencialmente estruturante do sistema jurídico.[58] Os textos legais são sintéticos e genéricos, deixando a regulamentação para os julgadores, que exercem uma função constitutiva do direito.[59] O método de aplicação do direito, dentro dessa realidade, é eminentemente indutivo.

Nesse passo, importante destacar que, ao contrário da noção geral, existem na Inglaterra precedentes meramente persuasivos. Isso porque, dentro da complexa estrutura judicial inglesa, alguns precedentes somente têm eficácia vinculativa dentro de um segmento judiciário ou até mesmo dentro de um tribunal. Precedentes de tribunais estrangeiros ou de cortes internacionais não vinculam os juízes ingleses, ressalvadas as hipóteses de convenções expressamente prevendo este efeito. Da mesma forma, precedentes de tribunais inferiores não vinculam os julgamentos realizados em

---

58. O Poder Legislativo nos países de tradição do *Common Law* exerce tanto funções políticas (executivas) como legiferantes. Por isso, nesses países o regime de governo, na maioria das vezes, é o parlamentarismo, onde não há uma separação rigorosa entre os Poderes.

59. MARINONI, Luiz Guilherme. **Aproximação crítica entre as jurisdições de *civil law* e de *common law* e a necessidade de respeito aos precedentes no Brasil**. *In:* Revista da Faculdade de Direito – UFPR, nº 49, Curitiba: Universidade Federal do Paraná, 2009, p. 12, afirma existir uma longa e infindável discussão sobre a atuação do juiz nos sistemas jurídicos: alguns defendem que a decisão cria o direito (teoria constitutiva), enquanto outros afirmam que ela apenas o declara (teoria declaratória). Nos países filiados ao *Common Law*, no entanto, têm prevalecido que a decisão judicial efetivamente cria o direito. Sobre o tema, remetemos o leitor para o clássico de CAPPELLETTI, Mauro. **Juízes legisladores?** Porto Alegre: Sérgio Antônio Fabris, 1993, p. 14.

tribunais superiores. Em todos estes casos, a aplicação do precedente por um juízo que não está subordinado à sua eficácia vinculante segue uma estrutura argumentativa-persuasiva, ou seja, sem caráter obrigatório.

A eficácia vinculativa dos precedentes na Inglaterra somente começou a ser atenuada em 1966, com a edição pela *House of Lords* do *Practice Statement*, que abriu caminho para que a própria Corte pudesse afastar a aplicação de precedentes quando fosse verificada a necessidade de uma nova solução. Paralelamente, após a II Guerra Mundial, o Reino Unido começou gradativamente a recepcionar regras positivadas como fontes primárias do direito, para aplicação por meio de uma lógica dedutiva. De fato, nesse período, o Reino Unido aderiu à Convenção Europeia de Direito Humanos (1950), à Corte Europeia de Direitos Humanos (1959) e ingressou na Comunidade Econômica Europeia (1973). Mais recentemente, em 1998, a Inglaterra e o País de Gales receberam o seu primeiro Código de Processo Civil (*Civil Procedure Rules*). Esses eventos trouxeram expressivos impactos na estrutura do *Common Law*, aproximando-o substancialmente de mecanismos característicos dos sistemas de *Civil Law*.[60]

Além da Inglaterra, o *Common Law* teve sua aplicação reconhecida em outros países através da decisão proferida em 1608 pela *Court of King's Bench* no processo conhecido como "Caso de Calvino" (*Calvin´s Case*), também chamado de "Caso da Postnati". Nesse julgamento, foi estabelecido que uma criança nascida na Escócia, após a unificação das coroas, em 1603, estaria submetida às regras do *Common Law*, como se fosse um inglês.[61] A mesma lógica foi posteriormente replicada em outros países que estiveram ou estão sob a tutela do Reino Unido. De modo que, até hoje, o sistema do *Common Law* permanece como traço marcante do ordenamento jurídico de países como o País de Gales, a Irlanda do Norte, os Estados Unidos, o Canadá, a Austrália e a Nova Zelândia.

1.1.4. O direito processual civil no Brasil e na Inglaterra

De plano, importante sublinhar que a distinção entre os modelos processuais brasileiro e inglês, que sempre foi vista como muito acentuada, foi gradativamente se atenuando nas últimas décadas. E, sem sobra de dúvida, a edição do primeiro Código de Processo Civil da Inglaterra e do País de

60. ASSIS, Guilherme Bacelar Patrício de. **A história do precedente vinculante na Inglaterra**. *In*: Revista da Faculdade de Direito da UFMG, nº 67, Belo Horizonte: UFMG, jul./dez. 2015, p. 301.

61. Maurício Ramires, **Crítica à aplicação de precedentes**, p. 63.

Gales em 1998 serviu para diminuir ainda mais essa distância. Esta percepção, no entanto, as vezes é obliterada pela existência de lugares comuns que se perpetuaram ao longo do tempo no senso comum dos juristas. Por exemplo, tradicionalmente, o direito processual inglês sempre foi identificado pela oralidade intensa em seus procedimentos, enquanto que o modelo brasileiro era associado à característica escrita do processo.[62] Na verdade, uma análise mais profunda sobre o panorama atual dos dois sistemas é capaz de verificar que a forma escrita está presente no processo inglês com uma significativa intensidade,[63] do mesmo modo que diferentes elementos de oralidade foram integrados, desde os regulamentos imperiais, ao ordenamento jurídico brasileiro.[64] A distinção, portanto, apesar de permanecer válida, é mais tênue do que normalmente se coloca nos textos jurídicos.

Outro exemplo de questionável simplificação diz respeito à colocação de que o processo inglês seria puramente adversarial, centrado no embate entre as partes, e o brasileiro, inquisitorial, porque conduzido pelo juiz.[65] Muito embora seja correto afirmar que o *judge* inglês tenha uma postura mais passiva que o juiz brasileiro, essa generalização precisa considerar os contornos que esses modelos vêm construindo nas últimas décadas.[66] Com

---

62. Conforme ressalta Carlos Alberto Alvaro de Oliveira, **Do formalismo no processo civil**, p. 13, o processo romano começou a se tornar escrito ainda no período *per formulas*, com a edição da *Lex Aebutia*, de 149 a.C., que eliminou as formas e solenidades orais exigidas pela Lei das XII Tábuas. Na Idade Média, com a formação do *Ius Commune* na Europa, o processo consolidou-se como escrito e assim foi transmitido aos países de tradição do *Civil Law*.

63. Uma das características da oralidade no *Common Law* é a realização de júris. No entanto, conforme informa Márcio Louzada Carpena, **Os poderes do juiz no *common law***, p. 34, é cada vez menor o número de júris que são realizados nos países do *Common Law*, em razão dos seus custos, da sua complexidade e da sua morosidade. Além disso, como salienta MOREIRA, José Carlos Barbosa. *In:* Revista de Processo. nº 102, São Paulo: Revista dos Tribunais, abr./jun. 2001, p. 238, o CPC inglês de 1998 promoveu significativa redução no papel da oralidade no processo civil daquele país.

64. A oralidade foi uma das marcas do CPC/1939, redigido sob a influência de Chiovenda. Sobre a evolução da oralidade no processo civil brasileiro, veja-se OLIVEIRA, Carlos Alberto Álvaro de. **Do formalismo no processo civil**. 2ª ed., São Paulo: Saraiva, 2003, p. 33.

65. Essa crítica está presente em Michele Taruffo, ***Aspetti fondamentali del processo civile di civil law e di common law***, p. 31.

66. Mauro Capelletti e Bryant Garth, **Acesso à justiça**, p. 77, ressaltam que nos *"Estados Unidos, o exagerado sistema de neutralidade judicial tem sofrido críticas consideráveis desde o famoso discurso de Roscoe Pound, em 1906. Atualmente admite-se em geral que a utilização de um juiz mais ativo pode ser um apoio, não obstáculo, no sistema de justiça*

efeito, é importante levar em conta que os juízes nas cortes inglesas têm desempenhado uma importante função no andamento dos processos,[67] sendo capazes de atuar, inclusive, na definição de políticas públicas, naquilo que ficou conhecido como ativismo judicial (*judicial activism*),[68] no controle dos atos normativos (*judicial review*) e nas ações afirmativas (*afirmative actions*). Além disso, o *Civil Procedure Rules* promoveu significativa ampliação dos poderes do juiz na condução do processo (*judge´s powers of management*).[69] Os juízes brasileiros, por sua vez, não podem mais ser identificados como juízes inquisitoriais, pelo menos na sua acepção mais estrita. Suas atuações, especialmente após a edição da Constituição de 1988 e a consolidação do Estado Democrático de Direito, têm sido pautadas pelo diálogo com as partes, regrado por inúmeros princípios e garantias, numa postura que os aproxima mais de um modelo cooperativo.[70]

Na verdade, o funcionamento do direito processual civil em ambos os sistemas tem sido objeto de amplo debate doutrinário, tanto em razão daquilo que os aproxima, como das características que os afastam.[71] Não obstante, é forçoso reconhecer que a maneira como cada modelo encara a Justiça, o papel dos juízes, das partes e seus advogados, a dinâmica processual e a opinião pública é substancialmente diferente.

Os juízes ingleses são, via de regra, investidos por eleição ou por nomeação,[72] o que lhes confere uma postura e uma legitimidade bastante

---

basicamente contraditório, uma vez que, mesmo litígios que envolvam exclusivamente duas partes, ele maximizar as oportunidades de que o resultado seja justo e não reflita apenas a desigualdade entre as partes".

67. Nesse sentido, Michele Taruffo, ***Aspetti fondamentali del Processo Civile di Civil Law e di Common Law***, p. 32, lembra ainda o importante papel do *Equity Law* no Direito Inglês, onde a condução do processo era mais ativa por parte do *Counsellor*.

68. Luís Roberto Barroso, **Judicialização, ativismo judicial e legitimidade democrática**, p. 72.

69. **José Carlos Barbosa Moreira, Uma novidade: o Código de Processo Civil inglês**, p. 152, e *Leonardo Greco, Novas perspectivas da efetividade* **e do garantismo processual**, p. 23.

70. Fredie Didier Jr., **Curso de direito processual civil**, v. 1, p. 141, e Daniel Mitidiero, **Colaboração no processo civil**, p. 22.

71. Caroline Gaudio Rezende, **Semelhanças entre o projeto do novo Código de Processo Civil com o *civil procedure rules* (Código de Processo Civil inglês)**, p. 203.

72. O Poder Judiciário inglês é formado por juízes remunerados (*stipendiary magistrates*), juízes de paz (*justices of peace*), jurados (*jurymen*) e juízes leigos (*lay judges*). Somente os juízes remunerados são obrigatoriamente recrutados entre advogados. Embora ocupem as cortes mais altas, os juízes remunerados representam menos de 20% dos juízes do

diferente dos juízes brasileiros, que são, em sua maioria, selecionados por concurso público. Além disso, como são os advogados das partes que, normalmente, arcam com os altos custos do processo e da produção da prova,[73] os juízes ingleses têm uma postura mais passiva e arbitral do procedimento.[74] No caso dos processos brasileiros, é o Estado que arca com a maior parte dos encargos, abrindo caminho para que os juízes enxerguem no processo um interesse público e tenham um papel mais ativo na busca da elucidação dos fatos, na produção da prova e na condução do procedimento.[75] Não se pode olvidar, também, a existência no Brasil de uma relação tutorial do Estado para com o cidadão, que se desdobra numa postura judicial mais substitutiva e paternalista.

Outro aspecto a se destacar é que na Inglaterra parte dos julgamentos civis são feitos perante um júri (*trial by jury*) e em cortes de condado (*County Courts*), o que dá às decisões judiciais contornos mais humanos e menos técnicos. Não existe apenas a verdade judicial e a manifestação das partes e da sociedade é tomada em consideração quando a decisão é proferida. Os juízes brasileiros, por sua vez, são mais técnicos e tomam as decisões sozinhos ou reunidos em grupos de juízes, não raras vezes desconsiderando a vontade das partes ou mesmo contrariando o interesse de ambas. O contato com as partes é mínimo e é feito basicamente dentro da instrução probatória. Existe uma "natural desconfiança" em relação aos indivíduos que devem se submeter ao *imperium* estatal manifestado na decisão.

O julgamento na Inglaterra tem como objetivo primordial regular questões sociais, resolver os atritos e evitar que eles voltem a ocorrer. O julgamento no Brasil, por seu turno, tem como meta principal aplicar o Direito ao caso, preservando a ordem jurídica e as instituições. É inevitável

---

Reino Unido. Informações obtidas no site do Poder Judiciário britânico. Disponível em: https://www.judiciary.uk/about-the-judiciary/who-are-the-judiciary/judicial-roles/magistrates/ acessado em 16/09/2018.

73. Como bem assinalou Márcio Louzada Carpena, **Os poderes do juiz no *common law***, p. 35, a questão econômica do processo serve como um filtro dos litígios no *Common Law*, estimulando a autocomposição e evitando que casos mais simples ou com menos chances de sucesso sejam levados à Justiça. A existência de uma fase pré-judicial (*pretrial conference*) também aumenta as chances de acordo e depuração dos casos.

74. Como destaca **José Carlos Barbosa Moreira, Uma novidade: o Código de Processo Civil inglês**, p. 158, esse quadro foi alterado pela edição do *Rules of Civil Procedure*, que atribuiu ao juiz amplas faculdades de controle probatório.

75. C. H. Van Rhee, ***Evolución del derecho procesal civil en Europa***, p. 21.

constatar, portanto, que a economia e a política são fatores determinantes na escolha e no funcionamento do sistema jurídico de cada país. Não por outro motivo, na Inglaterra a Justiça é administrada em nome da Coroa Real e sob autoridade do Parlamento,[76] enquanto que no Brasil, desde o início da fase Republicana, o Poder Judiciário é um poder autônomo e independente dos demais Poderes, dentro da diretriz da tripartição de poderes.

No modelo inglês, até a edição do CPC Inglês, as regras processuais escritas eram reduzidas e tinham por objetivo permitir a atuação das partes em juízo. O processo não tem um papel de maior relevância senão o de permitir a solução do conflito. As regras processuais são mais flexíveis e devem ser reguladas pela regionalidade, dentro de cada corte. No caso do Brasil, as regras processuais são abundantes e técnicas/formalistas, normalmente editadas pelo governo central para serem aplicadas nacionalmente. Sua meta originária era controlar a discricionariedade do magistrado dentro do processo. Isso porque a dogmática jurídica contemporânea do processo foi elaborada pelos liberais no período subsequente às revoluções burguesas. Esses agentes tiveram que conviver por séculos com modelos processuais inquisitórias e viram no processo um caminho para tolher o poder autoritário dos juízes. Além disso, a própria lógica jurídica prevalente no período emprestava ao juiz um papel de mero reprodutor da lei. O resultado é que o processo, de uma maneira geral, foi concebido para ser um instrumento rígido e burocrático de formação da decisão judicial. Não havia maiores preocupações com o direito debatido ou mesmo com colaboração das partes na solução do conflito.

Somente após a crise do positivismo jurídico experimentada na segunda metade do século passado, com a adoção de novos parâmetros hermenêuticos, especialmente àqueles ligados ao Estado Democrático de Direito, é que o direito processual iniciou a trajetória de descolamento de algumas das características iluministas que marcaram a sua formação. No Brasil, especialmente em razão da edição da Constituição Federal de 1988, o direito processual civil passou a ostentar maior preocupação com a autocomposição e com a participação dos interessados na condução do procedimento e na construção da decisão.

76. Criada pela Lei de Reforma Constitucional de 2005, a Suprema Corte britânica iniciou suas atividades em 1º de outubro de 2009, assumindo as funções judiciais do Comitê de Recursos da Câmara dos Lordes.

1.1.5. O Código de Processo Civil da Inglaterra e do País de Gales

Nesse passo, necessário destacar, pela importância que teve no movimento de aproximação do direito processual civil inglês com as tradições do *Civil Law*, a edição em 1998 do *Civil Procedure Rules.*[77] De fato, a origem desse código se deve à busca pela implementação do ideal de acesso à justiça na Inglaterra. Isso porque, ao longo dos anos 1990, diante das críticas generalizadas sobre o funcionamento da justiça inglesa, dentre outros motivos, pela excessiva lentidão, pelos custos elevados e imprevisíveis, pela complexidade e pela falta de padronização, se intensificou nos meios jurídicos o debate sobre a conveniência de se adotar um código de processo no país. Assim, em 1994, o Ministro das Justiça (*Lord Chancellor*) James Mackay encarregou o *Lord* Harry Woolf, Presidente da Seção Civil da Corte de Recursos, de elaborar uma pesquisa relativa ao sistema judicial inglês e de apresentar sugestões para sua melhoria.[78]

Baseado nas conclusões finais do Relatório Woolf, o Parlamento editou em 1997 o *Civil Procedure Act*, anunciando o propósito de adotar um código unificado e definindo as suas prioridades. A partir daí se iniciaram os trabalhos para elaboração de um projeto de lei, que teve a participação de juristas e parlamentares. Após intensas discussões, em 17 de dezembro de 1998, o Parlamento Britânico aprovou o texto do Código (Lei nº 3.132/1998), que entrou em vigor em 26 de abril de 1999, na Inglaterra e no País de Gales.

Os principais objetivos do novo Código eram tornar o processo mais compreensível para os que dele participassem e reformar o modelo de financiamento processual, para que encargos financeiros fossem mais acessíveis e pudessem ter maior previsibilidade.[79] Da mesma forma, o *Civil Procedure Rules* estabeleceu princípios processuais e as formas de interpretação das regras processuais, apontou a prioridade na utilização dos mecanismos substitutivos da jurisdição (*alternative dispute resolution*), dentre os quais se destacam a mediação, a arbitragem e a conciliação. O Novo Código buscou também promover a celeridade na prestação da atividade jurisdicional, a reestruturação do aparelho judicial através do aumento dos poderes do juiz e o aprimoramento da regulamentação das ações coletivas (*representative actions*) e dos processos modelos (*global litigation order*).

---

77. **José Carlos Barbosa Moreira, Uma novidade: o Código de Processo Civil inglês**, p. 148.
78. D. C. Alen, ***The Impact of the Woolf Reforms in the U.K.***
79. **José Carlos Barbosa Moreira, Uma novidade: o Código de Processo Civil inglês**, p. 155.

1.1.6. O *Brazilian Law*

Como dito, tem sido muito debatida a aproximação do direito brasileiro com os elementos típicos dos países de tradição do *Common Law*. No caso do direito processual civil brasileiro, essa afirmação se deve não apenas por conta das reformas constitucionais e infraconstitucionais operadas a partir da década de 1990, mas também pelas regras e princípios inseridos no texto do Código de Processo Civil de 2015, que indicam um movimento constante e crescente no sentido de atribuir à jurisprudência eficácia vinculativa. Por certo, a valorização jurisprudencial não é o único componente desse processo de estreitamento entre famílias jurídicas. A adoção pelo sistema jurídico brasileiro do controle difuso de constitucionalidade (*judicial review*), das ações coletivas (*representative actions*) e do julgamento de causas piloto (*global litigation order*), para citar apenas alguns exemplos, também podem ser inseridos nesse contexto. No entanto, é na questão da função que a jurisprudência exerce no sistema jurídico que se encontra o ponto mais sensível da discussão. Isso porque, como foi visto, a base estruturante do *Common Law* é o respeito aos precedentes e sua eficácia vinculante. A questão central, portanto, como bem pontuado por Alexandre Freitas Câmara,[80] é saber se esses fatos efetivamente afastaram o sistema jurídico brasileiro das tradições do *Civil Law*, transformando-o num sistema jurídico híbrido.

Nesse passo, importante esclarecer que os sistemas jurídicos híbridos são aqueles que apresentam, simultaneamente, características das duas principais famílias jurídicas: *Civil Law* e *Common Law*. Um exemplo de sistema jurídico híbrido é aquele observado na província de Goa, na Índia. Esse território, instalado na porção sudoeste da península indiana, pertenceu à Portugal desde 1505 e fazia parte do chamado Estado Português da Índia até 1961, ano em que foi retomado pela República da Índia. Nessa localidade, que abrigou o primeiro Tribunal da Relação instalado fora do território de Portugal (1554), as disposições do Código Civil português de 1867, que ainda vigoram, coexistem com outras, de inspiração anglo-saxônica, cuja aplicabilidade resulta da extensão do sistema jurídico vigente na Índia e herdado do período de colonização inglesa.[81]

Outro exemplo de sistema jurídico híbrido pode ser encontrado na província canadense do Quebec. De fato, das dez províncias que formam o Canadá, nove têm como característica a tradição do *Common Law* inglês,

80. Alexandre Freitas Câmara, **Levando os padrões decisórios a sério**, p. 52.
81. Jorge Miranda, **Manual de direito constitucional**. t. 8, p. 206.

enquanto que o Quebec tem uma estrutura jurídica que foi construída sobre as bases do direito francês. Por isso, o próprio governo canadense se define como portador de um sistema dualista ou "bijurídico" (*bijurical system*).[82] No caso específico da província do Quebec, no entanto, o sistema jurídico é visto como híbrido.[83] Nessa provícnia, da mesma forma que em Goa, o direito privado é regido pela lógica do *Civil Law*, especialmente pelo *Code civil du Québec* de 1991, ao passo que o direito público opera de acordo com a tradição do *Common Law* canadense.[84]

No caso do Brasil, diferentemente dos sistemas híbridos mencionados, não houve a incorporação de uma estrutura jurídica consuetudinária, mas o deslocamento da racionalidade do *Civil Law*, assentado na lei, em direção ao *Common Law*, focado na jurisprudência.

A mudança no perfil da jurisprudência no Brasil, embora já fosse pensada nas décadas anteriores,[85] foi decisivamente impulsionada pela edição da Constituição Federal de 1988,[86] que logrou promover a transição do Estado brasileiro de um regime autoritário para um Estado Democrático de Direito, restabelecendo as eleições diretas, reorganizando as instituições e promovendo a proteção mais densa e ampla dos direitos fundamentais.[87] A Carta Constitucional também trouxe em seu texto uma série de novos

---

82. ***Third series of proposals to harmonize federal law with the civil law of the province of Quebec*** (site do *Canadian Department of Justice*).

83. F. P. Walton, ***The legal system of Quebec***, p. 213.

84. O Canadá é hoje uma monarquia constitucional que faz parte do Reino Unido e tem estrutura federalista e parlamentar. Apesar disso, a região onde se situa a província de Quebec foi colonizada originalmente por franceses, que lá chegaram em 1534. Com a derrota militar das forças francesas no território canadense para o Império Britânico, todas as colônias francesas situadas ao norte dos Estados Unidos, passaram para o domínio inglês, conforme ficou estabelecido pelo Tratado de Paris, de 1763. Para tentar apaziguar os ânimos, os governantes britânicos que assumiram a administração do território permitiram que os colonos franceses conservassem a religião católica e o uso da língua francesa. Em 1774, o *Act of Quebec* reconheceu também o direito dos colonos franceses de continuar usando a legislação francesa, com exceção do direito penal, que passaria a ser regido pelo regime britânico.

85. Nas palavras de Fabíola Utzig Haselof, **Jurisdições mistas**, p. 55, *"enquanto o civil law entende que a segurança jurídica e a previsibilidade estão assentadas na lei, o common law assenta a observância de tais princípio nos precedentes (stare decisis)"*.

86. Como bem sintetizou José Rodrigo Rodriguez, **Como decidem as cortes?**, p. 53: *"Para o bem e para o mal, a Constituição de 1988 é o marco de referência para qualquer discussão sobre o direito no Brasil"*.

87. Luís Roberto Barroso, **Neoconstitucionalismo e constitucionalização do direito (o triunfo tardio do direito constitucional no Brasil)**, p. 3.

direitos de natureza social, econômica, cultural e política, cuja aplicação fugia do esquadro hermenêutico presente no positivismo jurídico herdado do direito continental. E essa tendência se projetou na legislação infraconstitucional que foi editada nos anos subsequentes, ampliando e aprofundando os desafios para o exercício da jurisdição. Em outras palavras, a nova realidade implantada pela Constituição de 1988 exigiu uma mudança abrupta na maneira como os julgamentos eram feitos, para que a tutela jurisdicional pudesse ser prestada de uma maneira adequada, atribuindo maior dinamismo e concretude ao Direito.

Independentemente das críticas que se possa fazer sobre os caminhos que o Poder Judiciário tomou nessa fase, é inegável reconhecer que a modificação no seu atuar produziu, como efeito colateral, um significativo aumento nos dissídios jurisprudenciais. Com efeito, a necessidade de trabalhar com princípios e cláusulas gerais,[88] sem uma consolidada experiência anterior ou uma teoria decisória especialmente desenvolvida para lidar com essa nova realidade, fez com que os tribunais tivessem diferentes interpretações das leis, pondo em risco valores caros à ordem jurídica, tais como a isonomia, a segurança jurídica e a duração razoável do processo. Além disso, a vivência democrática, o aperfeiçoamento das instituições e o aumento da complexidade das relações sociais – sem falar no incremento da cultura de litigiosidade e da ineficácia dos controles administrativos sobre os atos lesivos –, levou ao crescimento exponencial do número de demandas dirigidas ao Poder Judiciário. Portanto, as regras hermenêuticas tradicionais, arquitetadas nos séculos anteriores, não foram mais capazes de responder adequadamente aos desafios no período que se sucedeu à nova era constitucional.[89]

Em outras palavras, a constitucionalização do direito, com a adoção de novos padrões hermenêuticos e o reconhecimento do papel criativo e normativo da atividade jurisdicional, abriu caminho para que a mesma lei recebesse diferentes interpretações judiciais, afetando a isonomia material e comprometendo a capacidade de absorver o número crescente de processos. Assim, o legislador brasileiro foi compelido a buscar soluções capazes de atender à busca pela proteção dos direitos e, ao mesmo tempo, acelerar os julgamentos. Um dos caminhos escolhidos foi exatamente o de mudar a função da jurisprudência no ordenamento jurídico e, em particular, atribuir eficácia vinculativa a determinados padrões decisórios, retomando uma

---

88. Judith Martins-Costa, **A boa fé no direito privado**, p. 303.

89. Lenio Luiz Streck e Georges Abboud, **O que é isto: o precedente judicial e súmula vinculante?**, p. 35.

tradição jurídica existente em alguns momentos de nossa história.[90] Por isso, o recente movimento de revalorização da jurisprudência no Brasil pode ser inserido, sob determinada ótica, num quadro muito mais abrangente, de reconstrução dos sistemas jurídicos filiados à tradição do direito romano-germânico, no período pós-positivista.[91]

Desse modo, é possível afirmar que no Brasil a jurisprudência reincorporou à sua tradicional função persuasiva, herança de uma mescla da influência de diferentes escolas jurídicas europeia-continentais,[92] o papel de conformador da argumentação da decisão judicial, dotado de carga normativa e, em algumas situações, formalmente vinculativa, para conferir ao direito maior isonomia e segurança jurídica[93] e para promover a aceleração da prestação da tutela jurisdicional.[94]

Em relação ao sistema jurisprudencial brasileiro, três peculiaridades que merecem ser destacadas. Em primeiro lugar, o que desenvolvemos foi basicamente um modelo de aplicação dedutiva das teses jurídicas extraídas das manifestações judiciais e transformadas em normas jurídicas gerais, que são empregadas sem muita preocupação com os aspectos fáticos e jurídicos dos casos que as formaram.[95] Em segundo lugar, a eficácia vinculativa da jurisprudência no Brasil decorre, essencialmente, de uma previsão legal.[96]

---

90. Conforme será visto no próximo Capítulo, desde o período colonial até a edição da Constituição de 1988 é possível identificar a presença pontual de padrões decisórios dotados de eficácia vinculativa no ordenamento jurídico brasileiro, tais como os assentos da Casa de Suplicação, os prejulgados do Tribunal do Comércio e os prejulgados trabalhistas.
91. Júlio César Rossi, **Precedente à brasileira**, p. 24.
92. Luiz Guilherme Marinoni, **Precedentes obrigatórios**, p. 21.
93. Thomas Bustamante, **Teoria do precedente judicial**, p. 68.
94. Nesse sentido, veja-se Daniel Vianna Vargas, **Ferramentas de controle das razões de decidir**, p. 105.
95. Trata-se, a bem da verdade, de uma característica comum aos países que, como o Brasil, ampliaram o papel da jurisprudência dentro de uma estrutura formada sob a lógica do *Civil Law*. Nesse sentido, veja-se Humberto Theodoro Júnior, Dierle Nunes, Alexandre Mello Franco Bahia e Flávio Quinaud Pedron, **Novo CPC: fundamentos e sistematização**, p. 334.
96. Conforme assinala Murilo Strätz, **Novo Código de Processo Civil: incorporação do direito comum ou mero respeito à segurança jurídica?**, p. 401: *"O direito processual brasileiro é composto por um complexo sistema que combina elementos das tradicionais famílias jurídicas, o que o torna* sui generis. *Com efeito, o nosso modelo jurisdicional não adota um modelo de precedentes, nem mesmo após a promulgação do Novo Código*

Por fim, a eficácia vinculativa é prevista apenas para os padrões decisórios editados pelos tribunais inferiores e superiores.

Diante desse quadro, entendemos que o sistema jurídico do Brasil não pode ser visto como híbrido. Apesar das transformações operadas, a nossa estrutura jurídica permanece funcionando sobre a lógica do *Civil Law*.[97] O que se verificou, na realidade, foi a convergência de dois tipos de jurisdição, a jurisdição legal (*statute law*) e a jurisdição jurisprudencial (*case law*). De modo que o sistema jurídico brasileiro pode ser enquadrado como estruturado pelas tradições do *Civil Law*, mas dotado de uma modalidade diferenciada de jurisdição mista (*mixed jurisdiction*),[98] que bem poderia ser chamado de "*Brazilian Law*".[99]

Por outro lado, em nossa visão, o melhor caminho não é tentar impor uma "pureza" na aplicação da jurisprudência, dentro de uma lógica que não faz parte da nossa tradição jurídica.[100] Entendemos, pois, que é possível

---

de Processo Civil (NCPC/2015), pois aqui é a própria lei que serve de fundamento de validade ao precedente".

97. Como bem pontuado por Fabíola Utzig Haselof, **Jurisdições mistas**, p. 166, não é a origem da produção do direito ou a valorização do caso precedente que marcam a diferença entre o *Common Law* e o *Civil Law*, mas a forma de aplicação e o pensamento do próprio direito. A percepção de que o método de pensamento do sistema jurídico brasileiro permanece vinculado à família do *Civil Law* é assentada inclusive entre autores portugueses. Nesse sentido, veja-se VICENTE, Dário Moura. **O lugar dos sistemas jurídicos lusófonos entre as famílias jurídicas**. *In:* MIRANDA, Jorge. (org.). Estudos em homenagem ao prof. doutor Martim de Albuquerque. v. 1. Coimbra: Universidade de Coimbra, 2010, p. 423.

98. De acordo com Fabíola Utzig Haselof, **Jurisdições mistas**, p. 183, a jurisdição mista *"aparentemente, oferece as ferramentas para o desenvolvimento de um sistema melhor, no qual regras genéricas e abstratas previstas no direito codificado são interpretadas com base no alcance que receberam nos casos precedentes, nos quais elementos do caso concreto ganham relevância, numa combinação de códigos e* cases, *que já foi reconhecida como o melhor dos dois mundos. Portanto, parece ser um sistema mais completo porque garante a segurança jurídica na lei (igualdade formal) e no resultado (igualdade material), e mais racional porque estabelece a vinculação obrigatória aos precedentes julgados pelas cortes superiores".*

99. Fredie Didier Jr., **Curso de direito processual civil**, v. 1, p. 43. Lucas Buril de Macêdo, **Precedentes e o direito processual civil**, p. 67, por sua vez, afirma que o *"Brasil, na verdade, é mestiço até mesmo no seu sistema jurídico".*

100. Nesse sentido, parte da doutrina brasileira dedicada ao estudo da jurisprudência tem centrado suas críticas na forma de aplicação dos precedentes, que não poderiam adotar um esquema abstrato e desvinculado do caso concreto. Nesse sentido, vejam-se Lenio Luiz Streck e Georges Abboud, **O que é isto: o precedente judicial e súmula vinculante?**, p. 42, *GRECO, Leonardo. Novas perspectivas da efetividade* **e do garantismo processual**.

aplicar a jurisprudência em diferentes níveis, desde um plano extremamente abstrato, como ocorre com as súmulas, passando por um plano intermediário, representado pelos julgamentos modelos, até um plano mais concreto, como se verifica nos "verdadeiros" precedentes judiciais (decisões proferidas sobre um caso concreto).

Como será visto no próximo Capítulo deste livro, sustentamos que a aplicação dos padrões decisórios deve ser feita, como regra, através do enquadramento fático e jurídico da questão *sub judice*, à luz dos seus precedentes, de outras decisões que lhe tenham aplicado, das manifestações doutrinárias a seu respeito etc. Mas defendemos também que esse processo de aplicação pode variar conforme as características do padrão decisório e da questão jurídica que está sendo julgada. Nesse sentido, por exemplo, é inegável reconhecer que se um juiz, numa ação movida por um cliente em face de seu banco, afirmar que está aplicando o CDC à causa, por conta da Súmula 297 do STJ, que diz que o *"Código de Defesa do Consumidor é aplicável às instituições financeiras"*, fazendo um cotejo simplificado com os elementos da causa, dificilmente essa decisão será vista como desprovida de fundamentação adequada. Nessa hipótese, se a questão essencialmente jurídica e está bem assentada na jurisprudência, exigir um esforço argumentativo robusto e detalhado por parte do juiz parece ser contraproducente.

Destarte, a aplicação abstrata da jurisprudência é uma realidade brasileira e, em situações específicas como no caso da Súmula 297 do STJ, não parece ser, a princípio, algo nocivo para o direito. Em outras hipóteses, entretanto, a aplicação abstrata é ilegítima - inclusive anulável - e deve ser alvo de censura. Na nossa visão, portanto, a doutrina deveria voltar suas energias para reconhecer a existência de diferentes procedimentos de aplicação da jurisprudência, bem como as circunstâncias de sua incidência,

---

In: SOUZA, Marcia Cristina Xavier de; RODRIGUES, Walter dos Santos. (coord.). O novo Código de Processo Civil: o projeto do CPC e o desafio das garantias fundamentais. Rio de Janeiro: Elsevier, 2012, p. 14, e Maurício Ramires, **Crítica à aplicação de precedentes**, p. 62. Como bem ressumem Humberto Theodoro Júnior, Dierle Nunes, Alexandre Mello Franco Bahia e Flávio Quinaud Pedron, **Novo CPC: fundamentos e sistematização**, p. 338, *"aqui não se pretende negar que o uso de enunciados de súmula (e de ementas) se dê no Brasil, equivocadamente, com se lei fosse; seguindo o mesmo raciocínio de generalidade e de aplicação das normas editadas pelo Parlamento. É como se esses enunciados jurisprudenciais se desgarrassem dos fundamentos determinantes (ratio decidendi ou holding) que os formaram" (...) Devemos perceber (o quanto antes) que qualquer enunciado jurisprudencial somente pode ser interpretado e aplicado levando-se em consideração os julgados que o formaram"*.

para se ajustá-los à realidade do nosso sistema jurisprudencial, marcado pela presença de distintos tipos de padrões decisórios.

O que não podemos admitir é que a jurisprudência possa ser aplicada sem observância dos componentes que formam a base do nosso ordenamento jurídico e expressão representativa da vontade popular.[101] Por isso, como será visto nos próximos Capítulos deste livro, a nossa crítica se volta não à atribuição de eficácia normativa à jurisprudência em si ou mesmo à forma abstrata de sua aplicação, mas à construção formalista e despida de elementos constitucionais-democráticos dessa eficácia e à aplicação aos casos concretos de maneira mecânica, discricionária e aética.

Por isso, afigura-se como imprescindível assentar que toda a atividade judicial relacionada à aplicação da jurisprudência, e em especial no caso do julgamento monocrático dos recursos, para bem cumprir seu papel densificador do acesso à justiça, deve estar pautada num modelo de processo que possa não apenas representar os desígnios da Constituição Federal, mas também assegurar os direitos e garantias fundamentais encartados no nosso ordenamento jurídico.

1.2. O MODELO CONSTITUCIONAL DO PROCESSO

1.2.1. O Estado de Direito e o constitucionalismo

Embora o conceito de constituição exista desde a antiguidade, foi somente nos séculos XVI e XVII que a maioria das nações europeias formalizaram normas fundamentais, escritas ou não, com a função de legitimar e regulamentar o poder estatal. Com isso, as normas passaram a representar o vértice do ordenamento jurídico desses Estados. Esse período representa a etapa final do chamado constitucionalismo antigo.[102] Em termos rigorosos, a bem da verdade, não existe um único constitucionalismo, mas vários

---

101. Nesse sentido, destaca Humberto Dalla Bernardina de Pinho, **Jurisdição e pacificação**, p. 66, que, *"não obstante os efeitos positivos da implementação de um sistema baseado em precedentes, é preciso ter cuidado com as distorções, casuísmos e decisionismos"*. Como bem salientado por Daniel Vianna Vargas, **Ferramentas de controle das razões de decidir**, p. 118, *"não basta justificar a tomada de posição com base na lei ou em padrão decisório, uma vez que essa mera 'motivação' simplesmente expõe publicamente a convicção pessoal, o livre convencimento motivado do julgador. A sociedade não se preocupa com a posição subjetiva do magistrado. Há necessidade de fundamentar a decisão judicial para demonstrar analiticamente o enfrentamento de todos os argumentos expostos pelas partes para alcançar a resposta adequada"*.

102. Dirley da Cunha Júnior, **Controle de constitucionalidade**, p. 24.

constitucionalismos, como o inglês, o americano e francês, que podem ser agrupados por meio de critérios teóricos ou cronológicos em "movimentos constitucionais" ou fases. Ainda assim, o constitucionalismo pode ser definido com a teoria que se baseia no princípio do governo estruturalmente limitado pela organização político-social da garantia dos direitos de uma comunidade.[103]

O constitucionalismo clássico, por sua vez, surge após as revoluções burguesas ocorridas no final do século XVIII, especialmente com a edição das constituições dos Estados Unidos da América e da França, que servem de parâmetros para a formação dos Estados Liberais. De fato, a Constituição Americana de 1787 foi a primeira constituição escrita, formal e rígida, dotada de supremacia jurídica e política.[104] Nela foram consolidadas a estrutura estatal federalista, a forma de governo republicana e o sistema presidencialista. A Constituição Francesa de 1791, por sua vez, promoveu a visão rígida da tripartição dos poderes e a garantia do respeito às leis. Ao longo do século XIX, a maioria dos Estados Liberais foram tomados por um movimento intervencionista, que os levou a atuar de maneira mais intensa nas relações sociais, econômicas e trabalhistas, bem como na produção e distribuição de bens. O objetivo dessa intervenção seria o de promover o bem-estar da população, por isso essa nova faceta do Estado Liberal ficou conhecida como Estado Social ou Estado do Bem-Estar (*Welfare State*).

Os avanços promovidos pelo Estado Social, no entanto, não foram capazes de impedir a eclosão de duas guerras mundiais na primeira metade do século XX. Assim, nos anos seguintes, com o reconhecimento da falência dos modelos liberais, tornar-se-ia consenso a necessidade de criar mecanismos para evitar que os conflitos e as atrocidades vivenciadas voltassem a ocorrer.[105] Nesta etapa são criados organismos e leis internacionais que geram impactos importantes nos sistemas jurídicos em reconstrução, levando os países da Europa Continental a perceberem a imprescindibilidade de reformular as suas constituições. Surge, então, o constitucionalismo contemporâneo e com ele uma leva de Cartas Constitucionais fundadas na concepção democrática de

103. José Joaquim Gomes Canotilho, **Direito constitucional e teoria da constituição**, p. 57.

104. Dirley da Cunha Júnior, **Controle de constitucionalidade**, p. 26.

105. José Joaquim Gomes Canotilho, **Direito constitucional e teoria da constituição**, p. 52.

Estado.[106] Essas constituições procuraram sintetizar as principais tendências filosóficas que se desenvolviam nos círculos acadêmicos europeus. Assim, diversos países passam a adotar o modelo republicano de governo[107] e a valorizar os ideais democráticos.

Na esteira do constitucionalismo contemporâneo, dois dos principais países envolvidos nas guerras mundiais, Itália e Alemanha,[108] promulgam novas Constituições logo após o término do conflito, respectivamente, em 1947 e 1949. Já países como Portugal (1976) e Espanha (1978) tiveram que aguardar pelo fim dos regimes ditatoriais que se instalaram no pós-guerra: o Salazarismo o Franquismo. A mesma situação ocorreu nos países da América Latina, que somente puderam reformular suas cartas após o fim das ditaduras militares, nas décadas de 1980 e 1990. Nesse sentido, podem ser citadas as constituições do Chile, de 1980, do Uruguai, de 1967 (restabelecida em 1985), do Brasil, de 1988, do Paraguai, de 1992, e da Argentina, de 1994.

1.2.2. O Estado de Direito e os direitos fundamentais

De plano, importante esclarecer que na doutrina estrangeira é comum definir direitos humanos como sinônimo[109] ou subespécies[110] de direitos fundamentais.[111] No Brasil, no entanto, prevalece a visão de que ambos se diferenciam não propriamente pelo seu conteúdo, mas pelo local onde se encontram assentados. Assim, o que diferencia os direitos humanos dos

---

106. Dirley da Cunha Júnior, **Controle de constitucionalidade**, p. 30.

107. Três anos após o término da II Guerra Mundial, o número de países republicanos na Europa tinha saltado de dois para dezessete, comparando-se com o ano de 1914.

108. Como bem explica Luís Roberto Barroso, **Neoconstitucionalismo e constitucionalização do direito (o triunfo tardio do direito constitucional no Brasil)**, p. 3, a Constituição alemã de 1949 foi chamada de "Lei Fundamental" (*Grundgesetz*), para sublinhar seu caráter provisório, pois a constituição definitiva só deveria ser ratificada depois que a Alemanha Oriental e a Alemanha Ocidental fossem reunificadas. Isso somente ocorreu em 31 de agosto de 1990, quando foi assinado o Tratado de Unificação. Desde o dia 3 de outubro de 1990 a Lei Fundamental vigora em toda a Alemanha, agora com o *status* definitivo de Constituição.

109. Sobre a existência dessa visão na doutrina internacional, veja-se José Joaquim Gomes Canotilho, **Direito constitucional e teoria da constituição**, p. 369.

110. Luigi Ferrajoli, **Direito e razão**, p. 270.

111. No Brasil, Paulo Bonavides, **Curso de direito constitucional**, p. 38, é um dos que defende que as expressões "direitos humanos" e "direitos fundamentais" podem ser tratadas como sinônimo.

direitos fundamentais é que os primeiros estão positivados nos tratados e convenções internacionais, enquanto que os segundos estão insculpidos nas Constituições de cada nação.[112] Não por outro motivo a Constituição Federal de 1988 adota a expressão direitos fundamentais em referência aos direitos nela positivados (art. 5º a 17) e direitos humanos para designar os consagrados em tratados e convenções internacionais (art. 4º, II, art. 5º, § 3º, e art. 109, V-A e § 5º). De modo que, para fins do presente texto, identificamos os direitos fundamentais como sendo os direitos humanos positivados na constituição.

O modelo de Estado que emerge na Europa após as guerras, conforme leciona Canotilho,[113] se caracteriza pela supremacia constitucional, pela a juridicidade (submissão do Estado e suas estruturas de poder ao direito), pelo respeito aos direitos fundamentais e pela legitimação do poder político pelo povo. A supremacia constitucional existe não apenas no plano da validade, como preconizado por Kelsen,[114] mas também no plano da efetividade. Por isso, no Estado Democrático de Direito, a Constituição deve ser dotada de força normativa, ou seja, de capacidade para regular, jurídica e efetivamente, as relações da vida, dirigindo as condutas e dando segurança a expectativas de comportamentos.[115] Essa capacidade está diretamente relacionada com convicção sobre a inviolabilidade da Constituição, a chamada vontade de constituição (*wille zur verfassung*).[116]

O conceito moderno de direitos fundamentais foi desenvolvido na França ao longo da parte final do século XVIII e foi consagrado na Declaração Universal dos Direitos do Homem e do Cidadão em 1789.[117] Esse texto foi bastante influenciado pela Declaração de Direitos da Virgínia de 1776. As primeiras constituições a adotarem a expressão foram a Constituição Mexicana de 1917 e a Constituição de Weimar de 1919. A consagração

112. Ingo Wolfgang Sarlet, **A eficácia dos direitos fundamentais**, p. 36, e Ronaldo de Carvalho Dias Brêtas, **Processo constitucional e estado democrático de direito**, p. 68.

113. José Joaquim Gomes Canotilho, **Direito constitucional e teoria da constituição**, p. 57.

114. Hans Kelsen, **Teoria pura do direito**, p. 135.

115. José Joaquim Gomes Canotilho, **Direito constitucional e teoria da constituição**, p. 1177.

116. HESSE, Konrad. **A força normativa da constituição**. Porto Alegre: Sérgio Antônio Fabris, 1991, p. 24.

117. Ronaldo de Carvalho Dias Brêtas, **Processo constitucional e estado democrático de direito**, p. 68.

dos direitos fundamentais nas constituições teve enorme importância na mudança de paradigmas jurídicos das sociedades, porque substituiu na base da estrutura estatal, fundada na tradicional relação estabelecida entre o Estado e seus súditos, pela relação entre o Estado e cidadãos, no qual o indivíduo tem primeiro direitos e depois deveres perante o Estado, que por sua vez deve não apenas respeitar os direitos do indivíduo, mas também zelar por suas necessidades.[118] De modo que a concepção moderna de Estado de Direito está indissociavelmente ligada à proteção dos direitos fundamentais.

Nessa linha, os direitos fundamentais podem ser definidos como o conjunto de normas, princípios, prerrogativas, deveres e institutos, inerentes à soberania popular, que garantem a convivência pacífica, digna, livre e igualitária, independente de credo, raça, origem, cor, condição econômica ou *status* social.[119] Não por outro motivo, Canotilho[120] afirma que os direitos fundamentais cumprem, dentro do Estado de Direito, a função de direitos de defesa dos cidadãos sob uma dupla perspectiva: a) constituem, num plano jurídico-coletivo, normas de competência negativa para os poderes públicos, proibindo fundamentalmente as ingerências destes na esfera jurídica individual; b) implicam, num plano jurídico-subjetivo, o poder de exercer positivamente direitos fundamentais (liberdades positivas) e de exigir omissões dos poderes públicos, de forma a evitar agressões lesivas por parte dos mesmos (liberdades negativas).

Destarte, os direitos fundamentais são, a um só tempo, direitos subjetivos e elementos fundamentais da ordem constitucional objetiva. Enquanto direitos subjetivos, os direitos fundamentais outorgam aos titulares a possibilidade de impor os seus interesses em face dos órgãos obrigados. Na sua dimensão como elemento fundamental da ordem constitucional objetiva, os direitos fundamentais formam a base do ordenamento jurídico de um Estado de Direito.[121]

---

118. Por todos, veja-se Gilmar Ferreira Mendes e Paulo Gustavo Gonet Branco, **Curso de direito constitucional**, p. 136.

119. BULOS, Uadi Lammêgo. **Curso de direito constitucional**. 8ª ed., São Paulo: Saraiva, 2014, p. 525.

120. José Joaquim Gomes Canotilho, **Direito constitucional e teoria da constituição**, p. 57.

121. Gilmar Ferreira Mendes e Paulo Gustavo Gonet Branco, **Curso de direito constitucional**, p. 142.

1.2.3. O Estado de Direito e a democracia

Conforme alerta Bobbio,[122] não se pode confundir o Estado de direito com a democracia. O Estado de Direito, dentro da doutrina liberal, é aquele fundado sobre a primazia das leis, que disciplinam a sua atuação e a relação entre seus componentes, enquanto que a democracia representa a forma de governo de uma nação, em que o poder emana do povo e é em nome dele exercido. A democracia, assim, caracteriza-se pela existência de um conjunto de regras fundamentais que estabelecem quem está autorizado a tomar decisões coletivas e com quais procedimentos. Embora sejam conceitos distintos, quando a democracia é regulada na carta fundamental como a forma de governo num Estado de Direito, surge o Estado Democrático de Direito. O Estado de Direito e o constitucionalismo, portanto, são pressupostos lógicos do Estado Democrático de Direito.[123]

Um dos traços marcantes do Estado Democrático de Direito é a sua preocupação em prever instrumentos e mecanismos necessários à efetivação, tanto dos direitos fundamentais, como do exercício pleno da cidadania, da liberdade, da igualdade, do pluralismo político e da justiça social.[124] Além disso, é necessário que os direitos fundamentais disponham de instrumentos capazes de permitir a quem teve o seu gozo negado meios para provocar a atuação estatal contra tal violação. São as chamadas garantias fundamentais.[125] De fato, de nada adiantaria a presença de um extenso rol de direitos fundamentais, se mecanismos que assegurassem sua concretização também não fossem incluídos no texto constitucional.[126]

Por isso, no Estado Democrático de Direito, o Poder Judiciário passa a ser mais atuante, mais presente nas decisões da sociedade. Seu papel se desenvolve no sentido de reconhecer o direito do jurisdicionado de buscar uma resposta adequada às suas pretensões, com a devida fundamentação, mediante a garantia de participação na construção das decisões, dentro de um modelo constitucional de processo. Em decorrência disso, o processo passa por uma releitura constitucional, capaz de alinhá-lo com os princípios democráticos.

---

122. BOBBIO, Norberto. **A era dos direitos**. Rio de Janeiro: Campus, 1992, p. 115.
123. Luigi Ferrajoli, **Direito e razão**, p. 757.
124. BRÊTAS, Ronaldo de Carvalho Dias. **Processo constitucional e estado democrático de direito**. Belo Horizonte: Del Rey, 2010, p. 68.
125. José Alfredo de Oliveira Baracho, **Processo constitucional**, p. 53.
126. BRÊTAS, Ronaldo de Carvalho Dias. **Processo constitucional e estado democrático de direito**. Belo Horizonte: Del Rey, 2010, p. 72.

1.2.4. O Estado Democrático de Direito e a visão constitucional do processo

Como visto, no Estado Democrático de Direito é necessária a existência de uma estrutura especializada para o atingimento de suas finalidades, capaz de permitir a proteção integral e o exercício pelos cidadãos dos direitos fundamentais. O conjunto dessas regras e princípios consagrados na constituição é chamado de garantias fundamentais. Dentre as garantias fundamentais ocupam lugar de destaque as regras e princípios de índole processual. Essas garantias fundamentais processuais, por sua vez, além de força normativa, servem de condição de validade para as regras e princípios processuais consagrados na legislação infraconstitucional. De modo que um processo somente pode ser qualificado como constitucional se mirar a proteção dos direitos fundamentais e for pautado na observância dos princípios e regras previstos na Constituição e instrumentalizados na legislação infraconstitucional.[127]

Além disso, o modelo constitucional de processo deve ser balizado pelo princípio democrático, para assim reafirmar a sua legitimação. A população precisa se sentir não apenas destinatária da tutela jurisdicional, mas também participante da construção da solução judicial. É nesse sentido, por exemplo, que o Código de Processo Civil italiano estabelece que as sentenças são proferidas em nome do povo (art. 132).[128] Para extrair a sua legitimidade democrática o processo comporta um *"espaço procedimental cognitivo-argumentativo"*,[129] capaz de assegurar aos interessados a efetiva participação na atividade estatal na resolução dos casos deduzidos em juízo. De acordo com Habermas,[130] o princípio da democracia pressupõe a possibilidade de a decisão estatal conter em sua fundamentação os discursos e as negociações reguladas pelo procedimento, das quais depende a legitimidade das leis. Em outras palavras, num Estado Democrático de Direito, as atividades públicas e as decisões delas oriundas adquirem legitimidade conforme respeitem os

---

127. Ronaldo de Carvalho Dias Brêtas, **Processo constitucional e estado democrático de direito**, p. 67.

128..*"Art. 132. La sentenza é pronunciata 'In nome del popolo italiano'"*.

129. Rosemiro Pereira Leal, **Teoria geral do processo**, p. 27. Como bem assinala Daniel Vianna Vargas, **Ferramentas de controle das razões de decidir**, p. 113: *"Se o contraditório irradia o Direito fundamental das partes de participar da construção do resultado do seu conflito, o princípio reverbera nos deveres do juiz, gerando ressonância na prestação jurisdicional que adquire, com o pleno exercício do direito e o correto cumprimento daquele dever, legitimidade democrática"*.

130. Jürgen Habermas, **Direito e democracia**, v. 1, p. 145.

vetores constitucionalmente estabelecidos. O processo *deve ser* um ambiente democrático onde os resultados dele oriundos não decorram exclusivamente da autoridade jurisdicional, mas também do empenho dos demais envolvidos, que participam e influenciam na construção do provimento jurisdicional do qual são destinatários.[131]

Dessa forma, concebe-se que é dever do Estado[132] e direito do jurisdicionado, na democracia, buscar uma resposta adequada às suas pretensões, com a devida fundamentação, mediante garantia de ampla participação na construção das decisões, observado o devido processo legal.

Um dos primeiros juristas a refletir com maior profundidade sobre a relação entre o processo e a constituição foi Eduardo Couture,[133] ainda na década de 1950. Mais à frente, Hector Fix-Zamudio[134] foi um dos pioneiros a trabalhar com a ideia de um Direito Processual Constitucional, resultado da confluência do direito processual com o direito constitucional. O autor italiano Ítalo Augusto Andolina,[135] por sua vez, foi um dos responsáveis por cunhar a expressão "modelo constitucional de processo", ressaltando a importância de se adotar uma visão que pudesse exercer uma função irradiadora sobre o direito, não apenas no âmbito jurisdicional, mas também legislativo e administrativo. Essa nomenclatura, "modelo constitucional de processo", por sinal, é adotada nesta pesquisa e tem sentido análogo aquilo que é amplamente identificado como "processo constitucional".[136] Preferimos usar a terminologia de Andolina, não obstante, por ser mais clara e para não confundir com os processos de controle concentrados de constitucionalidade, que também podem ser nominados como processos constitucionais.[137]

---

131. Hermes Zaneti Jr., **Processo constitucional**, p. 127.

132. Como diz Ronaldo de Carvalho Dias Brêtas, **Processo constitucional e estado democrático de direito**, p. 44, na perspectiva do processo constitucional, a jurisdição é atividade-dever do Estado que consiste no cumprir e fazer cumprir as normas de direito positivo, e, ao mesmo tempo, direito fundamental, constitucionalmente assegurado, regido pelos princípios constitucionais do contraditório, ampla defesa, isonomia e fundamentação racional das decisões.

133. Eduardo J. Couture, ***Fundamentos del derecho procesal civil***, p. 148.

134. Héctor Fix-Zamudio, ***El pensamiento de Eduardo J. Couture y el derecho constitucional procesal***, p. 315.

135. Ítalo Augusto Andolina, ***Il modello costituzionale del processo civile***, p. 144.

136. José Alfredo de Oliveira Baracho, **Processo constitucional**, p. 7.

137. Héctor Fix-Zamudio, ***El pensamiento de Eduardo J. Couture y el derecho constitucional procesal***, p. 320.

1.2.5. As garantias fundamentais processuais na Constituição brasileira

Na esteira do constitucionalismo contemporâneo, a influência das diretrizes constitucionais no processo judicial brasileiro somente se acentuou de maneira mais significativa após a redemocratização do país em 1985 e a edição da atual Carta Constitucional, em 1988.[138] De fato, a adoção do Estado Democrático de Direito na Constituição Federal de 1988 como elemento estruturante da República (art. 1º) criou as condições necessárias para o desenvolvimento de um modelo constitucional de processo, voltado para assegurar a concretização e o exercício de direitos fundamentais, que são dotadas de eficácia imediata (art. 5º, § 1º).[139]

Nessa linha de ideias, a jurisdição se coloca não apenas como direito fundamental, mas também como uma garantia fundamental, permitindo o pleno exercício de outros direitos, através da definição de um processo constitucional, marcado pela previsão na Carta Maior de princípios especificamente voltados para tratar de aspectos processuais.

Com apoio em Canotilho,[140] é possível dividir os princípios constitucionais em três categorias: princípios estruturantes, princípios gerais e princípios específicos. Os primeiros definem as características do Estado, os segundos, os direitos e garantis individuais e coletivas, e os terceiros, determinados ramos do conhecimento humano. Dentre os princípios específicos previstos na Constituição Brasileira, muitos deles têm caráter processual, dentre os quais se pode destacar:

- A garantia do princípio da inafastabilidade (art. 5º, XXXV);
- A proteção à coisa julgada (art. 5º, XXXVI);
- A proibição do tribunal de exceção (art. 5º, XXXVII);
- A garantia de julgamento por um juízo competente (art. 5º, LIII);
- A garantia do princípio do devido processo legal (art. 5º, LIV);
- A garantia dos princípios do contraditório, da ampla defesa e do duplo grau de jurisdição (art. 5º, LIV);
- A proibição da obtenção de provas por meios ilícitos (art. 5º, LIVI);
- A garantia do princípio da presunção de inocência (art. 5º, LIVII);

138. José Alfredo de Oliveira Baracho, **Processo constitucional**, p. 7.

139. Dierle Nunes, **Processo jurisdicional democrático**, p. 88.

140. José Joaquim Gomes Canotilho, **Direito constitucional e teoria da constituição**, p. 123.

- A previsão dos remédios constitucionais do *habeas corpus* (art. 5º, LXVIII), do mandado de segurança individual (art. 5º, LXIX), do mandado de segurança coletivo (art. 5º, LXX), do mandado de injunção (art. 5º, LXXI), do *habeas datas* (art. 5º, LXXII) e da ação popular (art. 5º, LXXIII);
- A previsão da assistência jurídica gratuita prestada pelo Estado (art. 5º, LXXIV);
- A garantia do princípio da duração razoável do processo e da celeridade (art. 5º, LXXVIII);
- A garantia do princípio da publicidade e da motivação (art. 93, IX).

1.2.6. A conceituação do processo

Desde os primórdios da humanidade, a percepção do processo sempre esteve fortemente relacionada com o direito material. Como decorrência direta da consolidação do pensamento racionalista no século XIX, no entanto, a ciência processual buscou se estruturar como uma categoria jurídica autônoma. Para tanto, foi necessário reformular o conceito de processo, até então visto como um desdobramento da relação jurídica de direito material deduzida em juízo. O ponto de partida dessa nova fase do direito processual[141] foi a publicação por Oskar Von Bülow em 1868 do livro "*Die lehre von prozesseinreden und prozessvoraussetzungen*". Nele, o jurista alemão sustenta a teoria de que o processo é uma relação jurídica processual estabelecida entre o tribunal e as partes, que se desenvolve gradualmente e de forma independente em face da relação jurídica de direito material.[142] Essa construção teórica, estreitamente relacionada com a ideia de Estado Social, por muito tempo figurou como a mais aceita entre os processualistas no mundo.

Trata-se, evidentemente, de uma teoria importantíssima e que teve papel fundamental dentro da moldura histórica na qual foi concebida, num momento de concretização da autonomia científica do direito processual. Destacar a relação jurídica processual da relação jurídica material abriu caminho para a construção de diversos institutos processuais e promoveu um salto técnico sem precedentes da processualística. A teoria de Bülow teve

141. Cândido Rangel Dinamarco, **Instituições de direito processual civil**, v. 1, p. 257.
142. Oskar Von Bülow, **Teoria das exceções e dos pressupostos processuais**, p. 5.

ainda importante função social, na medida em que foi com a afirmação do processo como relação jurídica que as partes passaram a ser tratados como sujeitos de direitos e não como mero objetos do processo. No Brasil, a teoria da relação jurídica teve ampla recepção e se consolidou como o entendimento majoritário no meio acadêmico, especialmente após a vinda para o país de Enrico Tullio Liebman,[143] que teve influência determinante na elaboração do Código de Processo Civil de 1973.[144]

Nos anos 1980, no entanto, a teoria da relação jurídica sofreu uma importante releitura pelas mãos de Candido Rangel Dinamarco. Tomando por base a visão de Bülow, Dinamarco[145] conferiu conotações éticas e deontológicas ao processo, destacando-o como instrumento de realização dos escopos sociais, econômicos e políticos da jurisdição. Desse modo, o objetivo primordial do processo não seria mais prestar a tutela jurisdicional dos direitos, mas permitir o exercício da jurisdição e consecução de seus escopos, particularmente o de pacificar os sujeitos e oferecer-lhes o acesso à justiça. A legitimidade da tutela jurisdicional estaria no resultado do processo e não na forma de sua construção.[146]

Como bem sublinhado por Ovídio Baptista, o pensamento finalista de Dinamarco levou a uma distorção de valores, colocando os objetivos políticos e sociais do processo acima da proteção do direito material.[147] Além disso, destaca Lenio Streck, as teses instrumentalistas do processo abriram caminho para que o juiz realizasse determinações jurídicas não previstas na lei, com a justificativa de estar promovendo a justiça e o bem-estar social.[148] Essa visão instrumentalista do processo encontrou ainda amparo na lógica do positivismo normativista defendido por Kelsen e adotada no Brasil, que apontava na lei as respostas para as questões deduzidas em juízo, mas, diante de uma divergência ou omissão, deferia ao juiz a atribuição de completar o sistema, dentro da sua discricionariedade.[149]

Mesmo após a edição da Constituição Federal de 1988 e a adoção do Estado Democrático de Direito, o pensamento instrumentalista se manteve

---

143. Cândido Rangel Dinamarco, **Instituições de direito processual civil**, v. 3, p. 23.

144. Alfredo Buzaid, **A influência de Liebman no direito processual civil brasileiro**, p. 136.

145. Cândido Rangel Dinamarco, **A instrumentalidade do processo**, p. 149.

146. Cândido Rangel Dinamarco, **Teoria geral do novo processo civil**, p. 22.

147. Ovídio Araújo Baptista da Silva, **Processo e ideologia**, p. 186.

148. Lenio Luiz Streck, **Hermenêutica jurídica e(m) crise**, p. 19.

149. Lenio Luiz Streck, **Hermenêutica jurídica e(m) crise**, p. 60.

prevalente nos meios jurídicos nacionais, através da uma adaptação dos seus discursos aos novos paradigmas constitucionais. A sua essência publicista, no entanto, permaneceu coesa e acabou levando a um distanciamento das ideias democráticas que passaram a ordenar o sistema jurídico brasileiro. Essa constatação levou a formação de um movimento crítico à visão instrumentalista, de aspirações filosóficas e hermenêuticas, inspirado pela visão constitucional de José Alfredo de Oliveira Baracho. De fato, desde o início da década de 1980 Baracho,[150] influenciado pelo pensamento de Eduardo J. Couture e Fix-Zamudio, defendia que o processo deveria servir não como instrumento da jurisdição, mas como ferramenta de proteção dos direitos fundamentais previstos na Constituição. Nessa ordem de ideias, a tutela processual seria efetivada pelo reconhecimento da supremacia da Constituição sobre as normas processuais e a sua articulação com os princípios constitucionais.

Na esteira das lições de Baracho, Rosemiro Leal[151] desenvolveu a visão do processo baseada nas teorias argumentativas de Habermas. Segundo Leal,[152] dentro do Estado Democrático de Direito, as decisões judiciais, para serem consideradas legítimas, devem ser produzidas a partir de um diálogo democrático e respeitador dos direitos fundamentais. Por isso, o processo funciona como um espaço linguístico de desenvolvimento dos institutos processuais. O indivíduo age como destinatário e coautor da norma jurídica, dentro de uma estrutura igualitária e desenvolvida sob a estrutura do contraditório.[153]

Dentro dessa perspectiva constitucional do processo, refuta-se a ideia de um juiz ativo, criador do direito e hierarquicamente superior às partes. Nesse sentido, o processo constitucional busca superar a visão instrumentalista, em que o juiz aparece como figura central da relação jurídica processual e dotado de liberdade para conduzir o processo e julgar a causa. O processo constitucional, portanto, contribui para arrefecer a carga de discricionariedade e subjetivismo do juiz, uma vez que o pronunciamento deverá, necessariamente, sopesar os argumentos apresentados pelas partes na reconstrução argumentativo-normativa do caso, evitando que seja produzida uma decisão que se afaste dos elementos estabelecidos dentro do debate processual.[154]

---

150. José Alfredo de Oliveira Baracho, **Processo constitucional**, p. 347.
151. Rosemiro Pereira Leal, **Teoria geral do processo**, p. 56.
152. Rosemiro Pereira Leal, **Teoria geral do processo**, p. 60.
153. Rosemiro Pereira Leal, **Teoria geral do processo**, p. 149.
154. Dierle Nunes, **Processo jurisdicional democrático**, p. 199.

De sorte que, diante dessa nova realidade, marcada pelo caráter constitucional democrático do processo, predisposto numa estrutura dialógica, torna-se inevitável reconhecer a insuficiência da teoria da relação jurídica. Assim, a maioria dos autores que abraçam a concepção constitucional do processo, ainda que com ressalvas, apontam a conceituação elaborada por Elio Fazzalari como a mais adequada para representar a estrutura dogmática desse instituto.[155] Conforme assinala Fazzalari,[156] o processo pode ser conceituado como um procedimento realizado em contraditório. Nesse prisma, não existe uma relação processual entre Estado-Juiz e partes, com o Estado em posição de superioridade, mas um procedimento em contraditório destinado à construção dos provimentos estatais, em que todos os sujeitos interessados participam, em igualdade de condições, na produção do resultado.[157]

Apesar da atualidade da conceituação processual de Fazzalari, Leal[158] afirma não ser suficiente dizer que o processo é um procedimento técnico-estrutural em contraditório entre as partes para alinhá-lo com as garantias fundamentais. Na mesma direção, Dierle José Coelho Nunes[159] critica a falta de preocupação de Fazzalari com a aplicação dinâmica dos princípios constitucionais na estruturação de sua teoria. Por isso, o modelo constitucional de processo deve não apenas se estruturar sobre um procedimento em contraditório, mas também observar toda a gama de princípios constitucionais que são inseridos sob o guarda-chuva do devido processo legal, para ser capaz de atender às diretrizes da busca pelo acesso à justiça.

1.2.7. O modelo constitucional de processo e a tutela jurisdicional

Na medida em que o Estado de Direito foi estruturado, a possibilidade de autotutela dos direitos foi sendo gradativamente reduzida e a solução dos conflitos de interesse passou a figurar como uma de suas funções primordiais. Esse processo representou um grande avanço civilizatório, pois a formação de uma estrutura própria e adequada de resolução dos embates na sociedade permite a construção da estabilidade e da segurança jurídica necessárias para a implementação da disciplina e da paz social.

---

155. Alexandre Freitas Câmara, **O novo processo civil brasileiro**, p. 80, e Ronaldo de Carvalho Dias Brêtas, **Processo constitucional e estado democrático de direito**, p. 132.
156. Elio Fazzalari, ***Istituzioni di diritto processuale***, p. 80.
157. Alexandre Freitas Câmara, **O novo processo civil brasileiro**, p. 80.
158. Rosemiro Pereira Leal, **Teoria geral do processo**, p. 59.
159. Dierle Nunes, **Processo jurisdicional democrático**, p. 205.

Nesse sentido, a prestação da tutela jurisdicional se apresenta como a melhor alternativa para a solução dos conflitos que os interessados não lograram compor por seus próprios meios, na medida em que decorre da autoridade estatal, cuja palavra, além de coativa, torna-se a manifestação do Estado sobre a questão deduzida em juízo.[160] Assim, a tutela jurisdicional surgiu para regular as relações entre os componentes da organização social e para proteger direitos que não mais poderiam ser defendidos ou autotutelados sem a intermediação do Estado. Ao assumir esse papel, o Estado comprometeu-se em desenvolver um sistema de proteção jurídica capaz de "compensar" essa perda de liberdade.[161] De modo que quanto mais aprimorada for a prestação da tutela jurisdicional, mais próxima ela será da solução desejada pelas partes envolvidas na questão.

Registre-se, no entanto, que conforme afirmado por parte da doutrina, só tem direito à tutela jurisdicional quem reunir os requisitos processuais e ainda desfrutar do direito subjetivo material alegado.[162] Assim, o direito de ação não seria o direito a uma tutela jurisdicional, mas o direito de pedir pela prestação jurisdicional, que somente será materializada nas hipóteses de provimento do pedido.[163] Numa linha mais abstrata de pensamento, entretanto, é possível vislumbrar a tutela jurisdicional em todos os pronunciamentos judiciais, inclusive naqueles em que o juízo de admissibilidade ou de mérito for negativo. Isso porque a decisão judicial negativa também é capaz de promover um acertamento jurídico sobre a questão deduzida em juízo, ainda que seja para proclamar a inviabilidade processual da demanda. Vejam-se nas hipóteses onde o juiz proclama o encerramento do procedimento por perempção ou por violação à coisa julgada. Existe claramente uma manifestação judicial sobre o tema, afirmando sua condição jurídica. Não se pode negar, entretanto, que a tutela jurisdicional plena somente ocorre quando existe uma manifestação judicial sobre o mérito da causa.

Destarte, a tutela jurisdicional pode ser conceituada como o conjunto de atividades praticadas pelo Estado-Juiz, em diálogo com as partes, por meio de um processo constitucional, voltadas a analisar uma pretensão deduzida em juízo. A atividade jurisdicional democrática, justa e efetiva deve

---

160. Luiz Fux, **Tutela jurisdicional: finalidades e espécies**, p. 107.

161. José Frederico Marques, **Manual de direito processual civil**, v. 1, p. 6.

162. Cândido Rangel Dinamarco, **Instituições de direito processual civil**, v. 1, p. 368.

163. Humberto Theodoro Júnior, **Curso de direito processual civil**, v. 1, p. 38.

ser prestada por meio do processo constitucional, com base numa principiologia normativo-metodológica constitucional, pautada pela observância dos princípios inseridos sob o guarda-chuva do devido processo legal: juiz natural, da efetividade, do contraditório, da ampla defesa, da isonomia, da assistência jurídica, da duração razoável, da celeridade, da publicidade e da motivação das decisões.[164]

1.2.8. O modelo constitucional de processo no CPC/2015

Desde o início dos trabalhos, a Comissão de Juristas encarregados da elaboração do anteprojeto que deu origem ao CPC/2015 deixou claro sua proposta de adotar um modelo processual marcado pela harmonia com a Constituição Federal.[165] Abraçando a percepção constitucional do processo, o CPC/2015 não apenas previu um título especificamente dedicado às normas fundamentais (arts. 1º a 15), com cerca de 17 princípios processuais de evidente matriz constitucional, conforme o critério utilizado para definir o que é princípio. Além disso, ao longo do texto legal é possível identificar princípios processuais densificadores dos princípios constitucionais processuais, tais como os princípios da instrumentalidade (art. 188), da autonomia negocial (art. 190), do aproveitamento processual (art. 283), da fundamentação adequada (art. 489, § 1º), apenas para citar alguns.[166]

A feição mais evidente dessa mudança paradigmática, no entanto, repousa no art. 1º do CPC/2015, que estabeleceu expressamente a submissão teleológica do direito processual às diretrizes constitucionais:

> "Art. 1º. O processo civil será ordenado, disciplinado e interpretado conforme os valores e as normas fundamentais estabelecidos na Constituição da República Federativa do Brasil, observando-se as disposições deste Código"

O processo constitucional, portanto, não é mais apenas uma forma de interpretação das regras processuais, mas sim um imperativo normativo dentro do sistema jurídico brasileiro, ao qual estão subordinados todos aqueles que lidam com o direito processual. Essa vertente, inclusive, não se limita às fronteiras do processo civil, ou mesmo do processo eleitoral, trabalhista e administrativo, como prenuncia o art. 15 do CPC/2015, mas alcança também

---

164. Dierle Nunes, **Processo jurisdicional democrático**, p. 62.

165. **Exposição de motivos.** *In:* Anteprojeto do novo Código de Processo Civil, p. 24.

166. Sobre a importância dos princípios como vetores hermenêuticos, veja-se Humberto Ávila, **Teoria dos princípios**, p. 22.

o direito processual de outras matrizes, que passam a funcionar dentro de uma lógica dialógica constitucional.[167]

Independentemente dos reflexos que possa ter em outros ramos do direito processual, diante da adoção do modelo constitucional de processo, alguns autores começaram a enxergar uma evolução do processo constitucional, identificado como um modelo cooperativo de processo.[168] Embora com feições distintas, a ideia de colaboração no processo civil não é nova. De fato, essa diretriz pode ser identificada, de modo embrionário, na obra de Carnelutti e, mais recentemente, na doutrina alemã[169] e italiana.[170] O pressuposto lógico do modelo cooperativo de processo está assentado no caráter argumentativo do direito. Nesse sentido, deve-se entender o direito não como algo dado pela legislação. Pelo contrário, deve-se levar em conta a separação entre texto e norma, para compreender o processo como um campo estruturado para solução dialógica entre as partes e o juiz das questões deduzidas em juízo.[171]

Na visão cooperativa do processo, portanto, o juiz desempenha um duplo papel: ele é paritário no diálogo entre as partes, mas assimétrico na decisão.[172] Com efeito, na condução do processo, o Estado Constitucional revela a sua face democrática, ao fundar o direito processual civil no valor da participação, traduzido normativamente no contraditório, base constitucional para a colaboração. Contudo, no momento em que a decisão deve ser imposta às partes, há um juiz assimétrico e impessoal, comprometido com a efetiva tutela do direito. No que se refere à atuação jurisdicional decisória, revela a sua juridicidade, ao exigir decisões necessariamente justas e dimensionadas na perspectiva dos direitos fundamentais.[173] Dentro do modelo cooperativo, a decisão judicial é resultado das discussões travadas ao longo do procedimento, mas a decisão é manifestação do poder, que é exclusivo do órgão jurisdicional, e não pode ser minimizado.[174]

---

167. Franklyn Roger Alves Silva, **A construção de um processo penal cooperativo e a instalação do contraditório como direito de influência**, p. 67.
168. Fredie Didier Jr., **Curso de direito processual civil**, v. 1, p. 141.
169. Ronaldo Kochem, **Introdução às raízes históricas do princípio da cooperação (*kooperationsmaxime*)**, p. 83.
170. Eduardo Grasso, ***La collaborazione nel processo civile***, p. 582.
171. Daniel Mitidiero, **Colaboração no processo civil**, p. 103.
172. Daniel Mitidiero, **Colaboração no processo civil**, p. 85.
173. Daniel Mitidiero, **Colaboração no processo civil**, p. 85.
174. Fredie Didier Jr., **Curso de direito processual civil**, v. 1, p. 141.

Além do princípio do contraditório, o CPC/2015 possui regras que reforçam o caráter cooperativo do processo, tais como aquelas que expressam os deveres das partes de colaborar com o desenvolvimento do processo (arts. 6º, 77, 78, 261, 378, 379, 396 e 483), o dever dos juízes e servidores de colaborar entre si (arts. 67 a 69), o dever do juiz de esclarecer o que deve ser emendado na petição inicial (art. 321), o saneamento compartilhado (art. 357, § 3º), o dever do juiz de dar tratamento urbano às partes (art. 360, IV) e o dever de participação da sociedade na modificação dos padrões decisórios (art. 927, § 2º).

Importante ressaltar também que a ideia cooperativa é marcada pela abertura democrática do processo. Esse traço é evidenciado, por exemplo, pelos dispositivos que preveem a intervenção do *amicus curiae* (art. 138 do CPC/2015), do *custus vulnerabilis* (art. 554, § 1º, do CPC/2015),[175] da Defensoria Pública (art. 185 do CPC/2015) e do Ministério Público (art. 176 do CPC/2015), bem como a realização de audiências públicas e a ampla divulgação do procedimento e das decisões (arts. 927, § 2º, e 983, § 1º, do CPC/2015).

Embora o componente democrático esteja presente, em alguma medida, em todos os processos, por certo, essa característica se mostra muito mais aguda nos processos nos quais a decisão tem impacto direto sobre toda a coletividade, tais como ocorre nos processos constitucionais em sentido estrito (controle concentrado de constitucionalidade), nos processos coletivos e nos julgamentos de casos repetitivos. Não por outro motivo, esses processos são apontados como fundamentais na construção do sistema jurisprudencial (art. 927 do CPC/2015).

1.3. A BUSCA DO ACESSO À JUSTIÇA COMO MARCO TEÓRICO DA PESQUISA

1.3.1. A importância da definição do marco teórico

O último aspecto que merece ser destacado nesta fase de apresentação de premissas é a definição do marco teórico da pesquisa. Esse referencial serve como um norte para o desenvolvimento do estudo, permitindo que o seu corpo tenha uniformidade e sentido próprio,[176] evitando a dispersão

175. Sobre o tema *custus vulnerabilis*, veja-se, por todos, Maurilio Casas Maia, **A intervenção de terceiro da defensoria pública nas ações possessórias multitudinárias do NCPC**, p. 1255.

176. Ovídio Araújo Baptista da Silva, **Processo e ideologia**, p. 7.

estrutural e analítica inerente ao desenvolvimento de um tema tão complexo como é o julgamento monocrático. Não se trata, por certo, de um movimento no sentido de adotar uma postura "favorável" ou "contrária" à aplicação do julgamento monocrático, mas, tão-somente, estabelecer aonde se quer chegar estudando esse instituto.

Note-se, ainda, que abraçar um marco teórico não significa reduzir o leque de visões sobre o tema ou desconsiderar a pluralidade de visões científicas que devem estar presentes na narrativa de todo trabalho acadêmico. Na verdade, a adoção de referencial teórico serve para embasar as escolhas feitas ao longo da construção da pesquisa, bem como as suas conclusões.

No caso do presente estudo, defende-se que o processo deve ser ideologicamente marcado pela busca da implementação do ideário do acesso à justiça ou, como celebrizado por Kazuo Watanabe,[177] o acesso a um ordenamento jurídico justo. Trata-se da garantia de que o sistema jurídico, além de ser igualmente acessível a todos, também possui a incumbência de produzir resultados justos, assim entendidos como substancialmente eficazes.

Da mesma forma, sustenta-se que para promover adequadamente o acesso à justiça, a ciência processual precisa reconhecer que o processo, mais do que um caminho para a prestação da tutela jurisdicional, se configura dentro do Estado Democrático de Direito como um instrumento de preservação das garantias fundamentais encartadas na constituição. A busca pelo acesso à justiça e a visão constitucional do processo, portanto, estão diretamente relacionadas e compõem a base teórica da pesquisa.

1.3.2. O acesso à justiça na visão de Mauro Cappelletti

De uma forma geral, o direito ocidental pode ser dividido em dois momentos: antes e depois das revoluções burguesas do século XVIII, especialmente a Independência Americana (1776) e a Revolução Francesa (1789). Antes desses eventos, na maioria dos países as pessoas eram meros objetos de direito e as regras eram produto da vontade dos governantes e dos dogmas religiosos. Dentro dessa lógica, por exemplo, o senhor feudal era encarado como sujeito de direito e os seus servos, como objetos de direito. Depois das revoluções burguesas, pautadas na ideia de igualdade como superação das distinções jurídico-formais, com a construção dos Estados de Direito, os integrantes da sociedade, ou pelo menos boa parte deles, passaram a

177. Kazuo Watanabe, **Acesso à justiça e sociedade moderna**, p. 128.

ser vistos como sujeitos de direito e titulares de posições ativas dentro do ordenamento jurídico.

Uma das marcas mais importantes do Estado de Direito nesse período inicial é que ele cria as leis, o chamado o direito objetivo e se submete a elas, por meio do direito subjetivo.[178] Com isso, o indivíduo passou a ser colocado como o centro das relações jurídicas. As revoluções burguesas, nesse prisma, foram revoluções eminentemente individualistas. Por isso, os movimentos revolucionários procuraram investir na separação dos poderes (Legislativo, Executivo e Judiciário), numa estrutura de freios e contrapesos, e na instituição de direitos fundamentais de caráter individual, entendidos como direitos limitadores da atuação do próprio Estado.[179]

Consolidados os Estados de Direito, no entanto, foi possível verificar com maior clareza que o direito objetivo estava distanciado do direito subjetivo para a maioria das pessoas.[180] Dentro da ótica liberal e formalista, as questões relativas ao acesso à justiça eram vistas como um direito natural, logo, não precisam ser promovidas ou implementadas pelo Estado. O resultado prático dessa visão é que as pessoas tinham os direitos, mas não conseguiam exercê-los. Assim, no início do século XX começaram a ganhar destaque vários estudos voltados para permitir que as pessoas pudessem exercer melhor os seus direitos, esboçando as caraterísticas que iriam prevalecer nos Estados Sociais do século XX.

Por certo, a busca da implementação do acesso à justiça não é uma novidade no direito, nem pode ser particularizada num local ou em relação a um grupo de autores.[181] No entanto, dentre os modernos estudiosos sobre o tema, o maior expoente e aquele que mais ampla influência exerceu no ordenamento jurídico brasileiro foi sem dúvida o italiano Mauro Cappelletti, que desde a década de 1970 se dedicou a estudar e identificar os principais obstáculos para a efetivação dos direitos em diferentes países e apresentar soluções para superá-los. Seu principal trabalho foi a coordenação de uma pesquisa de direito comparado chamada "Projeto Florença de Acesso à Justiça". O Projeto Florença produziu quatro volumes, em seis tomos, com estudos sobre o acesso à justiça em 23 países e com a colaboração de inúmeros

178. Luiz Guilherme Marinoni e Sérgio Cruz Arenhart, **Novo curso de processo civil**, v. 1, p. 39.

179. Paulo Bonavides, **Curso de direito constitucional**, p. 563.

180. Paulo Bonavides, **Curso de direito constitucional**, p. 563.

181. Paulo Cezar Pinheiro Carneiro, **Acesso à justiça**, p. 4. Esse autor descreve elementos relacionados à busca pelo acesso à justiça desde a antiguidade.

pesquisadores. As informações constantes nesses textos foram compiladas por Cappelletti, com a ajuda de Bryant Garth, como "relatório geral" da pesquisa e publicadas, sobe a forma de livro, em 1978.[182] A tradução deste livro, feita por Ellen Gracie Northfleet, foi publicada em 1988 no Brasil, com o título abreviado de "Acesso à justiça".[183]

No "Acesso à justiça", Cappelletti e Garth apresentaram as sugestões para superar as principais barreiras ao acesso à Justiça em três segmentos, chamados de "ondas renovatórias do direito".[184] A primeira onda partiu da constatação de que sem condições econômicas para pagar os honorários advocatícios, as pessoas não conseguiriam exercer adequadamente o seu direito subjetivo perante o Poder Judiciário. Assim, a primeira proposta sustentada por Cappelletti e Garth foi a implementação de uma estrutura capaz de reduzir ou isentar o pagamento de despesas processuais para quem demanda ou é demandado sem recursos financeiros, bem como em relação às chamadas "pequenas causas".[185]

A segunda proposta delineada por Cappelletti e Garth foi a adoção de um sistema de assistência jurídica para atender os necessitados baseado no custeio público da advocacia, seja através de advogados contratados pelo governo, seja por meio de advogados privados que são remunerados pelo governo para prestar esse atendimento (*judicare*), ou ainda por um sistema misto, na qual o interessado pode optar por um advogado público ou privado.[186] Note-se que esses modelos, na maioria das vezes, convivem com outras formas de prestação de assistência jurídica da população, tais como a atuação voluntária e graciosa dos advogados (advocacia *pro bono*), a assistência de natureza acadêmica-educacional (escritórios modelos) e a prestação por meio de associações civil e sindicatos. A terceira proposta é implementar um modelo de assistência jurídica, capaz de orientar as pessoas sobre seus direitos e minimizar os receios naturais relacionados a defesa em juízo (procedimentos complexos, excesso de formalidade, ambiente hostil nos tribunais, visão de juízes e advogados como opressores etc).

Na sequência, Cappelletti e Garth abordaram a questão da tutela dos interesses transindividuais, que não tinham uma proteção efetiva pela falta

182. Mauro Cappelletti e Bryant Garth, ***Access to justice***.

183. Mauro Cappelletti e Bryant Garth, **Acesso à justiça**.

184. Mauro Cappelletti e Bryant Garth, **Acesso à justiça**, p. 31.

185. Mauro Cappelletti e Bryant Garth, **Acesso à justiça**, p. 15.

186. Mauro Cappelletti e Bryant Garth, **Acesso à justiça**, p. 35.

de mecanismos adequados para promover sua representação em juízo.[187] De fato, a construção jurídica existente desde os primórdios do direito se voltava essencialmente para a tutela de interesses individuais. Para melhor enfrentar o tema, suas propostas foram, além da adoção de algumas medidas governamentais (implementação de agências reguladoras, edição de regras protetivas, intervenção nos contratos etc), a criação de ações com eficácia *erga omnes* e a autorização para que determinadas pessoas ou entidades pudessem agir em juízo em nome da coletividade (legitimados extraordinários ou substitutos processuais).[188]

A busca da efetividade do Direito, objeto da terceira onda renovatória, nomeada de *"enfoque de acesso à justiça"*, dominou a parte final do estudo de Cappelletti e Garth.[189] Dentro do leque de recomendações, essa onda busca incentivar a reformas do conjunto geral de instituições e mecanismos, pessoas e procedimentos utilizados para processar e prevenir disputas. Para tanto, sugerem os autores, seria necessário modificar os procedimentos e as estruturas judiciais, permitindo o uso de pessoas leigas ou sem formação profissional completa (*paralegals*) para julgar causas ou defender as partes, modificar o direito material, visando prevenir litígios, e incrementar a utilização de mecanismos extrajudiciais de solução dos conflitos (*alternative dispute resolutions*). Reconheceu, ainda, a necessidade de adequar o procedimento ao tipo de litígio deduzido em juízo e dar tratamento diferenciado às pequenas causas (*small claims*).[190]

Anos mais tarde, em 1982, Cappelletti[191] publicou um texto onde sustentava a necessidade da construção de um novo modo de pensar dos operadores do Direito, a partir dos paradigmas do Estado Social (*Welfare State*). De acordo com Cappelletti, em razão da tendência evolutiva dos ordenamentos jurídicos iniciada nos anos de 1970, o acesso à justiça deveria ser repensado, à luz de três dimensões do direito e da justiça: o constitucional, o transnacional e o social.

A dimensão constitucional retrataria o fenômeno experimentado após a Segunda Guerra Mundial de valorização e positivação constitucional de direitos fundamentais. Na esteira dessa mudança, a jurisprudência

---

187. Mauro Cappelletti e Bryant Garth, **Acesso à justiça**, p. 49.

188. Mauro Cappelletti e Bryant Garth, **Acesso à justiça**, p. 50.

189. Mauro Cappelletti e Bryant Garth, **Acesso à justiça**, p. 75.

190. Mauro Cappelletti e Bryant Garth, **Acesso à justiça**, p. 78.

191. Mauro Cappelletti, **Acesso à justiça como programa de reforma e como método de pensamento**, p. 212.

constitucional teria assumido uma função central na construção dos ordenamentos jurídicos. A dimensão transnacional, por seu turno, representaria o movimento de superação da rigidez das soberanias nacionais, em prol da consolidação de um núcleo de colaboração internacional (*world government*). Um exemplo dessa lógica foi a assinatura por diversos países da Declaração Universal dos Direitos do Homem, em 1948, e dos pactos internacionais que a ela se seguiram (Pacto Internacional sobre Direitos Civis e Políticos, Pacto Internacional sobre Direitos Econômicos, Sociais e Culturais etc).[192]

O cerne do texto, no entanto, é a chamada dimensão social. Na visão de Cappelletti, a dimensão social seria um desdobramento natural das duas outras dimensões, na medida em que elas serviriam de impulsionadoras da proteção dos direitos fundamentais e do fortalecimento dos direitos individuais de liberdade frente ao Poder Público e à soberania estatal.[193] Na esteira desse pensamento, Cappelletti sustenta que o problema do acesso à justiça deve se centrar na busca pela efetividade dos direitos sociais criados pelo *Welfare State*, para que se tornem capazes de promover a real melhoria da situação econômico-social dos indivíduos, e também pela busca de mecanismos de racionalização e controle deste mesmo aparato governamental, para proteção contra os abusos que ele pode causar, direta e indiretamente.[194] Acima de tudo, Cappelletti ressalta a importância da mudança que a busca pelo aceso à justiça promoveu na forma de encarar os problemas ao longo dos anos. Acima de tudo, ressalta a relevância da alteração no paradigma metodológico do Direito, deslocando o foco dos estudos dos produtores do sistema (*processors*) para os consumidores do sistema (*consumers of law and government*).[195]

Dando sequência a essa linha de ideias, um dos participantes do "Projeto Florença", o professor inglês Kim Economides,[196] propôs que o foco do estudo do acesso à justiça fosse deslocado dos consumidores do sistema para os prestadores do serviço jurídico, naquilo que seria identificado com uma quarta onda renovatória do direito. O eixo dessa onda, chamada de

192. Mauro Cappelletti, **Acesso à justiça como programa de reforma e como método de pensamento**, p. 212.

193. Mauro Cappelletti, **Acesso à justiça como programa de reforma e como método de pensamento**, p. 213.

194. Mauro Cappelletti, **Acesso à justiça como programa de reforma e como método de pensamento**, p. 214.

195. Mauro Cappelletti, **Acesso à justiça como programa de reforma e como método de pensamento**, p. 220.

196. Kim Economides, **Lendo as ondas do "movimento de acesso à justiça"**, p. 66.

"visão micro política" do acesso à Justiça, seria sustentado, por um lado, na promoção do conhecimento jurídico aos cidadãos, no aprimoramento do ensino do direito e na democratização do ingresso nas profissões jurídicas; por outro lado, na adoção de medidas para que estes operadores, uma vez investidos nas carreiras jurídicas, sejam capazes de promover adequadamente o acesso à justiça.[197]

1.3.3. As novas perspectivas do acesso à justiça

Embora as contribuições de Cappelletti e Economides sejam de suma importância para o acesso qualificado à justiça e permaneçam atuais, é preciso reconhecer que elas estão visceralmente atreladas ao paradigma do Estado Social.[198] De fato, ambas as leituras são feitas sobre as premissas do racionalismo, em que a atuação estatal ocorre de forma sobreposicionada e autocentrada. O próprio Economides[199] reforça essa conclusão, ao afirmar que *"a teoria política liberal que inspirava este projeto e que, acredito, continua válida até hoje, era de deslocar a ênfase, dos direitos formais, para a justiça substantiva"*. Os seus marcos teóricos estão, portanto, atrelados a uma forma de pensar que coloca o Estado como o principal agente de transformação social. Essa lógica, no entanto, acaba criando uma excessiva afetação do Estado nas relações sociais.

No plano judicial, o paradigma social faz com que o juiz seja tratado como a figura central do processo, que tem prerrogativa de julgar derivada do interesse público imanente na aplicação da jurisdição. As partes são colocadas num plano secundário e devem ser permanentemente tuteladas pelo julgador, que exerce a sua função de substitutividade como se fosse o titular do bem jurídico deduzido em juízo. As partes devem ainda contribuir para o "descobrimento" da verdade e subsidiar o juiz dos elementos necessários para que ele possa desvelar a solução do caso. A origem normativa dessa postura publicista no processo civil é identificada na edição do Código de Processo Civil Austríaco de 1895, que influenciou diversos códigos europeus, em especial o alemão e o italiano, que, por sua vez, desaguaram no direito processual brasileiro. De fato, antes do código austríaco, de uma maneira geral, o direito processual civil europeu seguia uma lógica liberal, inspirada nos dispositivos do Código de Processo Civil Francês de 1806.[200]

---

197. Kim Economides, **Lendo as ondas do "movimento de acesso à justiça"**, p. 71.
198. Dierle José Coelho Nunes e Ludmila Teixeira, **Acesso à justiça democrático**, p. 44.
199. Kim Economides, **Lendo as ondas do "movimento de acesso à justiça"**, p. 63.
200. C. H. Van Rhee, ***Evolución del derecho procesal civil en Europa***, p. 21.

Não obstante, o pensamento atual sustenta que os estudos do acesso à justiça devem ser inseridos num novo patamar, galgado sob o prisma do Estado Democrático de Direito,[201] marcado pelos chamados direitos de terceira geração, construídos sobre os valores da fraternidade humana e identificados com a proteção do meio ambiente, do consumidor e dos ideais democráticos, dentre outros.[202] Nesse contexto, o acesso à justiça se consolidaria como a garantia do cidadão à participação na formação dos atos estatais, superando a tradicional dicotomia entre a autonomia privada e a autonomia pública.[203] Assim, o foco deixaria de ser centrado na facilitação do ingresso do sistema de justiça e suas características fundamentais, para se deslocar também para a implementação de uma atuação mais qualificada do próprio interessado dentro do sistema de justiça.

Para tanto, a legitimidade da atuação estatal decorreria da existência de espaços onde cada interessado pudesse apresentar seu discurso de maneira racional e lógica, para construir a solução dos problemas que surgem na sociedade, na linha da Teoria do Discurso de Jurgen Habermas.[204] A condição necessária para que se possa produzir esse "discurso", portanto, é a existência de procedimentos democráticos e comunicativos, juridicamente institucionalizados. Isso porque o caráter democrático do Estado está diretamente ligado ao discurso e à forma jurídica, dentro de um processo circular, no qual o código do direito e o mecanismo para a produção do direito legítimo se constituem simultaneamente de modo originário.[205]

Assim, no plano processual, a decisão judicial, enquanto ato estatal, deve ser produzida pelo Poder Judiciário em colaboração com as partes, para que possa assumir uma feição legítima num esquema democrático. A base desse novo modelo de processo, portanto, é a estrutura dialética e coparticipativa, na qual a decisão judicial é fruto de um trabalho coletivo de todos os envolvidos na construção da norma jurídica, à luz dos direitos fundamentais consagrados na esfera constitucional.

Diante desses novos paradigmas, a expressão acesso à justiça, na seara processual, deve compreender: a) a adoção de meios adequados para

201. Cleber Francisco Alves, **Justiça para todos! Assistência jurídica gratuita nos Estados Unidos, na França e no Brasil**, p. 15.

202. Paulo Bonavides, **Curso de direito constitucional**, p. 583.

203. Jürgen Habermas, **Direito e democracia**, v. 1, p. 116.

204. Jürgen Habermas, **Direito e democracia**, v. 1, p. 128.

205. Jürgen Habermas, **Direito e democracia**, v. 1, p. 165.

solução dos conflitos; b) a previsão de um modelo de assistência jurídica para atender os hipossuficientes; c) a existência de uma estrutura pública eficiente para promover a adoção de medidas judiciais e extrajudiciais; d) a observância das garantias compreendidas na cláusula do devido processo legal, tais como contraditório, ampla defesa, imparcialidade, juiz natural, publicidade e fundamentação das decisões; e) a estrutura dialética do processo; f) a tempestividade e a duração razoável na atuação judicial; g) a existência de técnicas e procedimentos especiais para tutela dos direitos individuais e pluri-individuais; h) o acesso às instâncias superiores, por meio de recursos e outros meios impugnativos.[206]

1.3.4. Os impactos da busca pelo acesso à justiça no Brasil

Analisando a questão através de uma perspectiva histórica, é possível verificar que os estudos coordenados por Cappelletti tiverem profundo impacto no ordenamento jurídico brasileiro e serviram de fundamento teórico para importantes alterações que já estavam em curso ou que começaram a ser implantadas quando da divulgação de suas ideias no país em 1988. Como o conceito de "acesso à justiça" ainda não estava consolidado no país, a atual Constituição Federal, promulgada no mesmo ano de 1988, não mencionou expressamente o termo.[207] Não obstante, a doutrina enxerga a sua adoção implícita, como direito fundamental, por meio de diferentes dispositivos constitucionais e, em especial, do inciso XXXV do art. 5º, também conhecido

206. Humberto Dalla Bernardina de Pinho, **Jurisdição e pacificação**, p. 66.

207. O conceito de acesso à justiça começou a ser incorporado às constituições a partir da década de 1990. Apenas para exemplificar, o acesso à justiça, chamado de *"acesso ao direito e tutela jurisdicional efetiva"* foi consagrado expressamente no art. 20 da Constituição Portuguesa de 1976, após as revisões de 1992 e 1997, nos seguintes termos:
"1. A todos é assegurado o acesso ao direito e aos tribunais para defesa dos seus direitos e interesses legalmente protegidos, não podendo a justiça ser denegada por insuficiência de meios económicos.
2. Todos têm direito, nos termos da lei, à informação e consulta jurídicas, ao patrocínio judiciário e a fazer-se acompanhar por advogado perante qualquer autoridade.
3. A lei define e assegura a adequada proteção do segredo de justiça.
4. Todos têm direito a que uma causa em que intervenham seja objeto de decisão em prazo razoável e mediante processo equitativo.
5. Para defesa dos direitos, liberdades e garantias pessoais, a lei assegura aos cidadãos procedimentos judiciais caracterizados pela celeridade e prioridade, de modo a obter tutela efetiva e em tempo útil contra ameaças ou violações desses direitos".

como o princípio da inafastabilidade da jurisdição, que assegura que *"a lei não excluirá da apreciação do Poder Judiciário lesão ou ameaça a direito"*.[208]

No que tange à primeira onda renovatória, pode-se afirmar que o Brasil foi um dos primeiros países periféricos do mundo a adotar um sistema geral de isenção temporária de custas e taxas processuais, para quem comprovasse hipossuficiência econômica,[209] por meio da Lei nº 1.060/1950 (Lei da Gratuidade da Justiça),[210] bem como algumas isenções específicas (Ministério Público, Entes Públicos, autarquias, ações coletivas, crianças e adolescentes etc). Além disso, o Brasil implementou um modelo de Juizados Especiais, que atualmente abarca mais da metade de todas as demandas dirigidas ao Poder Judiciário,[211] que tem como base a acessibilidade gratuita.[212] No que diz respeito à temática da assistência jurídica, a Constituição de 1988, optou pela adoção da advocacia *"remunerada pelos cofres públicos"* para atender aos necessitados, chamada de Defensoria Pública (arts. 5º, LIV, e 134 da CF).[213] Não obstante, em razão da falta de Defensores Públicos e de uma estrutura material adequada, não foi possível ainda afastar por completo a atuação de advogados privados, conhecidos como advogados dativos.[214] Parte deles atua graciosamente, mas parte deles recebe remuneração pública, por meio de convênios celebrados entre os órgãos públicos e a Ordem dos Advogados do Brasil.[215]

---

208. Nesse sentido, Paulo Cezar Pinheiro Carneiro, **Acesso à justiça**, p. 27, e Kazuo Watanabe, **Acesso à justiça e sociedade moderna**, p. 128.
209. Cleber Francisco Alves, **Justiça para todos! Assistência jurídica gratuita nos Estados Unidos, na França e no Brasil**, p. 229.
210. Atualmente o regime de gratuidade da justiça disciplinado pela Lei nº 1.060/1950 em conjunto com os arts. 98 a 102 do CPC/2015.
211. No Brasil, desde 2013 mais da metade de todas as demandas cíveis ajuizadas perante o Poder Judiciário são dirigidas para Juizados Especiais. Em 2016, esse número foi de 55,17%, de acordo com o relatório apresentado pelo CNJ, chamado de **Justiça em números 2017: ano-base 2016**, p. 28 e 35.
212. A gratuidade foi prevista originalmente no art. 51 da Lei dos Juizados de Pequenas Causas (Lei nº 7.244/1984). Atualmente, o tema é regulado pelo art. 54 da Lei nº 9.099/1995. Essa regra, por sinal, é aplicada também para as demais espécies de Juizados Especiais, os Federais (art. 1º da Lei nº 10.259/2001) e os Fazendários (art. 27 da art. 12.153/2009).
213. Cleber Francisco Alves, **Justiça para todos! Assistência jurídica gratuita nos Estados Unidos, na França e no Brasil**, p. 262.
214. Leonardo Avritzer, Marjorie Marona e Lilian C. B. Gomes, **Cartografia da justiça no Brasil**, p. 34.
215. Diogo Esteves e Franklyn Roger Alves Silva, **Princípios institucionais da defensoria pública**, p. 103.

Em relação à segunda onda renovatória, que visa a tutela dos interesses transindividuais, o Brasil igualmente se destaca como uma referência mundial. De fato, o país tem um extenso rol de ações coletivas e seus modelos são exportados para outros países. Tem também um amplo leque de legitimados coletivos, dentre os quais se destacam o cidadão, o Ministério Público, a Defensoria Pública, as associações civis e os entes federativos. Registre-se, também, que no Brasil a sentença coletiva dispõe de dois tipos de eficácia: *erga omnes*, oponível a todos os elementos inseridos no contexto fático da questão coletiva, e *ultra partes*, oponível aos elementos inseridos dentro de um grupo relacionado à questão coletiva. O Código de Defesa do Consumidor, de maneira pioneira, consagrou a divisão tripartida dos interesses transindividuais – difusos, coletivos e individual homogêneo –, ampliando ainda mais o alcance das ações coletivas. Por outro lado, o direito brasileiro vem investindo na adoção de técnicas de julgamento de casos repetitivos (art. 928 do CPC/2015), que apresentam uma solução procedimental que valoriza e viabiliza o tratamento de questões comuns que se encontrem pulverizadas em diversos conflitos individuais ou coletivos, para lhes atribuir tratamento uniforme e concentrado.[216]

A terceira onda renovatória de Cappelletti serviu de inspiração para significativas alterações no Direito brasileiro e, em especial, no direito processual. Antes mesmo da publicação do livro "Acesso à Justiça" no país, o ordenamento jurídico brasileiro já tinha recebido um modelo de *Small Claims Court*, chamado de Juizados Especiais de Pequenas Causas (Lei nº 7.244/1984), com inúmeras das características de acessibilidade mencionada por Cappelletti e Garth, tais como a gratuidade, a desnecessidade do patrocínio de advogado, a atuação de juízes leigos, a prioridade na busca pela autocomposição, a oralidade etc.[217] Em 1988, a Constituição Federal não apenas acolheu os Juizados de Pequenas Causas (art. 24, X), como previu a edição de uma lei para regular os Juizados Especiais (art. 98, I). Apesar de compreender ideologias distintas, no entanto, o legislador entendeu por bem fundir os dois modelos de Juizados numa única estrutura, chamada impropriamente de Juizados Especiais Cíveis (Lei nº 9.099/1995).[218] Posteriormente, foram incorporados ao ordenamento jurídico pátrio os Juizados

---

216. Aluísio Gonçalves de Castro Mendes, **Incidente de resolução de demandas repetitivas**, p. 29.

217. Paulo Cezar Pinheiro Carneiro, **Acesso à justiça**, p. 3.

218. Felippe Borring Rocha, **Manual dos juizados especiais cíveis estaduais**, p. 8.

Especiais Federais (Lei nº 10.259/2001) e os Juizados Especiais da Fazenda Pública (Lei nº 12.153/2009).

Outro aspecto que recebeu significativo tratamento no Brasil foi a implementação de institutos para resolução consensual de conflitos. O CPC/1973 começou a encampar essa visão em 1994, quando a Lei nº 8.952 incluiu, entre as atribuições do juiz, buscar *"a qualquer tempo, conciliar as partes"* (art. 125, IV) e previu a realização de uma audiência de conciliação (art. 331). Em seguida, por meio da Lei nº 9.245/1995, foi reformulado o rito sumário, para dar maior relevo à conciliação (art. 277).[219] Em 2010, a Resolução nº 125 do CNJ instituiu a política judiciária nacional de tratamento dos conflitos de interesses. Em 2014, o mesmo Conselho expediu a Recomendação nº 50, determinando aos Tribunais de Justiça, aos Tribunais Regionais do Trabalho e aos Tribunais Regionais Federais, que realizassem estudos e ações contínuas para darem prosseguimento ao movimento permanente de conciliação. No ano seguinte, foi sancionada a Lei nº 13.140, que dispõe sobre a mediação, e a Lei nº 13.129, que alterou dispositivos da Lei da Arbitragem (Lei nº 9.307/1996), ampliando o seu âmbito de aplicação. O objetivo evidente de todos esses diplomas foi o de fortalecer os mecanismos de solução de conflitos.

Em relação à adoção de técnicas procedimentais, cabe destacar dentre as reformas operadas no CPC/1973 a inclusão da tutela antecipada no art. 273 (Lei nº 8.952/1994), do regime de tutela específica das obrigações comportamentais nos arts. 461 e 461-A (Leis nº 8.952/1994 e nº 1.0444/2002), da súmula impeditiva de recurso no art. 518, § 1º (Lei nº 11.276/2006), do julgamento liminar de improcedência no o art. 285-A (Lei nº 11.277/2006), da repercussão geral e do recurso extraordinário repetitivo nos arts. 543-A e 543-B (Lei nº 11.418/2006) e do recurso especial repetitivo no art. 543-C (Lei nº 11.672/2008). Ainda no plano das alterações procedimentais, de suma importância para o objeto em estudo foi a edição da Lei nº 9.756/1998, que, dentre outras modificações, introduziu no CPC/1973 novas técnicas baseadas na aplicação da jurisprudência que permitiam o julgamento monocrático pelo relator do conflito de competência (art. 120, parágrafo único), do recurso especial (art. 544, § 3º)[220] e dos recursos em geral (art. 557).

---

219. Athos Gusmão Carneiro, **O novo recurso de agravo e outros estudos**, p. 8.

220. Este mesmo art. 544 do CPC/1973 foi alterado em 2001 (Lei nº 10.325) e 2010 (Lei nº 12.322). A última alteração permitiu que o relator, no STF ou no STJ, negasse seguimento ao recurso excepcional manifestamente inadmissível, prejudicado ou em confronto com súmula ou jurisprudência dominante no tribunal ou, ainda, desse seguimento ao

1.3.5. A relação entre o objeto da pesquisa e a busca pelo acesso à justiça

Inicialmente, é importante lembrar que o acesso à justiça pressupõe, dentre outros aspectos, o acesso ao Poder Judiciário. Mas esse acesso não se esgota na primeira instância da Justiça, mas se projeta sobre toda a estrutura judiciária, em suas diferentes instâncias. Assim, o jurisdicionado tem o direito não apenas de receber uma resposta à pretensão jurídica deduzida em juízo, mas também a possibilidade real de rever a resposta que lhe foi dada, naquilo que ficou conhecido como princípio do duplo grau de jurisdição. Como bem assinalado por Nelson Nery Junior,[221] o duplo grau de jurisdição é uma garantia constitucional, amparada pela estrutura judiciária e pelo inciso LV do art. 5º da Constituição Federal, que prevê *"aos litigantes, em processo judicial ou administrativo, e aos acusados em geral são assegurados o contraditório e a ampla defesa, com os meios e recursos a ela inerentes"*.

De fato, como já tivemos oportunidade de sustentar em outro estudo,[222] a garantia do acesso ao Poder Judiciário pouca serventia teria se não houvesse meios adequados para controlar a qualidade da tutela jurisdicional prestada por conta da propositura de uma demanda. O direito de ação, sem mecanismos de revisão, seria visto como um direito meramente formal, na medida em que o juiz poderia se desincumbir do seu dever de julgar proferindo qualquer decisão, por mais esdrúxula que fosse. Portanto, não se pode olvidar que num Estado Democrático de Direito a garantia de reexame das decisões judiciais pelas instâncias superiores é uma forma de franquear ao cidadão o acesso a uma tutela jurisdicional mais qualificada, que se traduz em ordem jurídica mais justa.

Pois bem, diante desse quadro, o julgamento monocrático dos recursos pelo relator poderia ser visto como um obstáculo ilegítimo para o acesso do jurisdicionado ao tribunal, cuja estrutura é, essencialmente, colegiada. Se assim o fosse, nem mesmo o propósito de simplificar e agilizar os procedimentos recursais nos tribunais,[223] em prol da efetividade do direito, poderia compatibilizar o julgamento monocrático com a garantia do acesso à justiça.

Desse modo, a questão que se coloca é saber como o emprego do julgamento monocrático seria capaz de representar uma ferramenta legítima de

---

recurso, se o acórdão recorrido estivesse em confronto com súmula ou jurisprudência dominante no respectivo tribunal.

221. Nelson Nery Junior, **Princípios fundamentais: teoria geral dos recursos**, p. 38.

222. Felippe Borring Rocha, **Teoria geral dos recursos cíveis**, p. 55.

223. Pedro Miranda de Oliveira, **Agravo interno e agravo regimental**, p. 66.

tomada de decisões, em substituição ao julgamento dos órgãos colegiados dos tribunais brasileiros, sem ofender a garantia do acesso à justiça e, em especial, a garantia do acesso às instâncias superiores.

Capítulo 2

A EFICÁCIA VINCULATIVA DA JURISPRUDÊNCIA

2.1. ESCLARECIMENTOS INICIAIS SOBRE A TERMINOLOGIA ADOTADA[1]

De plano, necessário esclarecer a razão pela qual no epíteto deste Capítulo da pesquisa foi empregada a expressão "jurisprudência" ou invés de "precedente". Com efeito, apesar da profunda dispersão terminológica que envolve o tema,[2] a maioria da doutrina pátria[3] tem preferido empregar o

---

1. Em várias passagens desta tese, fica nítida a nossa preocupação com o emprego técnico da terminologia dos institutos jurídicos pesquisados. Por isso, não raras vezes adotamos nomes e expressões que não são comumente utilizados para designar tais institutos. Procuramos fazer isso com o máximo de parcimônia possível, pois sabemos das implicações que essa prática pode ter para a compreensão do texto. Nessas situações, tentamos explicar, ainda que brevemente, os motivos que levaram à escolha de determinada terminologia em detrimento daquela outra mais difundida. De fato, como bem sublinhado por Cândido Rangel Dinamarco, **Fundamentos do processo civil moderno**, t. 1, p. 136: *"mede-se o grau de desenvolvimento de uma ciência pelo refinamento maior ou menor de seu vocabulário específico. Onde os conceitos estão mal definidos, os fenômenos ainda confusos e insatisfatoriamente isolados sem inclusão em uma estrutura adequada, onde o método não chegou ainda a tornar-se claro ao estudioso de determinada ciência, é natural que ali também seja pobre a linguagem e as palavras se usem sem grande precisão técnica"*. Na mesma linha, diz Rodolfo de Camargo Mancuso, **Divergência jurisprudencial e súmula vinculante**, p. 43, que *"o Direito, sendo ciência nomotética, que expressa juízos de valor através de formulações coercitivas, abstratas, gerias e impessoais, deve sempre prestigiar o rigor terminológico"*.
2. José Rogério Cruz e Tucci, **Precedente judicial como fonte do direito**, p. 153, e Michele Taruffo, **Precedente e jurisprudência**, p. 3.
3. Marcelo Pereira de Almeida, **Precedentes judiciais**, p. 17, Thomas da Rosa de Bustamante, **Teoria do precedente judicial**, p. 6, Ronaldo Cramer, **Precedentes judiciais**, p. 11, Luiz Guilherme Marinoni, **Precedentes obrigatórios**, p. 29, Patrícia Perrone Campos Mello, **Precedentes**, p. 4, Gustavo Santana Nogueira, **Precedentes vinculantes**

termo "precedente", em lugar de "jurisprudência", para descrever o conjunto de manifestações judiciais que vão influenciar a interpretação do direito.

Numa apertada síntese, esses autores alegam que: a) o termo "jurisprudência" teria múltiplos significados, o que comprometeria a sua capacidade para formar o eixo metodológico de uma estrutura teórica; b) "precedente" seria uma expressão com sentido próprio e que já está assentada na tradição jurídica dos países da família do *Common Law*, onde teria sido buscada a fonte de inspiração para expansão da eficácia vinculativa das manifestações do Poder Judiciário em nosso sistema jurídico; c) o termo "precedente" teria sido adotado pelo CPC/2015, reforçando a necessidade de sua utilização; d) mesmo em se tratando de súmulas seria possível identificar os casos concretos que lhe deram origem, para deles extrair a *ratio decidendi* que compreende o núcleo lógico da aplicação dos precedentes; e) o conceito de "precedente" seria definido pelas regras do sistema jurídico no qual ele está inserido.

Apesar da excelência das considerações, optou-se por adotar neste texto o termo "jurisprudência", principalmente por sua amplitude, diversidade e valor histórico.[4] De fato, como será visto mais a frente, a expressão jurisprudência já se fazia presente nas leis brasileiras desde o período colonial. Nos códigos de processo civil de 1939 e 1973, a palavra "jurisprudência" aparece, na maioria das vezes, com o sentido de conjunto de decisões reiteradas e uniformes proferidas pelos tribunais sobre determinada questão.[5] Por isso, é possível afirmar que as referências à "jurisprudência", presentes nas leis brasileiras mais recentes, especialmente no CPC/2015, mesmo que de maneira irregular, estão em sintonia com a tradição jurídica brasileira desenvolvida ao longo do século passado.[6]

Por outro lado, o CPC/2015, apesar de ter mantido essa tendência, foi o primeiro código a empregar o termo "precedente" em seu texto. Todavia, na maioria das vezes, a palavra "precedente" faz referência às decisões judiciais e não ao conjunto delas.[7] Assim, enquanto a doutrina prevalente utiliza a

---

no direito comparado e brasileiro, p. 52, Francisco Rosito, **Teoria dos precedentes judiciais**, p. 40, José Rogério Cruz e Tucci, **Precedente judicial como fonte do direito**, p. 12, e Hermes Zaneti Jr., **O valor vinculante dos precedentes**, p. 62.

4. Cassio Scarpinella Bueno, **Manual de direito processual**, p. 554.
5. Alexandre Freitas Câmara, **Levando os padrões decisórios a sério**, p. 124.
6. Alexandre Freitas Câmara, **Levando os padrões decisórios a sério**, p. 122.
7. No CPC/2015, a palavra "precedente" aparece em três artigos. O art. 489, § 1º, estabelece que a decisão judicial é inválida quando o julgador "*invocar precedente ou enunciado de súmula, sem identificar seus fundamentos determinantes nem demonstrar que o caso sob julgamento se ajusta àqueles fundamentos*" (inciso V) e "*deixar de seguir enunciado de*

expressão "precedente" para falar do gênero ("teoria dos precedentes") e das espécies ("precedentes judiciais"), optamos por adotar o termo "jurisprudência" exclusivamente para nos referir ao gênero ("teoria da jurisprudência").

Inevitável reconhecer ainda que algumas das manifestações inseridas pelo legislador no nosso sistema jurisprudencial não se enquadram no conceito mais estrito de "precedente judicial".[8] É o que ocorre, por exemplo, com as súmulas (art. 927, I e IV, do CPC/2015). As súmulas não são decisões, mas enunciados elaborados a partir de uma abstração. Nesse passo, como já visto, nos países assentados na tradição do *Common Law*, o conceito de precedente está diretamente associado à uma decisão jurisdicional proferida sobre um caso concreto. Portanto, o precedente retrata uma decisão que produz, além da norma particular, uma norma universalizável, que pode ser aplicada como critério argumentativo em outros casos, por conta da identidade entre seus elementos fáticos e jurídicos.[9] Precisamente por isso, não conseguimos compreender o precedente dissociado do caso concreto.[10]

Isso não significa dizer que no sistema jurisprudencial brasileiro não exista "precedente judicial", como afirma parte da doutrina.[11] De fato,

---

súmula, jurisprudência ou precedente invocado pela parte, sem demonstrar a existência de distinção no caso em julgamento ou a superação do entendimento" (inciso VI). O art. 926 prevê que, ao editar súmulas, os tribunais devem se atentar às "*circunstâncias fáticas dos precedentes*". Somente no art. 927, § 5º, é que o legislador parece adotar um conceito um pouco mais amplo, ao dizer que os "*tribunais darão publicidade a seus precedentes, organizando-os por questão jurídica decidida e divulgando-os, preferencialmente, na rede mundial de computadores*".

8. Nesse sentido, diz Murilo Strätz, **Novo Código de Processo Civil**, p. 401, "*nossas modalidades decisórias vinculantes sequer se enquadram, tecnicamente, na noção anglo-saxônica de precedente. E nessa noção nem precisariam mesmo se enquadrar as teses jurídicas firmadas pelo Supremo e pelo STJ, já que, se no* Common Law *um precedente só obriga quando possui uma intrínseca autoridade argumentativa, aqui no Brasil alguns pronunciamentos judiciais só possuem autoridade porque legalmente obrigam*".

9.. Lucas Buril de Macêdo, **Precedentes judiciais e o direito processual civil**, p. 70, José Rogério Cruz e Tucci, **Precedente judicial como fonte do direito**, p. 9, e Guido Fernando Silva Soares, ***Common law***, p. 42, e Hermes Zaneti Jr., **O valor vinculante dos precedentes**, p. 324

10. Michele Taruffo, **Precedente e jurisprudência**, p. 2. Como bem anotado por Daniel Vianna Vargas, **Ferramentas de controle das razões de decidir**, p. 106, "*mostra-se inviável – e pouco prático – tentar analisar os instrumentos descritos no art. 927 do CPC como precedentes sob a ótica do common law, tratando-se, na verdade, de mecanismos de padronização decisória, com o objetivo precípuo de contingenciamento processual*".

11. Lenio Luiz Streck e Georges Abboud, **O que é isto: o precedente judicial e súmula vinculante**, p. 85, e Cassio Scarpinella Bueno, **Manual de direito processual**, p. 554.

entendemos que "precedente judicial" é um conceito que está ligado não apenas ao tipo de manifestação judicial (decisão), mas também ao seu processo de aplicação. Por isso, o termo "precedente judicial" deve ser reservado para identificar uma decisão judicial proferida sobre um caso concreto cuja fundamentação e conclusão (*ratio decidendi*) são aplicadas no processo decisório de uma nova causa que tem similitudes com a causa por ela julgada. Pode-se dizer que a jurisprudência é dinâmica, pois ela é (re) construída diariamente pelas diferentes manifestações judiciais, enquanto que o precedente é estático, só ganhando vida quando aplicado em outros casos. De modo que nos parece mais adequado falar em "jurisprudência" do que em "precedentes" para tratar, de maneira genérica, do conjunto de manifestações judiciais que podem influenciar na análise de uma pretensão deduzida em juízo.

Por certo, a jurisprudência também é capaz de influenciar a atividade legislativa ou administrativa e, até mesmo, o comportamento da sociedade. Para os limites deste trabalho, no entanto, serão abordados apenas os efeitos que a jurisprudência produz no sistema processual. Não é, no entanto, qualquer manifestação judicial que pode ser considerada como parte da jurisprudência. Apenas se enquadram nesse conceito as manifestações do Poder Judiciário no exercício de suas funções judiciais, ou, por exclusão, aquelas que não sejam meramente normativas ou executivas (contratos, regulamentos, portarias etc). Além disso, somente quando dessas manifestações se puder extrair um sentido capaz de influenciar a análise de uma pretensão deduzida em juízo é que ela poderá ser vista como parte da jurisprudência.[12] Se uma decisão judicial não tem transcendência em relação ao caso concreto, se limita a reproduzir o dispositivo legal, não resolve o mérito da causa ou não elaborou uma análise jurídica sobre um aspecto processual da demanda, não pode ser considerada como elemento formador da jurisprudência. É o caso de decisões meramente terminativas ou que se limitam a homologar a transação entabulada entre as partes.[13]

---

12. Na nossa opinião, o conceito de "tese jurídica" é bem mais restrito que o conceito de "*ratio decidendi*". A *ratio decidendi* envolveria não apenas a conclusão, mas também os fundamentos da decisão utilizada no processo argumentativo. A tese jurídica, por sua vez, corresponderia, no mínimo, à conclusão da decisão, ainda que desprovida da sua fundamentação. Nessa ordem de ideias, a súmula conteria uma tese jurídica correspondente à condensação das conclusões presentes no julgamento das causas que lhe deram base.
13. Luiz Guilherme Marinoni, **Precedentes obrigatórios**, p. 215.

Em suma, na nossa opinião, a jurisprudência compreende o conjunto de manifestações, produzidas no exercício de uma atividade judicial, que são capazes de influenciar, como princípio argumentativo, o julgamento de uma pretensão deduzida em juízo. Numa visão menos técnica, entretanto, a jurisprudência pode se referir a uma orientação presente nos tribunais ou ao conjunto uniforme de manifestações judiciais, como ocorre em relação às expressões "*jurisprudência dominante*" ou "*jurisprudência pacificada*" (art. 927, §§ 3º e 4º, do CPC/2015).[14] Tratando-se de uma decisão judicial, a sua força normativa normalmente está atrelada à sua estabilização (trânsito em julgado), ao passo que, no caso de uma decisão administrativa, uma súmula, por exemplo, à sua publicação. Nada obsta, entretanto, que uma decisão ainda não estabilizada seja utilizada, quando dotada de uma relevância peculiar ou de um caráter sinalizador, para indicar a consolidação de uma orientação ou uma mudança jurisprudencial.

Por certo, as espécies de manifestações judiciais, integrantes da "jurisprudência", têm características bastante distintas entre si. Por isso, sempre tivemos dificuldades enquadrar, num único conceito, cada uma delas. Essa mesma dificuldade levou boa parte da doutrina a falar indistintamente em "precedente judicial", solução essa que não nos pareceu adequada, pelos motivos já expostos. Assim, passamos a utilizar a nomenclatura "padrões decisórios" para designar cada uma das espécies jurisprudenciais.[15] Essa expressão, inclusive, foi inserida no art. 966, § 5º, do CPC/2015, pela Lei nº 13.256/2016, como sinônimo de manifestação judicial utilizada como princípio argumentativo no processo de tomada de decisão.[16] Destarte, na nossa visão, os padrões decisórios representam todos os tipos de manifestações judiciais que, por serem dotadas de força normativa, fazem parte

---

14. Fabiano Carvalho, **Poderes do relator nos recursos**, p. 121. Nesse sentido, assinala Rodolfo de Camargo Mancuso, **Divergência jurisprudencial e súmula vinculante**, p. 21, que *"a palavra 'jurisprudência' pode ainda ser usada para significar a tendência exegética predominante num determinado tribunal, acerca de certo tema. Assim, pode-se dizer, v.g., que a jurisprudência do STJ, sobre determinada matéria, encontra-se estabilizada neste ou naquele sentido"*.
15. Na doutrina, também utiliza essa expressão Alexandre Freitas Câmara, **Levando os padrões decisórios a sério**, p. 121.
16. *"Art. 966. A decisão de mérito, transitada em julgado, pode ser rescindida quando:*
(...)
§ 5º Cabe ação rescisória, com fundamento no inciso V do caput deste artigo, contra decisão baseada em enunciado de súmula ou acórdão proferido em julgamento de casos repetitivos que não tenha considerado a existência de distinção entre a questão discutida no processo e o padrão decisório que lhe deu fundamento".

do sistema jurisprudencial.[17] Em outras palavras, nem toda manifestação judicial pode ser considerada como padrão decisório, mas somente aquelas que tenham força normativa, ou seja, tenham capacidade de influenciar outros julgamentos. Uma sentença que homologue um acordo, sem fazer qualquer consideração jurídica ou fática, por exemplo, não pode ser vista como um padrão decisório.

É preciso considerar também que alguns padrões decisórios, por opção legislativa, foram dotados de uma força normativa diferenciada e subordinante, aqui chamada de "eficácia vinculativa". Por isso, é possível dividir os padrões decisórios entre aqueles que tem eficácia meramente persuasiva e aqueles que tem eficácia vinculativa. Note-se que os padrões decisórios dotados de eficácia vinculativa serão o foco do nosso estudo, em razão da sua ligação com o julgamento monocrático do mérito dos recursos (art. 932, IV e V, do CPC/2015).

Os padrões decisórios podem ser divididos em dois grupos: a) padrões decisórios produzidos através de um procedimento judicial-administrativo, tais como as súmulas e os julgamentos de casos repetitivos desistidos (arts. 976, § 2º, e 998, parágrafo único, do CPC/2015); b) padrões decisórios produzidos através de um procedimento judicial-jurisdicional, representados pelas decisões jurisdicionais. Ambos os procedimentos são realizados dentro do Poder Judiciário, por isso o adjetivo "judicial", mas no primeiro segmento, o julgamento é administrativo, pois feito sem correlação direta com um caso concreto, enquanto que no segundo, a decisão é jurisdicional, porque está diretamente relacionada à solução de um caso concreto. Atualmente, portanto, todo padrão decisório decorre de um procedimento realizado pelo Poder Judiciário, seja ele jurisdicional ou administrativo.

Apesar disso, não vemos problemas que no futuro a lei atribua eficácia vinculativa para padrões decisórios produzidos na esfera administrativa. As agências reguladoras, por exemplo, poderiam, com um procedimento administrativo qualificado, marcado por ampla participação democrática e dentro de uma estrutura dialógica, editar padrões decisórios sobre os temas inseridos em suas respectivas competências. A Administração Pública, aliás,

---

17. Conforme esclarecer José Rodrigo Rodriguez, **Como decidem as cortes?**, p. 60, não podemos falar em "padrões argumentativos" em relação às súmulas, por exemplo, pois nelas não há o esboço da fundamentação, mas apenas da conclusão extraída dos julgamentos. Por isso, aduz, o mais correto é falar em "padrão decisório".

já tem experiência no assunto, pois aplica "precedentes administrativos" com eficácia vinculativa há algumas décadas. Inicialmente, essa vinculação surgiu espontaneamente, dentro das próprias instituições, por meio de pareceres e instruções normativas editadas por seus órgãos superiores,[18] dentro da autovinculação administrativa.[19] Nos últimos anos, entretanto, essa lógica foi sendo gradativamente positivada em alguns diplomas legais,[20] até ser prevista para toda a Administração Pública (art. 30 da LINDB, com a redação conferida pela Lei nº 13.655/2018).[21]

O mais próximo que nós temos de um "precedente administrativo" com eficácia vinculativa em relação ao Poder Judiciário no CPC/2015 é a previsão de dispensa da remessa necessária quando a decisão proferida contra a Fazenda Pública estiver em consonância "*com orientação vinculante firmada no âmbito administrativo do próprio ente público, consolidada em manifestação, parecer ou súmula administrativa*" (art. 496, § 4º, IV). Esta regra, no entanto, não transforma o "precedente administrativo" em padrão decisório vinculativo, porque, na nossa visão, a sua força normativa é meramente procedimental e não argumentativa. Em outras palavras, o juiz não está "obrigado" a julgar conforme um "precedente administrativo", mas se o fizer, não precisa submeter sua decisão à remessa necessária.[22]

Por fim, fechando essa etapa de esclarecimentos iniciais, gostaríamos de justificar o uso da expressão "eficácia vinculativa" ao invés de "eficácia

---

18. Gustavo Marinho de Carvalho, **Precedentes administrativos no direito brasileiro**, p. 115.
19. Alessandra Ramos de Almeida Gomes, **O precedente administrativo no ordenamento brasileiro**, p. 25.
20. A própria Administração Pública federal, por exemplo, já dispõe de regras que dispensam os seus procuradores judiciais da propositura de ações ou a interposição de recursos quando a pretensão for contrária à jurisprudência (art. 4º da Lei nº 9.469/1997) ou reconhecida por súmula administrativa (arts. 4º, XXI, e 43, da LC nº 73/1993).
21. "*Art. 30. As autoridades públicas devem atuar para aumentar a segurança jurídica na aplicação das normas, inclusive por meio de regulamentos, súmulas administrativas e respostas a consultas.*

    Parágrafo único. *Os instrumentos previstos no caput deste artigo terão caráter vinculante em relação ao órgão ou entidade a que se destinam, até ulterior revisão*".
22. Trata-se de uma revisão da nossa posição anterior, pois chegamos a sustentar que o art. 496, § 4º, IV, do CPC/2015, permitia identificar os "precedentes administrativos" como padrões decisórios judiciais: Felippe Borring Rocha, **A jurisdição administrativa e o direito jurisprudencial**, p. 101.

vinculante"[23] ou "força obrigatória",[24] termos usualmente mais empregados pela doutrina.[25] De fato, entendemos que deve existir uma diferenciação na nomenclatura para que seja possível realizar uma melhor e mais precisa catalogação dos níveis de vinculação previstas em nosso sistema jurisprudencial. Desse modo, decidimos falar em "eficácia vinculativa" para se referir a todos os tipos de subordinação previstas em lei e empregamos a expressão "eficácia vinculante" exclusivamente para designar a força que foi atribuída pela Constituição para a súmula vinculante (art. 103-A da CF) e para o julgamento de controle de constitucionalidade concentrado realizado pelo STF (art. 102, § 2º, da CF).[26]

2.2. A JURISPRUDÊNCIA ENQUANTO FONTE DO DIREITO

Numa síntese clássica, fonte do direito é o local onde o direito surge.[27] Do ponto de vista material, as fontes revelam a origem social do direito, ou seja, os fatores culturais, sociológicos, históricos e econômicos que levaram à sua formação. No sentido formal, as fontes representam os órgãos produtores do direito. Dentro da lógica positivista e do modelo de separação de poderes adotado no país após a independência, a fonte formal por excelência sempre foi vista como o Estado, responsável por editar as leis. A lei, portanto, representava a fonte primária do Direito.[28] Nesse sentido, a decisão judicial

23. Note-se, ainda, que na língua portuguesa "vinculativo" e "vinculante" são sinônimos e retratam a qualidade daquilo que vincula, que estabelece uma ligação, que impõe uma obrigação.
24. Expressão empregada, dentre outros, por Luiz Guilherme Marinoni, **Precedentes obrigatórios**, p. 111. O autor divide a força obrigatória em absoluta e relativa, conforme o julgador possa ou não se afastar da sua aplicação, e conclui que nenhum sistema jurídico adota mais o modelo absoluto de força obrigatória. Entendemos, no entanto, ser contraditório falar em "força obrigatória relativa", dentro de uma classificação na qual a "força obrigatória absoluta" não se aplica mais.
25. Nesse sentido, por exemplo, Kildare Gonçalves Carvalho, **Direito constitucional**, p. 524, afirma que *"o efeito vinculante pode ser entendido, em geral, como a eficácia de uma decisão judicial preferida sobre uma questão de fato e de direito, mas que ultrapassa o caso concreto"*.
26. Essa diferenciação, de certo modo, acaba por prestigiar a origem da expressão "efeito vinculante", que teria sido trazida do direito alemão, onde era empregada especificamente em relação às decisões da Corte Constitucional. Nesse sentido, veja-se Márcia Regina Lusa Cadore, **Súmula vinculante e uniformização da jurisprudência**, p. 91.
27. Tércio Sampaio Ferraz Junior, **Introdução ao estudo do direito**, p. 181.
28. Essa afirmação encontra-se positivada no direito brasileiro, como se pode perceber da dicção do art. 4º da Lei de Introdução às Normas do Direito Brasileiro (Lei

tinha caráter meramente declaratório, pois se limitava a exprimir a vontade da lei.[29] Com efeito, o pensamento historicista de Savigny consolidou entre nós a chamada plenitude lógica do sistema de direito positivo. De acordo com essa construção, o direito positivo conteria, explícita ou implicitamente, a disciplina de todas as relações sociais, razão pela qual não se poderia falar em lacunas no ordenamento jurídico.[30]

No final do século XIX, entretanto, a doutrina pátria, inspirada especialmente pela obra de Hans Kelsen,[31] começou a enxergar na decisão judicial um papel constitutivo do direito. Isso porque o pensamento purista de Kelsen fomentou a percepção de que o direito positivo poderia ser "livremente" complementado pelos juízes, diante de casos nos quais a lei não apresentasse uma solução pronta, mas apenas uma "moldura" jurídica.[32] Assim, apesar de repudiar a ideia de que seria possível através de uma decisão judicial criar o direito,[33] a teoria de Kelsen abriu caminho para incluir a jurisprudência entre as fontes formais do direito, ainda que de forma incipiente.[34] Mesmo reconhecendo a capacidade da decisão judicial em produzir normas jurídicas, Kelsen enxergava nessa atividade um sentido derivado. Destarte, na sua visão, existiria, de um lado, a norma geral, contida na lei, e de outro, a norma individual, presente na solução do caso concreto.[35]

---

nº 4.657/1942): "*Quando a lei for omissa, o juiz decidirá o caso de acordo com a analogia, os costumes e os princípios gerais de direito*".

29. Thomas da Rosa de Bustamante, **Teoria do precedente judicial**, p. 264.
30. João Baptista Villela, **O problema das lacunas do ordenamento jurídico e os métodos para resolvê-los**, p. 222.
31. Hans Kelsen, **Teoria pura do direito**, p. 166.
32. Hans Kelsen, **Teoria pura do direito**, p. 247.
33. Hans Kelsen, **Teoria pura do direito**, p. 250.
34. Até o final do século passado, a maior parte da doutrina brasileira negava a condição de fonte formal do direito à jurisprudência. Prevalecia, então, o entendimento de que a jurisprudência seria fonte material ou secundária do direito. Nesse sentido, vejam-se, Orlando Gomes, **Introdução ao direito civil**, p. 49, Tércio Sampaio Ferraz Junior, **Introdução ao estudo do direito**, p. 197, e Cândido Rangel Dinamarco, **Instituições de direito processual civil**, v. 2, p. 81. Miguel Reale, **Lições preliminares de direito**, p. 176, por sua vez, reconhecia a jurisprudência como fonte formal nos casos de omissão da lei. Já José Frederico Marques Marques, **Manual de direito processual civil**, v. 1, p. 158, afirmava que somente a jurisprudência dominante seria fonte formal do direito. Mais recentemente, Rodolfo de Camargo Mancuso, **Divergência jurisprudencial e súmula vinculante**, p. 74, assinalava que apenas a súmula vinculante pode ser considerada como fonte formal do direito.
35. Hans Kelsen, **Teoria pura do direito**, p. 252.

Apesar de ter sido fundamental na consolidação dos Estados de Direito, durante o século XX a leitura de Kelsen foi gradativamente sendo abandonada. Em seu lugar surgiram teorias que afirmavam ser a interpretação do direito e sua criação ao caso concreto atividades indissociáveis.[36] A interpretação seria um processo circular e dinâmico, na qual a norma jurídica não existiria no texto legal, como um dado predeterminado, mas apenas na sua projeção sobre o caso concreto.[37] Assim, cada vez que o intérprete analisasse o texto legal extrairia dele um produto novo, fruto das circunstâncias na qual a interpretação se deu. [38] Não há um único sentido a ser extraído da lei e a obra do legislador somente é concluída diante do caso concreto.[39] De modo que o direito seria o conjunto dessas interpretações e a norma jurídica o resultado da interação entre o texto legal e a interpretação do aplicador.[40] Nesse sentido, afirmar que a lei, a jurisprudência ou qualquer outro objeto seria uma "fonte" do direito levaria à desconsideração do papel que o intérprete tem na materialização da norma jurídica.

Destarte, na atualidade, à luz das teorias argumentativas do direito, a jurisprudência somente pode ser vista como fonte do direito se esse termo for empregado num sentido mais amplo, como "de ponto de partida" para a construção judicial da norma jurídica que se revela na decisão.[41] Num estado constitucional, o direito é produto de uma multiplicidade de fontes que dialogam entre si e o intérprete e a decisão judicial representa a reconstrução do sentido normativo das proposições jurídicas.[42] De fato, numa perspectiva comunicativa do direito, a jurisprudência assume novas funções no sistema

---

36. Hans-Georg Gadamer, **Verdade e método**, p. 396. Como diz Mauro Cappelletti, **Juízes legisladores?**, p. 27, do ponto de vista substancial a atividade jurisdicional se constitui num processo de criação do direito, como consequência indissociável da interpretação do próprio direito.
37. Hans-Georg Gadamer, **Verdade e método**, p. 400.
38. Sálvio de Figueiredo Teixeira, **A criação e a realização do direito na decisão judicial**, p. 279.
39. Como bem sintetiza Humberto Ávila, **Teoria dos princípios**, p. 15: "*Normas não são textos nem o conjunto deles, mas os sentidos construídos a partir da interpretação sistemática de textos normativos. Daí se afirmar que os dispositivos constituem em objeto da interpretação; e as normas, no seu resultado*".
40. Niklas Luhmann, **O direito da sociedade**, p. 537.
41. Alexandre Freitas Câmara, **Levando os padrões decisórios a sério**, p. 127.
42. Humberto Ávila, **Teoria dos princípios**, p. 33.

jurídico, capaz de atuar na produção e na aplicação da norma,[43] inclusive com eficácia vinculativa.

2.3. O ESBOÇO HISTÓRICO DA EFICÁCIA VINCULATIVA DA JURISPRUDÊNCIA NO BRASIL

Como visto, nos primórdios do direito romano, a jurisprudência representava relevante fonte do direito, servindo de base dinâmica dos ordenamentos jurídicos ainda incipientes e pouco estruturados do continente europeu. Com o início do período medieval, a atividade jurisdicional se contraiu e perdeu importância, em razão da fragmentação dos organismos estatais e da concentração de poderes nas mãos dos senhores feudais. Quando a atuação judicial voltou a ter relevância e estrutura, notadamente pelas vias eclesiásticas, já na parte final da Idade Média, o continente europeu foi sacudido por uma nova onda de mudanças que culminaram na formação dos Estados Liberais. A lógica liberal, baseada em preceitos de autonomia privada e no racionalismo idealizado, arrefeceu novamente os escopos de formação de uma cultura analítica sobre as decisões judiciais, na medida em que reduziu o campo de atuação judicial ao patamar de repetidor da lei: *le juge est la bouche de le loir*, na clássica afirmação de Montesquieu.[44]

No caso específico dos países ibéricos, onde afloraram as grandes codificações, a aplicação da jurisprudência na solução dos conflitos foi cedendo terreno para outras técnicas de matrizes formalista e positivista, que acabaram por transformar a aplicação do Direito num processo mecânico e dissociado das realidades sociais adjacentes. Nesse contexto, o Brasil acabou por absorver, inicialmente de Portugal e posteriormente de outros países, uma dogmática jurídica firmada em valores abstratizados e plasmados nas leis. De fato, em terras brasileiras a aplicação das Ordenações do Reino de Portugal (Manuelinas, Afonsina e Filipinas), dentro da lógica romana[45] e da forma escrita, foi o traço marcante de toda a etapa colonial, permanecendo em destaque mesmo após a sua elevação à condição de reino unido (1815) e, posteriormente, à proclamação da independência (1822), cujos preceitos de Direito Civil, vigoraram, no Brasil, até 1916, quando foi editado o primeiro Código Civil.

---

43. Ronaldo Cramer, **Precedentes judiciais**, p. 101, e Lucas Buril de Macêdo, **Precedentes judiciais e o direito processual civil**, p. 96, e Hermes Zaneti Jr., **Processo constitucional**, p. 267.
44. Montesquieu. **Do espírito das leis**, p. 158.
45. José Carlos Moreira Alves, **Estudos de direito romano**, p. 297.

No período colonial, diante da falta de leis brasileiras, a jurisprudência tinha papel decisivo na vida jurídica, embora na maioria das vezes tivesse eficácia meramente persuasiva.[46] Esse entendimento se manteve, após a proclamação da independência, especialmente amparado pela consagração do princípio da legalidade na Constituição Imperial de 1824 (art. 179, I).[47] Em 1850, no entanto, esse quadro sofreu uma importante mudança. De fato, nesse ano o Decreto nº 738 atribuiu aos *"Tribunaes de Commercio"* a possibilidade de editarem *"assentos"* com eficácia vinculativa, aos moldes dos assentos da Casa de Suplicação previstos nas Ordenações do Reino de Portugal.[48] Nesse sentido, dispunha o art. 12 do Decreto que, após a publicação dos assentos, *"todos os Juizes e Tribunaes, arbitros, e arbitradores serão obrigados a regular por elles as suas decisões, em quanto não forem derrogados ou alterados por decisão do Poder Legislativo"*. Essa situação retrata uma das características fundamentais do sistema jurídico brasileiro: a eficácia vinculativa da jurisprudência provém, em primeiro lugar, da lei.[49]

Diante da boa acolhida da iniciativa, em 1875 a competência para edição dos assentos brasileiros, não apenas em matéria comercial, mas também em matéria criminal e civil, foi deslocada ao Supremo Tribunal de Justiça, por força do art. 2º do Decreto Legislativo nº 2.684. Posteriormente, essa atribuição passou a ser regulada pelo Decreto nº 6.142/1876, que destacou que os assentos editados pelo Supremo Tribunal de Justiça teriam por escopo de fixar as teses jurídicas sobre as questões de direito com o objetivo de consolidar a jurisprudência nacional.[50] O Decreto estabeleceu ainda que no procedimento para edição dos assentos o Supremo Tribunal de Justiça poderia colher a manifestação dos Tribunais da Relação, do Instituto da Ordem dos Advogados, dos Tribunais do Comércio e de jurisconsultos *"de melhor nota"*, numa modalidade incipiente de *amicus curiae*.[51] Embora o Decreto nº 6.142/1876 nunca tenha sido formalmente revogado, os assentos deixaram de ser aplicados com a proclamação da República, em 1889.

---

46. Marcus Seixas Souza, **A jurisprudência no direito colonial brasileiro**, p. 310.
47. Alexandre Freitas Câmara, **Levando os padrões decisórios a sério**, p. 122.
48. Conforme esclarece Mônica Sifuentes, **Súmula vinculante**, p. 227, os assentos surgiram no direito português nas Ordenações Manuelinas (Livro V, Título VIII, parágrafo 5º) e foram mantidos pelas Ordenações Filipinas (Livro I, título V, parágrafo 5º) e pela Lei de 18 de agosto de 1769, chamada de Lei da Boa Razão. Os assentos somente foram extintos em Portugal em 1822, por deliberação tomada pela própria Casa de Suplicação.
49. Maurício Ramires, **Crítica à aplicação de precedentes**, p. 154.
50. Mônica Sifuentes, **Súmula vinculante**, p. 188.
51. Alexandre Freitas Câmara, **Levando os padrões decisórios a sério**, p. 118.

A primeira constituição republicana no Brasil, de 1891, manteve as bases da tradição do direito português, mas incorporou ao ordenamento jurídico pátrio elementos do direito norte-americano.[52] Nessa fase, em 1923, foi editado o Decreto nº 16.273 que criou um mecanismo de uniformização de interpretações divergentes das Câmaras de Apelação, cíveis e criminais, denominado "prejulgado". A decisão proferida nesse incidente, no entanto, deveria apenas fixar a tese jurídica *"aconselhável para os casos futuros"*,[53] sem eficácia vinculativa. Os prejulgados foram melhor regulados pelo CPC/1939, em seu art. 861, e foram os predecessores do incidente de uniformização da jurisprudência, previsto no art. 476 a 479 do CPC/1973. Em todos os dispositivos citados, ainda assim, a decisão proferida permanecia sem eficácia vinculativa.

Outro momento a ser destacado na história da jurisprudência no direito brasileiro foi a adoção pelo STF de uma súmula de sua jurisprudência predominante, em 1963.[54] Ela foi criada, por iniciativa do Ministro do STF Victor Nunes Leal, com o objetivo de funcionar como um repositório oficial dos entendimentos sedimentados na corte mais alta do país, orientando o funcionamento da justiça e abreviando o julgamento dos casos repetitivos.[55] Tais enunciado, mais uma vez, se limitavam a servir de orientação persuasiva para os julgamentos futuros.

O primeiro dispositivo a conferir eficácia vinculativa à jurisprudência, no período republicano, foi o art. 187 do regimento internos do STF.[56] Este artigo previu a eficácia vinculante à chamada representação interpretativa, inserida no art. 119, I, "l", da Constituição Federal de 1967, pela Emenda Constitucional nº 7/1977. Eis os textos:

---

52. Fredie Didier Jr., **Curso de direito processual civil**, v. 1, p. 59. O mesmo autor, mais a frente, relembra que o art. 386 do Decreto Republicano nº 848/1890 dizia expressamente que os casos de *Common Law* e *Equity Law* eram fontes subsidiárias da jurisprudência e do processo federal.
53. Francisco Cavalcanti Pontes de Miranda, **Embargos, prejulgado e revista no direito processual brasileiro**, p. 163, apurado por Alexandre Freitas Câmara, **Levando os padrões decisórios a sério**, p. 118.
54. A Súmula da Jurisprudência Predominante foi instituída por Emenda ao RISTF, publicada em 30/08/1963. Entrou em vigor em 1º de março de 1964, com 370 enunciados, aprovados em 13 de dezembro de 1963.
55. Victor Nunes Leal, **Atualidades do Supremo Tribunal Federal**, p. 7.
56. Olavo Augusto Vianna Alves Ferreira, **Controle de constitucionalidade e seus efeitos**, p. 194.

> Art. 119. Compete ao Supremo Tribunal Federal:
>
> I – processar e julgar originariamente;
>
> (...)
>
> l) a representação do Procurador-Geral da República, por inconstitucionalidade ou para interpretação de lei ou ato normativo federal ou estadual;
>
> Art. 187. A partir da publicação do acórdão, por suas conclusões e ementa, no Diário da Justiça da União, a interpretação nele fixada terá força vinculante para todos os efeitos.

A representação interpretativa foi extinta com a promulgação da Constituição de 1988, que não repetiu em seu texto a previsão deste mecanismo. Por isso, somente com a inserção do § 2º ao art. 102 da Constituição Federal de 1988, através da Emenda Constitucional nº 3/1993, é que o ordenamento jurídico voltou a ter jurisprudência dotada de eficácia vinculante:

> Art. 102. (...)
>
> § 2º As decisões definitivas de mérito, proferidas pelo Supremo Tribunal Federal, nas ações declaratórias de constitucionalidade de lei ou ato normativo federal, produzirão eficácia contra todos e efeito vinculante, relativamente aos demais órgãos do Poder Judiciário e ao Poder Executivo.

Esse dispositivo teve o seu alcance ampliado, a partir da Emenda Constitucional nº 45/2004, que também introduziu a súmula vinculante no texto constitucional:

> Art. 102. (...)
>
> § 2º As decisões definitivas de mérito, proferidas pelo Supremo Tribunal Federal, nas ações diretas de inconstitucionalidade e nas ações declaratórias de constitucionalidade produzirão eficácia contra todos e efeito vinculante, relativamente aos demais órgãos do Poder Judiciário e à administração pública direta e indireta, nas esferas federal, estadual e municipal.
>
> Art. 103-A. O Supremo Tribunal Federal poderá, de ofício ou por provocação, mediante decisão de dois terços dos seus membros, após reiteradas decisões sobre matéria constitucional, aprovar súmula que, a partir de sua publicação na imprensa oficial, terá efeito vinculante em relação aos demais órgãos do Poder Judiciário e à administração pública direta e indireta, nas esferas federal, estadual e municipal, bem como proceder à sua revisão ou cancelamento, na forma estabelecida em lei.
>
> § 1º A súmula terá por objetivo a validade, a interpretação e a eficácia de normas determinadas, acerca das quais haja controvérsia atual entre órgãos

judiciários ou entre esses e a administração pública que acarrete grave insegurança jurídica e relevante multiplicação de processos sobre questão idêntica.

§ 2º Sem prejuízo do que vier a ser estabelecido em lei, a aprovação, revisão ou cancelamento de súmula poderá ser provocada por aqueles que podem propor a ação direta de inconstitucionalidade.

§ 3º Do ato administrativo ou decisão judicial que contrariar a súmula aplicável ou que indevidamente a aplicar, caberá reclamação ao Supremo Tribunal Federal que, julgando-a procedente, anulará o ato administrativo ou cassará a decisão judicial reclamada, e determinará que outra seja proferida com ou sem a aplicação da súmula, conforme o caso.

Como se tratava de uma norma constitucional de eficácia contida, a súmula vinculante somente começou a ser aplicada no Brasil após a edição da lei que regulou o seu funcionamento (Lei nº 11.417/2006), não sem antes atravessar um intenso debate sobre a sua constitucionalidade.[57] Com o tempo, no entanto, prevaleceu o entendimento de que o legislador constitucional poderia atribuir eficácia vinculativa às decisões do STF sem que isso representasse mácula à nossa Carta Constitucional. Essa constatação permitiu que a Comissão de Juristas nomeada pelo Senado Federal para elaborar o anteprojeto que deu origem ao CPC/2015 pudesse fixar, como uma de suas prioridades, a promoção da segurança jurídica através da criação de mecanismos para que a *"jurisprudência se uniformize, à luz do que venham a decidir tribunais superiores e até de segundo grau, e se estabilize"*.[58]

2.4. OS VETORES IDEOLÓGICOS DO SISTEMA JURISPRUDENCIAL NO CPC/2015

Tradicionalmente, a segurança jurídica era vista como atribuição primordial da lei, que não poderia retroagir nem prejudicar o ato jurídico perfeito, o direito adquirido e a coisa julgada. Com as transformações decorrentes da implementação do constitucionalismo no Brasil, no entanto, a segurança jurídica passou a representar um valor central da ordem jurídica e um objetivo a ser perseguido pelo poder público, nas suas três esferas.[59] De fato, a multiplicação das relações sociais, cada vez mais complexas e dinâmicas, fez com que o Poder Legislativo, por si só, não tivesse mais condições

---

57. Na verdade, a discussão se iniciou tão logo a proposta de inclusão da súmula vinculante na Constituição Federal foi apresentada. Por todos, veja-se Luiz Flávio Gomes, **Súmula vinculante e independência judicial**.
58. **Exposição de motivos**. *In:* Anteprojeto do novo Código de Processo Civil, p. 27.
59. Humberto Ávila, **Teoria dos princípios**, p. 112.

para regular e proteger adequadamente todos os aspectos da vida cotidiana. Assim, o Poder Judiciário foi chamado a desempenhar um papel ainda mais relevante na concretização da segurança jurídica, não apenas promovendo a integração do sistema jurídico através do processo de criação das normas pela decisão judicial, mas também editando padrões decisórios dotados de eficácia vinculativa.

Apesar desse novo perfil, continuaram a existir decisões contraditórias ou instáveis no seio do Poder Judiciário, pondo em risco a sua credibilidade e autoridade, bem como a estabilidade e previsibilidade do ordenamento jurídico.[60] Por esse motivo, ao redigir o Novo Código, o legislador estabeleceu, como uma de suas prioridades, a promoção da segurança jurídica judicial.[61] Para tanto, entre outras medidas,[62] determinou expressamente o dever dos juízes e tribunais em uniformizar a sua jurisprudência e manter a sua integridade, coerência e estabilidade (art. 926), bem como aplicar em suas decisões os padrões decisórios dotados de eficácia vinculante (art. 927).[63]

---

60. Como destaca Alfredo Buzaid, **Da uniformização da jurisprudência**, p. 132: "*Na verdade, não repugna ao jurista que os tribunais, num louvável esforço de adaptação, sujeitem a mesma regra jurídica a entendimento diverso, desde que se alterem as condições econômicas, políticas e sociais; mas repugna-lhe que sobre a mesma regra jurídica deem os tribunais interpretação diversa e até contraditória, quando as condições em que ela foi editada continuam as mesmas. O dissídio resultante de tal exegese debilita a autoridade do Poder Judiciário, ao mesmo passo que causa profunda decepção às partes que postulam perante os tribunais*".
61. Cassio Scarpinella Bueno, **Manual de direito processual**, p. 552, no entanto, afirma que a somente a Constituição poderia atribuir eficácia vinculativa à jurisprudência. Assim, independentemente do que diz o CPC/2015, apenas a súmula vinculante e da decisão proferida pelo STF em controle concentrado de constitucionalidade poderiam ter tal atributo (arts.102, § 1º, e 103-A).
62. Nesse sentido, é possível destacar no CPC/2015 inúmeros dispositivos tratando dos efeitos da jurisprudência, tais como os arts. 311, II, 332, 489, § 1º, VI, 496, § 4º, 521, IV, 932, IV e V, 955, 966, § 5º, 988, II e IV, 1.022, parágrafo único, 1.029, § 1º, 1.035, § 3º, e 1.043.
63. A bem da verdade, os arts. 926 a 928 do CPC/2015, que tratam da força normativa da jurisprudência, deveriam ter sido colocados junto com os dispositivos relativos à sentença e a coisa julgada, no Livro dedicado ao processo de conhecimento, e não no Livro dedicado à "Ordem dos Processos e dos Processos de Competência Originária dos Tribunais", já que não dizem respeito propriamente às questões relativas ao funcionamento dos tribunais. Essa era a disposição presente no Projeto de Lei quando tramitou na Câmara de Deputados (arts. 520 a 522 do PLC nº 8.046/2010). Nesse sentido, vejam-se Hermes Zaneti Jr., **Comentários ao novo Código de Processo Civil**, p. 1327, e Cassio Scarpinella Bueno, **Manual de direito processual**, p. 549.

Estes dispositivos contêm aquilo que a doutrina identifica como vetores ideológicos do sistema jurisprudencial:[64]

> Art. 926. Os tribunais devem uniformizar sua jurisprudência e mantê-la estável, íntegra e coerente.
>
> § 1º Na forma estabelecida e segundo os pressupostos fixados no regimento interno, os tribunais editarão enunciados de súmula correspondentes a sua jurisprudência dominante.
>
> § 2º Ao editar enunciados de súmula, os tribunais devem ater-se às circunstâncias fáticas dos precedentes que motivaram sua criação.

> Art. 927. Os juízes e os tribunais observarão:
>
> I – as decisões do Supremo Tribunal Federal em controle concentrado de constitucionalidade;
>
> II – os enunciados de súmula vinculante;
>
> III – os acórdãos em incidente de assunção de competência ou de resolução de demandas repetitivas e em julgamento de recursos extraordinário e especial repetitivos;
>
> IV – os enunciados das súmulas do Supremo Tribunal Federal em matéria constitucional e do Superior Tribunal de Justiça em matéria infraconstitucional;
>
> V – a orientação do plenário ou do órgão especial aos quais estiverem vinculados.
>
> § 1º Os juízes e os tribunais observarão o disposto no art. 10 e no art. 489, § 1º, quando decidirem com fundamento neste artigo.
>
> § 2º A alteração de tese jurídica adotada em enunciado de súmula ou em julgamento de casos repetitivos poderá ser precedida de audiências públicas e da participação de pessoas, órgãos ou entidades que possam contribuir para a rediscussão da tese.
>
> § 3º Na hipótese de alteração de jurisprudência dominante do Supremo Tribunal Federal e dos tribunais superiores ou daquela oriunda de julgamento de casos repetitivos, pode haver modulação dos efeitos da alteração no interesse social e no da segurança jurídica.
>
> § 4º A modificação de enunciado de súmula, de jurisprudência pacificada ou de tese adotada em julgamento de casos repetitivos observará a necessidade de fundamentação adequada e específica, considerando os princípios da segurança jurídica, da proteção da confiança e da isonomia.

---

64. Ronaldo Cramer, **Precedentes judiciais**, p. 74.

> § 5º Os tribunais darão publicidade a seus precedentes, organizando-os por questão jurídica decidida e divulgando-os, preferencialmente, na rede mundial de computadores.

Com efeito, defender a uniformidade da jurisprudência significa, em última análise, buscar promover o princípio da igualdade entre os jurisdicionados. A uniformidade de tratamento, no entanto, pode gerar injustiças quando aplicado a situações substancialmente diferentes. Por isso, a necessidade incontornável de que a jurisprudência seja coerente, ou seja, que tenha harmonia entre as suas diversas vertentes. A jurisprudência deve ser vista dentro de um sistema lógico, para que seus resultados possam refletir com o máximo de precisão possível os desígnios do ordenamento jurídico.[65] Coerência, portanto, significa "consistência" ou, pela ótica inversa, "dever de não contradição".[66]

A coerência deve ser considerada, ainda, em dois planos, o interno e o externo. Internamente, deve haver coerência dentro de cada um dos precedentes que formou a jurisprudência, ou seja, a decisão deve ser bem fundamentada e, quando colegiada, deve ser tomada com convergência de fundamentos e conclusões. Deve ser verificado, também, se existe coerência entre os precedentes apontados como fundadores da jurisprudência. Externamente, deve haver coerência entre a jurisprudência e o ordenamento jurídico e, em especial, com a Constituição, no que pode ser chamado de uma normatividade conglobante.[67] Por outro lado, a coerência deve ser mantida não apenas no momento em que a decisão judicial é produzida, mas também quando ela é aplicada como padrão decisório num caso futuro. A aplicação da jurisprudência deve ser feita observando os princípios do contraditório e da fundamentação (art. 927, § 1º, do CPC/2015).[68]

---

65. Ressalve-se, como bem destacado por Hermes Zaneti Jr., **Comentários ao novo Código de Processo Civil**, p. 1328, que a proposta do texto não é adotar a teoria da "resposta única" de Dworkin. Todas as características descritas no art. 926 do CPC têm objetivos propedêuticos. São nortes a indicar o objetivo a ser perseguido na construção da jurisprudência.
66. Neil MacCormick, **Argumentação jurídica e teoria do direito**, p. 197.
67. Hermes Zaneti Jr., **Comentários ao novo Código de Processo Civil**, p. 1330.
68. Como bem assinala Humberto Dalla Bernardina de Pinho, **Jurisdição e pacificação**, p. 206, comentando o art. 927 do CPC/2015, "*todos os magistrados do país passarão a ter que observar tais súmulas, decisões e orientações descritas nos incisos acima. Sem embargo, devem manter estrita observância ao princípio do contraditório (arts. 9º e 10 CPC) e ao dever de fundamentação de todas as suas decisões (arts. 11 e 489, § 1º CPC)*".

É preciso que os tribunais aperfeiçoem os seus mecanismos decisórios, para que as decisões sejam fruto de um entendimento coletivo e coerente e não apenas o somatório desarrazoado da visão particular de cada julgador. Nesse sentido, o dever de coerência exige que as decisões tenham uma fundamentação agregadora dos entendimentos prevalentes, lapidado de forma a servir de parâmetro para guiar o tratamento adequado da questão nas diferentes instâncias que lhe são subordinadas.

Outra característica da jurisprudência destacada do art. 926 é a integridade, que, inicialmente, pode ser definida como a qualidade que algo que tem inteireza, plenitude, completude. No plano filosófico, a integridade da jurisprudência está associada à própria integridade do direito e pressupõe que todas as questões jurídicas devam ter suas respostas construídas dentro de uma sequência lógica e coordenada a partir das respostas anteriores, como assinalado na metáfora do romance em cadeia de Ronald Dworkin.[69] No presente estudo, entretanto, adota-se uma percepção mais funcional do tema, segundo a qual a jurisprudência tem que ser íntegra porque tem que se posicionar sobre todas as questões controvertidas que forem submetidas ao Poder Judiciário. A jurisprudência, portanto, não pode conviver com "buracos" ou "zonas mortas". Assim, o "romance em cadeia" estaria mais próximo do conceito de coerência interna do que da integridade.

A consagração da eficácia vinculativa da jurisprudência, portanto, teve como fundamento a busca de mecanismos mais eficientes para enfrentar o crescente número de demandas que são dirigidas ao Poder Judiciário, especialmente aquelas de natureza repetitivas. De fato, na medida em que os juízes passem a aplicar os padrões decisórios em seus julgamentos, poderão se dedicar com maior afinco em enfrentar as questões novas e controvertidas que surgirem, aumentando a eficiência e fluidez do sistema como um todo.

Além disso, visava-se promover a densificação de diferentes princípios, dentre os quais se destacam a segurança jurídica e a duração razoável do processo.[70] Em outro sentido, a jurisprudência também é capaz de dar segurança jurídica na medida em que atribui maior concretude aos preceitos legais, facilitando a sua compreensão e observância. A efetividade desse sistema, no entanto, depende essencialmente da consolidação de uma cultura voltada para o respeito às orientações consagradas, não apenas pelos operadores do direito, mas sobretudo pelos juízes e tribunais pátrios.

---

69. Ronald Dworkin, **Levando os direitos a sério**, p. 275.
70. Luiz Guilherme Marinoni, **Precedentes obrigatórios**, p. 120.

Conforme clássica lição de Afrânio de Carvalho,[71] o Poder Legislativo edita o ato legislativo, criando as bases para que o Poder Executivo pratique os atos administrativos e o Poder Judiciário, profira as decisões judiciais. Assim, o Poder Legislativo legisla com os olhos voltados para o futuro, o Poder Executivo cumpre e faz cumprir a lei, com os olhos no presente, e o Poder Judiciário interpreta e aplica a lei, com os olhos sobre o passado. O novo papel da jurisprudência no nosso sistema jurídico, no entanto, exige que o Poder Judiciário assuma uma postura dinâmica e olhe em todas as direções: para o passado, ao resolver as questões que lhe são submetidas, para o presente, ao apresentar uma solução em sintonia com a realidade social, e para o futuro, ao formar padrões decisórios que serão reproduzidos em outros julgamentos.

2.5. AS CRÍTICAS À CONCESSÃO DE EFICÁCIA VINCULATIVA À JURISPRUDÊNCIA

As críticas que são feitas ao modelo de vinculação jurisprudencial adotado no Brasil são tanto de ordem ideológica como analítica. Luiz Guilherme Marinoni,[72] por exemplo, com base no clássico estudo de Sérgio Buarque de Holanda (**Raízes do Brasil**), afirma que a resistência do brasileiro à eficácia vinculativa da jurisprudência decorre também da sua formação cultural, que preferiria a convivência com padrões "frouxos e maleáveis" a ter que se submeter à rigidez da isonomia material. Por outro lado, uma parte da doutrina, amparada no princípio da legalidade e da separação dos poderes, sustenta que é equivocado atribuir eficácia vinculativa à jurisprudência, porque isso seria incompatível com o nosso sistema jurídico, ainda que expressamente previsto na Constituição.[73]

71. Afrânio de Carvalho, **Poder legislativo**, p. 29.
72. Diz Luiz Guilherme Marinoni, **A ética dos precedentes**, p. 83, que o *"homem cordial, acostumado ao modo de viver do círculo familiar, em que vigoram as relações de afeto e de mera preferência, ao se deparar com o mundo exterior, não consegue vê-lo de forma impessoal e racionalizada, procurando moldar todas as relações e locais, especialmente a administração pública, com base em critérios afetivos e de pessoalidade"*.
73. Edilson Pereira Nobre Júnior, **O direito processual brasileiro e o efeito vinculante das decisões dos tribunais superiores**, p. 154, faz minuciosa relação dos autores que defendiam a incompatibilidade do efeito vinculativo com o sistema jurídico brasileiro. Dessa lista merece destaque, além de Evandro Lins e Silva, dois ministros do STF, José Celso de Mello Filho e Carmen Lúcia Antunes Rocha. Como resumiu *Leonardo Greco, Novas perspectivas da efetividade* **e do garantismo processual**, p. 14, *"uma das mais graves deformações da justiça civil contemporânea em países da chamada* civil law *é a*

Ambas as orientações, no entanto, não parecem coerentes com o atual estágio do Estado Democrático de Direito. Por um lado, como dito, a concessão de eficácia vinculativa à jurisprudência não representa uma agressão ao nosso sistema jurídico, na medida em que já está assentado que a segurança jurídica não decorre apenas da isonomia presente na "lei", mas também na isonomia na "aplicação da lei".[74] A decisão judicial, enquanto resultado da atuação conjunta dos atores processuais, é que extrai a norma jurídica do texto legal, conferindo-lhe concretude e sentido.[75] Por isso, a capacidade vinculativa da jurisprudência, se pautada num modelo constitucional-democrático de processo, representa relevante conquista na construção de um ordenamento jurídico mais íntegro e coerente.

Registre-se também que a jurisprudência é voltada para regular as atividades dos tribunais e juízes.[76] Trata-se de um mecanismo de autocontrole do Poder Judiciário, que é quem é responsável por sua edição. Além disso, a jurisprudência tem base na própria lei, de modo que em última análise, é a própria lei, interpretada pelos tribunais, que está sendo aplicada. Nesse sentido, a jurisprudência com eficácia vinculativa não tem natureza de lei e não impede o legislador de tratar da questão, da maneira que entender mais acertada. Ademais, se estivesse ocorrendo algum desequilíbrio entre os poderes, ele seria na direção do Poder Judiciário e não o contrário. Na mesma ordem de ideias, como bem assinalou Luiz Guilherme Marinoni,[77] quem afirma que a vinculação à jurisprudência poderia ofender a separação dos poderes se olvida que cabe ao Poder Judiciário controlar a constitucionalidade da lei e suprir-lhe a omissão, inclusive com força vinculante. De modo que a aplicação de padrões decisórios com eficácia vinculativa representa uma decorrência lógica dessas premissas.

---

tendência incontrolável à hipertrofia da jurisprudência dos tribunais superiores, à sua imposição autoritária aos juízos e tribunais inferiores e à criação de obstáculos quase intransponíveis à sua superação".

74. Para Celso de Albuquerque Silva, **Súmula vinculante**, p. 48, o efeito vinculativo da jurisprudência reforça os princípios democráticos, pois contribui para preservar a isonomia perante as interpretações judiciais do direito, além de reforçar a autocontenção judicial.

75. Júlio César Rossi, **Precedente à brasileira**, p. 231.

76. Não se ignora o fato de que a sumula vinculante obriga também a Administração Pública (art. 103-A da CF). A discussão aqui travada, no entanto, é sobre a alegação de que haveria invasão da esfera judicial à esfera legislativa.

77. Luiz Guilherme Marinoni, **Precedentes obrigatórios**, p. 198.

Outrossim, não há necessidade da previsão constitucional da eficácia vinculativa da jurisprudência, uma vez que ela se equipara à força normativa da lei. Dito de outra forma, se o Poder Legislativo pode editar leis infraconstitucionais estabelecendo normas de conduta, pode também pela mesma via atribuir efeitos vinculativos aos padrões decisórios expedidos pelo Poder Judiciário para orientar a interpretação e a aplicação do direito nas suas instâncias.

No plano analítico, existem alegações de que a eficácia vinculativa da jurisprudência levaria ao engessamento do direito e à violação dos princípios da inafastabilidade, da isonomia material, da independência dos juízes e do juiz natural.[78] Em relação à essas objeções, é preciso separar o que diz respeito ao sistema jurisprudencial e aquilo que mira a prática jurisprudencial. De fato, as críticas em relação à má formação e aplicação da jurisprudência, assim como a qualquer outro componente do direito, são irrefutáveis, mas não compromete o sistema em si. Se um juiz aplica equivocadamente um padrão decisório, merece todas as reprimendas e o sistema que se desenvolver para coibir isso.

Com relação às críticas direcionadas ao sistema jurisprudencial dotado de eficácia vinculativa, temos que elas não são capazes de desqualificá-lo. Em primeiro lugar, existem ferramentas adequadas, previstas na lei, para permitir a evolução dinâmica da interpretação do direito consagrada na jurisprudência. Diante de argumentos sólidos, os juízes podem adequar ou até mesmo afastar a aplicação dos padrões decisórios vinculativos. Isso porque a eficácia vinculativa não é nem poderia ser absoluta.[79] Por outro prisma, no confronto entre mobilidade do direito e segurança jurídica, o legislador entendeu por bem dar ênfase ao segundo valor constitucional. É uma escolha legítima e democraticamente aprovada pelo parlamento.

Da mesma forma, não se pode pressupor a violação à isonomia na aplicação, adequada, da jurisprudência, pois o sistema jurisprudencial não estabelece a obrigação de aplicar mecânica e irrefletidamente os padrões decisórios.[80] Muito pelo contrário, como a jurisprudência se desenvolve

78. Lenio Luiz Streck e Georges Abboud, **O que é isto: o precedente judicial e súmula vinculante?**, p. 35.

79. Luiz Guilherme Marinoni, **Precedentes obrigatórios**, p. 190.

80. Como bem observado por Alfredo Buzaid, **Da uniformização da jurisprudência**, p. 127, a *"súmula é estabelecida não para impor cega obediência ao primado da exegese, estancando, desvanecendo ou estiolando o espírito criador dos juristas em busca de fórmulas novas que atendam ao objetivo da Justiça. A sua finalidade é por um clima de*

extraindo sentidos da lei, a tendência é que os comando abstratos fiquem mais detalhados e concretos, aproximando-a da realidade social. Para tanto, é necessário que os padrões decisórios sejam produzidos através de um modelo constitucional-democrático, centrado no contexto fático das causas seriadas que lhes deram origem e com vistas à promoção do acesso à justiça. Além disso, com a dispersão jurisprudencial, o risco de tratamento desigual entre situações iguais é muito maior, num universo de mais de 100 milhões de processos, como ocorre no Brasil.

Anote-se, ainda, que a jurisprudência estabilizada e vinculativa diminui o número de litígios, pois indicam a forma como a sociedade deve se portar em face dos conflitos e as consequências da violação das normas. Tem maior também aptidão para convencer as partes do acerto na decisão tomada, desestimulando-as a recorrer. Além disso, diminui também as chances de o recurso eventualmente interposto ser provido, demandando a prática de outros atos processuais além daqueles já praticados.[81]

Da mesma forma, a previsão de padrões decisórios com eficácia vinculativa na legislação infraconstitucional não esbarra em qualquer invalidade, uma vez que segue a mesma diretriz acolhida no texto constitucional.[82] O CPC/2015 ampliou o rol de decisões capazes de vincular os julgamentos exatamente para aprofundar o modelo de uniformização da jurisprudência, com vistas à estabilidade, coerência e integridade do conjunto de manifestações do Poder Judiciário. Da mesma forma, a dicção do art. 927 do CPC/2015, apesar de empregar uma expressão dúbia, estabelecendo que os juízes e os tribunais *"observarão"* os padrões decisórios, deve ser interpretada à luz do art. 489, § 1º, V e VI, que comina a pena de invalidade às decisões que não apliquem padrões decisórios, e do art. 988, III e IV, que prevê o cabimento da reclamação contra decisões que não apliquem padrões decisórios. Portanto, a eficácia vinculativa decorre não apenas da previsão constitucional, mas também da interpretação sistemática dos dispositivos legais relacionados ao sistema jurisprudencial brasileiro.

---

segurança na ordem jurídica, sem a qual fenecessem as esperanças na administração da Justiça".

81. Hermes Zaneti Jr., **O valor vinculante dos precedentes**, p. 28.

82. Parte da doutrina sustenta que somente a Constituição poderia atribuir eficácia vinculativa aos precedentes e que os padrões decisórios previstos nos incisos III a V do art. 927 do CPC/2015 não têm essa força. Nesse sentido, vejam-se Cassio Scarpinella Bueno, **Manual de direito processual**, p. 552, Maurício Ramires, **Crítica à aplicação de precedentes**, p. 34, Júlio César Rossi, **Precedente à brasileira**, p. 34,

Importante, igualmente, assentar que a eficácia vinculativa da jurisprudência não se confronta com a independência funcional dos magistrados. Na verdade, a independência funcional não representa uma garantia apenas para o juiz, mas também para o jurisdicionado, que tem assegurado que sua causa será julgada por um agente protegido das pressões internas e externas. Por isso, a aplicação da jurisprudência serve para reforçar a independência (externa) do juiz, que assim pode legitimar a sua atuação demonstrando a observância das orientações prevalentes nas esferas superiores. Além disso, os juízes trabalham dentro de uma estrutura hierarquizada e dividida em instâncias. As instâncias superiores podem rever e modificar as decisões das instâncias inferiores. Logo, a aplicação da jurisprudência dos tribunais superiores é uma decorrência da própria estrutura judicial, pois inspira confiança, guarda acatamento aos órgãos superiores e mantém a autoridade.

2.6. A FORMAÇÃO DA EFICÁCIA VINCULATIVA DA JURISPRUDÊNCIA

Ao contrário do que ocorre nos países filiados à tradição do *Common Law*, onde a vinculação à jurisprudência é algo cultural e histórico, em nosso sistema jurídico, a concessão de eficácia vinculativa à jurisprudência decorre da previsão legal, como se pode vislumbrar também em outros sistemas jurídicos, tais como o português, o espanhol, o italiano e o alemão.[83] De modo que somente através da lei, em sentido amplo, é possível reconhecer eficácia normativa à jurisprudência.[84]

Por questões históricas, culturais e políticas, o legislador entendeu por bem limitar aos tribunais a capacidade de produzir padrões decisórios vinculativos. Isso fica claro na dicção do art. 927 do CPC/2015, que somente aponta padrões decisórios proferidos em tribunais, inferiores ou superiores. As decisões proferidas pela primeira instância, portanto, embora façam parte do sistema jurisprudencial brasileiro, não são dotadas de eficácia vinculativa. O resultado é que a eficácia vinculativa opera em dois sentidos:

---

83. Nesse sentido, veja-se Alexandre Freitas Câmara, **Levando os padrões decisórios a sério**, p. 55. De acordo com Gilmar Ferreira Mendes e Paulo Gustavo Gonet Branco, **Curso de direito constitucional**, p. 887, o efeito vinculativo adotado pela legislação brasileira foi inspirado no modelo alemão desenvolvido ao longo do século XX para a Corte Constitucional alemã. Nesse sentido, Celso de Albuquerque Silva, **Súmula vinculante**, p. 63, destaca que o art. 31 da Lei Orgânica do Tribunal Constitucional alemão prevê que as decisões daquela corte "*vinculam todos os órgãos constitucionais no nível federal e estadual, como também as cortes e os órgãos do executivo*".
84. José Rodrigo Rodriguez, **Como decidem as cortes?**, p. 154.

no sentido horizontal, a jurisprudência vincula o órgão que a proferiu; no sentido vertical, a jurisprudência vincula os órgãos que são materialmente subordinados ao órgão que a proferiu.

É importante notar que a eficácia vertical deve respeitar os limites materiais das competências atribuídas às cortes, dentro da estrutura judiciária. Assim, embora esteja numa posição hierárquica superior, o STF deve respeitar a jurisprudência construída pelo STJ, em relação à lei nacional (eficácia vinculativa vertical ascendente). Isso porque cabe ao STJ a função de interpretar e uniformizar a interpretação da lei nacional no país (art. 105 da CF). De modo que, do ponto de vista material, o STF é subordinado ao STJ, no que toca à jurisprudência vinculativa referente à lei nacional.[85] Por outro lado, um padrão decisório oriundo da composição completa de um tribunal (*full blench* ou plenário) ou da mais alta subdivisão de um tribunal (corte especial ou órgão especial), tem força impositiva em relação aos órgãos fracionários do mesmo tribunal.[86] No plano horizontal, a vinculação se volta para o próprio órgão responsável pela expedição de padrões decisórios. De fato, não se pode imaginar que um julgador deva seguir um padrão decisório se o próprio tribunal que o editou não respeita sua decisão. Nesse caso, o tribunal estaria enfraquecendo a eficácia vinculativa do seu padrão decisório e comprometendo os valores de segurança jurídica e isonomia.[87]

Outro aspecto que merece ser destacado é a composição do órgão prolator da jurisprudência vinculativa. Apesar de não existir dispositivo legal estabelecendo isso de maneira expressa, entendemos que a decisão judicial para ser considerada como padrão decisório vinculativo precisa ser proferida pelo órgão colegiado do tribunal. Essa conclusão decorre da análise sistemática e também percepção lógica.[88] De fato, a decisão monocrática só pode ser proferida quando o relator tem por base um padrão decisório vinculativo. Por isso, não faria sentido que o relator criasse sozinho um padrão decisório vinculativo por meio da aplicação de outro padrão decisório vinculativo. Além disso, por conta da importância que essa decisão terá para o sistema

---

85. Interessante destacar que o primeiro regimento interno do STF, aprovado por seus membros em 08/08/1891, previa no seu art. 146, que *"nos casos em que houver de applicar lei dos Estados, o Supremo Tribunal Federal consultará a jurisprudência dos Tribunaes locaes, da mesma sorte que estes são obrigados a consultar a jurisprudência dos Tribunaes Federaes, quando houver de interpretar leis da União"*.
86. Gustavo Santana Nogueira, ***Stare decisis et non quieta movere***, p. 167.
87. Gustavo Santana Nogueira, ***Stare decisis et non quieta movere***, p. 167.
88. Rodolfo de Camargo Mancuso, **Divergência jurisprudencial e súmula vinculante**, p. 40.

jurídico, o ideal é que ela seja tomada pelo maior número de julgadores, tanto para aperfeiçoá-la, como para lhe conferir legitimidade e autoridade, nos termos preconizados pelo princípio da colegialidade.

Dentro do sistema processual brasileiro, a concessão da eficácia vinculativa decorre necessariamente de uma previsão legal, seja na Constituição ou na lei em sentido estrito (lei nacional - art. 22, I, da CF). Entendemos, no entanto, que a disposição legal não é suficiente para que um padrão decisório tenha eficácia vinculativa. É necessário, em primeiro lugar, que o padrão decisório tenha sido produzido através de um modelo constitucional-democrático de processo, com ampla divulgação e oitiva da sociedade e das instituições interessadas.[89] Em segundo lugar, a tese jurídica presente no padrão decisório deve ser fruto de uma reflexão profunda e minuciosa de todos os aspectos fáticos e jurídicos da questão analisada, concatenada de forma clara, lógica e coerente na sua fundamentação. Em terceiro lugar, o padrão decisório deve guardar similitude fática e jurídica com a questão presente no caso concreto que está sendo julgado. Por fim, a identidade entre o padrão decisório e a questão *sub judice* deve ser adequadamente demonstrada na fundamentação da decisão. De forma que só se pode conceber a existência e a aplicação de um sistema jurisprudencial dotado de eficácia vinculativa se ele for instrumentalizado por um modelo constitucional-democrático de processo, com respeito aos princípios do contraditório e da fundamentação.[90] Dito de outra forma, contraditório e fundamentação são os dois pilares que, dentro de um modelo constitucional de procedimento, legitimam a força vinculativa de um padrão decisório.

Trata-se de um pensamento muito próximo daquele sustentado por Alexandre Freitas Câmara,[91] com a distinção que este jurista coloca como condição para a eficácia vinculativa da jurisprudência "apenas" o contraditório efetivo e dinâmico, ao passo que, na nossa opinião, a fundamentação também precisa estar incluída nessa equação, de forma destacada. Essa diferença, no entanto, é mais tênue do que pode parecer à primeira vista,

---

89. Essa afirmação encontra amparo na regra incluída na LINDB pela Lei nº 13.655/2018, que estabeleceu o dever de consulta pública para edição de atos normativos pela Administração Pública:

"Art. 29. Em qualquer órgão ou Poder, a edição de atos normativos por autoridade administrativa, salvo os de mera organização interna, poderá ser precedida de consulta pública para manifestação de interessados, preferencialmente por meio eletrônico, a qual será considerada na decisão".

90. Daniel Vianna Vargas, **Ferramentas de controle das razões de decidir**, p. 107.

91. Alexandre Freitas Câmara, **Levando os padrões decisórios a sério**, p. 177.

pois, como será visto no Capítulo 3 deste texto, entendemos que o direito de influência é uma característica do princípio da fundamentação e não do princípio do contraditório, como afirmado por Câmara.[92]

Importante destacar ainda que, na parte final do seu livro, Câmara[93] parece reconhecer a necessidade de se dar tratamento específico à fundamentação, pois afirma que a formação do padrão decisório não se contenta com o procedimento coparticipativo de contraditório ampliado, mas exige também *"uma colegialidade qualificada"*. Prossegue o autor assinalando que o método de deliberação presente nos tribunais brasileiros compromete a eficácia vinculativa da jurisprudência, pois ignora a *"fundamental questão de saber se os fundamentos de cada voto são ou não coincidentes"*. Nesse sentido, entendemos que a menção específica à fundamentação é indispensável, por conta da importância que ela tem na construção da tese jurídica que vai projetar efeitos no sistema jurídico. Na esteira desse posicionamento, por exemplo, os arts. 984, § 2º, e 1.038, § 3º, do CPC/2015 estabelecem que no julgamento do incidente de resolução de demandas repetitivas e no julgamento dos recursos repetitivos o acórdão conterá a análise de todos os fundamentos suscitados concernentes à tese jurídica discutida. O esteio normativo dessa conclusão, no entanto, encontra-se no art. 927, § 1º, do CPC/2015, que afirma que os juízes observarão o disposto no art. 10 (princípio do contraditório) e no art. 489, § 1º (princípio da fundamentação) quando decidirem com base num padrão decisório com eficácia vinculativa.

Ademais, é inegável reconhecer que a deficiência na fundamentação, por si só, pode comprometer a eficácia vinculativa do padrão decisório, independentemente do emprego do contraditório qualificado na sua produção. Para ilustrar essa conclusão, pense-se, por exemplo, numa decisão proferida pelo STF em controle concentrado de constitucionalidade. A eficácia vinculativa dessa decisão está estampada na CF (art. 102, § 2º) e no CPC/2015 (art. 927, I). Imagine-se, ainda, que o procedimento que lhe deu origem tenha sido desenvolvido com observância de todos os requisitos de um processo constitucional e democrático, à luz de um contraditório efetivo e dinâmico. Apesar disso tudo, se a decisão contiver uma grave dispersão na sua fundamentação, fruto da visão colidente dos julgadores, não poderá ser tida como padrão decisório vinculativo.

Por certo, tudo que se disse até aqui deve ser aplicado também aos padrões decisórios administrativos. Com efeito, ao editar as súmulas ou julgar

---

92. Alexandre Freitas Câmara, **Levando os padrões decisórios a sério**, p. 97.
93. Alexandre Freitas Câmara, **Levando os padrões decisórios a sério**, p. 256.

casos repetitivos desistidos, os tribunais devem conduzir os procedimentos judiciais-administrativos à luz dos mesmos parâmetros constitucionais que seriam aplicáveis ao procedimento judicial-jurisdicional. Nesse sentido, a lei que trata do procedimento para edição, revisão e cancelamento das súmulas vinculantes (Lei nº 11.417/2006) e os demais regulamentos pertinentes às súmulas presentes na legislação devem ser reformulados, para que sejam pautados pelas características do modelo constitucional-democrático de processo. Essa afirmação está em sintonia com o comando contido no art. 926, §§ 2º e 4º, do CPC/2015, que determina que a alteração de tese jurídica adotada em súmula *"poderá ser precedida de audiências públicas e da participação de pessoas, órgãos ou entidades que possam contribuir para a rediscussão da tese"* e *"observará a necessidade de fundamentação adequada e específica"*.

Em decorrência do que foi dito, entendemos que nenhuma das 736 súmulas editadas pelo STF e das 629 súmulas editadas pelo STJ podem ser consideradas dotadas de eficácia vinculativa, apesar da previsão contida no art. 927, V, do CPC/2015. De fato, nenhum desses enunciados foi produzido através de um modelo constitucional-democrático de processo. Muito pelo contrário, não se tem notícia de súmula editada pelos tribunais de cúpula que tenha sido precedida de ampla divulgação e permeada pela participação das pessoas interessadas, de entidades ou instituições. Mesmo as súmulas vinculantes, que têm um procedimento administrativo bem mais qualificado do que aquele previsto para as súmulas "regulares", apresentam evidente déficit constitucional-democrático.[94] [95]

---

94. Um exemplo desse déficit constitucional-democrático pode ser visto na Súmula Vinculante nº 11 do STF, aprovada no ano de 2008 e que surpreendeu a comunidade jurídica. Seu texto dispõe que ***"só é lícito o uso de algemas em caso de resistência e de fundado receio de fuga ou de perigo à integridade física própria ou alheia, por parte do preso ou de terceiros, justificada a excepcionalidade por escrito, sob pena de responsabilidade disciplinar civil e penal do agente ou da autoridade e de nulidade da prisão ou do ato processual a que se refere, sem prejuízo da responsabilidade civil do Estado"***. O uso de algemas não pode ser considerado, nem mesmo do ponto de vista reflexo, como uma questão constitucional ou controvertida. Por isso, desatendidos os requisitos constitucionais para edição da súmula vinculante (art. 103-A da CF). Somente o conteúdo de um dos dois precedentes utilizados para justificar a edição da súmula (HC 89.429) tem pertinência com o seu teor. Ninguém foi ouvido durante o procedimento de aprovação, além dos próprios ministros e o Procurador-Geral da República.
95. Por todos, veja-se Tarcísio Salles, **Inconstitucionalidade e inaplicabilidade da súmula vinculante nº 11**.

2.7. A APLICAÇÃO DA JURISPRUDÊNCIA DOTADA DE EFICÁCIA VINCULATIVA

Como bem sublinhado por Gustavo Santana Nogueira,[96] não basta dizer que um padrão decisório tem eficácia vinculativa; é preciso identificar que parcela do padrão decisório é dotado desse efeito. Em nossa visão é a tese jurídica que vai representar o núcleo subordinante do sistema jurisprudencial.[97] O conceito de tese jurídica, no entanto, é marcado por significativas divergências doutrinárias. No plano linguístico, a palavra "tese" vem do grego *thésis* (*θέσης*), que significa "proposição", "afirmação", "colocação". Assim, a tese poderia ser definida, num primeiro momento, como uma proposição construída sobre uma determinada questão que foi analisada. No direito, a tese jurídica representa uma orientação lógica-descritiva sobre o sentido de uma questão jurídica. Numa perspectiva mais ampla, a tese jurídica pode estar presente tanto na manifestação das partes, como nos pronunciamentos do juiz. Assim, é possível identificar uma tese jurídica numa petição inicial ou numa contestação, por exemplo.

No âmbito do sistema jurisprudencial, existem autores que afirmam que a tese jurídica seria um sinônimo da *ratio decidendi*,[98] chamada no direito norte-americano de *holding*.[99] Outros autores, no entanto, diferenciam a *ratio decidendi* da tese jurídica, assinalando que esta seria mais abstrata e concentrada que aquela. Nessa linha de entendimento, a tese jurídica seria um subproduto da *ratio decidendi*, chamado de *core* ou *proposition of law*.[100] Pois é este último sentido, mais restritivo, que vamos empregar em nosso estudo, como um resumo da *ratio decidendi*. Isso porque a nossa proposta é

---

96. Gustavo Santana Nogueira, ***Stare decisis et non quieta movere***, p. 182.

97. Essa posição é bastante criticada pela doutrina. Hermes Zaneti Jr., **Comentários ao novo Código de Processo Civil**, p. 1324, por exemplo, afirma que a utilização de teses jurídicas ao invés de precedentes criaria insegurança e instabilidade, pois a tese jurídica poderia ser reinterpretada a cada aplicação, além de levar o julgador a invadir a esfera legislativa.

98. Luiz Guilherme Marinoni, **Precedentes obrigatórios**, p. 221.

99. Nesse sentido, diz Hermes Zaneti Jr., **Comentários ao novo Código de Processo Civil**, p. 1325, que a *ratio decidendi* deve ser compreendida como *"a soma da unidade fático--jurídica e do resultado jurídico da aplicação do direito às determinadas circunstâncias fáticas"*.

100. Nesse sentido, veja-se Taís Schilling Ferraz, ***Ratio decidendi* x tese jurídica**, p. 421. De acordo com Fabíola Utzig Haselof, **Jurisdições mistas**, p. 143, *"o* core *é o que se extrai da* ratio decidendi *no seu aspecto prescritivo, vale dizer, do regramento produzido e enunciado no caso julgado"*.

usar uma expressão que possa ser empregada em todos os tipos de padrões decisórios e o conceito de *ratio decidendi* não se ajusta às manifestações jurisprudenciais mais abstratas, como as súmulas, por exemplo.[101]

Na súmula, a tese jurídica é apresentada em seu grau máximo de abstração. Isso porque, a tradição brasileira é de editar enunciados sumulares concentrados em uma única frase, de natureza conclusiva, fruto da abstração das teses jurídicas presentes em decisões similares, sobre a mesma questão. A súmula seria, desse modo, uma abstração de um conjunto de abstrações. Note-se que não há qualquer restrição para que a súmula trate de questões fáticas ou que apresente uma fundamentação detalhada. Mesmo assim, a nossa prática jurisprudencial é que as súmulas expedidas pelos tribunais sejam altamente abstratas e desarticuladas.[102] Elas se assemelham a ato normativos puros.[103] Por isso, o recomendável é que a aplicação da tese jurídica sumulada seja feita em conjunto com a análise dos precedentes apontados como base de sua edição, bem como das decisões que a aplicaram. O mesmo se diga na hipótese de julgamento em controle concentrado de constitucionalidade pelo STF. Por ser um controle realizado em abstrato, despido de um caso concreto, a obtenção da tese jurídica deverá ser feita em relação à análise constitucional realizada na fundamentação do julgado.

Em se tratando de um caso repetitivo desistido, o mecanismo de extração da tese jurídica deveria ser a mesma do que aquele que seria realizado, se não tivesse ocorrido a desistência. Embora o caso repetitivo desistido não tenha a atribuição de julgar um caso concreto, entendemos que ele deve ser proferido dentro do contexto fático e jurídico da questão que lhe deu origem. Não haverá um dispositivo, acolhendo ou rejeitando a pretensão originária, mas o tribunal deverá fixar a solução que seria dada à questão e a correspondente fundamentação.

Na hipótese de aplicação de uma decisão proferida no julgamento de um caso repetitivo, o mecanismo de extração da tese jurídica deve ser feito

---

101. Como bem sintetizado por Daniel Vianna Vargas, **Ferramentas de controle das razões de decidir**, p. 104, *"os enunciados de súmulas m- vinculantes ou não – não trazem a ratio decidendi, mas somente a conclusão do julgado, circunstância que, por si só, já seria suficiente para descaracterizá-la como precedentes"*.

102. Humberto Dalla Bernardina de Pinho, **Jurisdição e pacificação**, p. 205.

103. Apenas a título de ilustração, veja-se o enunciado da Súmula 735 do STF: *"Não cabe recurso extraordinário contra acórdão que defere medida liminar"*. A aplicação da jurisprudência, nesses casos, segue um modelo centrado no resultado e não nas razões de decidir. Sobre o modelo centrado no resultado, veja-se Celso de Albuquerque Silva, **Súmula vinculante**, p. 82.

a partir do seu conteúdo e, mais especificamente da sua fundamentação e dispositivo. A tese jurídica deverá corresponder à síntese das razões de fato e de direito afirmadas pelo tribunal para solucionar a questão apontada como controvertida. Portanto, a tese jurídica não corresponde a qualquer um dos elementos da decisão (relatório, fundamentação e dispositivo), mas é alcançada pela análise sistemática da fundamentação, na qual está inserida. Por certo, mesmo nesses casos, a aplicação deve buscar sempre que possível subsídios nos precedentes mencionados e em outras decisões que aplicaram o padrão decisório.

Por fim, é preciso analisar as situações em que o CPC/2015 trata da aplicação da *"jurisprudência dominante"*, ou *"jurisprudência pacífica"*, e das *"orientações do plenário ou do órgão especial"* (arts. 489, § 1º, VI, e 927, V e §§ 2º e 3º). Por representarem um conjunto de decisões, a extração de uma tese jurídica deveria ser feita a partir de diversas manifestações que compõem o universo de uma determinada corte e que tenham julgado de maneira uniforme um significativo número de casos análogos, aplicando a mesma solução. Colaboram também nesse processo a consulta de súmulas, repositórios, textos doutrinários, levantamentos institucionais etc. Trata-se, na nossa visão, de um desserviço ao sistema jurisprudencial que fragiliza seus vetores ao adotar conceitos juridicamente indeterminados para exercerem papel normativo.

A identificação da jurisprudência dominante depende de uma análise quantitativa (número expressivo de julgados em determinado sentido) e qualitativa (prolação por órgão representativo do tribunal, como as seções, plenos ou cortes especiais).[104] Na medida em que não há regras para se determinar o que é uma *"jurisprudência dominante"*, qualquer coisa pode sê-lo, gerando insegurança jurídica. Não se pode sequer dizer que o legislador não sabia disso, pois a doutrina há mais de duas décadas já alertava para os riscos dessa prática. Nessa situação, a tese jurídica precisa ser extraída do conjunto de decisões judiciais que se apresentam numa determinada corte, empregando solução uniforme à mesma questão jurídica. Como alerta Michele Taruffo,[105] frequentemente, verificam-se incoerências e contradições no conjunto de decisões inseridas numa mesma jurisprudência, o que dificulta em muito a tarefa de extrair uma tese jurídica apropriada para ser utilizada como fonte normativa.

---

104. Fabiano Carvalho, **Poderes do relator nos recursos**, p. 123.

105. Michele Taruffo, **Precedente e jurisprudência**, p. 5.

2.7.1. O *obiter dictum*

Nem tudo que consta da fundamentação de um julgado pode ser considerado *ratio decidendi*, pois alguns argumentos podem ter sido utilizados lateralmente, tangenciando o ponto central, sem influência direta no deslinde da controvérsia. Este tipo de manifestação é chamado de *obiter dictum*, que significa literalmente "dito para morrer", ou, num sentido mais figurado, aquilo que foi "dito de passagem". Na doutrina, costuma-se afirmar o conteúdo do *obiter dictum* por exclusão, ou seja, tudo aquilo que não faz parte da *ratio decidendi*.[106] Numa visão mais restritiva, *obiter dictum* pode ser definido como os argumentos jurídicos expostos no debate entre os magistrados num órgão colegiado que sejam irrelevantes para a decisão, por ter caráter acessório, provisório ou secundário à questão ou por expressarem impressões ou opiniões paralelas à questão em análise.[107]

O *obiter dictum* não tem força vinculante em relação ao julgamento onde foi proferido, mas o seu conteúdo pode ter sentido persuasivo, como um prenúncio da posição que o tribunal pode tomar se for enfrentar aquela questão em caráter principal. Da mesma forma, os *obiter dicta* podem indicar como a Corte decidirá determinada matéria no futuro, dentro da técnica de sinalização (*signaling*). Importante lembrar que, na nova sistemática do CPC/2015, o *obiter dictum* também pode estar presente no voto vencido, integrando o acórdão (art. 941, § 3º). Mas *obiter dictum* não é sinônimo de voto vencido. Este está inserido no contexto do debate, relacionado diretamente com a questão sob julgamento.

Em alguns julgamentos, a delimitação do que é *obiter dictum* ou *ratio decidendi* não aparece de forma explícita. Diante disso, cabe ao intérprete, em momento posterior, ao examinar a decisão e proceder ao cotejo com o caso concreto, tentar identificar o que compõe o núcleo das razões da decisão e dele extrair a tese jurídica que poderá servir de parâmetro para outros julgamentos.

2.8. AS ESPÉCIES DE EFICÁCIA VINCULATIVA DA JURISPRUDÊNCIA

Toda decisão judicial tem, a princípio, capacidade de influenciar julgamentos futuros. Em alguns casos, essa influência tem força vinculativa. Uma ação revisional de contrato, julgada procedente e transitada em julgado,

---

106. Luiz Guilherme Marinoni, **Julgamento nas cortes supremas**, p. 46.

107. Celso de Albuquerque Silva, **Súmula vinculante**, p. 73.

por exemplo, pode vincular o juiz numa futura ação de cobrança, assentada sobre o mesmo contrato e entre as mesmas partes. Uma decisão proferida em ação de embargos à execução pode produzir efeitos na ação de execução embargada. Uma decisão oriunda de um mandado de segurança contra um ato judicial pode produzir efeitos no processo na qual a decisão inquinada foi proferida. Uma sentença coletiva julgada procedente pode produzir efeitos sobre uma ação individual tratando da mesma questão, quando a parte interessada formulou nela pedido de suspensão ancorado no art. 104 do CDC. Em todos esses casos, a capacidade da decisão de projetar efeitos em outros julgamentos decorre da sua autoridade como ato estatal e pode ser chamada de eficácia panprocessual.

No caso da eficácia vinculativa da jurisprudência, a decisão reconhecida como padrão decisório produz efeito não propriamente em outros processos, mas no mecanismo decisório do juiz em outros processos, como princípio argumentativo. Assim, em relação à vinculação da jurisprudência, fala-se em eficácia normativa ou prospectiva. De modo que a eficácia vinculativa da jurisprudência tem natureza normativa e não se confunde com a eficácia vinculativa panprocessual.[108] No caso de um recurso especial repetitivo, após o julgamento, todos os feitos que estiverem sobrestados em razão vão se submeter à eficácia panprocessual da decisão (art. 1.039 do CPC/2015), ao passo que, como padrão decisório, terão eficácia normativa em relação aos demais processos que versem sobre a mesma questão resolvida (art. 927, III, do CPC/2015).

Grande parte da doutrina nacional se limita a tratar da eficácia normativa da jurisprudência pela ótica da sua força argumentativa. Por certo, essa é a primeira e mais importante função da jurisprudência. Mas não é a única. Na verdade, além do conteúdo argumentativo, indissociável do seu caráter normativo, em algumas situações é possível observar também a presença de outros efeitos que a aplicação da jurisprudência produz. Seriam efeitos anexos ao efeito argumentativo. A partir da análise desses efeitos, em nossa opinião, podemos dividir a eficácia normativa da jurisprudência em três grupos: a) a eficácia meramente argumentativa; b) a eficácia procedimental; c) a eficácia condicionante.

---

108. *Em sentido contrário, afirmando que a eficácia normativa da jurisprudência retrata modalidade de eficácia panprocessual, veja-se* Rodolfo de Camargo Mancuso, **Divergência jurisprudencial e súmula vinculante**, p. 130. É preciso esclarecer, no entanto, que na eficácia panprocessual, o juiz que está vinculado ao processo subordinante recebe a decisão sobre a questão controvertida "pronta e acabada". No caso da eficácia normativa, a jurisprudência apresenta um raciocínio para ser utilizado na construção da decisão.

A eficácia meramente argumentativa, como já salientado, denota a capacidade que a jurisprudência tem de influenciar a interpretação e aplicação das normas. Nesse sentido, a jurisprudência funciona como um princípio argumentativo, orientando o intérprete a extrair o sentido da norma jurídica em conformidade com o entendimento firmado sobre a questão nos tribunais. A eficácia procedimental, por sua vez, decorre da capacidade que a jurisprudência tem de ser utilizada para promover a alteração do procedimento.[109] Nesse caso, a jurisprudência é utilizada como requisito legal para aplicação de técnicas de abreviação procedimental. No CPC/2015, é o que ocorre, por exemplo, quando o juiz defere uma tutela de evidência (art. 311, II), julga liminarmente improcedente um pedido (art. 332), afasta a remessa necessária (art. 496, § 4º) ou dispensa a caução na execução provisória (art. 521, IV). É também o que ocorre quando o relator julga monocraticamente um recurso (art. 932, IV e V) ou se retrata diante de uma decisão em recurso repetitivo (art. 1.040, I e I).[110] Nessas situações, além de indicar um sentido para a interpretação do caso concreto (eficácia argumentativa), a jurisprudência também abre caminho para uma alteração na estrutura procedimental (eficácia procedimental).[111]

Além disso, a jurisprudência também funciona como condicionante para o cabimento de determinados recursos, ações e incidentes processuais, tais como o incidente de arguição de inconstitucionalidade (art. 949, parágrafo único, do CPC/2015), a ação rescisória (art. 966, § 5º), o incidente de resolução de demandas repetitivas (art. 976), a reclamação (art. 988, III e IV), o recurso especial (art. 1.029, § 1º), a repercussão geral (art. 1.035, § 3º, I, e § 8º), o agravo interno (art. 1.035, § 7º) e os embargos de divergência (art. 1.043). Nessas hipóteses, o julgador tem o dever de admitir a medida quando a questão se amoldar à tese jurídica prevista no padrão decisório invocado.

---

109. *Guilherme Lunelli, Técnicas procedimentais* **pautadas em entendimentos jurisprudenciais**, p. 504, Fernando da Fonseca Gajardoni, **Flexibilização procedimental**, p. 201, e Fábio Victor da Fonte Monnerat, **A jurisprudência uniformizada como estratégia para a aceleração do procedimento**, p. 439.

110. *Sobre as técnicas de aceleração procedimental baseadas na jurisprudência existentes na vigência do CPC/1973, veja-se* Fábio Victor da Fonte Monnerat, **A jurisprudência uniformizada como estratégia de aceleração do procedimento**, p. 430.

111. Eduardo Talamini, **O que são os "precedentes vinculantes" no CPC/15**. Esse autor, no entanto, quando trata da aptidão da jurisprudência para flexibilizar o procedimento, insere essa eficácia numa classificação como "força vinculante média". Em que pese a excelência da explanação, essa visão parece confundir os níveis de eficácia com os tipos de eficácia.

2.9. OS NÍVEIS DE VINCULAÇÃO DA JURISPRUDÊNCIA

A maior parte da doutrina brasileira afirma que os padrões decisórios podem ser divididos, de acordo com o seu volume de vinculação ou "força gravitacional",[112] em fortes, intermediários (médios) ou fracos.[113] Como a vinculação fraca é usada como sinônimo de força persuasiva, vamos descartá-la de nossa classificação, focada apenas nos padrões decisórios dotados de eficácia vinculativa. Assim, de acordo com a nossa visão, os níveis de vinculação podem ser considerados como especiais ou ordinários.

No caso dos padrões de vinculação especial, além da cominação de nulidade (art. 489, § 1º, IV e V, do CPC/2015), existe a previsão legal de um mecanismo especificamente voltado para controlar a sua aplicação: a reclamação.[114] São eles a súmula vinculante, a decisão do STF em controle concentrado de constitucionalidade e a decisão proferida em julgamento de incidente de resolução de demandas repetitivas ou de incidente de assunção de competência.[115] De fato, a inobservância desses padrões, enseja a propositura de reclamação, diretamente na corte que o editou, para postular a cassação da decisão violadora do seu comando (art. 988, III e IV, do CPC/2015, art. 102, §§ 1º e 2º, e 103-A, da CF, arts. 11, § 1º, 12-F, § 1º, 21, e 28, parágrafo único, da Lei nº 9.868/1999, arts. 5º, § 3º, e 10º, § 3º, da Lei nº 9.882/1999, e art. 7º da Lei nº 11.417/2006), sem prejuízo do recurso cabível para atacar a nulidade.[116] Na nossa opinião, o ideal seria que a inobservância de qualquer um dos padrões decisórios previstos no art. 927 do CPC/2015 devesse ensejar o cabimento da reclamação.

No caso de padrões de vinculação ordinária, a lei prevê apenas uma sanção genérica de nulidade da decisão violadora, como consequência da

112. Thomas da Rosa de Bustamante, **Teoria do precedente judicial**, p. 302.

113. Teresa Arruda Alvim Wambier, **Precedentes e evolução do direito**, p. 19.

114. Autores como Lucas Buril de Macêdo, **Reclamação constitucional fundada em precedentes obrigatórios no CPC/2015**, p. 213, entendem que o controle sobre a inaplicação de padrões decisórios deve ser feito por meio de recursos e que a previsão de cabimento da reclamação nesses casos é inadequada e prejudicial ao sistema jurisprudencial. Embora concordemos parcialmente com a crítica, sustentamos que a reclamação ainda é necessária, nessa fase de implantação do sistema jurisprudencial.

115. Trata-se de rol taxativo, que não comporta dilações. Nesse sentido, veja-se Guilherme Kronemberg Hartmann, **Reclamação no âmbito do CPC/2015 e sua faceta de controle da observância de precedentes judiciais vinculantes**, p. 259.

116. Somente nos casos dos embargos de declaração o legislador previu expressamente o cabimento do recurso por inobservância de um padrão decisório (art. 1.022, parágrafo único, II, do CPC/2015).

desconsideração do entendimento sufragado. O controle, nesses casos, deve ser feito por meio do recurso cabível. Como exemplos de padrões de vinculação ordinária temos as súmulas "não vinculantes", a orientação do plenário ou do órgão especial dos tribunais e a jurisprudência ou precedente especificamente invocado pela parte (arts. 927, IV e V, e 489, § 1º, VI, do CPC/2015).

Importante sublinhar que a eficácia procedimental e a eficácia condicionante da jurisprudência podem ser consideradas como padrões de vinculação ordinária, pois também não dispõe de um instrumento próprio para combater a sua inobservância, embora estejam sujeitas a recurso, na maioria das vezes. De fato, se o relator, sem aparo num padrão decisório vinculativo decide monocraticamente uma causa, esta decisão pode ser atacada por agravo interno (art. 1.021 do CPC/2015). No entanto, se um relator, mesmo diante de uma questão submetida a um padrão decisório de eficácia vinculativa (art. 932, IV e V, do CPC/2015), resolve levar a questão ao colegiado, não há como se impugnar essa postura. A sua conduta é violadora da regra jurídica, mas a própria estrutura procedimental acaba por inviabilizar o recurso.

2.10. A DINÂMICA DA EFICÁCIA VINCULATIVA DA JURISPRUDÊNCIA

Conforme já destacado, o sistema jurisprudencial adotado pelo CPC/2015 acarreta, em algum grau, na limitação ao poder decisório dos magistrados, na medida em que exercem influência determinante na interpretação do direito. Assim, como já acontecia na vigência do CPC/1973, a tendência é que a maioria dos juízes aplique a orientação jurisprudencial consolidada, mesmo que essa não seja a sua posição pessoal sobre a questão. Essa "acomodação", entretanto, tem que se submeter a um critério técnico de análise. Se o magistrado entender que a jurisprudência aplicável não é apenas "diferente" da sua posição (comparando-se entre duas posições técnicas e legítimas), mas também inadequada, seja pela incompatibilidade específica com o caso concreto, seja por algum defeito na sua construção ou na sua atualidade, deve se insurgir contra isso.

Apesar de o sistema processual ter sido construído para repelir decisões dissonantes da jurisprudência, municiado com reclamações, recursos e técnicas de julgamento, a verdade é que o conjunto das regras deixa claro que essa possibilidade, menos em caráter excepcional, é admitida. Por um lado, o CPC/2015 prevê a alteração da jurisprudência. O art. 927, § 4º, por exemplo, determina que a modificação de enunciado de súmula, de jurisprudência pacificada ou da tese adotada em julgamento de casos repetitivos observará a necessidade de fundamentação adequada e específica, considerando os princípios da segurança jurídica, da proteção da confiança e da isonomia. Na mesma linha, os arts. 489, § 1º, VI, e 927, § 1º, exigem, além da fundamentação específica, o respeito ao contraditório para demonstrar a existência de distinção no caso em julgamento ou a superação do entendimento.

Ainda na vigência do CPC/1973, já existia previsão de superação ou modificação das súmulas vinculantes, dentro dos procedimentos previstos na Lei nº 11.417/06, e dos enunciados de súmula ou jurisprudência dominante dos tribunais, nos termos dos seus regimentos internos. A modificação ou superação poderá ocorrer, ainda, incidentalmente, no julgamento dos recursos, da remessa necessária ou de causa de competência originária do tribunal. De sorte que a superação ou modificação da jurisprudência diz respeito a todos os participantes do processo no qual a questão esteja sendo debatida e não apenas ao juiz.

A mudança na jurisprudência tem a função importantíssima de manter a dinâmica e a correção das orientações jurisprudenciais. É uma medida que, além da decantada fundamentação adequada, deve ser dotada de participação democrática (art. 927, § 2º, do CPC/2015) e modulação dos efeitos (art. 927, § 3º, do CPC/2015), sempre que for necessário. Os tribunais poderão, ainda, em respeito à boa-fé objetiva, sinalizar aos jurisdicionados sobre a possibilidade de mudança de entendimento consolidado (*signaling*). Uma vez operada a mudança, os tribunais têm o dever de divulgar de forma mais ampla possível, para que a comunidade jurídica possa se ajustar aos novos parâmetros decisórios (art. 927, § 3º, do CPC/2015).

2.11. O AFASTAMENTO DA EFICÁCIA VINCULATIVA DA JURISPRUDÊNCIA

Como visto, a jurisprudência, em suas diferentes manifestações, se origina (ou deveria se originar) de um conjunto uniforme e reiterado de decisões. Assim, para ser utilizada em outro julgamento, exige-se a demonstração da semelhança entre a questão presente nos precedentes que deram origem à jurisprudência e aquela contida na causa que está sendo decidida.[117] Conforme afirma Frederick Schauer,[118] o primeiro estágio na comparação entre a

117. José Rogério Cruz e Tucci, **Precedente judicial como fonte do direito**, p. 171.
118. Frederick Schauer, **Precedente**, p. 56.

causa julgada e a causa em julgamento deve ser a determinação da relevância da semelhança entre eles. Para tanto, é necessária a aplicação de uma teoria organizacional sobre as regras de relevância, capaz de distinguir aquilo que é ou não fundamental na transposição da tese jurídica do procedente para a causa em julgamento.[119]

A marca do carro, por exemplo, normalmente é irrelevante, na discussão sobre a responsabilidade civil por acidente de trânsito, mas pode ser importante no debate sobre violação de propriedade industrial. De modo que não há como se estabelecer, *a priori*, quais são os elementos que vão legitimar a identidade de casos, na aplicação da jurisprudência. A teoria organizacional proposta por Schauer,[120] no entanto, sustenta que deve ser feito, num primeiro momento, um cotejo entre as condições históricas e culturais do caso precedente em comparação com o contexto atual. Em seguida, devem ser identificadas as caracterizações alternativas, presentes na causa julgada e pertinentes à causa em análise. Por fim, deve ser verificado se a tese jurídica contida nos precedentes são ajustáveis à questão submetida ao julgamento. Essa comparação e eventual distinção entre as causas recebe o mesmo nome: distinção (*distinguishing*).[121] Destarte, ao realizar o processo de comparação entre causas, o resultado pode ser a identidade (*identity*) ou a distinção (*distinguishing*). Nesta última hipótese, a jurisprudência não pode ser aplicada, porque os fatos fundamentais discutidos e que serviram de base à tese jurídica não são coincidentes.[122]

É possível divisar, entretanto, uma zona intermediária no *distinguishing*, quando se observa uma "distinção parcial" na questão debatida. Assim, percebendo o magistrado que há distinção parcial entre a causa em análise e aquela que ensejou a utilização da jurisprudência, pode restringi-la (*restrictive distinguishing*) ou ampliá-la (*ampliative distinguishing*). Um exemplo da primeira situação ocorre quando a jurisprudência trata de "A" e "B" e o caso concreto discute apenas "A" (sendo "A" e "B" temas que admitam a cisão). Na segunda situação, verifica-se que a lógica contida no enfrentamento da

---

119. Em alguns casos, a própria decisão pode indicar quais são os elementos determinantes do julgamento (*rationale*). Nesse sentido, veja-se Celso de Albuquerque Silva, **Súmula vinculante**, p. 77.

120. Frederick Schauer, **Precedente**, p. 57.

121. No CPC/2015, o conceito de distinção está presente no art. 966, §§ 5º e 6º: configura-se a distinção quando se verifica na questão discutida no processo uma hipótese fática ou jurídica diferente daquela tratada no padrão decisório invocado, a impor outra solução jurídica.

122. José Rogério Cruz e Tucci, **Precedente judicial como fonte do direito**, p. 141.

questão "A", realizada pela jurisprudência, pode ser aplicada no caso concreto, que cuida de "A" e "B".[123]

Mesmo havendo identidade entre a tese jurídica presente na jurisprudência e o caso concreto, é legítimo ao intérprete afastar a sua incidência, porque ele se tornou obsoleta, injusta ou inexequível.[124] Para tanto, existem, basicamente, duas técnicas de superação: *overriding* e *overruling*. Observa-se o *overriding* quando, na aplicação de um padrão decisório, descarta-se uma parcela da tese jurídica. Há, a rigor, uma superação parcial, semelhante a uma revogação parcial da lei. No caso do *overruling*, a totalidade da tese jurídica é afastada. A superação pode ser expressa, quando uma nova tese jurídica é apontada como substituta da tese anterior, ou tácita, quando uma nova orientação é adotada em confronto com posição anterior, embora sem expressa substituição desta última. Em ambas as hipóteses, no entanto, exige-se uma carga maior na fundamentação e no contraditório, trazendo argumentos até então não enfrentados, bem como a necessidade de se superar a tese jurídica jurisprudencialmente consagrada (art. 927, §§ 2º e 4º, do CPC/2015).

No momento de aplicar a superação, é preciso também conciliar a possibilidade da mudança com a boa-fé objetiva e a confiança depositadas na estabilidade da jurisprudência até então existente. Nesse sentido, a superação de uma tese que já estava consolidada não deve ter eficácia retroativa, para preservar as situações que foram regidas enquanto estava vigente, salvo em casos excepcionais.[125] Nas demais situações, a superação deve ter seu efeitos projetos para as causas a serem ajuizadas ou, ao menos, modulados (art. 927, § 3º, do CPC/2015). A opção judicial pela superação de uma jurisprudência é medida séria e deve respeitar as expectativas de particulares. Ainda que uma orientação jurisprudencial não seja oriunda da mais elevada instância, ela poderá ser suficiente para justificar a proteção da confiança. Pode ocorrer, ainda, a superação antecipada, que é uma espécie de não aplicação preventiva por órgãos inferiores da jurisprudência das cortes superiores, justamente por esta, em recentes decisões, ter sinalizado que irá modificar seu entendimento.

---

123. Por certo, a jurisprudência pode ser aplicada por analogia. Assim, a tese jurídica sobre "A" pode ser aplicada ao caso concreto que trata de "B". Nessa situação, entretanto, a aplicação da jurisprudência se dá por persuasão e não por vinculação.

124. Celso de Albuquerque Silva, **Súmula vinculante**, p. 173.

125. Um caso em que a superação deve ter efeito retroativo é na seara criminal, quando o novo entendimento puder trazer benefício ao réu, aos moldes do que preceitua o art. 2º, parágrafo único, do CP.

Por fim, não se pode olvidar que a falta de um procedimento constitucional-democrático na sua edição compromete a eficácia vinculativa do padrão decisório. Como dito, a legitimidade e a autoridade da vinculação jurisprudencial decorrem não apenas do fundamento legal, mas também de um processo qualificado na sua formulação, para que ele possa figurar como componente do Estado Democrático de Direito. Mal comparando, a lei tem a sua base constitucional-democrática extraída do parlamento que a aprovou, formada por membros eleitos. Por isso, o Poder Judiciário precisa buscar a validação da jurisprudência junto à sociedade.

2.12. OS COMPONENTES DO SISTEMA JURISPRUDENCIAL DOTADOS DE EFICÁCIA VINCULATIVA

Jurisprudência é formada por padrões decisórios, que, por sua vez podem ser divididos em padrões decisórios administrativos e jurisdicionais. O primeiro seria formado por súmulas e decisões proferidas em casos repetitivos desistidos, enquanto que o segundo, por decisões do STF em controle concentrado de constitucionalidade, decisões em casos repetitivos, decisões em incidente de assunção da competência, decisão em incidente de assunção da competência, decisões do plenário ou órgão especial e por "jurisprudência dominante".

Por certo, os padrões decisórios representados por julgamentos jurisdicionais – decisões do STF em controle concentrado de constitucionalidade, decisões em casos repetitivos, decisões em incidente de assunção da competência, decisão em incidente de assunção da competência, decisões do plenário ou órgão especial – dependem, para ostentar a eficácia vinculativa, da existência de um pronunciamento de conteúdo positivo, ou seja, um pronunciamento contendo um comando emergente (declaratório, constitutivo ou condenatório). Não precisa ser necessariamente uma decisão de procedência, pois algumas ações têm natureza dúplice, como é o caso da ação declaratória de inconstitucionalidade ou a ação direta de constitucionalidade, mas que no mínimo ostente o reconhecimento do acertamento jurídico de uma questão material (não-processual) deduzida em juízo.

2.12.1. As súmulas

Como bem sublinhado por Mônica Sifuentes,[126] a palavra súmula, do latim *summula*, significa sumário, resumo. No âmbito jurídico, a súmula

---

126. Mônica Sifuentes, **Súmula vinculante**, p. 237.

pode ser definida como o resumo do julgamento presente em reiteradas decisões sobre a mesma questão e que retratam o entendimento dominante no tribunal que a editou. A súmula, portanto, contém uma tese jurídica que pode abarcar apenas a conclusão dos julgamentos ou também alguns dados de sua fundamentação.

O ideal seria que a súmula trata de questões essencialmente jurídicas e que explicitasse o contexto fático para sua incidência e os fundamentos que lhe serviram de base, ainda que essa justificação ficasse fora do seu corpo, num anexo ou adendo. Na maioria das vezes, no entanto, a súmula se limita a enunciar a solução para uma questão jurídica e apontar os julgamentos que foram considerados como precedentes, sem justificar as razões determinantes que levaram à sua adoção. A situação torna-se ainda mais grave quando a súmula constrói uma solução jurídica para uma questão fática, sem descrevê-la adequadamente.

Veja-se, por exemplo, a Súmula 618 do STJ, que diz que a "*inversão do ônus da prova aplica-se às ações de degradação ambiental*". Não obstante a lei defina o que é degradação ambiental (art. 3º, III, da Lei nº 6.938/1981), a súmula deveria ter detalhado em quais situações a inversão do ônus da prova seria aplicada, bem como o enquadramento legal dessa conduta. Pesquisando entre os seus precedentes[127] é possível verificar que a conclusão expressa na súmula foi obtida através da aplicação integrativa do princípio da prevenção (art. 225 da CF) e dos comandos legais inseridos no Código Florestal (arts. 3º, IV, e 14, § 1º), no Código de Defesa do Consumidor (art. 6º, VIII), na Lei da Ação Civil Pública (art. 21) e do Código Civil (art. 927). Essa fundamentação, no entanto, varia, conforme se trate de degradação ambiental causada por empresa pública, concessionária de serviço público ou empresa particular. Não há, entre os precedentes citados, causa envolvendo a degradação ambiental produzida por pessoa física. Assim, seria correto dizer que essa súmula é padrão decisório para causas envolvendo pessoas jurídicas, mas não para pessoas físicas?

Na realidade, a aplicação das súmulas, como preceitos argumentativos, deve ser feita com o máximo de cuidado e tomando em consideração os fundamentos expressos nas decisões que lhe serviram de base. Mas, na nossa

---

127. Os precedentes apontados para embasar o julgamento foram AgRg no ARESP 183202/SP, AgRg no ARESP 206748/SP, AgRg no ARESP 533786/RJ, AgInt no ARESP 779250/SP, AgInt no ARESP 846996/RO, AgInt no ARESP 1090084/MG, RESP 883656/RS, RESP 1049822/RS, RESP 1060753/SP, RESP 1237893/SP, RESP 1330027/SP e RESP 1517403/AL.

visão, esses julgados não condicionam a aplicação da súmula, como se fossem verdadeiros precedentes judiciais. Eles apenas demonstram a legitimidade (pluralidade de julgados) e o contexto fático e jurídico de sua edição. É ao longo da aplicação da súmula aos casos concretos que vai ser construído o sentido da tese jurídica nela expressa.[128] Em relação à Súmula 618 do STJ, verifica-se que seu comando vem sendo aplicado para tratar da degradação ambiental causada por pessoas físicas, muito embora essa situação não esteja abarcada pelos precedentes que lhe deram origem.[129]

Somente as súmulas expedidas pelo STF, dentro de um procedimento administrativo qualificado (Lei nº 11.417/2006), podem ser dotadas de eficácia vinculativa especial. São as chamadas súmulas vinculantes (art. 927, II, do CPC/2015). Nos termos do art. 103-A da CF, as súmulas vinculantes são aprovadas ou revisadas, de ofício ou por iniciativa de legitimado ativo, para a ação direta de inconstitucionalidade, por dois terços dos membros do STF. Elas devem versar sobre a interpretação, validade e eficácia de normas determinadas à luz da Constituição e, uma vez aprovadas, vinculam os demais órgãos do Poder Judiciário e da Administração Pública, direta ou indireta, nas esferas federal, estadual e municipal. Caso a súmula seja inaplicada ou aplicada de maneira equivocada, cabe reclamação para o próprio STF, para postular a cassação da decisão violadora do seu comando (art. 988, III e IV, do CPC/2015, e art. 7º da Lei nº 11.417/2006).

Ao contrário das súmulas vinculantes, as súmulas "regulares" (leia-se, não vinculantes), editadas pelo STF e pelo STJ, desfrutam de eficácia vinculativa ordinária (art. 927, IV, do CPC/2015). Já as súmulas editadas pelos tribunais inferiores, apenas têm eficácia vinculativa se estiverem integradas ao conceito de "*jurisprudência dominante*" (art. 927, V, do CPC/2015). Por isso, para utilizar uma súmula oriunda do seu tribunal inferior no julgamento

---

128. Luiz Guilherme Marinoni, **Julgamento nas cortes supremas**, p. 23, no entanto, rejeita a aplicação das súmulas como padrões decisórios: "*Lamentável, ainda, é a insistência em relação às súmulas. Essas nunca conseguiram contribuir para a unidade do direito. Foram pensadas a partir de uma compreensão muito superficial do sistema em que as decisões têm efeito obrigatório*". Dentro da visão ora proposta, a utilização da súmula como padrão decisório não apenas é considerada como legitima, como pode ser feita através de um regime de aplicação simplificado (abstratizado), desde que observados os elementos que lhe deram origem. De fato, a súmula é uma realidade e uma característica do nosso sistema jurídico, razão pela qual é mais adequado tentar aprimorar a sua aplicação do que simplesmente negá-la.

129. Nesse sentido, apenas para ilustrar, veja-se no TRF4 a AC 5001181-87.2010.4.04.7101, no TJMG o AI 10521800258152001, no TJRS a AC 70076781327 e no TJRJ a AC 0008791-67.2011.8.19.0001.

monocrático dos recursos (art. 932, IV, "a", V, "a", do CPC/2015), o relator deverá demonstrar o seu alinhamento com a jurisprudência dominante nos tribunais superiores.[130]

Uma das grandes controvérsias que envolvem o tema diz respeito à sua natureza jurídica. No direito português, por exemplo, o instituto mais próximo da nossa súmula vinculante, o chamado assento, era visto como um ato jurisdicional. De acordo com Jorge Miranda,[131] o assento teria natureza jurisdicional, pois, diferentemente da lei, que visa a realização do interesse público, o "*assento consiste no cumprimento da lei, de ajunte com critérios meramente jurídicos, não devendo ser olvidado que o assento nem traduz liberdade de conteúdo, nem liberdade de formação, sendo a decisão final de um processo judicial*". No Brasil, o entendimento de que a sumula vinculante é ato jurisdicional é sufragado pela maioria da doutrina.[132] De acordo com Gilmar Ferreira Mendes e Paulo Gustavo Gonet e Branco,[133] a natureza jurisdicional da súmula vinculante decorre dos precedentes que lhe serviram de inspiração. Parte da doutrina, no entanto, enxerga na súmula vinculante um ato normativo, em razão do caráter genérico, abstrato, coercitivo e obrigatório, tal qual a lei.[134] Além disso, por não estar atrelada à solução de um caso concreto, a súmula vinculante não poderia ser considerada fruto de uma atuação jurisdicional.[135]

Apesar da qualidade das manifestações mencionadas, entendemos que a súmula vinculante representa uma manifestação judicial de natureza administrativa. Por um lado, analisando os conceitos amplamente majoritários sobre jurisdição é possível verificar que eles incluem em seus enunciados, em maior ou menor grau, a relação entre a atividade jurisdicional e o direito de ação (demanda) exercido por meio de um processo. Desde a célebre

---

130. Pedro Miranda de Oliveira, **Novíssimo sistema recursal conforme o CPC/2015**, p. 155.

131. Jorge Miranda, **Contributo para uma teoria da inconstitucionalidade**, p. 196.

132. Celso de Albuquerque Silva, **Súmula vinculante**, p. 117.

133. Gilmar Ferreira Mendes e Paulo Gustavo Gonet Branco, **Curso de direito constitucional**, p. 970.

134. Miguel Reale, **Lições preliminares de direito**, p. 178, Rodolfo de Camargo Mancuso, **Divergência jurisprudencial e súmula vinculante**, p. 77, e Sérvulo da Cunha, **O efeito vinculante e os poderes do juiz**, p. 126.

135. Mônica Sifuentes, **Súmula vinculante**, p. 277, e Marco Antônio Duarte Azevedo, **Súmula vinculante**, p. 85.

discussão travada entre Carnelutti[136] e Chiovenda,[137] que tinham visões díspares sobre a jurisdição, passando por pilares do processo civil brasileiro[138] até a contemporaneidade,[139] a definição de jurisdição vem sofrendo significativas mutações e abarcando novos elementos. Nenhuma delas, no entanto, por mais "aberta" que seja, nos autoriza a tratar a súmula vinculante como ato verdadeiramente jurisdicional.[140] Por outro lado, concordamos com as observações que afastam da súmula vinculante as feições de ato normativo. De fato, a atividade legislativa visa criar normas de conduta, voltada para a sociedade, em decorrência de uma representação popular.[141]

Portanto, só nos resta afirmar que a súmula é um ato administrativo, dotado de força normativa, editado pelo Poder Judiciário, com vistas à instrumentalização da prestação da tutela jurisdicional. Nesse passo, necessário destacar que uma das características fundamentais da jurisdição é a "terceiridade" (*terzietà*), ou seja, sua condição de julgador alheio ao resultado do litígio.[142] No caso da edição de uma súmula, o Poder Judiciário não está mirando, ao menos imediatamente, o interesse das partes, mas sim o seu próprio interesse, na instrumentalização da atividade judicial. A súmula é vista assim, em primeiro lugar, como uma ferramenta de trabalho do magistrado e apenas por via reflexa como um comando orientador das condutas sociais. De sorte que, ao agir, aplicando o direito,

---

136. Francesco Carnelutti, **Sistema de direito processual civil**, p. 12.
137. Giuseppe Chiovenda, **Instituições de direito processual civil**, v. 1, p. 3.
138. Enrico Tullio Liebman, **Manual de direito processual civil**, v. 1, p. 7, Antônio Carlos de Araújo Cintra, Ada Pellegrini Grinover e Cândido Rangel Dinamarco, **Teoria geral do processo**, p. 132, José Carlos Barbosa Moreira, **O novo processo civil brasileiro**, p. 21, Humberto Theodoro Júnior, **Curso de direito processual civil**, v. 1, p. 38, e Leonardo Greco, **Jurisdição voluntária moderna**, p. 23.
139. Fredie Didier Jr., **Curso de direito processual civil**, v. 1, p. 173, e Alexandre Freitas Câmara, **O novo processo civil brasileiro**, p. 39.
140. Como bem resume Cassio Scarpinella Bueno, **Manual de direito processual**, p. 59, a atividade jurisdicional se distingui das atividades executivas e legislativas por conta das seguintes características: a) substitutividade; b) imperatividade; c) imutabilidade; d) inafastabilidade; e) indelegabilidade; e f) inércia. Assim, somente considera um ato jurisdicional aquele que, praticado pelo Estado-juiz, ostentar essas seis características ou, ao menos, tiver aptidão para ostentá-las.
141. Em sentido contrário, Maurício Ramires, **Crítica à aplicação de precedentes**, p. 63, afirma que exatamente por decorrem da tradição dos assentos português, as súmulas vinculantes são dotadas de generalidade e abstração análogas ato legislativo.
142. Athos Gusmão Carneiro, **Jurisdição e competência**, p. 27.

de forma interessada, o Poder Judiciário atua mais como administrador do que como julgador.

Trata-se de uma afirmação ousada, pois se afasta da orientação prevalente, que enxerga na edição da súmula uma atividade jurisdicional. Ocorre que, na nossa visão, não há como se sustentar a existência de uma atividade jurisdicional fora do espaço constitucional-dialógico que caracteriza o moderno processo judicial, instaurado a partir do direito de ação. Nem mesmo "tomando emprestado" os elementos jurisdicionais dos precedentes que deram origem à súmula, é possível falar que a sua edição foi feita a partir da jurisdição estatal. A jurisdição, no plano processual, se manifesta, dentre outras maneiras, através da decisão judicial, que deve estar conectada à uma pretensão jurídica deduzida sob a forma de demanda. Por isso entendemos, por exemplo, que a decisão arbitral não tem caráter jurisdicional, mesmo que possa ter eficácia análoga à sentença. Nesse sentido, importante frisar que a edição da súmula é feita através de um procedimento administrativo,[143] que pode ser instaurado de ofício ou mediante requerimento de determinados legitimados.[144]

Na realidade, nos parece que a súmula se aproxima mais de um ato normativo do que um ato jurisdicional, por conta de sua estrutura e abstração. Esta, por sinal, é a principal crítica feita por parcela da doutrina que enxerga na súmula uma invasão inconstitucional da atuação judicial sobre a esfera legislativa estatal. Na nossa opinião, entretanto, a Constituição pode prever poderes normativos fora do Poder Legislativo, como ocorre em relação ao Presidente da República, que pode editar medidas provisórias (art. 62 da CF) e decretos presidenciais (art. 84, IV, da CF), e o próprio Poder Judiciário, quando atua como "legislador negativo", declarando a inconstitucionalidade de leis e atos normativos (art. 102, I, a, da CF),[145] ou quando julga o mandado

143. Guilherme de Siqueira Castro e Olavo Augusto Vianna Alves Ferreira, **Mandado de injunção**, p. 135.

144. No caso específico da súmula vinculante, a proposta de edição, revisão ou cancelamento pode ser formulado, dentre outros, pelo Presidente da República, pela mesa do Senado ou da Câmara dos Deputados, pelo Procurador-Geral da República, pelo Conselho Federal da Ordem dos Advogados do Brasil e pelo Defensor Público-Geral da União (art. 3º da Lei nº 11.417/2006).

145. Nesse sentido, veja-se: "*Quanto ao pedido do parcelamento dos créditos tributários, o acórdão recorrido não destoa da jurisprudência desta Corte, fincada na impossibilidade de o Poder Judiciário atuar como legislador positivo, resguardada a sua atuação como*

de injunção (art. 5º, LXXI, da CF).[146] Mas, em nosso sentir, a súmula, mesmo vinculante, não se enquadra nessas exceções.

A súmula não é (ou pelo menos não deveria ser) voltada para regular diretamente o comportamento das pessoas em sociedade, mas a forma de interpretação e aplicação das leis, diante de um conflito de interesses mediado pelo Estado, tanto no âmbito estatal como administrativo. A normatividade da súmula é derivada e não originária, como ocorre com a lei. A súmula, portanto, tem força normativa e não natureza normativa.[147] A distinção é sutil, porém relevante. Não se pode exigir que uma pessoa se comporte de acordo com o comando contido numa súmula, mas pode-se legitimamente exigir que o Estado-Juiz ou Estado-Administrador utilize da súmula como ferramenta hermenêutica para solucionar os conflitos de interesse existentes nas suas respectivas esferas de atuação.

2.12.2. As decisões de casos repetitivos desistidos

Antes da edição do CPC/2015, em 17 de dezembro de 2008, a Corte Especial do STJ, ao apreciar a questão de ordem nos Recursos Especiais nº 1.058.114/RS e nº 1.063.343/RS, submetidos ao regime dos recursos repetitivos (art. 543-C do CPC/1973), "indeferiu" a manifestação de desistência do recurso, formulado por um dos recorrentes. De acordo com a Ministra Nancy

---

legislador negativo nas hipóteses de declaração de inconstitucionalidade" (STF – 1ª Turma – AgRg no AREXT/SP – Rel. Min. Dias Toffoli, j. em 27/11/2012).

146. No STF, inclusive, já houve um caso onde o relator monocraticamente deferiu liminar para estabelecer a regra aplicável ao caso de mora legislativa. Nesse sentido, veja-se: *"Diante do exposto, com base no art. 205, caput, do Regimento Interno do Supremo Tribunal Federal, CONCEDO PARCIALMENTE A ORDEM para reconhecer a mora legislativa e determinar ao órgão público competente que aprecie o pedido de aposentadoria especial, aplicando, no que couber, os termos da LC 51/85"* (STF – 1ª Turma – MI 6.770/DF – Rel. Min. Alexandre de Moraes, 09/03/2018). Essa decisão, no entanto, foi derrubada pelo Pleno, em sede de agravo regimental, no dia 20/06/2018. Posteriormente, no dia 28/09/2018, o Pleno deferiu parcialmente a ordem e estabeleceu as regras aplicáveis ao caso: *"DIREITO CONSTITUCIONAL E ADMINISTRATIVO. AGRAVO REGIMENTAL EM MANDADO DE INJUNÇÃO. APOSENTADORIA ESPECIAL DE SERVDORES PORTADORES DE DEFICIÊNCIA PERMANENTE (ART. 40, § 4º, I, DA CONSTITUIÇÃO FEDERAL). CONCESSÃO PARCIALMENTE DA ORDEM. APLICAÇÃO DA LEI 8.213/1991 OU DA LC 142/2013, A DEPENDER DO MARCO TEMPORAL EM QUE O IMPETRANTE ALCANÇOU AS CONDIÇÕES PARA A OBTENÇÃO DO BENEFÍCIO. AGRAVO REGIMENTAL A QUE SE NEGA PROVIMENTO"*.

147. Fabiano Carvalho, **Poderes do relator nos recursos**, p. 105.

Andrighi, relatora da questão de ordem, diante da afetação do recurso, o seu julgamento passou à esfera indisponível do interesse público. Essa mesma situação voltou a acorrer no STJ, nos anos de 2011 (ED no RESP 1.213.082/PR) e 2012 (QO no RESP 1.308.830/RS).

Diante da posição do STJ, que ignorou o fato de que a desistência do recurso é ato dispositivo da parte (art. 501 do CPC/1973),[148] logo, não pode ser deferido ou indeferido, mas apenas homologado, o legislador colocou-se a imaginar qual seria a melhor solução para o impasse. O resultado foi apresentado no parágrafo único do art. 998 do CPC/2015. Nele está expresso que a *"desistência do recurso não impede a análise de questão cuja repercussão geral já tenha sido reconhecida e daquela objeto de julgamento de recursos extraordinários ou especiais repetitivos"*. Assim, afastou-se a jurisprudência que impedia a desistência do recurso repetitivo, mas, por outro lado, permitiu-se ao tribunal que prosseguisse na análise da questão afetada, independentemente dessa desistência.[149] De modo que o julgamento tratará da questão jurídica derivada do recurso e não o próprio recurso, que já se encerrou.[150]

A mesma solução foi aplicada à hipótese de desistência pela parte interessada da causa usada com paradigma no julgamento do incidente de resolução de demandas repetitivas, só que com um detalhe muito importante. Nesse incidente, o Ministério Público deverá assumir a sua *"titularidade, no caso de desistência ou abandono"* (art. 976, § 2º, do CPC/2015). Na verdade, entendemos que esse caminho deveria ter sido adotado para todos os casos repetitivos, para que não ficassem acéfalos pela desistência ou abandono da causa. Não obstante, é preciso dizer que o Ministério Público não vai assumir a causa, mas somente atuar no polo ativo do incidente, exercendo a função de fiscal da ordem jurídica com a de parte "incidental" (parte processual no incidente).

Destarte, não havendo mais recurso ou mesmo processo, afirmamos que o julgamento da questão originária do caso repetitivo desistido será feita por meio de um procedimento administrativo-judicial e, portanto, dará ensejo a uma decisão de natureza administrativa. O procedimento, fruto da convolação do procedimento jurisdicional, é realizado dentro do Poder

148. José Carlos Barbosa Moreira, **Comentários ao Código de Processo Civil**, p. 238.

149. José Roberto Sotero de Mello Porto, **Teoria geral dos casos repetitivos**, p. 187.

150. Cassio Scarpinella Bueno, **Manual de direito processual**, p. 640. Nesse sentido, veja-se também o Enunciado nº 213 do Fórum Permanente de Processualistas Civis: *"No caso do art. 998, parágrafo único, o resultado do julgamento não se aplica ao recurso de que se desistiu"*.

Judiciário, por isso o adjetivo "judicial", mas o julgamento é administrativo, pois feito sem correlação direta com um caso concreto. De qualquer forma, a decisão proferida será utilizada da mesma maneira como seria feito se a parte interessada não tivesse desistido da causa: eficácia panprocessual, para os processos sobrestados, e eficácia normativa, como padrão decisório (art. 927, III, do CPC/2015).[151]

2.12.3. As decisões do STF em controle concentrado de constitucionalidade

O primeiro padrão decisório jurisdicional aqui estudado é fruto direto da jurisdição constitucional.[152] Apesar de já existir desde os períodos iniciais do constitucionalismo moderno,[153] é possível dizer que o conceito de jurisdição constitucional foi (re)construído por Hans Kelsen[154] que, analisando a Constituição Austríaca de 1920, identificou-a como a garantia jurisdicional da supremacia da constituição (norma fundamental), por meio da outorga de poderes a um órgão jurisdicional para verificar a conformação das leis e demais atos com o seu texto.

No Brasil, a jurisdição constitucional somente foi implantada após a declaração da república, com a edição da Constituição de 1891 e a criação do Supremo Tribunal Federal. A nossa estrutura estatal foi fortemente

---

151. José Roberto Sotero de Mello Porto, **Teoria geral dos casos repetitivos**, p. 190. Este autor, no entanto, como a maioria da doutrina, afirma que, em relação à eficácia panprocessual, a tese jurídica consagrada no julgamento do caso repetitivo não depende do sobrestamento para ser replicada aos feitos, bastando que estes versem sobre a mesma questão controvertida. Na nossa visão, entretanto, o sobrestamento existe não apenas para desafogar a Justiça, mas também para permitir à parte acompanhar o julgamento que provavelmente vai selar o destino da sua demanda. Seria, assim, uma condição necessária para que a tese jurídica pudesse ser aplicada, derivada do princípio do contraditório.

152. Luiz Guilherme Marinoni, **Julgamento nas cortes supremas**, p. 21, afirma que a previsão no art. 927 do CPC/2015 das decisões do STF em controle concentrado de constitucionalidade "*chega a ser absurda, na medida em que tais decisões produzem coisa julgada erga omnes e, apenas por isso, por ninguém podem ser questionadas*". Em nossa opinião, a previsão apenas reforça o caráter vinculante da decisão, que deveria constar igualmente do rol previsto no art. 932 do CPC/2015 para aplicação do procedimento abreviado.

153. Gilmar Ferreira Mendes e Paulo Gustavo Gonet Branco, **Curso de direito constitucional**, p. 1198.

154. Hans Kelsen, **Jurisdição constitucional**, p. 123.

influenciada pela Constituição americana, com adoção do regime federalista e presidencial.[155] Ao longo do tempo, no entanto, a evolução da jurisdição constitucional levou o Brasil à adoção de um sistema dualista de controle de constitucionalidade, parte difuso, de origem americana *(judicial review)*, e parte concentrado, de matriz austríaca e alemã.[156]

Em se tratando de controle difuso, a discussão constitucional é travada num procedimento ordinário, em curso perante qualquer instância do Poder Judiciário, pelas partes do processo, que têm apenas interesse reflexo sobre o tema. A decisão sobre a constitucionalidade retrata uma prejudicial ao mérito (caso concreto) e seu efeito fica limitado às partes processuais. Destarte, é chamado de controle concreto ou incidental. No controle concentrado, as matérias constitucionais podem ser apresentadas diretamente a um tribunal constitucional, por meio de procedimentos específicos, sem vinculação direta com um caso concreto. Por isso é também conhecido como controle abstrato ou principal. São legitimados a provocar o Tribunal por intermédio de uma ação direta de inconstitucionalidade um grupo restrito de agentes governamentais, instituições e entidades da sociedade civil. A decisão proferida afeta a todos indistintamente, tenham ou não participado do processo (*erga omnes*).[157]

Na atualidade, o controle concentrado de constitucionalidade brasileiro é feito não apenas no STF, mas também nas cortes estaduais, que têm atribuição de zelar pela constitucionalidade de leis e atos normativos estaduais ou municipais em face das constituições estaduais (art. 125, § 2º, da CF). A eficácia vinculativa especial, no entanto, só é atribuída à decisão proferida no controle concentrado realizado pelo STF (art. 102, § 2º, da CF).

A Constituição de 1998 prevê que o controle concentrado de constitucionalidade será feito no STF por meio de cinco procedimentos: a) ação direta interventiva (arts. 34, VII, e 36, III, da CF); ação direta de inconstitucionalidade (art. 102, I, "a", da CF); b) ação declaratória de constitucionalidade (art. 102, I, "a", da CF); c) ação direta de inconstitucionalidade por omissão (art. 103, § 2º, da CF); d) arguição de descumprimento de preceito fundamental (art. 102, § 3º, da CF). Portanto, somente as decisões proferidas

155. Luiz Roberto Barroso, **O controle de constitucionalidade no direito brasileiro**, p. 17.

156. Gilmar Ferreira Mendes e Paulo Gustavo Gonet Branco, **Curso de direito constitucional**, p. 1200.

157. Gilmar Ferreira Mendes e Paulo Gustavo Gonet Branco, **Curso de direito constitucional**, p. 1203.

por meio desses procedimentos podem ser consideradas padrões decisórios com eficácia vinculante (art. 927, I, do CPC/2015).[158]

Note-se que apesar do texto constitucional ser claro no sentido de que apenas as *"decisões definitiva de mérito"* serão dotadas de eficácia vinculante (art. 102, § 2º, da CF), em fevereiro de 1998 o STF proferiu decisão conferindo efeitos vinculantes à medida liminar cautelar deferida numa ação declaratória de constitucionalidade.[159] Trata-se de uma decisão equivocada, pois, como dito, somente um ato legislativo pode conferir eficácia vinculativa à uma decisão judicial. De qualquer forma, a questão restou superada com a edição da Lei nº 9.868/1999, que em seus arts. 11, § 1º, 12-F e 21 dispõem sobre a eficácia vinculativa das medidas cautelares deferidas em ações de controle concentrado julgadas pelo STF.[160]

2.12.4. As decisões em casos repetitivos

Conforme determina o art. 928 do CPC/2015, são considerados casos repetitivos os recursos especial e extraordinário repetitivos (arts. 1.036 a 1.041 do CPC/2015)[161] e o incidente de resolução de demandas repetitivas

---

158. Olavo Augusto Vianna Alves Ferreira, **Controle de constitucionalidade e seus efeitos**, p. 53.

159. "*O Tribunal, por votação majoritária, deferiu, em parte, o pedido de medida cautelar, para suspender, com eficácia ex nunc e com efeito vinculante, até o final julgamento da ação, a prolação de qualquer decisão sobre pedido de tutela antecipada, contra a Fazenda Pública, que tenha por pressuposto a constitucionalidade ou inconstitucionalidade do art. 1º da Lei nº 9.494, de 10-09-97, suspendendo, ainda, com a mesma eficácia, os efeitos futuros dessas decisões antecipatórias de tutela proferida contra a Fazenda pública, vencidos, em parte, o Ministro Néri da Silveira, que deferia a medida cautelar em menor extensão, e, integralmente, os Ministros Ilmar Galvão e Marco Aurélio, que a indeferiam*" (STF – Pleno – ADC 4 – Rel. Min. Sydney Sanches, j. em 11/02/1998).

160. Olavo Augusto Vianna Alves Ferreira, **Controle de constitucionalidade e seus efeitos**, p. 207. Nesse sentido, veja-se: "*Cumpre enfatizar, por oportuno, que o Supremo Tribunal Federal tem assinalado ser imediata a eficácia resultante de decisão, ainda que monocrática, concessiva de medida cautelar em sede de processo de fiscalização abstrata de constitucionalidade*" (STF – MC em Rcl 31.158/PE – Rel. Min. Celso de Mello, j. em 18/07/2018).

161. De acordo com Luiz Guilherme Marinoni, **Julgamento nas cortes supremas**, p. 22, não apenas as decisões proferidas em recursos excepcionais repetitivos que obrigam os juízes e tribunais, mas as proferidas em todo e qualquer recurso excepcional. Essa orientação não parece adequada e fragiliza o sistema jurisprudencial proposto, especialmente considerando a significativa dispersão entre as decisões nas cortes superiores.

(arts. 976 a 987 do CPC/2015).[162] Esses mecanismos têm em comum o fato buscarem dar tratamento adequado aos casos repetitivos.[163] Isso significa que diante de um grande número de causas em curso, debatendo determinada questão jurídica, esses mecanismos permitem que os casos mais representativos da controvérsia sejam encaminhados para julgamento num determinado órgão judicial, enquanto os demais ficam sobrestados. Desse julgamento poderá ser fixada uma tese que deverá ser aplicada não só às causas afetados ao julgamento, mas também a todas as demais causas sobrestadas. A tese jurídica fixada, no entanto, servirá não apenas para resolver as causas afetas e as causas sobrestadas, mas também para integrar o sistema jurisprudencial, como padrão decisório com eficácia vinculativa (art. 927, III, do CPC/2015).

2.12.5. As decisões em incidente de assunção da competência

O incidente de assunção da competência já existia antes da vigência do CPC/2015. Ele foi introduzido no CPC/1973 pela Lei nº 10.352/2001, que incluiu o parágrafo primeiro ao art. 555.[164] A diferença fundamental é que o CPC/2015 atribuiu eficácia vinculativa à decisão proferida no incidente, que antes tinha funções meramente persuasivas. Seu objetivo é prevenir ou compor a ocorrência de divergência interna sobre relevante questão de direito, com grande repercussão social, mas sem repetição em múltiplos processos. Para tanto, o art. 947 do CPC/2015 prevê o deslocamento do julgamento de recurso, de remessa necessária ou de processo de competência originária, de ofício ou a requerimento da parte, do Ministério Público ou da Defensoria Pública, para que seja julgado pelo órgão colegiado que o regimento indicar. Assim, o órgão colegiado julgará a causa afetada e a decisão competência

---

162. O pedido de uniformização nos Juizados Especiais Federais (art. 14, §§ 5º a 9º da Lei nº 10.259/2001) e nos Juizados Fazendários também podem ser identificados como julgamento de casos repetitivos. A decisão proferida nesses incidentes, no entanto, não é dotada de eficácia vinculativa, por falta de previsão legal.

163. Não vamos aqui nos aprofundar sobre a divergência doutrinária relativa à qual técnica teria sido adotada no IRDR, se causa piloto ou procedimento modelo. Embora tenha aspectos de procedimento modelo, acreditamos que a qualificação de causa piloto é mais ampla e coerente com os dispositivos legais. Nesse sentido, veja-se Antonio do Passo Cabral, **Comentários ao novo Código de Processo Civil**, p. 1417. Sobre a divergência, veja-se José Roberto Sotero de Mello Porto, **Teoria geral dos casos repetitivos**, p. 109.

164. A bem da verdade, esse instituto já existia, com algumas diferenças, no STF (art. 22, parágrafo único, b, do RISTF) e no STJ (art. 14, II, do RISTJ). Nas cortes superiores, ele é chamado de "afetação ao plenário".

vinculará todos os juízes e órgãos fracionários do respectivo tribunal e servirá como padrão decisório vinculativo (art. 927, III, do CPC/2015).

2.12.6. As decisões do plenário ou órgão especial

Conforme previsto no inciso V do art. 927 do CPC/2015, as decisões proferidas pelo plenário ou órgão especial de um tribunal tem força vinculativa em relação aos órgãos que lhe são subordinados. Entendemos que o legislador não foi feliz em incluir essa regra no art. 927 do CPC/2015, na listagem dos padrões decisórios com eficácia vinculativa. Isso porque nos parece que se trata de uma cláusula aberta[165] ou uma regra programática. De fato, o conteúdo do art. 927, V, do CPC/2015, deveria ter sido inserida, como um parágrafo, no art. 926 do mesmo Código. O mais grave, no entanto, é que o referido dispositivo passa a impressão de que toda e qualquer decisão proferida pelo plenário ou órgão especial de um tribunal se constituirá automaticamente em padrão decisório com eficácia vinculativa. Isso compromete o sistema jurisprudencial em razão da grande dispersão que pode causar. Por isso, entendemos que as decisões proferidas pelo plenário ou pelo órgão especial de um tribunal, *de per si*, não podem ser consideradas como padrões decisórios.

De qualquer forma, por estar incluída no rol do art. 927 do CPC/2015, é preciso salientar que as decisões proferidas pelo plenário ou pelo órgão especial de um tribunal somente podem ser consideradas para fins de orientação jurisprudencial quando inseridas numa "jurisprudência dominante".

2.12.7. A "jurisprudência dominante"

Nos termos do art. 489, § 1º, IV, do CPC/2015, a decisão pode ser considerada nula se imotivadamente deixar de seguir "*jurisprudência*" invocada pela parte. O art. 1.029, § 1º, do CPC/2015 fala da necessidade de demonstrar o dissídio jurisprudencial, para o cabimento do recurso especial fundado no art. 105, III, c, da CF. O mesmo se diga no caso dos embargos de divergência (art. 1.043. § 4º, do CPC/2015). O art. 1.035, § 3º, I, do CPC/2015 assinala que haverá repercussão geral no recurso extraordinário se o recurso impugnar acórdão que contrarie "*jurisprudência dominante*" no STF. Esse termo também é utilizado no art. 927, § 3º, CPC/2015, que menciona ainda a "*jurisprudência pacificada*". Esses são apenas alguns exemplos que

165. Hermes Zaneti Jr., **Comentários ao novo Código de Processo Civil**, p. 1334.

demonstram que o legislador insistiu em continuar utilizando de conceitos jurisprudenciais vagos no CPC/2015.[166]

Entendemos que isso é um erro, pois traz instabilidade para o sistema jurisprudencial, que deveria ser marcado por padrões decisórios perfeitamente definidos, para bem desempenhar seu papel normativo.[167] Além disso, diante de um conceito tão aberto, não é possível fazer um controle quanto ao caráter constitucional e democrático desse componente. Não obstante, em razão da sua presença no texto legal, é preciso tentar definir qual o seu conteúdo.

Muito já se discutiu sobre o sentido da expressão *"jurisprudência dominante"*, na vigência do CPC/1973, que a mencionava no seu texto. De acordo com Luiz Guilherme Marinoni,[168] analisando o art. 557 do código revogado, o conceito de *"jurisprudência dominante"* abrangia qualquer entendimento que tivesse prevalecido no tribunal, tanto aqueles presentes em vários julgados, como aqueles materializados num caso isolado. Já Cândido Rangel Dinamarco,[169] entendia que a questão deveria ficar a critério do relator, mas o entendimento deveria estar presente em número significativo de julgados. Prevalecia, no entanto, que a "jurisprudência predominante" deveria ser entendida como o conjunto significativo de decisões judiciais proferidas num determinado espaço (tribunal) e num período restrito de tempo, que adotaram uma mesma solução, em casos análogos.[170]

---

166. Na visão de Dierle José Coelho Nunes e Delio Mota Oliveira Jr., **Jurisprudência dominante no novo Código de Processo Civil?**, jurisprudência dominante deve ser entendida, em conformidade com o sistema de precedentes previsto no CPC/2015 e na Constituição de 1988, como as decisões proferidas nos casos dispostos nos incisos I a V do artigo 927 e, em algumas hipóteses, respeitado o requisito das "reiteradas decisões sobre a matéria" (art. 103 A, da CF). Apesar de coerente com o sistema, esse entendimento levaria ao esvaziamento do conceito de "jurisprudência dominante" presente no texto legal.

167. Mesmo na vigência do CPC/1973, a doutrina já alertava para os riscos da adoção de um conceito tão aberto como "jurisprudência dominante". Nesse sentido, vejam-se José Carlos Barbosa Moreira, **Comentários ao Código de Processo Civil**, p. 663, e Fabiano Carvalho, **Poderes do relator nos recursos**, p. 123.

168. Luiz Guilherme Marinoni, **Precedentes obrigatórios**, p. 512.

169. Cândido Rangel Dinamarco, **Aspectos Polêmicos e atuais dos recursos cíveis de acordo com a lei 9.756/98**, p. 131.

170. Priscila Kei Sato, **Jurisprudência (pre)dominante**, p. 572. Luiz Rodrigues Wambier e Teresa Arruda Alvim Wambier, **Breves comentários à 2ª fase da reforma do Código de Processo Civil**, p. 85, por sua vez, assinalam: *"O entendimento da Corte Superior do STJ, a respeito da interpretação do direito federal, poderia considerar-se dominante*

Era preciso, também, que os julgamentos integrantes do conjunto não estivessem defasados, ou seja, proferidos num regime jurídico anterior ou numa realidade social diferente. Assim, por exemplo, o precedente que serviu para embasar o controle de constitucionalidade nos Estados Unidos (*judicial review*), o caso *Marbury vs. Madison*, foi proferido pela Corte Suprema em 1803. Apesar da idade, esse precedente é aplicado até os dias de hoje. Por outro lado, existe uma decisão, produzida no ano de 1953, que estabeleceu que a opinião de um perito da raça branca valia mais do que o parecer de um perito da raça negra (*Plessy vs. Ferguson - NY Supreme Court*). Esse precedente, apesar de ser muito mais novo que o precedente anteriormente citado, não é mais aplicado, porque foi gestado num contexto histórico-cultural substancialmente diverso daquele presente na atualidade. De modo que não existe um limite específico de tempo para ser considerado na verificação dos componentes da jurisprudência dominante, apesar de ser possível encontrar no direito comparado regras que consideram o precedente antigo ou ultrapassado se ele não foi replicado após um período que varia de 10 a 30 anos.[171]

Outrossim, durante a vigência do CPC/1973, o entendimento majoritário era que a *"jurisprudência dominante"* não implicava, necessariamente numa "jurisprudência pacífica", ou seja, imune às divergências. Portanto, a existência de uma "jurisprudência minoritária", se afastando da orientação apontada como paradigma, não seria suficiente para descaracterizar a "jurisprudência dominante".[172] A "jurisprudência minoritária", aliás, além de ser

---

se houvesse a reiteração de decisões majoritárias daquela Corte, no mesmo sentido, na proporção de 70% a 30%, durante o período de cinco anos (ou três, ou dois anos, por exemplo, contados retroativamente)". Já Wanessa de Cássia Françolin, **A ampliação dos poderes do relator nos recursos cíveis**, p. 80, entende que o conceito de "jurisprudência dominante" é equivalente ao de "jurisprudência majoritária", que estaria presente sempre que *"houvesse uma maioria simples de julgados (50% mais 1) sobre determinada tese jurídica"*.

171. Na argentina, por exemplo, em razão dos arts. 288 e 303 do *Código Procesal de la Nación*, tem-se entendido que o efeito vinculativo dos julgamentos plenários cessa após 10 anos da prolação da decisão, se não houver reconfirmação. Sobre o tema, veja-se Felippe Borring Rocha, **O *recurso de inaplicabilidad de la ley*: panorama atual e análise comparativa com institutos do sistema legal brasileiro**, p. 123. Sobre a duração do efeito vinculativo dos precedentes nos Estados Unidos, veja-se John M. Walker Jr., ***The role of precedent in the United States: how do precedents lose their binding effect?***.

172. Cândido Rangel Dinamarco, **A reforma da reforma**, p. 87, afirmava que a jurisprudência dominante deveria representar *"uma linha de julgamentos significativamente majoritária em seus órgãos fracionários, ainda que não pacífica; a existência de decisões contrárias,*

um conceito arraigado na nossa cultura jurídica, tem relevância jurídica, pois pode sinalizar a necessidade de uniformização de um determinado tema ou sinalizar a mudança de posicionamento da corte, por exemplo.[173]

Em suma, desconsiderando a infeliz menção à *"jurisprudência pacífica"*, acreditamos que as orientações presentes no CPC/1973 devem se manter sob a égide do CPC/2015. De modo que a "jurisprudência dominante" deve ser identificada como o pensamento prevalente num determinado tribunal, representado por um conjunto de manifestações judiciais que tenham julgado uma determinada questão de maneira uniforme, aplicando a mesma solução às causas, preferencialmente com a mesma fundamentação.

---

ou de votos vencidos, não retira a essas linhas vitoriosas a condição de jurisprudência dominante, embora deva ser levada em conta para a verificação sobre a realidade da prevalência da jurisprudência no sentido majoritário".

173. Em sentido contrário, Cassio Scarpinella Bueno, **Manual de direito processual**, p. 554, afirma que somente a jurisprudência predominante pode ser considerada como jurisprudência.

Capítulo 3

OS PRINCÍPIOS DO CONTRADITÓRIO E DA FUNDAMENTAÇÃO

3.1. A IMPORTÂNCIA DOS PRINCÍPIOS DO CONTRADITÓRIO E DA FUNDAMENTAÇÃO PARA O JULGAMENTO MONOCRÁTICO

Conforme preleciona Ronald Dworkin,[1] os princípios jurídicos contêm um elevado grau de plasticidade, porque são dotados de grande generalidade e abstração. São modelos abertos que devem ser observados por conta de uma exigência de justiça, de equidade ou alguma outra dimensão de moralidade, que lhes atribui peso próprio e particular. Por isso, a sua concretização depende de uma substantiva dimensão valorativa, a ser definida por intermédio dos aplicadores do direito e cotejo com as regras jurídicas. Robert Alexy,[2] inspirado nessa linha de pensamento, considera os princípios como comandos idealizados, que não estabelecem como as coisas são, mas como as coisas devem ser, com o objetivo de evitar contradições dentro do sistema jurídico. Os princípios seriam, assim, como mandados de otimização, cujo objetivo principal seria o de fazer com que as regras jurídicas sigam, da melhor maneira possível, as diretrizes estabelecidas no ordenamento jurídico.

Para Dworkin,[3] as regras jurídicas, apesar de também adotarem um critério normativo abstrato, são muito mais específicas e pontuais do que os princípios. As regras buscam dar objetivamente a resposta para os casos nelas previstos, abarcando o maior número de circunstâncias possíveis. Por

1. Ronald Dworkin, **Levando os direitos a sério**, p. 114.
2. Robert Alexy, *Teoria dos direitos fundamentais*, p. 90.
3. Ronald Dworkin, **Levando os direitos a sério**, p. 120.

isso, as regras jurídicas se pautam por uma estrutura lógica de aplicação de "tudo ou nada" (*all-or-nothing-fashion*). Assim, se a regra é válida e adequada, ela deve produzir seus efeitos jurídicos da maneira como foi desenhada pelo legislador. A validade da regra, no entanto, depende de seu alinhamento com os princípios. De modo que os princípios não apenas orientam a aplicação das regras, mas também servem como condicionante de validade.

Destarte, para promover a segurança jurídica sem engessar a evolução do ordenamento jurídico, a maioria das constituições, hoje, são compostas por um sistema balanceado de regras e de princípios. É esse sistema que dá conteúdo e forma ao ordenamento jurídico de um país. Dentro dessa ótica, o processo passa a ser visto como um instrumento a serviço da ordem constitucional, razão pela qual precisa refletir as bases do regime democrático nela proclamado. Assim, os princípios e garantias processuais funcionam como elementos gerenciadores da atuação do Estado-Juiz, na medida em que não apenas orientam o desenvolvimento do processo, mas também moldam os seus contornos (art. 1º do CPC/2015).

Como dito, a proposta central desta pesquisa é perquirir que o julgamento monocrático somente pode ser realizado, de maneira legítima, se for produto de um processo constitucional, ou seja, pautado não apenas pela observância das regras infraconstitucionais pertinentes, mas também pelos princípios e regras constitucionais. Não obstante, as investigações demonstraram que dois princípios se sobressaem com diferenciado relevo na construção constitucional da decisão monocrática: o princípio do contraditório e o princípio da fundamentação. Por isso, esses dois princípios serão estudados com destaque neste quadrante do texto.

3.2. O PRINCÍPIO DO CONTRADITÓRIO

3.2.1. O princípio do contraditório e o Estado Democrático de Direito

Como já tivemos oportunidade de sustentar, o contraditório representa, sem sombra de dúvida, um dos institutos mais caros à ciência processual. De fato, o contraditório representa o mais importante componente lógico-filosófico e estrutural do desenvolvimento legítimo do procedimento, corolário do devido processo legal e densificador de garantias fundamentais, dentro do Estado Democrático de Direito. Nesse sentido, o contraditório faz parte da própria estrutura do processo, em razão da sua natureza dialética.[4]

4. Consuêla Félix de Vasconcelos Neta, **A dialética idealista de Hegel: uma concepção do direito**.

Por isso, conforme sublinhou Elio Fazzalari,[5] o processo judicial se configura num procedimento estruturado em contraditório, sendo o procedimento um gênero dentro do qual o processo se inclui e é espécie. Por isso, as normas que regem o processo devem proporcionar às partes um contraditório equilibrado e igualitário.

3.2.2. O princípio do contraditório e o princípio do devido processo legal

O reconhecimento constitucional do direito a um devido processo legal processual (*procedural due process*) assegura ao indivíduo que o processo judicial está adstrito a um modelo cujos contornos são previamente fixados pelo ordenamento jurídico (art. 5º, LIV, da CF). A esse conteúdo genérico do devido processo legal, soma-se o conteúdo específico que, por sua vez, é representado pelo conjunto de garantias, constitucionalmente previstas, que traçam os regramentos através dos quais deve o processo ser guiado.[6] De modo que o conteúdo do princípio do devido processo legal é aberto[7] e materialmente preenchido pelos princípios constitucionais que estabelecem as garantias processuais, tais como a proibição das provas ilícitas, a obrigatoriedade da publicidade do processo e da fundamentação das decisões judiciais, a garantia do direito de ação, do juiz natural, da igualdade das partes, da duração razoável do processo, da ampla defesa e do contraditório.[8]

Em suma, é possível afirmar que o princípio do contraditório tem supedâneo no princípio do devido processo legal, integrante que é do rol de princípios que regem o processo civil na ordem constitucional vigente no Brasil.

3.2.3. O princípio do contraditório e o princípio da ampla defesa

Além de frisar a inserção do princípio do contraditório sob o "guarda-chuva" do devido processo legal, é preciso dissociá-lo do princípio da ampla defesa. De fato, ambos os institutos são normalmente apresentados

---

5. Elio Fazzalari, ***Istituzioni di diritto processuale***, p. 119.
6. Fredie Didier Jr., **Curso de direito processual civil**, v. 1, p. 42.
7. Conforme assinalado por Willis Santiago Guerra Filho, **Teoria processual da constituição**, p. 12, o princípio do devido processo legal tem conceituação aberta, em razão da sua origem no *Commom Law*, onde as características dos institutos são normalmente formadas pela construção jurisprudencial ao longo do tempo.
8. Fredie Didier Jr., **Curso de direito processual civil**, v. 1, p. 43.

em conjunto e sem uma separação muito clara,[9] o que acaba por anular o conteúdo da ampla defesa, colocando-o como mero *"aspecto substancial do princípio do contraditório"*.[10]

Apesar de diretamente relacionado ao contraditório, a ampla defesa pode ser definida como a garantia fundamental que a parte requerida tem de se manifestar após a parte requerente (momento/ordem), com os meios (instrumentos) adequados.[11] Em outras palavras, o requerido tem o direito não apenas de se manifestar sobre os eventos processuais, mas também de fazê-lo, pelos instrumentos próprios, após a manifestação da parte requerente, para poder não apenas expor a sua opinião sobre o ocorrido, mas também para articular a sua defesa, conhecendo as alegações daquele que lhe deduziu uma pretensão em juízo.

Assim, se o juiz, após ouvir uma testemunha encerra a audiência sem permitir que as partes lhe façam perguntas, tem-se uma clara ofensa ao princípio do contraditório. No entanto,

o juiz, após ouvir a testemunha arrolada pelo autor, determina que o réu lhe faça perguntas antes daquele, não haverá uma violação (direta) ao princípio do contraditório, pois as partes efetivamente tiveram a oportunidade de se manifestar sobre um fato processual antes da prolação da decisão, mas ocorreu a violação da ampla defesa, pois o réu teve que se manifestar antes do autor.

Note-se que a palavra "defesa", no caso do princípio da ampla defesa, deve ser interpretada de forma ampla, para abarcar as inúmeras posições jurídicas das partes dentro do processo. A defesa deve ser considerada como uma resposta a uma pretensão deduzida. De fato, no exemplo dado, se a testemunha tivesse sido arrolada pelo réu e fosse o autor a parte obrigada a se manifestar primeiro, haveria em relação a este a violação da sua ampla defesa. Da mesma forma, se o autor for o recorrido, viola a ampla defesa determinar a sua manifestação antes do recorrente.

---

9. Um das razões para essa simbiose é o fato da Constituição Federal apresentar o contraditório e a ampla defesa como garantias fundamentais processuais num mesmo artigo, colocados lado a lado: *"Aos litigantes, em processo judicial ou administrativo, e aos acusados em geral são assegurados o contraditório e a ampla defesa, com os meios e recursos a ela inerentes"* (art. 5º, LV). Na verdade, se a Carta Magna usou as duas expressões distintas, é porque queria deixar claro que se tratam de institutos diferentes, embora intimamente ligados.
10. Fredie Didier Jr., **Curso de direito processual civil**, v. 1, p. 55.
11. João Batista Lopes, **Princípio da ampla defesa**, p. 123.

3.2.4. O contraditório e o exercício do contraditório

Outro aspecto a ser destacado é que o contraditório não se confunde com seu exercício. O contraditório é um conceito objetivo, ligado ao binômio informação-reação: as partes têm que ser informadas do que ocorre no processo e tem que lhes ser dada oportunidade para se manifestar. O exercício do contraditório, por sua vez, é um conceito subjetivo, uma faculdade jurídica que é colocada à disposição das partes. Assim, o contraditório existe ainda que o seu exercício não se tenha realizado na sua plenitude, seja pela falta de interesse da parte, seja por limitações próprias das regras processuais.

Um dos elementos que materializam o contraditório no procedimento judicial, por exemplo, é o direito que o advogado tem de requerer a retirada dos autos do cartório, pelo prazo legal (art. 107, III, do CPC/2015). Trata-se de uma circunstância objetiva e intrínseca ao processo. O exercício do contraditório, no entanto, exige a observância de uma série de regras e princípios, inclusive de ordem subjetiva. Por isso, o art. 107, § 4º, do CPC/2015 estabelece que o advogado pode perder o direito à vista dos autos fora de cartório caso não os restitua dentro do prazo assinalado. Essa hipótese não viola o princípio do contraditório, mas busca disciplinar o seu exercício, não apenas para sancionar o comportamento contumaz, mas também para permitir o atendimento das finalidades principais do processo. Em outras palavras, se o juiz deu oportunidade para a parte se manifestar e ela ficar inerte, a decisão que tiver que ser proferida sobre a questão não estará em confronto com o princípio do contraditório, que foi objetivamente respeitado. O contraditório é um dever para o juiz, mas seu exercício é uma faculdade para as partes (art. 7º do CPC/2015).

Por certo, dentro de um modelo coparticipativo de processo, o ideal é que todos contribuam para a efetiva tutela jurisdicional. [12] No entanto, somente quando há uma regra específica é que a falta do exercício do contraditório pode ser sancionado. Por exemplo, a falta de impugnação específica pelo réu leva, em regra, à aceitação dos fatos alegados pelo autor na petição inicial (art. 341 do CPC/2015). O silêncio injustificado da parte, durante seu depoimento pessoal, pode acarretar na pena de confesso (art. 386 do CPC/2015). Da mesma forma, na ação para exigir a apresentação de contas, se o réu, condenado a prestar as contas no prazo de 15 dias, não o fizer, ficará impedido de impugnar as que o autor apresentar (art. 550, § 5º, do CPC/2015).

---

12. Daniel Mitidiero, **Colaboração no processo civil**, p. 22.

3.2.5. A positivação do contraditório no CPC/2015

Independentemente da discussão sobre a conveniência de se positivar princípios,[13] é inegável reconhecer que existia um déficit normativo em relação ao princípio do contraditório no CPC/1973. De fato, apesar de conter vários dispositivos que instrumentalizavam o princípio do contraditório (arts. 277, 301, 398, 414, §1º, 421, 425, 475-D, parágrafo único, 482, 864 etc), o Código revogado não ostentava qualquer artigo dedicado especificamente ao tema, para servir de diretriz hermenêutica geral, como ocorria com outros princípios (arts. 130, 132, 155, 243, 244, 245, 248 etc).

Não por outro motivo, a Comissão de Juristas nomeada pelo Senado Federal para redigir o Anteprojeto do Novo Código de Processo Civil buscou imprimir, em razão da estrutura cooperativa do processo civil, regras específicas sobre o contraditório e suas peculiaridades no desenvolvimento do processo.[14] Essas diretrizes não apenas foram mantidas como também aprofundadas ao longo da tramitação do Projeto de Lei no Senado Federal e na Câmara dos Deputados.[15] Nesse sentido, merecem ser destacados, dentre outros, os seguintes dispositivos do CPC/2015:

> Art. 7º. É assegurada às partes paridade de tratamento em relação ao exercício de direitos e faculdades processuais, aos meios de defesa, aos ônus, aos deveres e à aplicação de sanções processuais, competindo ao juiz zelar pelo efetivo contraditório.

> Art. 9º. Não se proferirá decisão contra uma das partes sem que ela seja previamente ouvida.
> Parágrafo único. O disposto no caput não se aplica:
> I - à tutela provisória de urgência;
> II - às hipóteses de tutela da evidência previstas no art. 311, incisos II e III;
> III - à decisão prevista no art. 701.

---

13. Sobre o debate entorno da positivação de princípios, remete-se o leitor à obra clássica de DIEGO, Felipe Clemente de. ***Instituciones de derecho civil español.*** t. 1, Madri: Librería General de Victoriano Suarez, 1941, p. 99, e à obra contemporânea de Robert Alexy, *Teoria dos direitos fundamentais*, 164.
14. **Exposição de motivos.** *In:* Anteprojeto do novo Código de Processo Civil, p. 23. Enfatizando esse aspecto, Luiz Guilherme Marinoni e Daniel Mitidiero, **O projeto do CPC**, p. 75.
15. Humberto Theodoro Júnior, Dierle Nunes, Alexandre Mello Franco Bahia e Flávio Quinaud Pedron, **Novo CPC: fundamentos e sistematização**, p. 138.

Art. 10. O juiz não pode decidir, em grau algum de jurisdição, com base em fundamento a respeito do qual não se tenha dado às partes oportunidade de se manifestar, ainda que se trate de matéria sobre a qual deva decidir de ofício.

Art. 98. A pessoa natural ou jurídica, brasileira ou estrangeira, com insuficiência de recursos para pagar as custas, as despesas processuais e os honorários advocatícios tem direito à gratuidade da justiça, na forma da lei.

§1º A gratuidade da justiça compreende:

(...)

VIII – os depósitos previstos em lei para interposição de recurso, para propositura de ação e para a prática de outros atos processuais inerentes ao exercício da ampla defesa e do contraditório;

Art. 115. A sentença de mérito, quando proferida sem a integração do contraditório, será:

I – nula, se a decisão deveria ser uniforme em relação a todos que deveriam ter integrado o processo;

II – ineficaz, nos outros casos, apenas para os que não foram citados.

Art. 330. O autor poderá:

(...)

II – até o saneamento do processo, aditar ou alterar o pedido e a causa de pedir, com consentimento do réu, assegurado o contraditório mediante a possibilidade de manifestação deste no prazo mínimo de 15 (quinze) dias, facultado o requerimento de prova suplementar.

Art. 372. O juiz poderá admitir a utilização de prova produzida em outro processo, atribuindo-lhe o valor que considerar adequado, observado o contraditório.

Art. 502. A decisão que julgar total ou parcialmente o mérito tem força de lei nos limites da questão principal expressamente decidida.

§1º O disposto no *caput* aplica-se à resolução da questão prejudicial, decidida expressa e incidentemente no processo, se:

(...)

II – a seu respeito tiver havido contraditório prévio e efetivo, não se aplicando no caso de revelia;

Art. 962. É passível de execução a decisão estrangeira concessiva de medidas de urgência.

(...)

§ 1º As medidas de urgência concedidas sem a audiência do réu poderão ser executadas, desde que garantido o contraditório em momento posterior.

3.2.6. O conceito do princípio do contraditório

O ponto de partida da conceituação contemporânea do princípio do contraditório no Brasil, historicamente derivada da doutrina construída a partir da Magna Carta de 1215, é reiteradamente atribuída à Joaquim Canuto Mendes de Almeida.[16] De acordo com Almeida, o princípio do contraditório representaria a expressão da ciência bilateral dos atos e termos do processo (*audiatur et altera pars*). Trata-se de uma visão com um conteúdo sedimentando, encartada em várias declarações, convenções e constituições ao redor do mundo,[17] e que pode ser apontada como ainda preponderante na doutrina dos países de origem anglo-saxônica, onde o princípio é chamado de "direito a uma audiência judicial" (*right to a judicial hearing principle*).[18]

Nas últimas décadas, entretanto, o desenvolvimento do conceito de contraditório vem evoluindo no sentido de construir uma percepção bem mais ampla do seu conteúdo histórico. De fato, o contraditório modernamente pode ser compreendido através de duas dimensões distintas: de um lado, a informação prévia (proibição da surpresa) e de outro, a possibilidade de reação (participação). A primeira delas, diz respeito ao direito da parte de ser integrada ao processo e ser comunicada de todos os atos e fatos ocorridos, antes da prolação do pronunciamento judicial (art. 9º e 10 do CPC/2015). O segundo, a abertura de oportunidade para oferecimento da reação, incluindo-se aqui o direito de ser ouvida, de indicar provas e de impugnar as produzidas pelo adversário processual.

Nesse passo, importante sublinhar que na atualidade a maior parte dos juristas,[19] com base na doutrina alemã, têm sustentado a existência de uma terceira dimensão do princípio do contraditório, consubstanciada no

---

16. Por todos, veja-se Cândido Rangel Dinamarco, **Fundamentos do processo civil moderno,** t. 1, p. 126.
17. José Joaquim Gomes Canotilho, **Direito constitucional e teoria da constituição**, p. 390.
18. José Rogério Cruz e Tucci, **Direito processual civil americano contemporâneo**, p. 177, Nelson Nery Junior, **Princípios do processo civil na constituição federal**, p. 38, e Giuseppe Tarzia, **O contraditório no processo executivo**, p. 55.
19. Por todos, veja-se Gilmar Ferreira Mendes e Paulo Gustavo Gonet Branco, **Curso de direito constitucional**, p. 592.

direito de ver seus argumentos considerados *(recht auf berücksichtigung)*, conforme previsto no art. 103, I, da Constituição Federal alemã. Em suma, essa corrente de pensamento afirma que o contraditório participativo deve ser baseado no diálogo estabelecido entre as partes e o juiz e que as alegações apresentadas devem ser avaliadas, confrontadas e solucionadas pelo julgador no conjunto do processo decisório. O contraditório participativo, na visão desses autores, não se limita à audiência bilateral das partes, mas também no direito de influir eficazmente na decisão através de um diálogo jurídico, com ampla oportunidade de oferecimento de alegações e de produção de provas, que sejam efetivamente consideradas pelo julgador.[20] Esta visão, inclusive, já figurou em algumas decisões no STF.[21]

Apesar da excelência das considerações feitas pela doutrina prevalente, o direito de ver seus argumentos tomados em consideração parece estar mais associado ao princípio da fundamentação das decisões judiciais do que propriamente ao princípio do contraditório, embora a questão esteja indissociavelmente relacionada a ambos.[22] Por certo, é a estrutura dialética do processo que leva à afirmação de que o juiz tem o dever de apreciar as manifestações das partes na sua decisão. No entanto, essa característica se incorpora e se materializa no próprio dever de fundamentação, fugindo do sentido objetivo (intrínseco) do princípio do contraditório defendido neste texto. De fato, somente quando o juiz profere a decisão é que é possível verificar se as alegações e as provas produzidas pelas partes foram efetivamente

20. Leonardo Greco, **Instituições de processo civil**, v. 1, p. 22.

21. Nesse sentido, veja-se: *"(I) direito de informação, que obriga o julgador a informar a parte contrária todo o ato praticado no processo, com explicitação dos seus elementos; (II) direito de manifestação, que assegura ao litigante a possibilidade de manifestar-se sobre os elementos fáticos e jurídicos constantes do processo; e (III) direito de ver seus argumentos considerados, o que exigirá do julgador capacidade, apreensão e isenção de ânimo para contemplar as razões apresentadas. Desse modo, incumbe ao julgador não só o dever de informar os atos do processo e garantir a manifestação, mas também o de tomar conhecimento e considerar séria e detidamente as razões apresentadas"* (STF – Pleno – MS 24.268/MG – Rel. Min. Gilmar Mendes, j. em 05/02/2004).

22. Daniel Vianna Vargas, **Ferramentas de controle das razões de decidir**, p. 114. Embora reconheça que o dever de tomar em consideração as alegações das partes represente o *"nexo radical"* entre o contraditório e a fundamentação, Daniel Mitidiero, **Fundamentação e precedentes: dois discursos a partir da decisão judicial**, p. 63, afirma que essa característica pertence ao contraditório. Para o autor, o dever de considerar as alegações das partes é um elemento extrínseco do contraditório que se projeta na fundamentação. Apesar disso, conclui: *"Não há que se falar em decisão motivada se esta não enfrenta expressamente os fundamentos arguidos pelas partes em suas manifestações"*.

tomadas em consideração. Nesse prisma, a plenitude da fundamentação se coloca como o aspecto exterior do princípio do contraditório. No entanto, se a decisão não tratou adequadamente das manifestações das partes, mais do que violadora do contraditório, ela é tida como mal fundamentada. Essa, inclusive, foi a opção do legislador ao redigir o CPC/2015, pois inseriu o tema dentre as causas de nulidade da sentença por falta de fundamentação adequada (art. 489, § 1º, IV e V). Por isso, essa dimensão será vista no próximo tópico e não integrará o conceito de contraditório aqui defendido.

Assim, somando todas as premissas apresentadas, o contraditório pode ser definido como uma garantia fundamental, concebida dentro de um processo constitucional e inserido no âmbito do princípio do devido processo legal, que as partes processuais têm de serem comunicadas dos atos e fatos processuais e de disporem de instrumentos adequados para sobre eles se manifestarem, antes da autoridade judicial competente se pronunciar, visando contribuir na formação do julgamento.

O contraditório, portanto, dentro do Estado Democrático de Direito, representa uma garantia de desenvolvimento válido do processo, que visa atribuir legitimidade à formação da decisão judicial, através da oitiva das partes processuais. Trata-se de uma garantia deferida a todos aqueles que atuam de forma parcial no processo, submetidos ou não aos efeitos da coisa julgada.[23] Além disso, a incidência do princípio do contraditório não se resume ao âmbito jurisdicional, mas também abarca o processo administrativo e o legislativo.[24]

3.2.7. A postergação do contraditório

De acordo com o art. 9º do CPC/2015, não se proferirá decisão contra uma das partes já integrada ao processo sem que ela seja previamente ouvida, ressalvados os casos da tutela provisória de urgência ou da tutela de evidência previstas nos arts. 311, II e III, e 701 do CPC/2015. Além desse dispositivo, existem outras regras que também afastam o contraditório prévio, como ocorre em relação à decisão que defere a chamada "penhora online" (art. 854 do CPC/2015). Nesses casos, a oitiva prévia da parte contrária poderia comprometer a efetividade do pronunciamento. De fato, o contraditório não é um fim em si mesmo, capaz de se sobrepor aos escopos da jurisdição. Existe, assim, uma lógica comum a essas exceções: preservar a efetividade

23. Fredie Didier Jr., **Curso de direito processual civil**, v. 1, p. 51.
24. Fredie Didier Jr., **Curso de direito processual civil**, v. 1, p. 56.

processual, que também se encontra instalado no seio do princípio do devido processo legal (art. 5°, LIV, da CF). Portanto, a postergação do contraditório nessas situações decorre da ponderação entre princípios feita pelo próprio legislador.[25]

Note-se, ainda, que a concessão de um pronunciamento sem a oitiva prévia do requerido deve seguir um regime de estrita excepcionalidade, para que possa ser reputada como legítima. Além disso, é importante relembrar que esses pronunciamentos têm como características a provisoriedade e a revogabilidade, o que autoriza o julgador, inclusive de ofício, a rever a decisão que a concedeu, independentemente da sua natureza. De sorte que o requerido terá oportunidade de apresentar as alegações e as provas que reputar pertinentes para reverter a decisão, e, caso tenha por necessário, poderá recorrer da decisão.

3.2.8. O princípio do contraditório e o procedimento recursal

Como será visto mais a frente, a interposição do recurso dá ensejo a criação de uma nova etapa procedimental dentro do processo na qual a decisão impugnada foi proferida. Portanto, o procedimento recursal deve ser regido pela mesma estrutura dialética que existe no processo onde ele está instalado. A diferença é que no procedimento originário, os atos processuais são construídos para produzir uma decisão, enquanto que no procedimento recursal já existe uma decisão, que será objeto de reexame. Exatamente por isso a parte recorrente pode desistir do recurso, sem a anuência do recorrido (art. 998 do CPC/2015), e a falta das contrarrazões não leva à presunção de veracidade das alegações recursais.

Dentro do procedimento recursal, o contraditório é exercido prioritariamente através das contrarrazões, que representam a resposta do recorrido à pretensão recursal. No CPC/2015, com exceção dos embargos de declaração, que só têm contrarrazões no caso de possuir efeitos modificativos (art. 1.023, § 2º), e dos embargos de divergência, que tem seu procedimento regulado

---

25. Trata-se de conclusão abraçada pela jurisprudência brasileira, como se pode vislumbrar do seguinte aresto: *"O ordenamento jurídico brasileiro admite a figura do contraditório diferido ou postergado, o qual não implica em mitigação à regra constitucional, mas apenas em uma dilação do momento probatório, o que, em última análise, não viola a ampla defesa e mesmo a legalidade"*(TRF2 – 6ª Turma Especializada – AG 200702010144380 – Rel. Des. Rogério Carvalho, j. em 31/03/2008).

pelos tribunais superiores (art. 1.044, *caput*),[26] a resposta do recorrido está prevista em relação a todos os demais recursos: na apelação (art. 1.010, § 1º), no agravo de instrumento (art. 1.009, II), no agravo interno (art. 1.021, § 2º), no recurso ordinário (art. 1.028, *caput*), nos recursos excepcionais (art. 1.030, *caput*) e no agravo em recurso excepcional (art. 1.042, § 3º). Não obstante, sempre que for constatada a existência de um fato superveniente à decisão recorrida ou de uma questão apreciável de ofício que ainda não foi examinada, as partes do recurso devem ser ouvidas, antes da prolação da decisão recursal (art. 933 do CPC/2015).

Assim, o contraditório no procedimento recursal decorre da comunicação das partes do recurso dos atos e fatos processuais e da disponibilização de instrumentos adequados para sobre eles se manifestarem, antes da formulação da decisão recursal.[27] De modo que o procedimento recursal deve permitir o debate da decisão recorrida, conferindo legitimidade à decisão recursal.

Importante destacar que parte da doutrina[28] sustenta que o princípio do contraditório possui ainda uma outra face, chamada de princípio da dialeticidade. Por meio desse princípio, exige-se que o recurso contenha o inconformismo do recorrente com a situação jurídica instalada, por meio das razões de fato e de direito que fundamentam a revisão da decisão impugnada. Na realidade, a falta de impugnação adequada não viola o contraditório, mas simplesmente compromete a admissibilidade do recurso (art. 932, III, do CPC/2015).[29] Por isso, não parece correto associar essa questão com o princípio do contraditório.

---

26. As contrarrazões nos embargos de divergência estão previstas no art. 335 do RISTF e no art. 267 do RISTJ.
27. Felippe Borring Rocha, **Teoria geral dos recursos cíveis**, p. 34.
28. Nelson Nery Junior, **Teoria geral dos recursos**, p. 176.
29. Nesse sentido, veja-se: "2. *À luz do princípio da dialeticidade, que norteia os recursos, compete à parte agravante, sob pena de não conhecimento do agravo em recurso especial, infirmar especificamente os fundamentos adotados pelo Tribunal de origem para negar seguimento ao reclamo. 3. O agravo que objetiva conferir trânsito ao recurso especial obstado na origem reclama, como requisito objetivo de admissibilidade, a impugnação específica aos fundamentos utilizados para a negativa de seguimento do apelo extremo, consoante expressa previsão contida no art. 932, III, do CPC de 2.015 e art. 253, I, do RISTJ, ônus da qual não se desincumbiu a parte insurgente, sendo insuficiente alegações genéricas de não aplicabilidade do óbice invocado*" (STJ – 4ª Turma – RCD no AREsp 1.166.221/MG – Rel. Min. Luis Felipe Salomão, j. em 05/12/2017).

Nos tribunais superiores, no entanto, o princípio da dialeticidade tem sido frequentemente utilizado para justificar a inadmissão de recursos, sob a alegação genérica de que o recorrente não impugnou todos os fundamentos da decisão recorrida.[30] Dentro dessa linha, recentemente, o STJ afirmou que os agravos em recursos especiais dirigidos àquela Corte seriam sumariamente inadmitidos quando não refutassem todos os fundamentos da decisão recorrida, ainda que ela tivesse capítulos autônomos.[31] Trata-se, a toda evidência, de nova modalidade de "pseudo-sofisticada" jurisprudência defensiva.[32]

3.2.9. O contraditório "utilitarista" no procedimento recursal

Apesar da importância do contraditório no modelo constitucional de processo adotado pelo Brasil, retratada nos dispositivos presentes no CPC/2015, é possível identificar algumas situações nas quais o contraditório recursal é tratado de uma forma "utilitarista",[33] ou seja, submetido a um conjunto de "diretrizes políticas" pensadas para promover o funcionamento eficaz do Poder Judiciário.[34] De acordo com a lógica utilitarista, em determinados casos, o contraditório ficaria submetido à "utilidade prática" da oitiva da parte recorrida. Com efeito, a citada visão pode tanto servir para justificar o afastamento da manifestação do recorrido, como para permiti-la. Por isso, é possível falar em contraditório utilitarista positivo e negativo.

Um exemplo de contraditório utilitarista positivo diz respeito ao recurso de embargos de declaração com efeitos modificativos. De fato, o CPC/2015 não exige no processamento dos embargos de declaração o oferecimento

---

30. Rogério Mollica, **O ônus da dialeticidade e a jurisprudência defensiva**.
31. Nesse sentido, veja-se: *"Esta Corte, com fundamento no citado dispositivo, bem como no princípio da dialeticidade, vem aplicando, por analogia, a Súmula 182/STJ ao Agravo que não refute, de maneira específica, todos os fundamentos da decisão que não admitiu o Recurso Especial"* (STJ – Corte Especial – EARESP 701.404/EARESP 746.775/EARESP 831.326 – Rel. Min. Luís Felipe Salomão, j. em 19/09/2018).
32. Dierle José Coelho Nunes e Antônio Aurélio de Souza Viana, **Ônus da dialeticidade: nova "jurisprudência defensiva" no STJ?**.
33. Felippe Borring Rocha, **O contraditório utilitarista**, p. 172.
34. Nesse passo, necessário esclarecer que embora o pensamento utilitarista possa ser identificado desde a antiguidade, principalmente através das lições de Epicuro e seus discípulos na Grécia Antiga, a expressão aqui é usada numa referência à escola filosófica conhecida como Utilitarismo, fundada pelo pensador inglês Jeremy Bentham no final século XVIII. De acordo com Nicola Abbagnano, **Dicionário de filosofia**, p. 1172, pode-se dizer que o utilitarismo inglês apregoa que a prática das ações deve ser norteada pela sua utilidade social (*consequentialism*), conforme determinados preceitos éticos, voltados à realização pessoal do maior número de indivíduos (*welfare*).

de contrarrazões por parte do embargado. Os embargos de declaração seriam uma modalidade especial de recurso em que o embargante buscaria, apenas, aperfeiçoar a decisão anterior, que já fora proferida sob o crivo do contraditório.[35] Ocorre que, de acordo com o art. 1.023, § 2º, do CPC/2015, o embargado tem que ser intimado para ofertar contrarrazões quando a decisão puder produzir efeitos modificativos (infringentes).

Nesse passo, necessário reconhecer que o art. 1.023, § 2º, do CPC/2015 apenas positivou do pensamento prevalente antes mesmo da vigência do CPC/1973,[36] que sustentava a necessidade do contraditório prévio quando, de forma excepcional,[37] o acolhimento do pedido recursal nos embargos de declaração implicasse na modificação substancial do julgado anterior, como efeito direto do seu julgamento.[38] Ao longo do tempo, este entendimento se sedimentou, inclusive na doutrina.[39]

Outro exemplo de contraditório utilitarista, mas agora negativo, seria o caso do julgamento monocrático de improcedência do recurso. Conforme resta expresso pela interpretação literal dos incisos IV e V do art. 932 do CPC/2015, somente no caso de provimento monocrático do recurso é que o recorrido precisa ser intimado para ofertar contrarrazões.[40] Essa posição,

---

35. Luiz Orione Neto, **Recursos cíveis**, p. 387.
36. Nesse sentido, veja-se: *"Temos admitido que os embargos declaratórios, embora, em princípio, não tenham efeito modificativo, podem, contudo, em caso de erro material ou em circunstâncias excepcionais, ser acolhidos para alterar o resultado anteriormente proclamado"* (STF – 1ª Turma – ED no REXT 59.040/BA – Rel. Min. Evandro Lins, j. em 01/03/67).
37. Nesse sentido, veja-se: *"Os embargos de declaração não constituem meio processual cabível para reforma de julgado, não sendo possível atribuir-lhes efeitos infringentes, salvo em situações excepcionais"* (STF – 2ª Turma – ED no AgRg no REXT 198.131/SP – Rel. Min. Ellen Gracie, j. em de 20/04/2006).
38. De acordo com Nelson Nery Junior e Rosa Maria Andrade Nery, **Código de Processo Civil comentado e legislação extravagante**, p. 1.014, a *"infringência do julgado pode ser apenas a consequência do julgamento dos embargos de declaração, mas não o seu pedido principal, pois isso caracteriza pedido de reconsideração, finalidade estranha aos embargos de declaração"*.
39. Sandro Marcelo Kozikoski, **Embargos de declaração**, p. 138.
40. Nesse sentido, afirma Teresa Arruda Alvim Wambier, **Os agravos no CPC brasileiro**, p. 554: *"Rigorosamente, pois, o correto seria o relator provocar o contraditório até mesmo antes, quando fosse decidir o agravo, dando-lhe provimento, com base no art. 557, em constatando a existência manifesta das situações descritas pela lei, podendo o contraditório ser dispensado só no caso de inadmissibilidade ou de improvimento do recurso"*. José Carlos Barbosa Moreira, **Comentários ao Código de Processo Civil**, p. 514, por seu turno, afirma que *"concluso o instrumento ao relator, nas 48 horas seguintes à distribuição (art.*

aliás, também estava presente na jurisprudência dos tribunais superiores antes da vigência do CPC/2015.[41]

Apesar do apoio jurisprudencial e doutrinário, é preciso reconhecer que as regras do CPC/2015 que adotam a visão utilitarista do contraditório recursal, em qualquer uma de suas vertentes, são inconstitucionais. No caso do utilitarismo positivo, o problema reside no fato de se permitir que o julgador escolha quando o contraditório será observado no processamento de um recurso que deveria ser sempre pautado pela estrutura dialógica, independentemente do seu resultado.

Outro aspecto a ser destacado é que, no caso de embargos de declaração interpostos contra decisão colegiada nos tribunais, a definição quanto à oitiva prévia da parte embargada fica a critério do relator, que é apenas um dos julgadores do recurso. Desse modo, o relator pode deixar de ouvir o embargado, acreditando não se tratar de hipótese capaz de produzir efeitos infringentes. Nesse caso, se a sua visão não se coadunar com o entendimento dos outros membros do seu órgão colegiado, o procedimento recursal terá

549, caput), cabe-lhe, de ofício, se configurada qualquer das hipóteses do art. 557 caput, indeferir liminarmente o agravo (inciso I). Não sendo esse o caso, compete-lhe tomar as providências arroladas nos outros incisos do art. 527. (...) A subsequente providência - cuja omissão acarreta nulidade - consiste na intimação do agravado".

41. Nesse sentido, vejam-se: "*DESNECESSIDADE DE INTIMAÇÃO DO AGRAVADO - PROVIMENTO: IMPRESCINDÍVEL A INTIMAÇÃO DO AGRAVADO - ART. 557, §1º-A, DO CPC - PRINCÍPIOS DA AMPLA DEFESA E DO CONTRADITÓRIO. 1. Nas hipóteses do caput do art. 557 do CPC, é desnecessária a intimação do agravado, uma vez que será beneficiado pela decisão, em atenção aos princípios da celeridade e da economia processual. 2. No caso do art. 557, § 1º-A, do CPC, em atenção aos princípios do contraditório e da ampla defesa, é imprescindível a intimação do agravado para apresentar contrarrazões, pois a decisão modificará a situação jurídica até então estabelecida, em prejuízo à parte recorrida. Precedentes. 3. Recurso especial conhecido e provido*" (STJ – 2ª Turma – RESP 1.187.639/MS – Rel. Min. Eliana Calmon, j. em 20/05/2010). A questão foi pacificada com a decisão proferida pelo STJ em sede de recurso especial repetitivo: "*1. A intimação da parte agravada para resposta é procedimento natural de preservação do princípio do contraditório (...). 2. A dispensa do referido ato processual ocorre tão-somente quando o relator nega seguimento ao agravo (art. 527, I), uma vez que essa decisão beneficia o agravado, razão pela qual conclui-se que a intimação para a apresentação de contra-razões é condição de validade da decisão que causa prejuízo ao recorrente*" (STJ – Corte Especial – RESP 1.148.296/SP – Rel. Min. Luiz Fux, j. em 01/09/2010). Essa posição, inclusive, permanece prevalente nas cortes superiores. Nesse sentido, veja-se: "*Deixo de abrir prazo para contrarrazões, na medida em que está sendo mantida a decisão que aproveita à parte agravada*" (STF – 1ª Turma – AgRg no REXT 897.104/MG – Rel. Min. Roberto Barroso, j. em 27/10/2017).

que ser refeito, para permitir que o embargado se manifeste antes da decisão ser proferida.

Além disso, essa regra pode levar ao desenvolvimento do utilitarismo dentro do utilitarismo. Melhor explicando: um julgador pode entender que, ainda que tenha potencial efeito modificativo, se os embargos de declaração não vão ser acolhidos, não há por que "perturbar" o embargado. Dentro dessa linha de pensamento, o embargado somente será chamado a falar nos embargos de declaração quando a decisão modificativa já tiver sido tomada previamente pelo juiz e lhe for desfavorável. O embargado, então, participa de um simulacro de contraditório, em que a sua participação serve basicamente para afastar uma pecha autoritária.

Em suma, entendemos que no processamento dos embargos de declaração deve ser observado, na sua plenitude, o princípio do contraditório, independente dos efeitos que o seu julgamento possa vir a ter. Assim, após o recebimento dos embargos de declaração, o embargado deveria ser chamado a se manifestar previamente, sempre que já estivesse integrado ao processo no momento da interposição do recurso. A única exceção tolerável, do ponto de vista constitucional, para não ouvir previamente o embargado, seria no caso de a decisão embargada ter sido proferida sem a oitiva prévia da parte contrária, como permite o art. 9º, parágrafo único, do CPC/2015.

Melhor sorte também não se vislumbra na orientação prevalente sobre a concepção utilitarista do contraditório no julgamento monocrático do relator dos recursos nos tribunais (art. 932, IV, do CPC/2015). Na verdade, essa situação se revela potencialmente muito mais danosa do que no caso dos embargos de declaração, porque a decisão produzida sem o contraditório prévio não é um mero esclarecimento da decisão anterior. Na verdade, se o relator deseja julgar o mérito de um recurso de forma monocrática, sem ouvir seus pares, deve ao menos ouvir o recorrido.

Ademais, as hipóteses em que o exercício do contraditório é legitimamente limitado ou postergado têm sempre como móvel um elemento extrínseco ao ato, seja para sancionar uma conduta desleal ou para proteger a efetividade da tutela jurisdicional. No caso em tela, a corrente utilitarista sustenta que o contraditório estaria submetido a um (possível) resultado do julgamento, que é um componente intrínseco do recurso e obtido ao final da etapa recursal. Na verdade, a análise sobre a incidência do contraditório deve ser feita através de um juízo de valor contemporâneo à interposição do recurso e abstraído de seu resultado.

3.3. O PRINCÍPIO DA FUNDAMENTAÇÃO

3.3.1. O princípio da fundamentação e o Estado Democrático de Direito

Durante boa parte da antiguidade, o ato de julgar estava vinculado aos poderes absolutos ou divinos das autoridades que o emanavam. Logo, não existia a preocupação generalizada em fundamentar as decisões, uma vez que elas não precisavam ser aceitas pelos destinatários dos comandos. Eram simplesmente impostas. Com exceção de determinadas sociedades, como a grega e a romana, onde o pensamento argumentativo era mais valorizado, a fundamentação, quando existia, vinha revestida de um caráter meramente retórico e formal.[42] No período inicial da Idade Média, com a fragmentação dos Estados e a pulverização do poder, a fundamentação foi significativamente incorporada ao processo decisório. A sua essência, no entanto, tinha como escopo principal esclarecer quais os motivos, materiais ou imateriais, que levaram a autoridade a decidir daquela forma. O julgamento era fundamentado, pois, para que as pessoas soubessem como o julgador pensava em relação à questão e, assim, pudessem se comportar de acordo com essa visão. Somente com o advento do pensamento iluminista, marcado pelo racionalismo e cientificismo, é que a fundamentação adquiriu contornos de busca pelo convencimento e aceitação, para além do mero formalismo e da exposição do pensamento.

Após as revoluções burguesas, a fundamentação sofre uma significativa transformação nos países de tradição romano-germânicas, passando a estar atrelada aos postulados da lei, no combate às arbitrariedades e aos abusos no exercício da atividade jurisdicional.[43] De modo que a obrigatoriedade da motivação da decisão judicial constituiria traço comum a quase todas as grandes codificações processuais do século XIX. A motivação estava prevista no art. 141 do *Code de Procédure Civile* francês de 1807, corroborando o comando contido na Lei de Organização Judiciária de 1810, que cominou a sanção de nulidade para os julgamentos desprovidos de motivação. O princípio foi posteriormente consagrado no art. 436 do *Codice di Procedura*

---

42. José Carlos Barbosa Moreira, **A motivação das decisões judiciais como garantia inerente ao Estado de Direito**, p. 89.

43. De acordo com José Carlos Barbosa Moreira, **A motivação das decisões judiciais como garantia inerente ao Estado de Direito**, p. 90, a fundamentação das decisões judiciais foi consagrada na França, logo após a Revolução (art. 15, título VI, da Lei de Organização Judiciária de 1790, e art. 208 da Constituição de 1793). Em seguida, a diretriz foi adotada na Prússia (*Allgemeine Gerichtsordnung* de 1793) e na península itálica (Nápoles, em 1774, e no Principado de Trento, em 1788).

Civile italiano de 1865, no art. 372 da *Ley de Enjuiciamiento Civil* espanhola de 1881, no art. 284 do *ZPO* alemão de 1877 e no art. 414 do Código austríaco de 1895 (§ 414).

Nos anos que se seguiram à II Guerra Mundial, com a mutação dos Estados Liberais em Estados Sociais, o princípio da fundamentação passa para um novo patamar, em razão da percepção de que a observância dos direitos e garantias fundamentais que estavam sendo positivados deveria estar expresso no corpo das decisões judiciais.[44] Não por outro motivo, a partir dos anos 1940 o dever de fundamentação das decisões judiciais foi elevado a nível constitucional em diversos países europeus, tais como Itália (art. 111, § 6º, da Constituição de 1947), Grécia (art. 93 da Constituição de 1952), Portugal (art. 205, item 1º, da Constituição de 1976), e Espanha (art. 120, item 3º, da Constituição de 1978).

No caso do Brasil, a regra da obrigatoriedade da motivação das decisões judiciais foi trazida pelo Direito Português, através das Ordenações Filipinas (Livro III, Título LXVI, item 7º). Esta regra foi incorporada ao direito brasileiro através do Regulamento nº 737/1850 (art. 232), o que influenciou os códigos estaduais do Maranhão, Bahia, Pernambuco, Rio Grande do Sul, Minas Gerais, São Paulo, Distrito Federal, Ceará e Paraná. Por via de consequência, o princípio foi consagrado nos arts. 118, parágrafo único, e 280, II, do CPC/1939, e reproduzido nos arts. 131 e 458 do CPC/1973.[45] O *status* constitucional do princípio, no entanto, somente foi alcançado recentemente, com a Constituição Federal de 1988 (art. 93, IX), após superado o período de ditadura militar.[46] Esse dispositivo estabelece:

> Art. 93. (...)
>
> IX - todos os julgamentos dos órgãos do Poder Judiciário serão públicos, e fundamentadas todas as decisões, sob pena de nulidade, podendo a lei limitar

---

44. Paulo Bonavides, **Curso de direito constitucional**, p. 536.
45. Nelson Nery Junior, **Princípios do processo civil na constituição federal**, p. 181, e José Carlos Barbosa Moreira, **A motivação das decisões judiciais como garantia inerente ao Estado de Direito**, p. 93.
46. Nesse sentido, veja-se: "*Inquestionável que a exigência de fundamentação das decisões judiciais, mais do que expressiva imposição consagrada e positivada pela nova ordem constitucional (art. 93, IX), reflete uma poderosa garantia contra eventuais excessos do Estado-Juiz, pois, ao torná-la elemento imprescindível e essencial dos atos sentenciais, quis o ordenamento jurídico erigi-la como fator de limitação dos poderes deferidos aos magistrados e Tribunais*" (STF – 1ª Turma – HC 68202 – Rel. Min. Celso de Mello, j. em 06/11/1990).

a presença, em determinados atos, às próprias partes e a seus advogados, ou somente a estes, em casos nos quais a preservação do direito à intimidade do interessado no sigilo não prejudique o interesse público à informação;

Note-se que a questão da fundamentação, apesar de existir desde os primórdios do ordenamento jurídico brasileiro, nunca esteve plantada no centro dos debates processuais como um elemento de legitimidade da atuação judicial. O seu perfil sempre foi predominantemente técnico e marcado pela necessidade de exposição do pensamento judicial, tanto para as partes, como para o tribunal, com o objetivo de controlar a atividade jurisdicional.[47] A sua utilidade prática era a de permitir a impugnação das decisões judiciais. Não havia, no entanto, a preocupação em convencer os envolvidos do acerto da decisão ou demonstrar a análise dos fundamentos expostos pelas partes, dentro de uma dimensão substancial. Parte dessa situação se devia à adoção, numa perspectiva positivista, da doutrina do silogismo judicial, com suas características históricas e culturais de cunho liberal.[48]

A consagração constitucional do Estado Democrático de Direito, no entanto, conduziu a uma mudança nos paradigmas jurídicos. A interação entre a sociedade e Estado passa necessariamente pela transparência dos atos públicos que permite a participação do indivíduo em todo processo político, seja executivo, legislativo ou judiciário. A motivação das decisões judiciais, portanto, assume relevante função democratizante, pois é o meio pelo qual o Poder Judiciário dá transparência aos seus atos, possibilitando a sua interlocução com a sociedade.[49]

De fato, foi a adoção do Estado Democrático de Direito que abriu caminho para que o princípio da fundamentação fosse integrado à ciência processual, como um dos vetores dialógicos do modelo constitucional de processo.[50] A percepção de que o processo era estruturado sobre o princípio do contraditório, fez com que fosse necessário verificar se as alegações e as provas que as partes produziram foram efetivamente tomadas em consideração na construção da decisão judicial e se essa avaliação foi feita de maneira imparcial, legal e isonômica.[51] Trata-se de um princípio democrático

47. José Carlos Barbosa Moreira, **A motivação das decisões judiciais como garantia inerente ao Estado de Direito**, p. 94.
48. Michele Taruffo, **A motivação da sentença civil**, p. 46.
49. Mauro Cappelletti, **Juízes legisladores?**, p. 100.
50. Alexandre Freitas Câmara, **Levando os padrões decisórios a sério**, p. 83.
51. José Carlos Barbosa Moreira, **A motivação das decisões judiciais como garantia inerente ao Estado de Direito**, p. 95.

e também de uma garantia fundamental, pois permite a tutela de outras garantias fundamentais. Na ótica democrática, portanto, a fundamentação contribui para atribuir autoridade e eficácia para a atuação jurisdicional.[52]

3.3.2. O princípio da fundamentação e o princípio do devido processo legal

Como já mencionado, o princípio do devido processo legal tem uma dimensão substancial e outra formal (procedimental). Não se trata, porém, de distinguir duas realidades ou duas categorias jurídicas. O devido processo legal é apenas um único princípio que liga indissociavelmente o processo às garantias outorgadas pela Constituição, em matéria de tutela jurisdicional. A garantia tutelar é sempre realizada por meio de procedimento concebido para adequadamente cumprir sua função.[53]

Do ponto de vista substancial, o devido processo legal representa uma proteção do binômio "liberdade-propriedade", através da qual se assegura que a sociedade só seja submetida a leis razoáveis, as quais devem atender aos seus anseios. Na sua vertente formal, o devido processo legal é um sobreprincípio, ou seja, um princípio que serve de fundamento para os demais princípios processuais fundamentais.[54] É a expressão máxima do poder que o cidadão tem na Constituição de reivindicar perante o Poder Judiciário a proteção dos seus direitos (art. 5, LIV, da CF). O devido processo legal pressupõe não apenas a aplicação adequada do direito positivo, mas, sobretudo, realizar as diretrizes constitucionais, dentre as quais se destaca os princípios do juiz natural, da imparcialidade, do contraditório, da ampla defesa, da duração razoável do processo e da fundamentação.

Nesse contexto, o princípio da fundamentação tem papel destacado, pois através dele se exige que o juiz exponha os elementos que foram empregados na construção da decisão judicial. Destarte, sem a fundamentação, o princípio do devido processo legal poderia se transformar apenas num enunciado formal, na medida em que não haveria subsídios para permitir o controle da observância dos demais princípios na decisão judicial. A fundamentação assegura também que a decisão seja reconhecida como um produto da interpretação do direito e não da discricionariedade ou do subjetivismo do julgador. De sorte que a fundamentação se coloca, ao mesmo tempo, como um dever do magistrado e um direito das partes.

---

52. Jürgen Habermas, **Direito e democracia**, v. 1, p. 145.
53. Daniel Amorim Assumpção Neves, **Manual de direito processual civil**, p. 72.
54. Humberto Theodoro Júnior, **Curso de direito processual civil**, v. 1, p. 115.

3.3.3. O princípio da fundamentação e o princípio da publicidade

É possível enxergar no princípio da fundamentação das decisões judiciais uma dupla função. De um lado, no plano endoprocessual, a fundamentação permite às partes conhecer as razões que formaram o convencimento do magistrado para que possam saber se foi feita uma análise apurada da causa, com respeito aos direitos fundamentais, a fim de controlar a decisão por meio dos recursos cabíveis, bem como para que os juízes de hierarquia superior tenham subsídios para reformar ou manter essa decisão. Além disso, com a fundamentação as partes podem compreender melhor o conteúdo da decisão, fazendo com que possam agir de acordo com o comando judicial e, se for o caso, exigirem o seu cumprimento.

De outro lado, no plano extraprocessual, a fundamentação viabiliza o controle da decisão pelos mecanismos administrativos (Corregedoria, Conselho da Magistratura, Conselho Nacional da Justiça, por exemplo)[55] e pela via difusa da democracia participativa, exercida pelo povo em cujo o nome a sentença é pronunciada.[56] Permite ainda que o Estado e a sociedade saibam como devem se comportar na submissão ao ordenamento jurídico e para que os demais juízes possam as utilizar eficazmente como princípios argumentativos. De modo que as decisões judiciais devem ser apresentadas para o escrutínio pelas partes, pelo Estado e pela sociedade. E isso somente é possível através da sua publicidade.

Embora seja um princípio autônomo, a publicidade representa uma das características da fundamentação, pois assegura que o juiz tem não apenas o dever de apresentar as suas razões de decidir, mas também de exibi-las, para que elas possam ser conhecidas e respeitadas. Dito de outra maneira, sem a publicidade, as decisões judiciais e suas motivações não teriam como cumprir em sua inteireza as atribuições constitucionais que lhe foram conferidas. O princípio da publicidade dos atos processuais representa, portanto, uma das dimensões da limitação do poder estatal, que é a principal característica de um Estado Democrático de Direito. Sem a publicidade, a democracia

55. Essa percepção foi aprofundada pela inclusão na LINDB, pela Lei nº 13.655/2018, do dever de motivação dos atos decisórios: "*Art. 20. Nas esferas administrativa, controladora e judicial, não se decidirá com base em valores jurídicos abstratos sem que sejam consideradas as consequências práticas da decisão. Parágrafo único. A motivação demonstrará a necessidade e a adequação da medida imposta ou da invalidação de ato, contrato, ajuste, processo ou norma administrativa, inclusive em face das possíveis alternativas*".

56. Fredie Didier Júnior, Paula Sarno Braga e Rafael Oliveira, **Curso de direito processual civil**. v. 2, p. 313.

representativa se fragiliza porque fica desprovida de mecanismos de participação e controle do ato do poder público. A publicidade retrata, pois, uma garantia de segundo grau ou uma garantia de garantias.[57]

A percepção moderna da publicidade, no entanto, somente começou a se desenvolver cientificamente a partir da Idade Média. Isso porque, na antiguidade, a publicidade, quando existia, estava normalmente relacionada com exibição de poder. Somente em determinados casos, como em tribos germânicas e nórdicas mais primitivas, a publicidade tinha como objetivo conferir legitimidade aos atos decisórios. A visão da publicidade como fonte legitimadora do poder está diretamente vinculada ao princípio do devido processo legal. De fato, a doutrina aponta na Magna Carta de 1215 o embrião do princípio da publicidade, no que toca às decisões judiciais.[58] Foi nesse texto que ficou estabelecido o direito de o cidadão ser submetido a um julgamento justo pelos seus pares. E para controlar a justiça do julgamento era imperativo que ele fosse feito de forma pública.

No século XVIII, a publicidade ganhou assento privilegiado ao lado de outras garantias fundamentais, dentro da lógica iluminista. Na França, os revolucionários reagiram fortemente contra os juízos secretos e inquisitivos do período medieval, assentando na Declaração dos Direitos do Homem e do Cidadão de 1789 que a sociedade tem *"o direito de pedir, a todo agente público, que preste contas de sua administração"*. Nos Estados Unidos, a Constituição de 1786 estabeleceu o julgamento por júri popular e o direito do cidadão a um julgamento *"público e célere"*.[59]

Na Inglaterra, a publicidade dos julgamentos era uma característica costumeira do sistema judiciário que se apresentava de maneira irregular, até ser consagrada como uma garantia fundamental pela Câmara dos Lordes no julgamento do caso *Scott vs. Scott*, de 1913. Nesta decisão, a publicidade foi descrita como *"a alma da justiça"* e o maior estímulo contra a improbidade. Desde então, apesar do ato de julgar ser em regra secreto, a publicidade processual é vista na Inglaterra sob o prisma da possibilidade das pessoas assistirem aos julgamentos (*publicity of the courtroom*) e terem acesso aos documentos da Corte (*access to court documents*), bem como o dever das

---

57. Luigi Ferrajoli, **Direito e razão**, p. 492.
58. Carlos Roberto de Siqueira Castro, **O Devido processo legal e a razoabilidade das leis na nova constituição do Brasil**, p. 88, José Joaquim Gomes Canotilho, **Direito constitucional e teoria da constituição**, p. 870, e Nelson Nery Junior, **Princípios do processo civil na constituição federal**, p. 234.
59. Nelson Nery Junior, **Princípios do processo civil na constituição federal**, p. 233.

Cortes de divulgar as suas decisões (*disclosure of decisions*).[60] Posteriormente, essa orientação foi seguida por diversas legislações transnacionais, tais como a Declaração Universal dos Direito dos Homens de 1947 (art. 10) e a Convenção Europeia para a Proteção dos Direitos do Homem e das Liberdades Fundamentais de 1950 (art. 6º).

No Brasil, o princípio da publicidade foi previsto pela primeira vez no art. 31 da Lei de 18/09/1818,[61] que implantou o Supremo Tribunal de Justiça. Reproduzindo essa regra, a Constituição do Império de 1824 estabeleceu que nas causas criminais a inquirição das testemunhas e todos os demais atos do processo, depois da pronúncia, seriam públicos (art. 159). Depois disso, somente a Carta constitucional de 1988 retomou a previsão da publicidade em seu texto (art. 93, IX). Nesse dispositivo, o princípio da publicidade dos atos processuais foi elevado à categoria de direito fundamental, cuja inobservância acarreta na nulidade do julgamento.

A toda evidência, o art. 93, IX, da Constituição Federal se refere não só à publicidade do "ato passado" (decisões, requerimentos, perícias etc), mas também do "ato presente" (audiência), pois menciona a possibilidade de se limitar *"a presença, em determinados atos, às próprias partes e a seus advogados, ou somente a estes"*.[62] Essa afirmação tem relevância para que se possa coordenar o princípio da publicidade com o princípio da fundamentação. Nesse sentido, a publicidade dos julgamentos envolve a publicidade dos fundamentos empregados na decisão judicial.[63] Desse modo, o princípio da publicidade é mais um instrumento para assegurar a garantia da imparcialidade e da transparência nas atividades judiciais.

Além de servir para denotar a amplitude do princípio, a parte final do dispositivo constitucional estabelece que a publicidade somente pode ser afastada para defesa da intimidade ou do interesse social. Por certo, essa limitação não atinge as partes e seus procuradores, que têm acesso aos autos, inclusive obtendo certidões. Em outras palavras, o chamado "segredo de justiça" não significa que processo será secreto, mas apenas que sua publicidade será restrita aos interessados. A limitação à publicidade também está prevista no CPC/2015 (art. 189), que ampliou o alcance do texto constitucional, no

---

60. Neil Andrews, ***Principles of civil procedure***, p. 433.

61. *"Art. 31. O interrogatorio das testemunhas, e todos os actos do processo, depois da pronuncia, serão públicos".*

62. José Maria Rosa Tesheiner, **Elementos para uma teoria geral do processo**, p. 46.

63. José Maria Rosa Tesheiner, **Elementos para uma teoria geral do processo**, p. 46.

sentido de ressaltar a necessidade de proteção dos interesses públicos e de preservar a dignidade da pessoa.

3.3.4. O princípio da fundamentação e os padrões decisórios

O modelo constitucional de processo civil brasileiro tem, entre seus princípios informativos o da segurança jurídica (art. 927, §§ 3º e 4º, do CPC/2015). Por certo, não há segurança jurídica sem previsibilidade das decisões judiciais, o que exige uma estabilidade que só se consegue com a construção de um sistema de padrões decisórios com eficácia vinculativa que vai muito além da força meramente persuasiva que a jurisprudência tradicionalmente teve no Brasil. É fundamental, para preservar a segurança jurídica e a isonomia, que casos iguais recebam decisões iguais. E isso só se consegue quando os juízes e tribunais respeitam não só a jurisprudência dos tribunais que lhes sejam superiores, mas também a sua própria jurisprudência.[64]

Para que a jurisprudência seja observada, no entanto, é preciso que as decisões judiciais sejam adequadamente fundamentadas. Sem uma base argumentativa sólida, não há como compreender o sentido da decisão ou utilizá-la como modelo para resolver casos semelhantes.[65] Assim, a fundamentação serve também como modelo de conduta para aqueles indivíduos que não participam, nem nunca participaram, daquele processo específico, mas que poderá ser por eles invocado para justificar e legitimar sua conduta presente.[66] É a chamada função nomofilácica da jurisprudência.[67] Por isso, a fundamentação é voltada para todos os órgãos do Poder Judiciário, inclusive aqueles de cúpula, onde o controle da decisão judicial por meio de recurso tem alcance limitado. Na verdade, quanto mais alta a corte, maior a responsabilidade constitucional presente na fundamentação das decisões, pois são elas que servirão de norte da estrutura jurisprudencial nacional.[68]

---

64. Alexandre Freitas Câmara, **O novo processo civil brasileiro**, p. 15.
65. Daniel Mitidiero, **Fundamentação e precedentes: dois discursos a partir da decisão judicial**, p. 63.
66. Fredie Didier Júnior, Paula Sarno Braga e Rafael Oliveira, **Curso de direito processual civil**. v. 2, p. 398.
67. Michele Taruffo, **Precedente e jurisprudência**, p. 11.
68. Daniel Mitidiero, **Fundamentação e precedentes: dois discursos a partir da decisão judicial**, p. 62, faz uma análise substancialmente próxima daquela defendida nesse texto, ao falar da existência na decisão de um discurso para o caso (fundamentação) e um discurso para a sociedade (padrão decisório).

3.3.5. A positivação do princípio da fundamentação no CPC/2015

Da mesma forma que ocorria em relação ao princípio do contraditório, o princípio da fundamentação não encontrava forte recepção no CPC/1973. As regras que mencionavam a fundamentação eram poucas e pontuais (arts. 131, 165, 209, 273, §§ 1º e 4º, 458, II, 461, § 3º, 478, 542, § 1º, 739-A, § 2º etc). Parte delas somente foi inserida no Código de 1973 por meio das reformas operadas nas décadas de 1990 e 2000, quando a questão passou a ocupar o centro das atenções das discussões acadêmicas. Esse debate restou presente ao longo da tramitação no Congresso Nacional do Projeto de Lei do Senado nº 166/2010, que deu origem com CPC/2015.

De fato, o CPC/2015 adotou uma nova roupagem dogmática em relação ao princípio da fundamentação, marcada pela influência filosófica do pós-positivismo e norteada pelo neoconstitucionalismo.[69] Assim, a fundamentação não apenas ganhou assento entre os princípios processuais fundamentais (art. 11), mas também teve o reconhecimento legal da cominação de nulidade para condutas que, observadas no dia-a-dia forense, serviam para esvaziar o seu propósito (art. 489, § 1º):[70]

> Art. 11. Todos os julgamentos dos órgãos do Poder Judiciário serão públicos, e fundamentadas todas as decisões, sob pena de nulidade.

> Art. 489. São elementos essenciais da sentença:
>
> (...)
>
> § 1º Não se considera fundamentada qualquer decisão judicial, seja ela interlocutória, sentença ou acórdão, que:
>
> I – se limitar à indicação, à reprodução ou à paráfrase de ato normativo, sem explicar sua relação com a causa ou a questão decidida;
>
> II – empregar conceitos jurídicos indeterminados, sem explicar o motivo concreto de sua incidência no caso;
>
> III – invocar motivos que se prestariam a justificar qualquer outra decisão;
>
> IV – não enfrentar todos os argumentos deduzidos no processo capazes de, em tese, infirmar a conclusão adotada pelo julgador;

---

69. Antonio Aurelio Abi Ramia Duarte, **Os princípios no projeto do novo Código de Processo Civil: visão panorâmica**, p. 140.

70. Os principais dispositivos do CPC/2015 que tratam da questão da fundamentação são: arts. 12, IX, 173, § 2º, 267, *caput*, 298, 370, 373, § 1º, 426, 647, parágrafo único, 919, § 2º, 927, 984, § 2º, 1.030, § 3º, IV, 1.021, §§ 3º e 4º, 1.022, parágrafo único, II, 1.026, § 2º, e 1.038, § 3º.

V – se limitar a invocar precedente ou enunciado de súmula, sem identificar seus fundamentos determinantes nem demonstrar que o caso sob julgamento se ajusta àqueles fundamentos;

VI – deixar de seguir enunciado de súmula, jurisprudência ou precedente invocado pela parte, sem demonstrar a existência de distinção no caso em julgamento ou a superação do entendimento.

§ 2º No caso de colisão entre normas, o juiz deve justificar o objeto e os critérios gerais da ponderação efetuada, enunciando as razões que autorizam a interferência na norma afastada e as premissas fáticas que fundamentam a conclusão.

§ 3º A decisão judicial deve ser interpretada a partir da conjugação de todos os seus elementos e em conformidade com o princípio da boa-fé.

3.3.6. Conceito do princípio da fundamentação

Inicialmente, necessário esclarecer que embora seja prevalente o entendimento de que são sinônimos, parte da doutrina defende a separação entre os conceitos de fundamentação e motivação.[71] De acordo com esse entendimento, a motivação (fundamentação *strictu sensu*) representaria a análise das questões de fato e de direito apresentadas como *causa petendi* (motivos fundantes), enquanto que a fundamentação *lato sensu* implicaria na análise do pedido, mediante a determinação de uma solução jurídica aplicável à causa. A motivação, portanto, seria um componente da fundamentação, sua espinha dorsal.[72] Esse não parece ser, entretanto, o melhor caminho para ser adotado. Isso porque não há uniformidade sobre os sentidos das expressões, nem na doutrina nem na legislação, seja ela pátria ou estrangeira. Além disso, a diferenciação apresentada não parece ter relevância dogmática, especialmente para fins de um estudo essencialmente principiológico. Separar os motivos dos fundamentos, dentro da decisão judicial, tem ainda o inconveniente de ser, do ponto de vista prático, muito difícil de ser realizado. Para fins deste trabalho, portanto, as expressões motivação e fundamentação serão tratadas como sinônimos.

71. Carlos Aurélio Mota de Souza Souza, **Motivação e fundamentação das decisões judiciais e o princípio da segurança jurídica**, p. 355.

72. Esse conceito, no entanto, não é unanime. Alexandre Freitas Câmara, **Levando os padrões decisórios a sério**, p. 86, afirma que motivar é apresentar as razões do seu entendimento, enquanto que fundamentar é apresentar um discurso voltado para os destinatários do ato, com o fim de o justificar como a solução correta a ser aplicada.

Pois bem, como exposto, a decisão judicial é um ato de inteligência e vontade do julgador, que revela a essência investigativa do processo judicial.[73] A vontade decorre da força coercitiva da jurisdição, amparada pela própria soberania estatal, enquanto que a inteligência é representada pela cognição judicial, que desenvolve a interpretação jurídica sobre a causa que servirá de base para a edição da norma jurídica contida na decisão. A cognição, no entanto, não é uma atividade solitária do órgão jurisdicional. Ela se realiza através de um procedimento estruturado em contraditório e organizado segundo um modelo cooperativo.[74]

De fato, em decorrência do princípio do contraditório, as partes têm o direito de influir no julgamento da causa, para tentar convencer o juiz do acerto de suas alegações (art. 369 do CPC/2015). O juiz, para bem cumprir o comando contido no art. 93, IX, da CF, deve demonstrar que tomou em consideração na decisão as alegações que lhe foram dirigidas e explicar os motivos que o levaram a acolher determinado argumento em detrimento de outro e ainda esclarecer qual valor deu às provas produzidas.[75] É a estrutura do processo que limita a atividade do juiz e baliza a fundamentação das suas decisões.[76] Destarte, a fundamentação se apresenta como a fiel e orgânica demonstração da via seguida pelo juiz para chegar à decisão.[77]

Fundamentar, portanto, significa apresentar as razões, de fato e de direito, que dentro de um modelo constitucional dialógico convenceram o juiz a decidir a causa daquela maneira. Isso significa que o que não passou pelo contraditório não pode ser objeto de decisão e tudo o que foi submetido ao contraditório deve ser enfrentado na fundamentação da decisão. Nesse sentido, para cumprir esse mandamento constitucional, cabe ao juiz levar em conta os argumentos das partes, dando resposta adequada tanto àqueles que foram acolhidos como aos desacolhidos, na fundamentação do ato decisório. É através da fundamentação que o juiz corrobora a sua autoridade e legitimidade,[78] pois nela deve demonstrar que decidiu juridicamente e não por pressões externas ou mesmo com base na sua visão pessoal de justiça.

---

73. Kazuo Watanabe, **Da cognição do processo civil**, p. 45.
74. Fredie Didier Júnior, Paula Sarno Braga e Rafael Oliveira, **Curso de direito processual civil**. v. 2, p. 489.
75. Nelson Nery Junior, **Princípios do processo civil na constituição federal**, p.175.
76. Hermes Zaneti Jr., **O valor vinculante dos precedentes**, p. 228.
77. Michele Taruffo, **A motivação da sentença civil**, p. 40.
78. Fernando de Miranda da Gama Netto, **O ativismo judicial nas decisões do supremo tribunal federal**, p. 88.

Outro aspecto que merece ser destacado diz respeito à boa-fé. Apesar do art. 489, § 3º, do CPC/2015 somente falar da interpretação da decisão judicial, na verdade, todos os atos praticados no processo devem se submeter ao filtro da boa-fé objetiva para ter validade, inclusive os atos judiciais (art. 113 do CC). Acresça-se que o art. 5º do CPC/2015 é absolutamente claro em estabelecer que todo *"aquele que de qualquer forma participa do processo deve comportar-se de acordo com a boa-fé"*. Logo, o comando alcança também o Poder Judiciário.

Registre-se ainda que a decisão deve ser interpretada de acordo com os limites da demanda. Além disso, a literalidade do texto da decisão deve ser apenas o ponto de partida da interpretação, que deve tomar em conta também o elemento sistêmico e teleológico. Não por outro motivo, o CPC/2015 determinou que a interpretação da decisão judicial deva ser feita em conjunto, abarcando a fundamentação com o seu dispositivo (art. 489, § 3º).

Encerrando essa malha de considerações, tem-se que a fundamentação pode ser vista em dois planos: formalmente, a decisão tem que ser fundamentada, isto é, o dispositivo tem que estar acompanhado pelas razões que o ampararam; materialmente, a decisão tem que estar bem fundamentada, ou seja, deve apresentar a sua cognição de forma clara, íntegra e dialógica. A fundamentação, que atende à essas duas diretrizes, pode ser identificada como fundamentação adequada, legítima, qualificada ou substancial. Por certo, se uma decisão não tem formalmente fundamentação, ela é nula e não há espaço para se discutir isso. Nesse caso, a descaracterização do ato decisório é tão grande que alguns autores chegam a dizer que a omissão levaria à inexistência da decisão, enquanto ato processual.[79] O problema, no entanto, está em saber se a cominação de nulidade prevista no princípio da fundamentação se dirige apenas para o seu aspecto formal, ou alcança também o seu aspecto material.

No atual estágio da ciência processual, esse debate não faz mais sentido. Na verdade, a própria estrutura constitucional do processo levaria à conclusão de que a fundamentação precisa ser densa e completa, pois de outra forma não teria condições para cumprir seu papel de protetor de direitos fundamentais.[80] Embora o art. 93, IX, da CF, não diga isso expressamente, essa conclusão pode ser extraída da sua interpretação sistemática, especialmente à luz dos princípios que compõe o devido processo legal. Aliás, interessante observar que normalmente a Constituição Federal não contém

79. José Rogério Cruz e Tucci, **Ainda sobre a nulidade da sentença imotivada**, p. 223.
80. Alexandre Freitas Câmara, **Levando os padrões decisórios a sério**, p. 82.

cominações. Mas a falta de fundamentação é vício de tamanha gravidade que o legislador constituinte, abandonando sua técnica usual, previu no próprio texto a pena de nulidade.[81] De qualquer modo, o CPC/2015, densificando o princípio constitucional, ostensivamente equiparou a falta de fundamentação adequada à ausência formal de fundamentação, para fins de gerar a nulidade da decisão (art. 489, § 1º).

Destarte, o princípio da fundamentação pode ser definido como uma garantia fundamental processual, de índole constitucional e integrante do leque de elementos que compõem o princípio do devido processo legal, que impõe ao Poder Judiciário, em todas as suas instâncias, sob pena de nulidade, o dever de apresentar a fundamentação adequada das suas decisões, nela articulando de maneira dialógica e substancial as alegações e provas trazidas aos autos, à luz da boa-fé objetiva.

3.3.7. A resistência à implementação da fundamentação adequada

Em que pese toda a importância do princípio da fundamentação, é inevitável reconhecer que existem resistências à sua observância material no seio do Poder Judiciário. Não obstante o nítido caráter instrumentalizador do princípio constitucional, diversos órgãos de representação da magistratura nacional, se manifestaram contrários à sanção presidencial das regras previstas nos parágrafos do art. 489 do CPC/2015, após a sua aprovação no Congresso Nacional.[82] De acordo com essas instituições os parágrafos do art. 489 do CPC/2015 seriam inválidos porque estariam em confronto com os princípios constitucionais da duração razoável do processo (art. 5º, LXXVIII, da CF) e da separação dos poderes (art. 2º da CF), além de violarem a independência funcional dos magistrados e aumentar a burocracia processual.

Tais argumentos, no entanto, não parecem adequados. Isso porque, quando dois princípios entram em colisão, a interpretação deve privilegiar aquele princípio que mereça primazia, de acordo com a *dimensão de seu peso* (*weight dimension*) no ordenamento jurídico.[83] E entre a qualidade (fundamentação) e a pressa (duração razoável), a primeira se apresenta como mais relevante dentro do modelo constitucional do processo adotado pelo Estado Democrático de Direito, além de pressuposto lógico de uma decisão

81. Nelson Nery Junior, **Princípios do processo civil na constituição federal**, p. 175.

82. **AMB, Anamatra e Ajufe pedem vetos ao novo CPC** (site da Associação dos Magistrados Brasileiros). Sobre o tema, Marcos de Vasconcellos e Tadeu Rover, **Novo CPC: juízes pedem veto a artigo que traz regras para fundamentação de decisões**.

83. Ronald Dworkin, **Levando os direitos a sério**, p. 92.

efetiva. Mas a ponderação não significa que um princípio vai anular outro. Na realidade, é preciso harmonizar os princípios em colisão para obter uma diretriz equilibrada com o sistema jurídico. Assim, é possível concluir que a duração razoável do processo não que o processo seja rápido, mas que seja capaz de prestar uma tutela jurisdicional efetiva de maneira equilibrada, sem atropelos ou retardos.[84]

Dentro dessa ordem de ideias, uma decisão mais "simples", que exija um menor esforço argumentativo, deve ser proferida de maneira mais rápida pelo juiz, enquanto que outra, mais "complexa", que demande maior reflexão, instrução e diálogo processual, pode legitimamente ser prolatada com mais vagar. Destarte, a fundamentação vai servir como um dos parâmetros para se estabelecer a proporção ideal entre o tempo e a qualidade da tutela jurisdicional prestada.[85]

Note-se, igualmente, que a tramitação processual possui inúmeros obstáculos, inclusive de gestão de recursos e de pessoas, a serem superados para que os feitos tenham uma conclusão mais rápida. Certamente, no entanto, não é no momento do julgamento que a lógica da rapidez deve ser privilegiada. A decisão judicial, enquanto ato de inteligência e vontade estatal, deve ser objeto de uma atividade crítica e argumentativa, sobretudo em um sistema que a cada dia valoriza e fortalece a aplicação de padrões decisórios. É preciso que o julgador tenha tempo para analisar pormenorizadamente as questões debatidas, à luz das provas produzidas e das normas jurídicas aplicáveis. Dentro desse raciocínio, por exemplo, o art. 226, III, do CPC/2015 ampliou de 10 dias (art. 281 do CPC/1973) para 30 dias o prazo que o juiz tem para julgar a causa. Isso sem mencionar que fundamentação adequada tem maior aptidão para convencer as partes do acerto na decisão tomada, desestimulando-as a recorrer. De fato, uma decisão bem fundamenta demonstra que o juiz realizou uma profunda reflexão sobre a causa e sopesou os argumentos apresentados, levando as partes a acreditarem que a solução adotada é a mais consentânea com os ditames do direito. Diminui também

84. Como bem resumiu José Carlos Barbosa Moreira, **O futuro da justiça: alguns mitos**, p. 232: "*Se uma justiça lenta demais é decerto uma justiça má, daí não se segue que uma Justiça muito rápida seja necessariamente uma Justiça boa. O que todos devemos querer é que a prestação jurisdicional venha a ser melhor do que é. Se para torná-la melhor é preciso acelerá-la, muito bem: não contudo a qualquer preço*".

85. Antonio Adonias Bastos, **A duração razoável do processo**, p. 87.

as chances de o recurso ser provido, demandando a prática de outros atos processuais além daqueles já praticados.[86]

Melhor sorte não assiste à alegação de que a exigência de fundamentação poderia comprometer o princípio da separação dos poderes. Na realidade, essa impugnação tem como pano de fundo o debate sobre o papel que a jurisprudência deve ter no ordenamento jurídico brasileiro, ou seja, se o juiz pode estar vinculado a algum outro padrão que não seja a lei. Por questões metodológicas, esse tema será melhor analisado no capítulo dedicado ao estudo da jurisprudência. No entanto, desde logo é possível afirmar que o modelo de aplicação de padrões decisórios com eficácia vinculativa não fere o princípio da tripartição dos poderes previsto na Constituição, na medida em que representa um mecanismo de autocontrole do Poder Judiciário, que é quem edita a jurisprudência. Além disso, a jurisprudência tem base na própria lei, de modo que em última análise, é a própria lei, interpretada pelos tribunais, que está sendo aplicada. Por outro lado, como bem assinalou Luiz Guilherme Marinoni,[87] quem afirma que a vinculação à jurisprudência poderia ofender a separação dos poderes se olvida que cabe ao Poder Judiciário controlar a constitucionalidade da lei e suprir-lhe a omissão, inclusive com força vinculante. Assim, a exigência de que as decisões, para serem consideradas como materialmente fundamentadas, trabalhem com padrões decisórios com eficácia vinculativa representa uma decorrência lógica dessas premissas.

Da mesma forma, a previsão de padrões decisórios com eficácia vinculativa na legislação infraconstitucional não esbarra em qualquer invalidade, uma vez que segue a mesma diretriz acolhida no texto constitucional.[88] O CPC/2015 ampliou o rol de decisões capazes de vincular os julgamentos exatamente para aprofundar o modelo de uniformização da jurisprudência, com vistas à estabilidade, coerência e integridade do conjunto de manifestações do Poder Judiciário. Não há necessidade, portanto, que o efeito vinculativo das decisões esteja expressamente previsto na Constituição Federal para que ele possa ser regulado pela lei. Ademais, se estivesse ocorrendo algum

86. Hermes Zaneti Jr., **O valor vinculante dos precedentes**, p. 28.

87. Luiz Guilherme Marinoni, **Precedentes obrigatórios**, p. 198.

88. Cassio Scarpinella Bueno, **Manual de direito processual**, p. 552, é um dos juristas que sustentam que somente a Constituição poderia atribuir eficácia vinculativa aos precedentes e que os padrões decisórios previstos nos incisos III a V do art. 927 do CPC/2015 não têm essa força.

desequilíbrio entre os poderes, ele seria na direção do Poder Judiciário e não o contrário.

Outro ponto que merece reflexão é a alegação de que a fundamentação adequada ofenderia a independência funcional dos magistrados. De plano, importante destacar que a independência funcional não representa uma garantia apenas para o juiz, mas também para o jurisdicionado, que tem assegurado que sua causa será julgada por um agente protegido das pressões internas e externas. Por isso, o dever de fundamentação das decisões serve para reforçar a independência do juiz, que assim pode legitimar a sua atuação demonstrando o respeito aos princípios constitucionais do processo. Se submeter à jurisprudência fixada pelos tribunais não é sinal de dependência do juiz, mas de coerência. Além disso, caso se considere que o padrão decisório aplicável ao caso não é o mais adequado, o juiz tem o dever de fundamentadamente não o aplicar (art. 489, V, do CPC/2015).

Por fim, também não merece prosperar o argumento de que a fundamentação adequada colabora para o aumento da burocratização processual. Esse argumento desconsidera o fato de que a fundamentação não é um mero detalhe da decisão judicial, mas parte essencial do seu conteúdo. Logo, a desburocratização processual, que pode ser identificada com o movimento de busca pela otimização da tramitação processual, deve mirar primordialmente nas questões circunstanciais do procedimento e não no ato de julgar, que é a essência da jurisdição.

3.3.8. A fundamentação mitigada

Além da resistência à implementação do princípio da fundamentação, existem algumas situações nas quais tem sido admitida a sua aplicação mitigada. O CPC/1973, por exemplo, continha uma regra que permitia ao juiz decidir *"de forma concisa"*, nos casos de encerramento do procedimento sem resolução do mérito (art. 459). O mesmo Código regulava também o "princípio do livre convencimento motivado", prevendo que o juiz poderia apreciar *"livremente a prova, atendendo aos fatos e circunstâncias constantes dos autos, ainda que não alegados pelas partes, mas deverá indicar, na sentença, os motivos que lhe formaram o convencimento"* (art. 131). Ambas as regras não foram reproduzidas no CPC/2015. No entanto, a Lei dos Juizados Especiais (Lei nº 9.099/1995), ainda em vigor, permite a dispensa do relatório na elaboração da sentença (art. 38) e a utilização da chamada fundamentação *per relationem* no caso de o acórdão da turma recursal confirmar a sentença recorrida por seus *"próprios fundamentos"* (art. 46).[89] A fundamentação *por relationem*, por sinal, já se encontra assentada na jurisprudência dos tribunais superiores há muito tempo e assim permaneceu mesmo depois da edição da Carta de 1988 e do CPC/2015.[90]

Essas situações, no entanto, não se sustentam diante de um filtro de constitucionalidade. Na realidade, não é o fato de o juiz pôr fim ao procedimento sem resolução do mérito que o autoriza a decidir de forma concisa, como sustentado pelo art. 459 do CPC/1973. O que abre caminho para proferir uma decisão concentrada é a baixa complexidade da causa que está sob sua avaliação. Assim, uma sentença com resolução do mérito pode ser mais concisa do que outra, sem análise meritória, nos casos de revelia ou de renúncia ao direito, por exemplo. A sentença de mérito numa ação de despejo por denúncia vazia pode ser mais resumida do que uma sentença que tenha formulado um juízo negativo de admissibilidade sobre uma questão intensamente debatida entre as partes. Uma sentença proferida em audiência pode ser legitimamente mais concisa do que uma sentença tratando de idêntica matéria, proferida em gabinete.

---

89. A possibilidade do julgamento *per relationem* está expressamente consagrado no CPC português:

"Art. 656. Quando o relator entender que a questão a decidir é simples, designadamente por ter já sido jurisdicionalmente apreciada, de modo uniforme e reiterado, ou que o recurso é manifestamente infundado, profere decisão sumária, que pode consistir em simples remissão para as precedentes decisões, de que se juntará cópia".

"Art. 663 (...)

6. Quando não tenha sido impugnada, nem haja lugar a qualquer alteração da matéria de facto, o acórdão limitar-se-á a remeter para os termos da decisão da 1ª instância que decidiu aquela matéria".

90. Nesse sentido, vejam-se: *"'HABEAS CORPUS' - ALEGAÇÃO DE INOBSERVÂNCIA DA GARANTIA CONSTITUCIONAL DA AMPLA DEFESA - INOCORRÊNCIA - ALEGADA AUSÊNCIA DE FUNDAMENTAÇÃO DA DECISÃO JUDICIAL - IMPROCEDÊNCIA - DECISÃO MOTIVADA - MOTIVAÇÃO 'PER RELATIONEM' - ADMISSIBILIDADE"* (STF – 1ª Turma – HC 70047/SP – Rel. Min. Celso de Mello, j. em 21/09/1993). Esse entendimento permanece consolidado até os dias de hoje: *"A orientação jurisprudencial do STF é no sentido de que "a técnica da fundamentação* per relationem, *na qual o magistrado se utiliza de trechos de decisão anterior ou de parecer ministerial como razão de decidir, não configura ofensa ao disposto no art. 93, IX, da CF" (RHC 116.166, Rel. Min. Gilmar Mendes)"* (STF – 1ª Turma – AgRg no HC 156.113/SC – Rel. Min. Roberto Barroso, j. em 31/08/2018) e *"Consoante o entendimento pacificado do Superior Tribunal de Justiça, não é nula por ausência de fundamentação ou por negativa de prestação jurisdicional a decisão que se utiliza da fundamentação* per relationem*"* (STJ – 4ª Turma – AgInt no ARESP 128.086/RS – Rel. Min. Maria Isabel Gallotti, j. em 14/02/2017).

De modo que do ponto de vista constitucional não é legítimo que o legislador estabeleça, *a priori*, quais tipos de decisão que serão mais ou menos extensas. O tamanho da decisão vai depender da utilização proporcional dos elementos cognitivos-valorativos em face da complexidade da questão posta em juízo. A complexidade da questão, por sua vez, vai depender da profundidade das alegações das partes, da superveniência de fatos novos, da existência de controvérsias jurisprudenciais ou doutrinárias etc. Além disso, a extensão da decisão não tem relação direta com a qualidade da fundamentação empregada. Uma decisão pode ter diversas páginas e não enfrentar os pontos controvertidos da questão, ao passo que uma decisão sucinta, pode ser adequadamente fundamentada.

Da mesma forma, o princípio do livre convencimento motivado não se compatibilizava com o regramento constitucional vigente porque partia de uma premissa equivocada em relação ao processo decisório: a liberdade do juiz na avaliação das provas. Não obstante possa ter nascido para reafirmar a superação da fase processual chamada de "prova tarifada", em que o valor das provas estava expresso na lei, o princípio do livre convencimento motivado passou a servir como justificativa para condutas incompatíveis com o modelo constitucional de processo. No dia-a-dia forense era possível identificar decisões, escoradas no citado art. 131 do CPC/1973, que deferiam ou indeferiam a produção de determinadas provas conforme o convencimento do juiz sobre a questão ou ainda amparadas na afirmação de que o juiz seria o destinatário final das provas. Era comum também vivenciar casos nos quais o juiz deixava para revelar apenas na sentença a sua posição em relação às provas colhidas ao longo do procedimento, surpreendendo as partes com a forma de distribuição do ônus probatório, com a interpretação dada às provas ou com a exigência de provas que não foram produzidas. Essas situações se alimentavam da percepção voluntarista de que o juiz poderia decidir de acordo com a sua consciência, fundado em seus dogmas e crenças pessoais, e não conforme o ordenamento jurídico e em diálogo com as partes.[91]

Ademais, já existiam e continuam a existir limites legais para a análise da prova, tais como a proibição das provas ilícitas, a proibição da autoincriminação e a proteção da honra e da dignidade, dentre outras. De modo que a avaliação das provas deve trafegar no espaço da legalidade, formal e material. Outrossim, em razão dos princípios da inércia e da congruência, a atividade judicial de avaliação das provas ficava adstrita às provas e

91. Lenio Streck, **O novo código do processo civil (CPC) e as inovações hermenêuticas: o fim do livre convencimento e a adoção do integracionismo dworkiniano**, p. 39.

pretensões deduzidas em juízo pelas partes, feitas as ressalvas legais (matérias de ordem pública, fatos notórios, incontroversos ou submetidos a um regime legal de presunção de veracidade). Além disso, a própria atividade probatória judicial sofreu uma releitura, ficando limitada às situações nas quais o interesse público se sobrepusesse ao interesse das partes. Destarte, numa causa versando sobre direito disponível, entre sujeitos capazes, a produção de provas não reclamadas pelas partes ou o indeferimento da produção de provas requeridas por ambas as partes representava uma postura ilegítima do magistrado.

Por fim, necessário refutar a constitucionalidade da chamada fundamentação *per relationem*. Na sua vertente mais "pura", na qual o julgador se limita a afirmar que está adotando os fundamentos presentes em outra decisão ou em outra fonte (parecer do Ministério Público, laudo pericial, prova documental etc), a fundamentação por relação é inconstitucional e a decisão proferida nesses termos, nula.[92] A decisão judicial num processo de índole constitucional precisa ter uma fundamentação própria e articulada, capaz de demonstrar não apenas as razões pelas quais as alegações e provas produzidas pelas partes foram acolhidas ou rejeitadas, mas também o respeito aos princípios fundamentais do processo.[93]

No caso de emprego da fundamentação *per relationem* em atos decisórios de instâncias recursais, a questão ganha novos contornos. Isso porque, a interposição de recurso pressupõe a apresentação pelas partes envolvidas de suas alegações recursais. De modo que a decisão recursal não pode deixar de apreciar as razões expostas dentro do próprio procedimento recursal.

É preciso assentar, no entanto, que quando um juiz concorda com os fundamentos já existentes no procedimento e submetidos ao contraditório qualificado, pode efetivamente aproveitar e articular esses elementos na construção da sua própria fundamentação. Mas isso não legitima, de maneira alguma, a supressão da necessidade de formulação de uma fundamentação adequada à causa. Essa conclusão, inclusive, encontra-se positivada no CPC/2015, no art. 1.021, § 3º, do CPC, que diz ser "*vedado ao relator limitar-se à reprodução dos fundamentos da decisão agravada para julgar improcedente o agravo interno*". Mesmo considerando tratar-se de uma regra voltada para

92. Conforme sublinha Nelson Nery Junior, **Princípios do processo civil na constituição federal**, p. 175, *não se considera substancialmente fundamentadas as decisões que afirmam que, "segundo os documentos e testemunhas ouvidas no processo, o autor tem razão, motivo por que julgou procedente o pedido"*.

93. Michele Taruffo, **A motivação da sentença civil**, p. 353.

regular uma situação específica, no caso, o julgamento do agravo interno, é possível extrair um comando geral de otimização do sistema, baseado nas premissas da fundamentação adequada do art. 489, § 1º, do CPC/2015, e no próprio princípio constitucional de fundamentação.[94]

Nem mesmo no caso específico dos Juizados Especiais, onde existe regra prevendo a fundamentação por relação, a questão escapa a uma leitura revisional. Com efeito, a previsão legal de que a turma recursal pode se limitar a confirmar a sentença por seus próprios fundamentos, contida no art. 46 da Lei nº 9.099/1995, é inconstitucional e incompatível com o modelo de processo inserido no Estado Democrático de Direito brasileiro.[95] Nenhuma das características dos Juizados Especiais pode afastar essa conclusão, uma vez que não se trata de uma "justiça de segunda classe", mas de um instrumento de promoção do acesso à justiça. Causas de menor complexidade, com limitações probatórias, tendem, por óbvio, a demandar uma menor complexidade no seu julgamento, mas isso não abre caminho para um processo arbitrário de tomada de decisão desfundamentada.

94. Daniel Amorim Assumpção Neves, **Manual de direito processual civil**, p. 191. *Em sentido diverso, sustentando que a motivação* ***por relationem*** *só está vedada no julgamento do agravo interno, veja-se: "Em que pese este relator tenha aplicado ao referido agravo regimental o regime jurídico que o disciplinava à época de sua interposição, momento em que inexistia previsão legal proibitiva da decisão 'per relationem', a regra do art. 1.021, § 3º do CPC não se volta ao conhecimento do agravo, mas à fundamentação do acórdão que o examina e o seu julgamento ocorrera já na vigência do Novo Código de Processo Civil, momento em que era defesa a reedição dos fundamentos da decisão agravada quando do julgamento do agravo"* (STJ – 3ª Turma – ED no AgRg no ARESP 1.540.894/SP – Rel. Min. Paulo de Tarso Sanseverino, j. em 24/05/2016).

95. Felippe Borring Rocha, **Manual dos juizados especiais cíveis estaduais**, p. 356.

Capítulo 4

A COLEGIALIDADE NOS TRIBUNAIS

4.1. A IMPORTÂNCIA DA COLEGIALIDADE NO CONSTITUCIONALISMO BRASILEIRO

Enquanto na maioria dos países as constituições se limitam a organizar as formas de Estado e de governo, além de traçar princípios gerais, no Brasil, a Constituição Federal de 1988, a sétima que o país teve, se apresenta como uma das mais extensas, complexas, analíticas e detalhistas do mundo. De acordo com um estudo conduzido pelo *Comparative Constitutions Project*, a Constituição brasileira é a terceira mais extensa entre os 190 países pesquisados, com 64.488 palavras, enquanto que a média é de menos de vinte mil palavras. Além disso, a nossa Constituição trata dos mais variados temas, desde questões centrais da nação, até assuntos absolutamente banais, como o comércio e a utilização de radioisótopos (art. 21, XXIII, b e c), a atuação dos agentes de saúde (art. 198, § 4º) ou a manutenção do Colégio Pedro II na esfera federal (art. 242, § 2º). Como bem disse Luís Roberto Barroso, em tom jocoso, *"a Constituição brasileira trata de tudo, só não traz a pessoa amada em três dias"*.[1]

Mais do que um aspecto histórico-cultural, essa prolixialidade legislativa é fruto de uma clara desconfiança do constituinte no trabalho a ser desenvolvido pelos Poderes da República após a sua promulgação. Como a Carta possui uma configuração rígida, com processo legislativo qualificado (art. 60), os seus dispositivos ficariam protegidos de iniciativas mais casuísticas dos legisladores ou dos administradores. Importante lembrar que na época da sua elaboração, a redemocratização ainda estava em marcha e

1. Fala proferida durante a sabatina realizada no Senado Federal por ocasião da sua indicação ao STF, em 04/06/2013.

havia grande instabilidade econômica, com crises de abastecimento e surtos inflacionários. Além disso, existiam movimentos que queriam adotar o sistema parlamentarista e que, embora derrotados, deixaram sua marca nos dispositivos constitucionais, estabelecendo um maior controle do Congresso sobre as ações executivas. A conclusão que se chega é que o texto constitucional foi propositadamente longo e detalhista para proteger as "conquistas constitucionais" das reviravoltas políticas e econômicas e para controlar os poderes.[2] Assim, ao invés de conferir autonomia aos dirigentes do país e responsabilidade aos eleitores, a Constituição preferiu tratar de um grande número de temas, em razão do temor de um retrocesso democrático e da descrença na capacidade das futuras gerações de interpretar adequadamente seus princípios.

Além disso, a Constituição de 1988 tem diversas passagens em que trata de temas específicos de forma ambígua.[3] A razão dessa postura residia no receio de que se os trabalhos durassem muito tempo ou ficassem empacados diante de impasses entre as diferentes correntes ideológicas representadas, a Assembleia Constituinte pudesse ser dissolvida e a oportunidade de criar uma nova Constituição, perdida. Assim, nos temas nos quais não havia consenso, o constituinte foi dúbio ou indicou que a solução ficaria a cargo do legislador infraconstitucional.[4]

Apesar da preocupação em controlar os atos estatais, o constituinte tomou como referência no seu desenho institucional um Poder Judiciário passivo, conservador e pouco afeto às interpretações mais elásticas dos textos constitucionais. Por isso, não impôs barreiras constitucionais mais rígidas à sua atuação,[5]

---

2. Nesse sentido, a Constituição de 1988 teve significativa inspiração na Constituição portuguesa de 1976, que também foi redigida após um período de ditadura e pretendida consolidar as "conquistas constitucionais". Sobre o tema, veja-se José Joaquim Gomes Canotilho, **Direito constitucional e teoria da constituição**, p. 195.
3. Pode ser citadas como regras constitucionais vagas a disposição de que o repouso semanal deverá ser *"preferencialmente"* aos domingos (art. 7º, XV), a proibição dos entes federativos de criar distinção entre brasileiros (art. 19, III), a recomendação para que o sistema único de saúde celebre convênios com entidades filantrópicas e sem fins lucrativos (ar. 199, § 1º) e o *"dever"* de amparo às pessoas idosas (art. 230).
4. Nelson Jobim, **A revolta do Centrão foi justa. E a saída foi a ambiguidade**, p. 315.
5. De acordo com Joaquim Falcão, Marcelo Lennertz e Tânia Abrão Rangel, **O controle da administração judicial**, p. 109, essa situação contribuiu para pavimentar o caminho para a criação do Conselho Nacional de Justiça: *"Na medida em que o Judiciário se revelou historicamente incapaz de equacionar sozinho esse desequilíbrio, surgiram propostas de Emenda Constitucional, a favor de um controle externo da magistratura, com*

como fez em relação aos demais poderes,[6] além de municiá-lo com inúmeras ferramentas para exercer funções com relevante viés político.[7] A Constituição também fortaleceu as chamadas funções essenciais à Justiça – Ministério Público, Advocacia Pública, Advocacia e Defensoria Pública (Capítulo IV do Título IV – arts. 127 a 134), que passaram a agir fortemente para assegurar os novos direitos e controlar os atos estatais.

Assim, sob o olhar reverencioso da Constituição Federal, o Poder Judiciário promoveu uma significativa modificação na sua forma de atuar, que ia muito além da tradicional função de guardião das leis. A principal referência, nesse sentido, é o papel que o STF passou a desempenhar no Estado brasileiro. Ao invés de realizar a leitura da Carta Constitucional, a nossa Corte Suprema passou a reinterpretar os textos, extraindo novos sentidos das normas constitucionais, com diferentes padrões hermenêuticos, não raras vezes conflitantes entre si. Além disso, o Poder Judiciário passou a ocupar espaços normalmente destinados ao Executivo, especialmente na implementação de políticas pública (medidas estruturantes), e ao Parlamento, para discussão de questões novas que surgem na sociedade e que não estavam sendo devidamente tratadas, seja pela demora no andamento do complexo processo legislativo brasileiro, seja pela influência que determinados grupos de interesse têm exercido nas Casas Legislativas (medidas normativas).[8]

Todos esses fatores têm colocado o Poder Judiciário no centro dos debates e também das decisões que afetam o país, em constante tensão com os demais poderes republicanos.[9] Por isso, não raras vezes, as decisões mais

---

a participação de representantes da sociedade e dos demais Poderes capaz não somente de agilizar as decisões, como também de garantir os princípios do art. 37 da CRFB/88".

6. Como bem destacado por Eduardo Oinege, **Você acha que ganhou. O Estado sabe que venceu**, p. 86, o atual presidente do STF, Min. Dias Toffoli, chegou a falar que o Poder Judiciário deveria exercer o papel de "Poder Moderador" do Estado brasileiro, mediando a preservação e a aplicação dos direitos, como ocorria em relação ao Imperador na Carta Constitucional de 1824.

7. São exemplos dessas ferramentas, apenas no nível constitucional, o controle concentrado de constitucionalidade (art. 102, I, a), o *habeas corpus* (art. 5º, LXVIII), o mandado de segurança (art. 5º, LXIX e LXX), o mandado de injunção (art. 5º, LXXI), o *habeas data* (art. 5º, LXXII), a ação popular (art. 5º, LXXIII) e a ação civil pública (art. 129, III).

8. Amandino Teixeira Nunes Junior, **Judicialização da política no contexto da Constituição de 1988**, p. 740.

9. Como bem sublinhou Joaquim Falcão, **Este é o século do Judiciário**, p. 18, século XIX foi do Poder Legislativo, o século XX do Poder Executivo e o século XXI é do Poder Judiciário.

impactantes e de caráter contramajoritário têm sido vistas como fruto de um ativismo judicial.[10] Mas o que seria isso?

A bem da verdade, o termo "ativismo judicial" tem uma conceituação bastante ampla e que varia conforme o sistema jurídico em que esteja inserido. Antes mesmo do seu emprego, já havia uma discussão nos países filiados à tradição do *Common Law* sobre a legitimidade da então chamada legislação judicial (*judicial legislation*).[11] Sem dúvida, no entanto, maior ponto de inflexão sobre o tema foi o julgamento proferido no caso *Marbury vs. Madison* de 1803. Este caso estabeleceu as bases do controle difuso de constitucionalidade (*judicial review*) e consolidou a Suprema Corte dos Estados Unidos como o árbitro final da interpretação constitucional, superando a autoridade dos tribunais inferiores e dos membros eleitos, incluindo os congressistas e o presidente, na medida em que permitiu o afastamento de uma lei por conta de sua incompatibilidade com a Norma Fundamental. Diante das críticas recebidas, o presidente da Corte e relator do caso ministro John Marshall ressaltou, enfaticamente, ser da competência e do dever de o Poder Judiciário dizer o que é a lei e sua compatibilidade com a constituição.[12]

A expressão "ativismo judicial", no entanto, somente foi popularizada após ter sido empregada pelo historiador Arthur Schlesinger Jr., num artigo da revista *Fortune* de janeiro de 1947, no qual dividia o perfil dos ministros da Suprema Corte norte-americana entre "ativistas judiciais" (*judicial activists*) e "campeões da autorestrição" (*champions of self-restraint*).[13] Para Schlesinger, os juízes ativistas eram aqueles que acreditavam que a Corte Suprema poderia desempenhar um papel afirmativo na promoção do bem-estar social, através do emprego do poder judicial em função da concepção pessoal dos valores sociais, ainda que se afastando das regras escritas e dos precedentes firmados. Este termo foi definitivamente incorporado ao glossário jurídico norte-americano após ter sido amplamente utilizado em relação ao caso *Brown vs. Board of Education of Topeka*, de maio de 1954.

---

10. Fernando de Miranda da Gama Netto, **O ativismo judicial nas decisões do Supremo Tribunal Federal**, p. 91.
11.. Keenan D. Kmiec, ***The origin and current meanings of judicial activism***, p. 1444, afirma que no final do século XVIII, juristas como Blackstone identificavam na atividade criativa judicial a característica mais forte do *Common Law*, enquanto que pensadores como Bentham consideravam tal prática como uma usurpação da função legislativa e uma farsa ou sofisma miserável.
12. Mark Franek, ***Judicial activism: a tempest, or a tempest in a teapot?***.
13. Conforme narrado por Keenan D. Kmiec, ***The origin and current meanings of judicial activism***, p. 1445.

Nesse julgamento, a Corte Suprema, liderada pelo ministro Earl Warren, reverteu a decisão tomada pela mesma Corte no caso *Plessy vs. Ferguson*, de maio de 1896, e declarou a inconstitucionalidade das leis estaduais que permitiam a segregação racial nas escolas americanas.[14]

Ao longo do tempo, no entanto, o termo começou a ganhar contornos negativos, especialmente para aqueles que entendiam haver no ativismo uma desvirtuação da função jurisdicional.[15] Em julho de 2012, o ministro da Suprema Corte norte-americana Antonin Scalia, em livro escrito com Bryan A. Garner, lamentou o ativismo judicial do seu tribunal e o associou com o movimento do Judiciário visando gradualmente aumentar o controle sobre faixas cada vez maiores de território daquilo que deveria ser resolvido legislativamente.[16] Em uma entrevista em agosto de 2013 ao jornal *The New York Times*, a ministra Ruth Bader Ginsburg, outra integrante da *US Supreme Court*, afirmou que, em termos de disposição para derrubar a legislação, aquele seria um dos tribunais mais ativistas na história.[17]

No Reino Unido, o tema readquiriu importância a partir de outubro de 2009, quando a *UK Supreme Court* começou a funcionar. Apesar da percepção geral de que a Corte britânica permaneceu tão conservadora como era o Comitê de Recursos da Câmara dos Lordes, que o precedeu, respeitando os precedentes e interpretando a legislação de maneira previsível, em pelo menos um assunto sua atuação foi considerada ativista: a imigração. Nesta seara, em algumas oportunidades, a Corte teria se afastado da jurisprudência existente, desconsiderando a posição do governo e a legislação imigratória, para assumir uma posição orientada pela supremacia da proteção dos direitos humanos.[18]

---

14. Keenan D. Kmiec, ***The origin and current meanings of judicial activism***, p. 1452.
15. O ***Black's law dictionary***, define o ativismo judicial como uma filosofia de tomada de decisão judicial segundo a qual os juízes permitem que as suas opiniões pessoais sobre políticas públicas, entre outros fatores, possam guiar suas decisões, ainda que desconsiderando precedentes judiciais, geralmente sob a justificativa de proteger as normas constitucionais.
16. Antonin Scalia e Bryan A. Garner, ***Reading law: the interpretation of legal texts***, p. 42.
17. Mark Franek, ***Judicial activism: a tempest, or a tempest in a teapot?***.
18. Brice Dickson, ***Activism and restraint within the UK supreme court***, aponta dois casos como representativos desta postura. No caso *ZH (Tanzânia) vs.* ***Secretary of State for the Home Department***, a UKSC revogou uma decisão do Tribunal de Recurso e permitiu que uma imigrante ilegal permanecesse no Reino Unido porque ela se tornara mãe e exigir a sua saída do país interferiria desproporcionalmente com o direito familiar, nos termos do art. 8º da Convenção Europeia de Direitos Humanos. Este caso levou o governo britânico a emendar a Lei de Imigração em 2012, na tentativa de tornar mais

Em suma, apesar da dispersão do termo, é possível afirmar que na atualidade o ativismo se caracteriza nos países da família do *Common Law* pela atuação jurisdicional além dos limites legais e jurisprudenciais esperados, adentrando nas esferas legislativas e executivas. O ativismo judicial, nesse sentido, está ligado ao fenômeno da judicialização da política.[19] No caso do Brasil, o debate sobre o ativismo judicial somente ganhou relevância a partir da redemocratização do país e da assimilação cultural-jurídica da supremacia dos princípios consagrados na Constituição de 1988. O nosso sistema jurídico, no entanto, tem características que diferenciam a percepção sobre o ativismo judicial, em relação aos países de tradição consuetudinária. De fato, o Brasil, além de ser filiado ao *Civil Law*, adota uma estrutura de jurisdição constitucional complexa, com sobreposição do controle difuso e concentrado de constitucionalidade. O país também não dispõe de uma forte cultura de respeito aos padrões decisórios ou uma consolidada teoria da decisão judicial, fazendo com que as fronteiras do exercício judicial sejam bem mais tênues.[20]

Tome-se a título de ilustração o caso do reconhecimento pelo STF da possibilidade de casamento entre pessoas do mesmo sexo. Em maio de 2011, no julgamento conjunto da ADI 4.277 e da ADPF 132, a Corte determinou a interpretação conforme a Constituição para excluir qualquer significado do art. 1.723 do CC que pudesse impedir o reconhecimento da união entre pessoas do mesmo sexo como entidade familiar.[21] De acordo com o relator ministro Ayres Britto, o art. 3º, IV, da CF vedaria qualquer discriminação em virtude de sexo, raça, cor e que, nesse sentido, ninguém poderia ser diminuído ou discriminado em função de sua preferência sexual, sem que isso importasse em grave violação da dignidade da pessoa humana. Ocorre que, o art. 1.723 do CC tinha por base a distinção traçada no art. 226, § 3º, da CF, que fala em *"união entre o homem e a mulher"*. Além disso, o Congresso

---

difícil para os imigrantes ilegais se aproveitarem do mencionado artigo. No caso *Aguilar Quila vs.* ***Secretary of State for the Home Department***, a Suprema Corte considerou que a proibição da entrada de cônjuges ou parceiros civis estrangeiros, estabelecida no art. 277 da Lei de Imigração, violava o direito a uma vida familiar nos termos do mesmo art. 8 da Convenção.

19. Keenan D. Kmiec, ***The origin and current meanings of judicial activism***, p. 1476.

20. Luís Roberto Barroso, **Judicialização, ativismo judicial e legitimidade democrática**, p. 72.

21. *"Art. 1.723. É reconhecida como entidade familiar a união estável entre o homem e a mulher, configurada na convivência pública, contínua e duradoura e estabelecida com o objetivo de constituição de família".*

Nacional já tinha rejeitado diversas iniciativas para modificar essa orientação.[22] Parece inequívoco, portanto, identificar essa decisão com fruto de um ativismo judicial.[23] O problema reside em definir se esse ativismo é legítimo ou não, dentro do Estado Democrático de Direito.

Em primeiro lugar, é preciso ter em mente que a interpretação e aplicação da Constituição possui determinadas singularidades. De acordo com Elival da Silva Ramos[24] o ativismo judiciário em matéria constitucional está diretamente relacionado à supremacia constitucional, ao caráter principiológico dos preceitos constitucionais, à fluidez e imprecisão semântica da linguagem constitucional, à fundamentalidade dos preceitos constitucionais e à sobreposição funcional dos órgãos judiciários com esta atribuição. Logo, o conceito de ativismo na jurisdição constitucional deve ser visto com maiores reservas, sob pena de se mitigar a função essencial das cortes constitucionais.[25] Da mesma forma, é preciso considerar possibilidade de ocorrência, por meio da interpretação constitucional, de uma mutação constitucional como resposta à evolução da sociedade.[26]

---

22. Entre as propostas legislativas voltadas para permitir o casamento entre pessoas do mesmo sexo, pode ser citada a PEC nº 159/2003, que foi arquivada sem sequer ter sido debatida em plenário. Atualmente, tramita no Congresso Nacional a PEC nº 158/2015, que propõe a seguinte redação para o § 3º do art. 226 da CF: "*§ 3º Para efeito da proteção do Estado, é reconhecida como entidade familiar o núcleo social formado por duas ou mais pessoas unidas por laços sanguíneos ou afetivos, originados pelo casamento, união estável ou afinidade*".
23. De acordo com Fernando de Miranda da Gama Netto, **O ativismo judicial nas decisões do Supremo Tribunal Federal**, p. 95, o julgamento da união homoafetiva representaria aquilo que a doutrina estrangeira considera como de ativismo material ou criativo.
24. Elival da Silva Ramos, **Ativismo judicial: parâmetros dogmáticos**, p. 138.
25. O ministro Celso de Mello, em discurso proferido em nome do STF, na solenidade de posse do ministro Carlos Ayres Britto na presidência da Corte, em 19/04/2012, afirmou que "*a crescente judicialização das relações políticas em nosso País resulta da expressiva ampliação das funções institucionais conferidas ao Judiciário pela vigente Constituição, que converteu os juízes e os Tribunais em árbitros dos conflitos que se registram na arena política, conferindo, à instituição judiciária, um protagonismo que deriva naturalmente do papel que se lhe cometeu em matéria de jurisdição constitucional*" (site do STF).
26. De fato, conforme assinala Walber de Moura Agra, **Curso de direito constitucional**, p. 72, a Constituição tem de se adequar às exigências da comunidade e, para cumprir essa finalidade, deve estar em simetria com o progresso social. Assim, mesmo nas cartas rígidas, além do procedimento de emenda ou revisão, deve-se admitir a mutação constitucional do seu texto, que tem a finalidade de informalmente mantê-lo atualizado e em sintonia com os fatores sociais. A mutação pode ser vista não apenas na interpretação criativa pelos agentes públicos das normas constitucionais, mas também através das práticas que atribuem ou subtraem sentidos delas.

Destarte, no julgamento sobre o casamento homoafetivo, a legitimidade do ativismo judicial na decisão proferida pelo STF parece ter sido construída não apenas por conta de uma visão sistêmica do texto constitucional, com a primazia dos princípios da não discriminação e da dignidade da pessoa humana, mas também por conta da nova feição da sociedade brasileira, que está se tornando mais tolerante em relação à diversidade de gênero.

Em segundo lugar, é preciso considerar que no Brasil a atuação judicial no âmbito legislativo e administrativo, por vezes, não é só tolerada como incentivada. Veja-se o caso do mandado de injunção. Previsto na Constituição (art. 5º, LXXI), o mandado de injunção é o remédio processual voltado para promover a efetivação dos direitos fundamentais que não são autoaplicáveis, diante da omissão irrazoável do legislador infraconstitucional em editar uma norma regulamentadora. Até recentemente, no entanto, o STF adotava um entendimento restritivo sobre o mandado de injunção, afirmando que a sua função era apenas declarar a omissão legislativa e comunicá-la ao ente com atribuição para editar a regra.[27] Com a edição da Lei do Mandado de Injunção (Lei nº 13.300/2016), entretanto, esse quadro sofreu uma profunda transformação, pois seu art. 8º prevê expressamente que o tribunal deverá estabelecer as condições em que se dará o exercício dos direitos, das liberdades ou das prerrogativas reclamados ou, se for o caso, as condições em que poderá o interessado promover ação própria visando a exercê-los, caso não seja suprida a mora legislativa no prazo determinado. De modo que nesta hipótese e em outras, a atuação judicial ativista não pode ser taxada como ilegítima, porque decorre da própria previsão legal. O mesmo se diga em relação à possibilidade de edição de padrões decisórios com eficácia vinculativa. Como visto no Capítulo anterior, o novo sistema jurisprudencial brasileiro permite que o Poder Judiciário tenha uma atuação normativa similar ao legislador, estabelecendo abstratamente as condutas que deverão ser observadas pelos seus órgãos (art. 927 do CPC/2015).

De modo que, a contrário senso, a ilegitimidade do ativismo judicial se faz presente quando essa atuação não tem amparo legal ou não é feita dentro

27. Essa tese foi consagrada no julgamento do MI 107/DF, Rel. Min. Moreira Alves, realizado em 23/11/1989, no Plenário do STF. Em julgados proferidos em 2015 (MI 833/DF e 844/DF), no entanto, 4 dos 9 ministros votantes se posicionaram a favor de que o mandado de injunção estabelecesse qual regra deveria ser aplicada ao caso concreto, diante da reiterada postura omissiva, sinalizando uma mudança nesta orientação. Essa orientação acabou positivada na Lei nº 13.300/2016. Sobre o tema, veja-se Guilherme de Siqueira Castro e Olavo Augusto Vianna Alves Ferreira, **Mandado de injunção**, p. 135.

dos estritos espaços argumentativos dos princípios jurídicos. Com efeito, o ativismo judicial não pode ser feito por meio de um poder discricionário do juiz, desconsiderando as escolhas legítimas do legislador ou invadindo a esfera do mérito administrativo. Ele deve mirar as lacunas ou obsolências legislativas, bem como promover políticas públicas quando ausentes ou ineficientes, sempre em caráter excepcional e com olhos voltados à promoção dos direitos fundamentais. Fora desses limites, que já são significativamente amplos e flexíveis, o ativismo perde a sua legitimidade e passa a representar uma violação ao Estado Democrático de Direito.[28]

Veja-se, por exemplo, um caso em que o ativismo nos afigura como ilegítimo. O art. 1.026, § 2º, do CPC/2015 estabeleceu que a interposição de embargos declaratório com caráter protelatório poderia ser sancionada com "*multa não excedente a dois porcento do valor atualizado da causa*". Não obstante a clareza da prescrição, sem identificar qualquer inconstitucionalidade na regra, a 1ª Turma do STJ entendeu que o teto estabelecido no art. 1.026, § 2º, do CPC/2015 era "*insuficiente*" e aplicou ao embargante uma multa equivalente a 200% do valor original da causa.[29] Nessa hipótese, nem mesmo a invocação de princípios da efetividade ou da boa-fé podem justificar o afastamento de uma regra protetiva de direitos – aprovada e sancionada por representantes eleitos – que limita uma pena processual. A única fonte republicana que poderia legitimamente corrigir essa distorção, se é que ela efetivamente existe, é o Parlamento. Trata-se, pois, de um ativismo que não se coaduna com o Estado Democrático de Direito.

Diante deste quadro, resta indagar: como controlar democraticamente um Poder que além de interpretar e aplicar as leis, pode praticar atos normativos e executivos, ainda que em caráter excepcional, e pode controlar os atos praticados pelos demais Poderes? Como evitar a hipertrofia da

---

28. Não raras vezes a decisão judicial assume uma postura ilegítima de ativismo, próxima das diretrizes na chamada Escola do Direito Livre, fundada no início do século XVIII por Hermann Kantoriwicz, em "A luta pela ciência do direito". De acordo com essa escola, o juiz poderia decidir de forma contrária à lei, em nome de uma solução que reputasse mais justa, de acordo com seu livre convencimento.

29. Note-se que a decisão de afastar o comando legal não foi acompanhada de qualquer tipo de consideração metodológica ou argumentação hermenêutica. De fato, a decisão se limitou a registrar que "*considerando que o valor da causa foi fixado em R$1 mil, o percentual a incidir sobre esse quantum não atingirá o escopo pretendido no preceito sancionador, pelo que entendo cabível a fixação daquela sanção em R$ 2 mil*" (STJ – 1ª Turma – ED no AgInt no ARESP 1.268.706/MG – Min. Rel. Gurgel de Faria, j. em 25/10/2018).

"justicialidade"[30] ou da "juristocracia"?[31] Por certo, essa pergunta comporta inúmeras soluções e profundas reflexões. Para permitir o regular desenvolvimento da presente pesquisa, no entanto, vamos nos ater a uma das possíveis respostas: o recurso.

Como tivemos oportunidade de sustentar em nossa dissertação de mestrado, o recurso representa o instrumento mais importante de participação democrática no controle dos atos judiciais. Isso porque, posto à disposição não apenas das partes, mas também de intervenientes e terceiros, o recurso é capaz de permitir o reexame da decisão judicial, aferindo sua compatibilidade com o sistema jurídico.[32] No julgamento do recurso, o Estado-Juiz atua com o interessado para, juntos, analisarem o trabalho feito por seus órgãos e, eventualmente, corrigir os defeitos existentes, incutindo confiança e obediência às decisões judiciais. Sem o recurso, nem o Estado, nem a sociedade podem controlar a atividade judicial.

Nesse passo, importante destacar que não concordamos com a prática comum no Brasil, especialmente por parte dos entes públicos, de recorrer sistematicamente de todas as decisões, até as últimas instâncias. Estas posturas deslegitimam e descaracterizam o recurso e abrem caminho para uma postura depreciativa por parte dos julgadores (jurisprudência defensiva, por exemplo) e de alterações legislativas irrazoáveis (rol taxativo do agravo de instrumento, por exemplo). Na verdade, entendemos que a raiz do problema não está (tão-somente) no recurso, mas também na estrutura processual à sua volta. De fato, se o legislador quiser diminuir o número de recursos ajuizados, precisaria, dentre outras medidas, retirar o efeito suspensivo *ope legis* da apelação (art. 1.012, *caput*, do CPC/2015) e melhorar a execução provisória das decisões (arts. 520 a 522 do CPC/2015), uma vez que um dos maiores incentivos que as partes têm para recorrer é impedir o trânsito em julgado da decisão e, assim, postergar a execução definitiva.[33]

---

30. Flávia de Almeida Viveiros de Castro, **O poder judiciário na virada do século**, p. 21.
31. Ran Hirschl, ***Towards juristocracy***, p. 16.
32. Felippe Borring Rocha, **Teoria geral dos recursos cíveis**, p. 6.
33. Não foi possível localizar dados sobre o número de execuções provisórias civis em tramitação nos tribunais brasileiros, mesmo nos repositórios oficiais. Não obstante, em 19 anos como Defensor Público estadual, fora das ações de alimentos, só temos a lembrança de ter feito duas execuções provisórias. Isso porque a lógica da execução provisória é desestimular seu uso, em prol da proteção do devedor.

Além de indispensável dentro da estrutura democrática e de permitir um maior equilíbrio entre os poderes republicanos, o recurso guarda ainda um sentido de aprimoramento da decisão recorrida. De uma maneira geral, essa crença reside no fato de que os tribunais revisores são compostos por juízes mais experientes e que os julgamentos são feitos por um número maior de julgadores, comparados à instância inicial.[34] Esse é, inclusive, um dos pilares que sustentam o princípio do duplo grau de jurisdição.[35] Como a afirmação de que a maior experiência dos julgadores levaria à decisões melhores é alvo de severas críticas e não dispõe de base empírica para ser confirmada,[36] a principal força dos tribunais é a sua composição numericamente superior.[37] Nessa linha de pensamento, a formação plúrima reafirmaria a independência e a imparcialidade das instâncias revisoras, tornando-as menos suscetíveis a personalismos e a influências externas.[38] A instância revisória por ser mais numerosa, seria capaz de maior debate e reflexão sobre as questões sobre as quais as partes não se conformaram com a posição do juiz de piso.[39] Em outras palavras, seria a estrutura colegiada que permitiria supor que o trabalho feito pelo juiz de primeira instância, que teve contato direto com a

34. José Carlos Barbosa Moreira, **Comentários ao Código de Processo Civil**, p. 238.

35. Araken de Assis, **Manual dos recursos**, p. 94.

36. Por todos, veja-se Araken de Assis, **Manual dos recursos**, p. 95, que chega a taxar o argumento de falacioso.

37. Pedro Miranda de Oliveira, **Agravo interno e agravo regimental**, p. 60, com a poio em Vittorio Denti, afirma que a estrutura colegiada consagra uma tríplice garantia: a) de uma justiça iluminada, pela elaboração da decisão proveniente do debate no interior do colegiado; b) de uma justiça imparcial, pelo controle exercido pelos membros do colegiado na formação da decisão; c) de uma justiça independente, pela maior liberdade de decisão que proporciona aos juízes o anonimato da colegialidade, porquanto encobre a responsabilidade individual.

38. Marie-Anne Cohendet, ***La collégialité des juridictions: un principe en voie de disparition?***, p. 719.

39. Francisco Cavalcanti Pontes de Miranda, **Comentários ao Código de Processo Civil**, t. 7, p. 11, afirmava que a *"regra, para os recursos, é a colegialidade das decisões. Quer dizer: a pluralidade dos julgadores, com o fim político de assegurar diversos exames no mesmo tempo, além do duplo ou múltiplo exame, no tempo, pelo juiz do primeiro grau e os demais juízes superiores. A ciência ensina-nos, hoje, que a assembleia não nos veio da reflexão; foi a reflexão que veio da assembleia. Portanto, o homem é que é produto da assembleia. Essa prioridade do exame múltiplo ao mesmo tempo em relação ao exame de um só, se transforma em superioridade sempre que desejamos maior certeza. A colegialidade para a decisão dos recursos obedece a esse pendor último do homem, quando se deseja guiar pela razão"*.

realidade na qual a causa está inserida, com as partes e com as provas, poderá ser efetivamente aperfeiçoado pelo tribunal,[40] conferindo-lhe legitimidade.[41]

4.2. A ESTRUTURA COLEGIADA NOS TRIBUNAIS BRASILEIROS

Dentro das diferentes estruturas judiciárias observadas ao redor do mundo, verifica-se que os órgãos judiciais podem ser compostos por um único julgador ou por vários. Quando um órgão judicial é formado por mais de um julgador ele é chamado de colegiado.[42] Não é necessário, entretanto, que todos os membros do colegiado participem da votação. É possível que a lei limite o número de julgadores, conforme o tipo de causa a ser julgada. É o que acontece, por exemplo, no julgamento da apelação ou do agravo de instrumento pelos Tribunais de Justiça, em que a decisão é tomada por 3 julgadores integrantes do colegiado que, normalmente, tem 5 membros (art. 941, § 2º, do CPC/2015, e art. 101, § 3º, da LOMAN).

Nos sistemas jurídicos onde os órgãos judiciais têm formação colegiada desde a primeira instância, a motivação, entre outras inspirações, decorre da ideia iluminista de que o julgamento singular seria algo terrível e de natureza despótica. Um dos grandes defensores dessa visão foi Montesquieu.[43] Não por acaso, até hoje, a maioria dos órgãos judiciais franceses de primeira instância funcionam de forma colegiada.[44]

Importante lembrar que na França a Justiça é dividida em dois segmentos. De um lado, a Justiça Administrativa, que trata dos conflitos fazendários, e de outro, a Justiça Judicial, que cuida dos demais litígios. Na Justiça Judicial,

---

40. José Maurício Pinto de Almeida, **O Poder Judiciário brasileiro e sua organização**, p. 8.
41. De acordo com Leonardo Greco, **A falência do sistema de recursos**, p. 100: *"A colegialidade é também um importante fator de busca da legitimidade do Judiciário, ou seja, de persuasão dos jurisdicionado de que sua causa foi julgada por uma junta de juízes, que discutiram a matéria procurando discutir em conjunto encontrar a solução mais justa: juízes que revelaram o direito das partes no exercício mais autêntico do mandato recebido pelo povo e sob o mais eficaz mecanismo de controle, aquele que cada julgador exerce sobre o comportamento dos demais, porque a decisão que todos buscam vai influir na reputação de cada um"*.
42. De acordo com Guilherme Jales Sokal, **O julgamento colegiado nos tribunais**, p. 81, o termo colegialidade remonta ao colegiado de cardeais que elegem o Papa, autoridade máxima da Igreja Católica.
43. Montesquieu, **Do espírito das leis**, p. 169. A colegialidade é apontada ainda como uma das "grandes conquistas da Revolução Francesa".
44. Luiz Guilherme Marques, **A justiça da França: um modelo em questão**, p. 125.

existe um órgão de cúpula, a Corte de Cassação. Abaixo dela, existem 35 Cortes de Apelação, constituídas por magistrados de carreira. Na primeira instância, atuam os chamados Tribunais de Grande Instância (TGI), que decidem de forma colegiada, por meio de 3 membros, e os Tribunais de Instância, em que o juiz julga sozinho. A primeira instância é formada ainda por diversos tribunais especializados, tais como o Tribunal do Comércio, o Tribunal de Processos de Seguridade Social, o Tribunais Paritários de Arrendamentos Rurais e o Tribunal Marítimos Comercial.

A colegialidade em todas as instâncias, no entanto, é uma característica em declínio, especialmente na Europa continental, onde diversos países adotaram órgãos judiciais monocráticos em suas instâncias iniciais, nas recentes reformas do Poder Judiciário.[45] Na Itália, por exemplo, como esclarece Leonardo Faria Schenk,[46] a estrutura colegiada dos órgãos de primeira instância foi eliminada pelo Decreto Legislativo nº 51/1989, que modificou o art. 350 do CPC italiano de 1940. Este dispositivo previa a atuação dos chamados juízes instrutores (*giudice instruttore*) na primeira instância, sem poderes decisórios sobre o mérito, que tinham a atribuição de preparar a causa para o julgamento de um colegiado. O aumento expressivo no número de demandas, somado à lentidão na prestação jurisdicional, têm sido apontados como as principais razões para que nações abrissem a possibilidade de o julgamento ser efetuado por um único juiz.

No Brasil, a Justiça é una e organizada em dois níveis: o federal e o estadual. A União não apenas é responsável pelos juízes e tribunais federais, eleitorais, trabalhistas e militares, mas também pelas Cortes Nacionais (STF e STJ), pela Justiça do Distrito Federal e Territórios e pelo Conselho Nacional

---

45. Na França, a colegialidade nas instâncias iniciais da Justiça Administrativa vem sendo gradativamente afastada por diferentes leis editadas desde os anos 2000. Sobre o tema, veja-se Marie-Anne Cohendet, ***La collégialité des juridictions: un principe en voie de disparition?***, p. 718. Conforme assinala Roger Perrot, **O processo civil francês na véspera do século XXI**, p. 164: *"Alguns chegam a pensar que um colégio de três juízes é uma 'Justiça de luxo' que podia convir ao século passado, mas em nossos dias já não pode corresponder aos imperativos de uma Justiça moderna. Entretanto, os juristas franceses, no conjunto, permanecem muito apegados à colegialidade, considerada por eles como garantia de boa justiça. E não sem razão: a deliberação entre três juízes enriquece a reflexão, e a colegialidade, sobretudo, melhor preserva a independência de espírito de cada juiz, graças ao anonimato que permite a cada um deles tomar sua decisão sem ficar exposto ao rancor de determinados litigantes: em nossos países latinos, onde os espíritos são prontos na crítica, esse aspecto do problema está longe de ser despiciendo"*.

46. Leonardo Faria Schenk, **Breve relato histórico das reformas processuais na Itália. Um problema constante: a lentidão dos processos cíveis**, p. 184.

Justiça. Os Estados, por sua vez, têm a atribuição de montar as suas estruturas judiciárias. Do ponto de vista material, o Poder Judiciário brasileiro pode ser divido em Justiça Comum e Justiça Especial. No plano ordinário, tem-se a Justiça Federal e a Justiça Estadual/Distrital, que exercem a competência residual em relação às Justiças Especializadas (eleitoral, militar e trabalhista). Todos esses segmentos judiciais são montados dentro de uma lógica hierárquica: todos os órgãos de primeira instância são subordinados aos seus tribunais e, estes, aos tribunais superiores e, todos, ao STF, que exerce não apenas a função de corte constitucional, mas também de vértice do Poder Judiciário.

O conjunto formado pela reunião da primeira com a segunda instância é nominado, sem muita coesão terminológica, de "instância inferior", para se contrapor às chamadas "instâncias superiores". Essas, por sua vez, são integradas pelos tribunais superiores (TSE, STM e TST) e pelos tribunais de cúpula (STF e STJ), fundamentalmente estruturados para reexaminar as decisões proferidas pelas outras instâncias por meio de recurso. A diferença é que os tribunais superiores têm competências específicas e as suas revisões seguem diferentes padrões (controle da decisão frente ao direito objetivo). Da mesma forma que ocorre com os tribunais inferiores, além dos recursos os tribunais da instância superior têm também competências originárias, voltadas a julgar ações e incidentes que se iniciam naquele plano por determinação legal.

O escalonamento hierárquico na carreira da magistratura tem relação direta com o princípio da tripartição dos poderes prevista na Constituição. Isso porque, como o Poder Judiciário exerce controle sobre a legalidade dos atos do Poder Executivo e do Poder Legislativo, se não houvesse uma estrutura hierárquica judicial, os demais poderes não teriam como impugnar adequadamente tais atos. Em outras palavras, o controle dos atos do Poder Judiciário é feito dentro do próprio Poder Judiciário, através de ações originárias, recursos e incidentes processuais, que são dirigidos para os órgãos hierarquicamente superiores àqueles que proferiram as decisões. Sem esses mecanismos, portanto, acabaria ocorrendo um desequilíbrio entre os poderes. Por essa mesma razão, os tribunais são compostos, total ou parcialmente, por juízes nomeados pelo Chefe do Poder Executivo, com a colaboração do Poder Legislativo.[47]

---

47. José Maurício Pinto de Almeida, **O Poder Judiciário brasileiro e sua organização**, p. 9.

Aspecto que também merece destaque é que, os magistrados normalmente são vitalícios (art. 95, I da CF) e exercem a judicatura por longos períodos de tempo, ao passo que os integrantes dos demais poderes têm mandatos de 4 ou 8 anos. De modo que se não houvesse uma progressão na carreira, haveria uma natural acomodação do juiz em suas funções, levando à apatia e desmotivação. Destarte, a estrutura hierárquica judicial é necessária também para acomodar os diferentes níveis na carreira dos magistrados. Além disso, por conta das atividades administrativas e institucionais, os órgãos do Poder Judiciário precisam de representantes e estes são normalmente escolhidos entre os integrantes hierarquicamente superiores.

De uma maneira geral, a lógica que prevaleceu no Brasil, desde o período colonial, é que seria mais adequado e econômico manter uma primeira instância monocrática e as instâncias revisoras colegiadas.[48] De fato, até os dias atuais, a base do Poder Judiciário nacional é formada, essencialmente, por juízos monocráticos, consagrando um modelo misto de composição.[49] Somente alguns órgãos de primeira instância são estruturados de maneira colegiada, tais como a Turmas Recursais dos Juizados Especiais (art. 41, § 1º, da Lei nº 9.099/1995), os Tribunais do Júri (art. 447 do CPP), as Juntas Eleitorais (art. 12, III, do Código Eleitoral) e os Conselhos de Justiça Militar (art. 16 da Lei nº 8.457/1992). No caso dos tribunais, a colegialidade é vista como uma característica indissociável da organização judiciária,[50] fruto da influência tradição jurídica portuguesa.[51]

---

48. Rosalina Corrêa de Araújo, **O Estado e o Poder Judiciário no Brasil**, p. 63. Importante destacar, com apoio em *Antonio Pessoa Cardoso, Bahia abrigou o primeiro tribunal de justiça do Brasil*, que a aplicação da justiça no território brasileiro teve início em 1549, com a chegada do primeiro Ouvidor-Geral, Pero Borges. Das suas decisões cabiam recursos para tribunais portugueses, cuja formação era colegiada. Somente com a instalação do primeiro Tribunal da Relação, na Bahia, com composição colegiada, é que alguns os recursos passaram a ser julgados aqui. De modo que é possível afirmar que desde 1549 a estrutura judiciária "brasileira" é formada, predominantemente, por juízo singulares na primeira instância e coletivos nas instâncias superiores.
49. Fabiano Carvalho, **Poderes do relator nos recursos**, p. 3.
50. Antônio Carlos de Araújo Cintra, Ada Pellegrini Grinover e Cândido Rangel Dinamarco, **Teoria geral do processo**, p. 190. Na jurisprudência, veja-se: *"É da natureza dos tribunais superiores o exercício colegiado da jurisdição"* (STJ – 1ª Turma – AgRg no ARESP 827242/MT – Rel. Min. Luiz Fux, j. em 07/12/2006)
51. De acordo com as informações disponíveis no Arquivo Nacional da Torre do Tombo, o primeiro tribunal colegiado criado em Portugal, provavelmente em 1335, pelo Rei D. Afonso IV, foi a Casa do Cível, também chamada de Cúria do Rei. Disponível em: https://digitarq.arquivos.pt/results?t=casa+do+c%c3%advel. Acessado em 14/08/2018.

A estrutura colegiada dos tribunais, embora presente em praticamente todos os países, tem sido alvo de críticas.[52] Em primeiro lugar, a necessidade de um trabalho coletivo levaria à demora nos julgamentos e ao aumento nos custos do processo. O trabalho coletivo é naturalmente mais lento que a atuação individual, porque depende da realização de diferentes tarefas, por diferentes julgadores, situação agravada pelos pedidos de vista e pela redação de votos divergentes. Em segundo lugar, a multiplicidade de julgadores leva à multiplicidade de custos, tanto do ponto de vista da estrutura material, como pessoal.[53] Em terceiro lugar, a existência de vários julgadores permitiria a dispersão da atividade de analisar a causa e a falta de compromisso individual com o processo decisório. Os juízes poderiam se sentir à vontade para confiar no trabalho dos seus pares ("acompanho o relator") ou do julgador de primeira instância ("mantenho a sentença por seus próprios fundamentos"). Por fim, a composição colegiada, por sua vez, pode resultar em decisões assimétricas, contraditórias e vagas, por não serem proferidas por um único julgador.

4.3. O JULGAMENTO COLEGIADO

4.3.1. As técnicas de julgamento colegiado

Conforme assinala Guilherme Jales Sokal,[54] em tese, um colegiado pode funcionar de quatro maneiras: a) cada integrante realiza uma etapa do processo (esforço coletivo de distribuição); b) os membros conjugam esforços

---

52. Giuseppe Chiovenda, **Instituições de direito processual civil**, p. 126, assim sintetiza a vantagem do julgamento coletivo na seara dos tribunais: *"O juiz singular tem maior sentimento de responsabilidade; isto, porém, pode, por um lado, ser perigoso, e, de outro, é passível de conseguir-se também no juiz colegial, tornando-se públicas as deliberações. O juiz singular não está sujeito à preponderância dos colegas, mas está mais exposto às pressões da opinião pública, dos litigantes, das autoridades superiores; tem um conhecimento mais imediato dos atos do processo, mas pode mais facilmente apreciá-los de modo subjetivo ou errado"*.
53. Giuseppe Chiovenda, **Instituições de direito processual civil**, p. 126, assim sintetiza a vantagem do julgamento coletivo na seara dos tribunais: *"O juiz singular tem maior sentimento de responsabilidade; isto, porém, pode, por um lado, ser perigoso, e, de outro, é passível de conseguir-se também no juiz colegial, tornando-se públicas as deliberações. O juiz singular não está sujeito à preponderância dos colegas, mas está mais exposto às pressões da opinião pública, dos litigantes, das autoridades superiores; tem um conhecimento mais imediato dos atos do processo, mas pode mais facilmente apreciá-los de modo subjetivo ou errado"*.
54. Guilherme Jales Sokal, **O julgamento colegiado nos tribunais**, p. 82.

para atingir um resultado que individualmente seria inatingível (esforço coletivo de equipe); c) cada componente agem sem tomar em consideração a ação dos demais (esforço coletivo redundante); d) os integrantes colaboram entre si para aperfeiçoar o resultado que poderia ser produzido individualmente (esforço colegiado). No caso de um órgão judicial colegiado, o ideal seria que seu funcionamento buscasse um esforço colegiado.[55] Na prática brasileira, entretanto, o que se tem visto é um esforço coletivo redundante.[56]

De fato, na maioria das vezes as decisões judiciais de um colegiado são tomadas por meio do simples somatório dos votos de seus membros.[57] Como não há uma regra uniforme sobre a forma de tomar os votos para definir o resultado do julgamento, prevalece nos tribunais, por tradição e costume, o método de deliberação chamado de *seriatim*,[58] cujos votos são expostos "em série", um após o outro.[59] Nesse modelo, os votos são proferidos como se cada um dos julgadores estivesse sozinho diante da causa. Cada juiz faz a sua valoração dos aspectos empíricos e normativos do caso e expressa seu convencimento em voto individual, que irá se somar aos votos dos outros julgadores.[60] Sempre há um resultado certo e determinado do caso, sintetizado no dispositivo do acórdão, mas nem sempre é possível identificar com

---

55. Giuseppe Chiovenda, **Instituições de direito processual civil**, v. 2, p. 89.
56. Luiz Guilherme Marinoni, **Julgamento nas cortes supremas**, p. 30.
57. "Voto" é a designação que a atividade decisória de cada juiz recebe, quando num julgamento colegiado. O voto corresponde àquilo que o magistrado entende que deva ser a fundamentação e o dispositivo da decisão tomada por seu colegiado.
58. A tradição de decisões com opiniões em série (***seriatim opinions***) remota às origens do direito britânico e foi incorporado pela Câmara dos Lordes (***House of Lords***) e, posteriormente, pela Corte Suprema britânica (***UK Supreme Court***). Esta Corte, no entanto, vem gradualmente modificando sua forma de julgar, para tentar se caracterizar como um corte mais deliberativa. Sobre o tema, veja-se Benjamin Alarie e Andrew James Green, ***Commitment and cooperation in high courts: a cross-country examination of institutional constraints on judges***, p. 332.
59. Wilson Steinmetz e Riva Sobrado de Freitas, **Modelo *seriatim* de deliberação judicial e controlabilidade da ponderação**, p. 232.
60. Araken de Assis, **Manual dos recursos**, p. 408, parece vislumbrar mais vantagens do que desvantagens na atuação redundante dos julgadores nos órgãos colegiados: *"Deste modo, a sessão pública de julgamento parece reservada, distante e isenta de emoções aos observadores. O aparte é raro e considerado incivil. (...) Os membros do órgão fracionário do tribunal votam, portanto, motivadamente e sucessivamente. E o voto compreende a análise estritamente individual das questões de direito e das questões de fato (...). Sob determinadas circunstâncias, tal esquema provoca a dispersão errática dos votos – desvantagem compensada, atualmente, pelo prévio conhecimento do teor dos votos na rede informatizada do tribunal – e, em casos extremos, impasse na proclamação do resultado"*.

clareza as circunstâncias fáticas e os fundamentos que a maioria vencedora considerou mais relevantes para a decisão. Assim, a solução não expressa uma decisão colegiada, mas uma mistura de decisões individuais. Em síntese, pelo modelo *seriatim* de decisão, juízes que concordam sobre o resultado da decisão podem divergir de forma relevante em relação às razões ou aos fundamentos da decisão. No modelo *seriatim*, as dificuldades para identificar as circunstâncias relevantes são agravadas, em especial, quando os votos individuais são extensos e não seguem um plano logico ou articulado de exposição de fatos e razões.[61]

Uma decisão colegiada, no entanto, para poder desempenhar adequadamente seu papel no sistema jurisprudencial, deveria representar as opiniões de vários julgadores, consolidada sobre um só corpo.[62] Por isso, afigura-se como mais adequado o emprego do modelo de decisão *per curiam* ("pela corte"), que visa transformar o resultado da deliberação colegiada na "opinião do tribunal".[63] Para tanto, seria necessário que os julgadores verificassem se os fundamentos da causa sob análise são autônomos ou agregados. No primeiro caso, a decisão deveria ser tomada por meio de votações em separado para cada uma das questões debatidas (*issue-by-issue*), enquanto que, no segundo, as questões deveriam ser apreciadas em conjunto (*case-by-case*).[64] Por fim, o dispositivo da decisão deveria retratar a vontade expressa pela maioria e em sintonia com a fundamentação, devidamente identificada no momento da proclamação do resultado.[65] Um bom exemplo de aplicação da técnica *per curiam* pode ser visto no Regimento Interno do TJRJ:

> Art.82. Computar-se-ão separadamente os votos com relação a cada uma das questões preliminares ou prejudiciais, e, no mérito, quanto a cada parte do pedido e a cada causa de pedir, se mais de uma houver.
>
> Parágrafo único - Divergindo os julgadores no tocante às razões de decidir, sem que ocorra qualquer das hipóteses previstas no caput, mas convergindo na conclusão, os votos serão computados conjuntamente, assegurado aos diversos votantes o direito de declarar em separado as razões do seu voto.

---

61. Wilson Steinmetz e Riva Sobrado de Freitas, **Modelo *seriatim* de deliberação judicial e controlabilidade da ponderação**, p. 235.
62. Luiz Guilherme Marinoni, **Julgamento nas cortes supremas**, p. 33.
63. Alexandre Freitas Câmara, **Levando os padrões decisórios a sério**, p. 256, e Guilherme Jales Sokal, **O julgamento colegiado nos tribunais**, p. 324.
64. Luiz Guilherme Marinoni, **Julgamento nas cortes supremas**, p. 115.
65. Luiz Guilherme Marinoni, **Julgamento nas cortes supremas**, p. 127.

Art.83. Se, em relação a uma única parte do pedido, não se puder formar a maioria, em virtude de divergência quantitativa, o Presidente disporá os diversos votos, com as quantidades que cada qual indicar, em ordem decrescente de grandeza, prevalecendo a quantidade que, com as que lhe forem superiores ou iguais, reunir votos em número suficiente para constituir a maioria.

Art.84. Se a impossibilidade de apurar-se a maioria for devida a divergência qualitativa, o Presidente porá em votação, primeiro, 02 (duas) quaisquer dentre as soluções sufragadas, sobre as quais terão de manifestar-se obrigatoriamente todos os votantes, eliminando-se a que obtiver menor número de votos; em seguida, serão submetidos a nova votação a solução remanescente e outra das primitivamente sufragadas, procedendo-se de igual modo; e assim sucessivamente até que todas se hajam submetido a votação. Será vencedora a solução que obtiver a preferência na última votação.

4.3.2. A publicidade da deliberação colegiada

No Brasil, não apenas o julgamento colegiado é público, mas também a deliberação entre seus membros na construção da decisão, ressalvados os casos de segredo de justiça (art. 189 do CPC/2015). Como será visto mais à frente, essa característica existe desde a reinstalação do Tribunal da Relação da Bahia, em 1652. Embora não fosse colocada de maneira expressa, a publicidade dos julgamentos podia ser extraída da lógica dos procedimentos e constava basicamente dos regimentos internos tribunais que foram editados no período. Após a declaração da independência, o primeiro texto legal a tratar mais diretamente da publicidade da deliberação colegiada foi o art. 13 da Lei de 18/09/1828 (Lei do Supremo Tribunal de Justiça), que versava sobre o julgamento do recurso de revista.[66] Interessante notar que o art. 29 da mesma lei previa uma deliberação secreta entre os ministros, prévia à votação aberta.[67] A mesma regra, com pequenas alterações, se fez presente

66. "*Art. 13. Quando o ultimo tiver visto o processo, o apresentará na mesa no dia, que o Presidente designar, e a portas abertas, illustrado o Tribunal pelos tres Juizes, que viram os autos, e debatida a questão por todos os membros presentes, decidir-se-ha á pluralidade de votos, se se deve, ou não, conceder a revista: o resultado se lançará nos autos com as razões, em que elle se fundou*". O primeiro regimento interno do STF, no entanto, aprovado em 08/08/1891, já estabelecia: "*Art. 29. As sessões e votações serão públicas, salvo nos casos exceptuados neste Regimento, ou quando no interesse da Justiça ou da moral entender o presidente, com aprovação do Tribunal, que se discuta e voto em sessão secreta*".

67. "*Art. 29. Em seguimento, a sessão se tornará secreta, e se discutirá a materia, no fim do que, declarando os Ministros, que estão em estado de votar, continuará a sessão em publico;*

em todos os regimentos internos do STF que se seguiram.[68] Na prática, no entanto, essa fase secreta foi sendo abandonada,[69] em prol de um maior dinamismo dos trabalhos no tribunal. De modo que a publicidade da deliberação foi sendo construída, desde o período colonial, como um costume dos tribunais brasileiros.

Ao longo do tempo, a publicidade da deliberação se fez presente em diversos diplomas processuais brasileiro,[70] até chegar ao atual Código de Processo Civil (art. 941).[71] Assim, os votos são tomados e discutidos em público (*coram populum*).[72] Trata-se de um modelo diverso daquele encontrado na maior parte do mundo ocidental.[73] De fato, a regra é que as deliberações são tomadas fora das vistas do público (*in camera*), para que os julgadores possam falar de maneira franca e aberta sobre a causa e sua decisão, como ocorre nos tribunais europeus, em especial os da Alemanha, Itália, França, Espanha e Portugal.[74]

---

proceder-se-ha á votação, não estando presentes o accusador, o réo, nem seus procuradores, Advogados, e defensores, nem tendo voto o Ministro, que formou o processo, nem os que intervieram na pronuncia. Em caso de empate, quér sobre a condemnação, quér sobre o grão de pena, seguir-se-ha a parte mais favoravel ao réo. Esta sentença poderá ser uma só vez embargada".

68. Art. 29 do Regimento de 1891, art. 33 do Regimento de 1909, art. 57 do Regimento de 1940, art. 129 do Regimento de 1970 e art. 124 do Regimento de 1980 (em vigor).
69. O regimento interno do TJRJ prevê a possibilidade de deliberação reservada do colegiado: *"Art. 73. Após o voto do relator e, se houver, do revisor, poderá qualquer dos julgadores pedir o exame do processo em conselho, caso em que a sessão se tornará secreta, para discussão unicamente entre eles, podendo permanecer no recinto, entretanto, o Órgão do Ministério Público, se não for parte no processo, e o Secretário".*
70. O Decreto de 03/01/1833, que estabelecia as regras gerais sobre o funcionamento dos Tribunais da Relação do Brasil, assim dispunha:
    "Art. 4.º Todo o despacho das Relações se fará em seção pública, e em uma só mesa: os Desembargadores tomarão assento nela à direita e à esquerda do Presidente pela ordem de suas respectivas antiguidades".
    "Art. 6.º O despacho não começará sem que se achem na Relação cinco Desembargadores além do Presidente, ou quem suas vezes fizer. Findo o despacho, se farão as audiências da Relação da mesma sorte que se tem até agora praticado".
71. A bem da verdade, o art. 941 do CPC/2015 não determina expressamente que a deliberação será pública:
    "Art. 941. Proferidos os votos, o presidente anunciará o resultado do julgamento, designando para redigir o acórdão o relator ou, se vencido este, o autor do primeiro voto vencedor".
72. José Carlos Barbosa Moreira, **Comentários ao Código de Processo Civil**, p. 648.
73. Araken de Assis, **Manual dos recursos**, p. 405.
74. José Carlos Barbosa Moreira, **Comentários ao Código de Processo Civil**, p. 648.

De acordo com Carlos Vitor Nascimento dos Santos,[75] analisando a doutrina italiana, o sigilo das deliberações do colegiado além de proteger o juiz de pressões da opinião pública impede o conhecimento do público e do jurisdicionado de determinados procedimentos, tais como: a) o modo em que é construída uma decisão judicial colegiada; b) a forma em que o consenso ou maioria dos votos é alcançada; c) a publicização dos votos vencidos e seus fundamentos. Para Giuseppe Chiovenda,[76] o sigilo nas votações preserva a unidade das decisões colegiadas, evitando que elas sejam personalizadas.

Apesar de dar maior transparência para o ato de julgar, é preciso reconhecer que a publicidade das deliberações pode efetivamente limitar o diálogo entre os julgadores e favorecer a dispersão de votos. Em público e por vezes sob televisionamento, o julgador pode sentir-se constrangido em externar dúvidas, fazer observações ou discutir ideias. O debate pode ser visto como insegurança do julgador, fragilidade na sua decisão ou afronta ao pensamento divergente. Ainda assim, não vemos como retirar essa característica tão tradicional e marcante do julgamento nos tribunais brasileiros, especialmente diante da sua afinidade com o ideal democrático do processo.[77]

A solução que vem sendo adotada para reduzir os impactos negativos da deliberação aberta, entretanto, não parece ser adequada. Em boa parte dos tribunais, os integrantes dos órgãos colegiados têm submetido seus votos aos colegas, antes da sessão pública, por meio eletrônico e sigiloso. É nesse ambiente digital que ocorrem os verdadeiros debates, longe dos olhos da sociedade. Quando esses mecanismos eletrônicos são empregados, o julgamento presencial se transforma numa mera formalidade. Não obstante entendermos ser necessário promover uma maior interação entre os julgadores, como tais discussões já fazem parte do processo de deliberação, elas não poderiam ocorrer reservadamente, sem violação ao princípio da publicidade (art. 93, IX, da CF, e art. 11 do CPC/2015).

Outro aspecto que merece atenção em relação à publicidade, também relacionado à tecnologia, diz respeito aos chamados plenários virtuais. Plenário virtual é a designação dada aos sistemas eletrônicos que interligam os integrantes de um tribunal e permitem que eles não apenas debatam, mas também que julguem as causas, sem precisar se encontrar fisicamente. Este

75. Carlos Vitor Nascimento dos Santos, **A colegialidade nos tribunais**, p. 496.

76. Giuseppe Chiovenda, **Instituições de direito processual civil**, v. 2, p. 89.

77. José Carlos Barbosa Moreira, **Comentários ao Código de Processo Civil**, p. 649, Guilherme Jales Sokal, **O julgamento colegiado nos tribunais**, p. 290, e Araken de Assis, **Manual dos recursos**, p. 405.

plenário virtual, entretanto, não é acessível ao público externo, nem seus registros são disponibilizados nos autos do processo. Um dos primeiros tribunais a dotar a técnica foi o Tribunal de Justiça do Rio de Janeiro, através da Portaria nº 13/2011 do Órgão Especial. Na mesma época, o STF já dispunha de um sistema eletrônico para definir quais processos teriam repercussão geral, mas as teses eram avaliadas em audiências presenciais. Somente em 2016 é que o STF consagrou o plenário virtual por meio da Resolução nº 587.

Nos termos da Resolução nº 587/2016, os agravos regimentais e os embargos de declaração podem ser julgados em plenário virtual, mediante iniciativa do relator e prévia publicação da pauta. Mas esse procedimento não pode ser adotado se a causa tiver pedido de destaque ou vista por um ou mais ministros, ou for requerido o julgamento presencial por qualquer das partes, até 24 horas antes do início da sessão. Também não serão julgados por meio virtual os agravos em que houver pedido de sustentação oral. Além disso, o relator pode retirar a causa do plenário virtual se entender recomendável sua discussão presencial. O procedimento se inicia com a inclusão no sistema pelo relator do seu voto, com ementa e relatório. As partes são intimadas da inclusão e os demais ministros são comunicados eletronicamente de que dispõem de 7 dias corridos para se manifestar. O sistema permite que os ministros votem concordando com o relator, apresentando ou não ressalva, divergindo do relator ou acompanhando a divergência. Nestas últimas hipóteses, o ministro deverá declarar o seu voto no próprio sistema. Considera-se que o ministro que não se pronunciar no prazo assinalado acompanhou o entendimento apresentado pelo relator. Somente após tomada a decisão é que o acórdão é tornado público.[78]

No CPC/2015, a possibilidade do plenário virtual foi prevista no art. 945.[79] Este artigo, no entanto, foi revogado, antes de entrar em vigor, pela Lei nº 13.256/2016.

---

78. Também em 2016, o plenário virtual foi inserido no Regimento Interno do STJ, através da Emenda Regimental nº 27 (arts. 184-A a 184-H).

79. *"Art. 945. A critério do órgão julgador, o julgamento dos recursos e dos processos de competência originária que não admitem sustentação oral poderá realizar-se por meio eletrônico.*

§ 1º O relator cientificará as partes, pelo Diário da Justiça, de que o julgamento se fará por meio eletrônico.

§ 2º Qualquer das partes poderá, no prazo de 5 (cinco) dias, apresentar memoriais ou discordância do julgamento por meio eletrônico.

§ 3º A discordância não necessita de motivação, sendo apta a determinar o julgamento em sessão presencial.

Além de dificultar o acesso das partes ao colegiado e trazer dúvidas sobre a real participação dos julgadores no processo de tomada de decisão, Ana Fernanda Ayres Dellosso e Domitila Köhler[80] afirmam que o plenário virtual promove a "monocratização" dos tribunais, uma vez que propicia um ambiente mais favorável à manutenção das decisões proferidas pelo relator, diminuindo ainda mais as chances do recurso ser provido. De qualquer forma, não obstante a possibilidade de as partes requerem que o julgamento colegiado seja presencial, parece correto enxergar na iniciativa uma mitigação à publicidade das deliberações. De fato, para se compatibilizar com a Constituição (art. 93, IX), o plenário virtual deveria ser feito de forma pública[81] e com possibilidade de os advogados apresentarem seus argumentos e memoriais.[82]

4.3.3. O voto vencido

De acordo com Eugênio José Guilherme de Aragão,[83] rememorando a distinção teórica concebida pelo administrativista italiano Gustavo Vignocchi, é possível falar em colegiados próprios, quando a posição individual de seus membros não tem relevância no resultado final da sua atividade, e colegiados impróprios, quando essa posição assume peso maior. Na maioria dos sistemas processuais de origem romano-germânicas, os colegiados são próprios, pois as decisões são tomadas sem revelar se houve divergência entre os julgadores.[84] Nos países filiados à tradição do

---

§ 4º Caso surja alguma divergência entre os integrantes do órgão julgador durante o julgamento eletrônico, este ficará imediatamente suspenso, devendo a causa ser apreciada em sessão presencial".

80. Ana Fernanda Ayres Dellosso e Domitila Köhler, **Julgamento virtual é mais um passo para a "monocratização" dos tribunais**.

81. Importante notar que o regramento inserido no regimento do STF foi inspirado no modelo desenvolvido pelo CNJ, que o previu no seu regimento, por força da Emenda Regimental nº 02/2015. Este sistema, no entanto, diferentemente dos seus congêneres, é público: *"Art. 118-A. Será admitido o julgamento em ambiente eletrônico dos procedimentos que aguardam apreciação pelo Plenário. (...) § 9º Os julgamentos do Plenário Virtual serão públicos e poderão ser acompanhados pela rede mundial de computadores (internet)".*

82. Atualmente, o plenário virtual é regulado no Tribunal de Justiça do Rio de Janeiro pelo art. 60-A do Regimento Interno. Este dispositivo prevê expressamente que os *"advogados terão o direito de apresentar memoriais aos julgadores, até o dia da sessão virtual"*.

83. Eugênio José Guilherme de Aragão, **O princípio da colegialidade e a independência do magistrado**.

84. Na França, o art. 6º da Portaria nº 58-1270/1958, relativa à Lei Orgânica sobre o Estatuto do Sistema Judiciário Francês estabelece que, ao tomar posse, o magistrado faz

Common Law, ressalvados determinados julgamentos que só podem ser tomados por unanimidade, como é o caso do julgamento por homicídio perante o júri criminal, na maioria dos colegiados as decisões são tomadas por maioria ou por unanimidade, embora nem sempre os votos vencidos sejam registrados. A diferença entre os dois modelos pode ser explicada pelo fato de que no *Civil Law* europeu se presume que a decisão do tribunal é a posição do Estado, que deve ser correta e despida de incertezas. Nos países ligados ao sistema de *Common Law*, a histórica associação dos tribunais ao parlamento e à nobreza fez com que o desacordo fosse algo mais natural e tolerável.[85] Apesar disso, na maioria dos tribunais constitucionais e tribunais supranacionais europeus tem se admitido a possibilidade de os juízes não apenas apresentarem opiniões dissidentes, mas também divulgarem essa divergência.[86]

De uma maneira geral, o voto vencido tem servido para permitir que os juízes chamassem a atenção para erros ou falhas percebidas na decisão tomada pela maioria ou indicassem outros caminhos para solucionar a questão, não apenas para o órgão colegiado, mas também para a sociedade.[87] António Lopo Martinez,[88] com apoio em Robert F. Blonquist, assinala que os juízes normalmente dissentem para buscar a verdade, aumentar o nível das discussões jurídicas, se sobressair entre os colegas, sinalizar uma futura alteração de pensamento, prestigiar uma minoria, registrar as falhas do pensamento prevalente, satisfazer um sentimento pessoal ou atacar a posição majoritária. Richard Posner,[89] por sua vez, entende que a divergência pode ser fruto de uma rixa pessoal, uma preferência política, uma crença pessoal, um valor institucional, uma técnica hermenêutica

---

o seguinte juramento: "Eu juro bem e fielmente cumprir minhas funções, guardar o segredo das deliberações e conduzir-me a todos como um digno e leal magistrado" (*"Je jure de bien et fidèlement remplir mes fonctions, de garder le secret des délibérations et de me conduire en tout comme un digne et loyal magistrat"*). De acordo com , Guilherme Jales Sokal, **O julgamento colegiado nos tribunais**, p. 336, na Alemanha e na Espanha apenas nas cortes constitucionais o voto vencido é divulgado.

85. António Lopo Martinez, **Voto de vencido**, p. 31.
86. Apesar dessa tradição, a maioria dos países da América Latina vem adotando o sistema de publicação dos votos vencidos. Nesse sentido, Guilherme Jales Sokal, **O julgamento colegiado nos tribunais**, p.335, afirma que aderiram a esse modelo México, Argentina, Chile, Colômbia, Equador, Venezuela, Peru e Uruguai.
87. Luiz Guilherme Marinoni, **Julgamento nas cortes supremas**, p. 29.
88. António Lopo Martinez, **Voto de vencido**, p. 40.
89. Richard A. Posner, ***How judges think***, p. 387.

diferenciada ou uma reação às consequências políticas, sociais ou econômicas da decisão.

Prossegue Martinez[90] afirmando que os juízes que gozam de maiores recursos institucionais, como o tempo e o pessoal, tendem a dissentir com mais frequência. Poucos casos e o apoio de pessoal facilitam a pesquisa e elaboração de opiniões dissidentes. Os salários mais altos atraem juízes mais qualificados, com o interesse e os conhecimentos necessários para expressar pontos de vista contrastantes. Da mesma forma, nos tribunais que possuem filtros capazes de selecionar os casos que vão julgar, os juízes tendem a dissentir mais porque enfrentam casos mais complexos e desprovidos de jurisprudência consolidada. Importante notar que a divergência impõe custos ao juiz minoritário, que tem que lavrar seu voto em separado, e ao colegiado, que fica com a unidade estremecida. Por isso, existe nos tribunais uma natural aversão ao voto vencido.

O Brasil, apesar de associado à família do *Civil Law*, adota uma forma de colegiado impróprio, pois as decisões podem ser tomadas por unanimidade ou por maioria, mesmo em casos criminais. No direito processual civil, o voto vencido comporta diferentes classificações. Em primeiro lugar, o voto vencido pode ser dividido em relação ao tipo de julgamento. Assim, pode-se falar em voto vencido na admissibilidade ou no mérito (art. 939 do CPC/2015). De fato, este dispositivo estabelece que as questões referentes à admissibilidade devem ser votadas antes do mérito e, havendo voto vencido nesta rodada de julgamento, o juiz dissidente deverá votar quando da análise do mérito.

O voto vencido também pode ser classificado a partir do conteúdo da divergência. Nesse sentido, o dissenso pode ocorrer em relação aos fundamentos, em seus aspectos fáticos ou jurídicos, ou em relação ao dispositivo. No Brasil, na maioria das vezes o voto vencido é identificado como aquele que se afasta da conclusão do voto vencedor. Logo, o dissenso normalmente é identificado apenas no dispositivo e não na fundamentação.[91] Essa visão, no entanto, vem sendo modificada em razão da percepção de que a divergência na fundamentação tem relevância própria e pode vir a comprometer a coesão

---

90. António Lopo Martinez, **Voto de vencido**, p. 36.

91. A **Enciclopédia jurídica de Leib Soibelman** (site enciclopédia jurídica), por exemplo, diferencia o voto vencido do voto divergente, afirmando que este também é considerado como voto vencedor, pois acompanha a solução adotada pela maioria, ainda que por fundamentos diversos.

da decisão.[92] Assim, amparado pelo direito norte-americano,[93] é cada vez mais comum ver autores que diferenciam o voto vencido que discorda do dispositivo vencedor (*dissenting opinion*) do voto vencido que diverge da fundamentação vencedora (*concurring opinion*).[94]

A *concurring opinion*, por sua vez, pode ser subdividida em total ou parcial. No primeiro caso, os julgadores têm fundamentações diferentes, enquanto que no segundo, o fundamento de um julgador está contido no fundamento de outro, que lhe é mais amplo. Na prática forense brasileira, a *concurring opinion* parcial, chamada de voto complementar, tem sido considerado nas votações apenas na sua parcela convergente, como um "reforço de argumento" e não como uma verdadeira divergência, desconsiderando os fundamentos acrescidos. Entendemos, não obstante, tratar-se de um voto parcialmente vencido, que deveria ter a sua fundamentação complementar votada e inserida na votação majoritária ou minoritária, conforme o caso.[95]

Com a edição do CPC/2015, o voto vencido permanece sendo motivo para retirar do relator originário, que não acompanhou a maioria, a atribuição para redigir o acórdão (art. 941, *caput*, do CPC/2015). As duas novidades em relação ao tema, são que o voto vencido passou a ser condição para a aplicação da técnica de ampliação do plenário (art. 942), que substituiu os embargos infringentes (arts. 530 a 534 do CPC/1973), e a exigência de que o voto vencido seja "*necessariamente declarado e considerado parte integrante do acórdão para todos os fins legais, inclusive de pré-questionamento*" (art. 941, § 3º).

---

92. Nesse sentido, assinala Guilherme Jales Sokal, **O julgamento colegiado nos tribunais**, p. 334, que "*a expressão voto vencido designa tanto o voto discordante na conclusão do julgamento quanto o voto que, embora concorde na parte dispositiva, adota fundamentação distinta*". Nesse sentido, vejam-se os seguintes enunciados do FPPC: "*Cabem embargos de declaração para suprir a omissão do acórdão que, embora convergente na conclusão, deixe de declarar os fundamentos divergentes*" (Enunciados 589) e "*Divergindo os julgadores quanto às razões de decidir, mas convergindo na conclusão, caberá ao magistrado que primeiro deduziu o fundamento determinante vencedor redigir o acórdão*" (o Enunciado 653).
93. Guido Fernando Silva Soares, ***Common law***, p. 126. A tradição americana de estudar os votos vencidos remonta ao início do século XIX. Sobre o tema, Alex Simpson Jr., ***Dissenting opinions***, p. 205. Já o tribunal constitucional alemão é um dos raros casos de corte constitucional que não costuma fazer distinção sobre o tipo de divergência estabelecida entre seus julgadores, chamando o voto vencido de *sondervoten* ou *abweichende meinungen*.
94. Luiz Guilherme Marinoni, **Julgamento nas cortes supremas**, p. 30, e Fredie Didier Jr. e Leonardo Carneiro da Cunha, *Curso de direito processual civil*, v. 3, p. 41.
95. Marcela Mattiuzzo, **Voto vencido, fundamentação diversa e fundamentação complementar**, p. 48.

4.4. O PRINCÍPIO DA COLEGIALIDADE

4.4.1. A (re)construção do sentido principiológico da colegialidade

Na doutrina desenvolvida na Europa continental ao longo do século passado é possível identificar uma clara tendência em enxergar na estrutura colegiada dos órgãos um aspecto intrínseco da atividade judicial, desde a antiguidade.[96] Nos países em que estava presente em ambas as instâncias, a colegialidade tinha uma conotação mais ampla, ligada à própria atividade jurisdicional,[97] enquanto que nos países onde a colegialidade ficava restrita aos tribunais, esse componente era mais associado ao julgamento dos recursos.

No caso do Brasil, como será visto no próximo Capítulo, desde o início da colonização, a formação colegiada esteve presente basicamente nos tribunais. Assim, o dogma da colegialidade foi desenvolvido na medida em que as garantias dos recursos foram sendo sedimentadas em nossa cultura jurídica. Nesse sentido, tomando em conta a pesquisa realizada por Carlos Vitor Nascimento dos Santos, verifica-se que a discussão teórica sobre a colegialidade no Brasil somente tomou corpo a partir da edição do primeiro Código de Processo Civil nacional, em 1939. Isso porque, de acordo com esse pesquisador,[98] um dos primeiros juristas pátrios a tratar do tema, como elemento característico da autoridade dos tribunais em julgar recursos oriundos da primeira instância, teria sido João Manuel de Carvalho Santos, na página 200 do volume 9 da coleção "Código de Processo Civil interpretado", de 1941.[99]

Mais à frente, destaca Carlos Vitor Nascimento dos Santos,[100] Jorge Americano teria enxergado na colegialidade um atributo democrático da

---

96. Na Itália, veja-se Giuseppe Chiovenda, **Instituições de direito processual civil**, v. 2, p. 86. Na Espanha, veja-se Francisco Lledó Yagüe, Pablo Sesma de Luis, Jose Ramón San Román Moreno e Manuel María Zorrilla Ruiz, ***Comentarios a la nueva ley de enjuiciamiento civil***, p. 236. Na França, veja-se Marie-Anne Cohendet, ***La collégialité des juridictions: un principe en voie de disparition?***, p. 716. Em Portugal, veja-se António Santos Abrantes Geraldes, **Recursos no novo Código de Processo Civil**, p. 265.

97. Na Itália, por exemplo, a colegialidade era inicialmente associada à oralidade. Sobre o tema, veja-se Giuseppe Chiovenda, **Instituições de direito processual civil**, v. 2, p. 86.

98. Carlos Vitor Nascimento dos Santos, **A colegialidade nos tribunais**, p. 479.

99. No entanto, como lembra *Leonardo Greco*, *Novas perspectivas da efetividade* **e do garantismo processual**, p. 17, Affonso Fraga tratou da colegialidade dos tribunais, também no ano de 1941, na página 14 do tomo 3 do livro **Instituições de processo civil do Brasil**.

100. Carlos Vitor Nascimento dos Santos, **A colegialidade nos tribunais**, p. 480.

decisão recursal, permitindo a prevalência do entendimento de uma maioria em detrimento da minoria.[101] Este autor teria sido, inclusive, pioneiro no emprego da expressão "colegiado" em nosso país, como se pode ver da referência presente na página 8 do volume 4 da coleção "Comentários ao Código de Processo Civil do Brasil" de 1943. A identificação da colegialidade como uma categoria jurídica própria do sistema recursal brasileiro, no entanto, somente teria se consolidado com a publicação por Francisco Cavalcanti Pontes de Miranda no tomo 1 dos "Comentários ao Código de Processo Civil", de 1958. Para Pontes de Miranda, a composição plural dos tribunais reforçaria a função revisora das decisões do juiz singular.

Até então, no entanto, a colegialidade era vista apenas como uma característica dos tribunais e não como um princípio jurídico. Um dos primeiros juristas brasileiros a identificar a colegialidade como um princípio, em 1963, foi José Frederico Marques.[102] Reiteradamente citado nos trabalhos sobre o tema, Marques afirmava que, em matéria de recurso, a colegialidade do juízo *ad quem* seria um princípio que dominaria e regeria todo o Direito Processual, infundindo maior confiança e segurança nos julgamentos de segundo grau. Estaria, portanto, diretamente ligado ao princípio do duplo grau de jurisdição.[103] Mais recentemente, a doutrina teria passado a considerar o princípio da colegialidade como uma garantia constitucional.[104] Isso porque o princípio do duplo grau encontraria expressa disposição no Pacto de San José da Costa Rica (art. 8, item 2, h), o que o elevaria à condição de princípio constitucional, por força do art. 5º, § 2º, da CF.[105]

Por certo, a afirmação da colegialidade como princípio não é uma posição imune a críticas. Mesmo porque, não é tarefa simples identificar um

---

101. O caráter democrático dos julgamentos colegiados também foi sublinhado por Jürgen Habermas, **Direito e democracia**, v. 1, p. 311.

102. Embora a coleção de livros, formada por 5 volumes e intitulados "Instituições de direito processual civil", tenha sido originalmente lançada pela Editora Forense em 1958, a menção à colegialidade em destaque somente foi inserida na 2ª edição da obra, lançada em 1963. Nesta edição, a citação consta da página 7 do volume 4.

103. Djanira Maria Radamés de Sá, **Duplo grau de jurisdição**, p. 100.

104. Dierle José Coelho Nunes, **Colegialidade das decisões dos tribunais: sua visualização como princípio constitucional e do cabimento de interposição de agravo interno em face de todas as decisões monocráticas do relator**, p. 51, Cândido Rangel Dinamarco, **O relator, a jurisprudência e os recursos**, p. 129, e Leonardo Greco, **Instituições de processo civil**, v. I, p. 44, e Luiz Guilherme Marinoni e Daniel Mitidiero, **Código de processo civil comentado artigo por artigo**. p. 588.

105. Guilherme de Souza Nucci, **O princípio da colegialidade**.

princípio que não está positivado no ordenamento jurídico ou assentado na cultura jurídica. Como visto, os tribunais são estruturados em órgãos colegiados para permitir que as decisões sejam tomadas através da visão de vários julgadores sobre as causas que lhes são submetidas, conferindo maior segurança e confiabilidade ao sistema. Trata-se, inegavelmente, de um valor abstrato, que vem sendo sistematicamente mencionado pela jurisprudência dos tribunais brasileiros em seus julgados,[106] como elemento argumentativo para a formação e a interpretação de outras regras. Nesse sentido, veja-se, por exemplo, que a jurisprudência considera que se não houvesse a previsão do agravo interno (art. 1.021 do CPC/2015), o julgamento monocrático nos tribunais seria incompatível com o princípio da colegialidade:[107]

> "De início, esclareço que a decisão agravada, ao negar seguimento ao recurso extraordinário com agravo, baseou-se no art. 21, § 1°, do RISTF e em precedentes de ambas as Turmas desta Corte (AI 814.690-AgR/RS e ARE 934.591-AgR/BA, relatados, respectivamente, pelos Ministros Roberto Barroso e Celso de Mello). Além disso, existe a previsão, no regimento interno e no CPC, de recurso cabível contra a decisão monocrática do relator. Dessa forma, não há falar em ofensa ao princípio da colegialidade" (STF - 2ª Turma - AgRg no AREXT 989.961/SP - Rel. Min. Ricardo Lewandowski, j. em 24/03/2017)

---

106. Até outubro de 2018, nos respectivos setores de busca jurisprudencial eletrônica, existiam 2455 acórdãos mencionando a expressão "princípio da colegialidade" no STJ e 456 no STF. Foi no STF, inclusive, que se localizou a mais antiga referência jurisprudencial ao princípio da colegialidade no Brasil: *"DESEMBARGADOR QUE, SUBSTITUINDO-SE A CÂMARA JULGADORA, ELABORA, MONOCRATICAMENTE, UM "ACÓRDÃO" - DESCUMPRIMENTO CONFIGURADO DE ACÓRDÃO DA PRIMEIRA TURMA DO S.T.F. QUE HAVIA INVALIDADO DECISÃO DO TRIBUNAL LOCAL, ORDENANDO, EM CONSEQUENCIA, A REALIZAÇÃO DE NOVO JULGAMENTO - A QUESTÃO DO JULGAMENTO NOS TRIBUNAIS - NECESSARIA OBSERVANCIA DO PRINCÍPIO DA COLEGIALIDADE"* (STF – Pleno – Rcl 430/PI – Rel. Min. Celso de Mello, j. em 02/06/1993).

107. Este entendimento também é assente na doutrina brasileira. Por todos, veja-se Teori Albino Zavascki, **Antecipação de tutela**, p. 218: *"Em casos tais, conseqüentemente, a recorribilidade da decisão para a Turma, Câmara, Seção, Corte Especial ou Plenário, é condição indispensável à legitimidade constitucional da norma de delegação. De tais premissas decorre que a antecipação dos efeitos da tutela, mediante decisões liminares do relator no curso do processo de mandado de segurança originário – as quais, evidentemente, não podem ser consideradas simples atos de instrução – são necessariamente sujeitas a controle pelo órgão colegiado, independentemente de previsão específica do regimento interno ou da lei"*.

> "A competência deferida ao Relator para, monocraticamente, julgar recurso manifestamente inadmissível, improcedente ou contrário à jurisprudência desta Corte não derroga o princípio da colegialidade, que resulta preservado, no âmbito desta Corte, pelo cabimento do recurso de agravo das decisões singulares proferidas por seus Ministros" (STF – 2ª Turma – AgRg no AI 742738/BA – Rel. Min. Ellen Gracie, j. em 02/03/2010)

> "Não há qualquer omissão concernente à possibilidade de julgamento monocrático, visto que esta Corte Superior possui firme jurisprudência no sentido de que a legislação processual (art. 557 do CPC/1973, equivalente ao art. 932 do CPC/2015, combinados com a Súmula 568 do STJ) permite ao relator julgar monocraticamente recurso inadmissível ou, ainda, aplicar a jurisprudência consolidada deste Tribunal, sendo certo, ademais, que a possibilidade de interposição de recurso ao órgão colegiado afasta qualquer alegação de ofensa ao princípio da colegialidade" (STJ – 4ª Turma – ED no RESP 1.269.844/RS – Rel. Min. Luis Felipe Salomão, j. em 16/10/2018)

Em algumas decisões, o princípio da colegialidade é mencionado para reafirmar que somente o julgamento plural é capaz de representar o esgotamento da instância inferior, para fins de acesso à corte superior. Nesse sentido, vejam-se:

> "1. Configura erro grosseiro a interposição de recurso extraordinário contra decisão monocrática de ministro de tribunal superior que nega seguimento a recurso de revista. 2. Inobservância do princípio da colegialidade, pois o recurso extraordinário é cabível contra decisão de única ou última instância que violar dispositivo constitucional" (STF – 2ª Turma – AgRg no ARESP 1.143.059/PR – Rel. Min. Edson Fachin, j. em 15/10/2018)

> "NÃO PREENCHIMENTO DOS PRESSUPOSTOS DE ADMISSIBILIDADE RECURSAL. ARTS. 330 E 331 DO RISTF. AUSÊNCIA DE IDENTIDADE ENTRE O ACÓRDÃO EMBARGADO E O PARADIGMA APONTADO COMO DIVERGENTE. DEFICIÊNCIA DO COTEJO ANALÍTICO. ART. 1.043, I, DO CPC. JULGAMENTO DO PARADIGMA NÃO FINALIZADO. AUSÊNCIA DE ACÓRDÃO DE MÉRITO. VIOLAÇÃO DO PRINCÍPIO DA COLEGIALIDADE" (STF – Pleno – AgRg nos EDiv no AREXT 1.028.574/SC – Rel. Min. Edson Fachin, j. em 04/04/2018)

> "AUSÊNCIA DE DECISÃO DE MÉRITO. SUPRESSÃO DE INSTÂNCIA. AUSÊNCIA DE EXAME DE AGRAVO REGIMENTAL NO TRIBUNAL A QUO. ÓBICE AO CONHECIMENTO DO *WRIT* NESTA CORTE. INOBSERVÂNCIA DO PRINCÍPIO DA COLEGIALIDADE" (STF – 1ª Turma – AgRg no HC 148.302/DF – Rel. Min. Luiz Fux, j. em 01/12/2017)

> "AUSÊNCIA DE JULGAMENTO COLEGIADO DE MÉRITO NO TRIBUNAL A QUO. ÓBICE AO CONHECIMENTO DO WRIT NESTA CORTE. INOBSERVÂNCIA DO PRINCÍPIO DA COLEGIALIDADE" (STF – 1ª Turma – AgRg no HC 162.238/SP – Min. Rel. Luiz Fux, j. em 22/10/2018)

> "Ademais, a matéria pleiteada em liminar confunde-se com o mérito. Para preservação do princípio da colegialidade, não é recomendável que seja deferida tutela de urgência que se confunde com o mérito da pretensão formulada no habeas corpus" (STJ – 5ª Turma – HC 380.730/MT – Rel. Min. Ribeiro Dantas, j. em 29/11/2016).

Em outros julgados, o princípio da colegialidade é invocado para justificar o afastamento de condutas do relator que, fora dos parâmetros legais, deixa de submeter ao seu órgão a apreciação de determinada questão:

> "Nesse contexto, para preservação do princípio da colegialidade, deveria o relator submeter ao agravo regimental interposto ao órgão colegiado competente, para fins, inclusive, de exaurimento de instância recursal, sem a qual o recurso especial estaria fadado à hipótese de não conhecimento" (STJ – 5ª Turma – HC 433.559/RS – Rel. Min. Humberto Martins, j. em 20/01/2018)

> "As decisões judiciais nos Tribunais, como regra, deverão ser proferidas por seus órgãos colegiados. Os princípios da celeridade e economia processual apontam as hipóteses em que os recursos podem receber decisões monocráticas do relator, que age como delegado do órgão colegiado. Por isso que é defeso ao relator suprimir da apreciação colegiada, por mais inadmissível que sejam as fundamentações do recurso interposto" (STJ – RESP 108.4437/RJ – 1ª Turma – Rel. Min. Luiz Fux, j. em 12/05/2009).

> "MANDADO DE SEGURANÇA. ATO JURISDICIONAL DE DESEMBARGADOR. CONHECIMENTO, DADA A EXCEPCIONALIDADE. DECISÕES MONOCRÁTICAS QUE OBSTACULIZARAM O CONHECIMENTO DA MATÉRIA PELO ÓRGÃO COLEGIADO. DIREITO LÍQUIDO E CERTO VERIFICADO, NA HIPÓTESE, EM ATENÇÃO AOS PRINCÍPIOS DA COLEGIALIDADE E DO DEVIDO PROCESSO LEGAL. ORDEM CONCEDIDA. UNÂNIME" (TJRS – Tribunal Pleno – MS 0050458-84.2018.8.21.7000 – Rel. Des. Newton Brasil de Leão, j. em 22/10/2018)

É possível encontrar decisões apontando a existência do princípio da colegialidade até mesmo fora do âmbito judicial:

> "MANDADO DE SEGURANÇA – CPI – DELIBERAÇÕES – PRINCÍPIO DA COLEGIALIDADE – CONSEQUENTE IMPOSSIBILIDADE DE DESCONS-

TITUIÇÃO DE TAIS RESOLUÇÕES POR SIMPLES ATO MONOCRÁTICO DO PRESIDENTE DA CÂMARA DOS DEPUTADOS" (STF – Plenário – AgRg no MS 34.864/DF – Rel. Min. Celso de Melo j. em 05/10/2018)

"A observância do princípio da colegialidade é consectário dos princípios constitucionais da ampla defesa e do contraditório, o que reclama sua observância mesmo em procedimentos de índole administrativa" (STF – 1ª Turma – AgRg no MS 34.702/PB – Rel. Min. Luiz Fux, j. em 15/06/2018)

Além do reconhecimento doutrinário e jurisprudencial, em nosso sentir, um critério mais seguro para se saber se um enunciado é ou não um princípio é a possibilidade de sua supressão do sistema jurídico. Em outras palavras, se a colegialidade fosse uma simples regra, ela poderia ser substituída por outra regra, que dissesse exatamente o contrário do que dela se imagina, enquanto que, sendo um princípio, tal modificação não seria inviável. Desse modo, como entendemos que a colegialidade não pode ser completamente extraída da estrutura do Poder Judiciário brasileiro, defendemos se tratar de um verdadeiro princípio.[108]

É preciso sublinhar, outrossim, que a colegialidade não se limita ao julgamento dos recursos. Ela se aplica, também, ao julgamento das ações e incidentes da competência originária dos tribunais. Nesse sentido, a colegialidade estaria assentada, em primeiro lugar, no princípio do juiz natural[109] e, na seara dos recursos, no princípio do duplo grau. Destarte, o princípio da colegialidade representaria uma característica da estrutura dos tribunais que se materializaria numa regra geral de competência funcional.[110] Em outras palavras, o princípio da colegialidade serviria de fundamento para se afirmar que a primazia para o julgamento das causas nos tribunais pertence ao colegiado e que a sua violação implicaria no desvirtuamento do juiz natural e, por conseguinte, do devido processo legal.

---

108. Wanessa de Cássia Françolin, **A ampliação dos poderes do relator nos recursos cíveis**, p. 49.

109. Marcel Vitor Magalhães e Guerra e Marcia Vitor de Magalhães e Guerra, **Princípio constitucional da colegialidade das decisões – garantia da recorribilidade das liminares em mandado de segurança de competência originária**, p. 3032, Dierle José Coelho Nunes, **Colegialidade das decisões dos tribunais: sua visualização como princípio constitucional e do cabimento de interposição de agravo interno em face de todas as decisões monocráticas do relator**, p. 51, e Cândido Rangel Dinamarco, **O relator, a jurisprudência e os recursos**, p. 132.

110. Leonardo Greco, **A falência do sistema de recursos**, p. 102.

Apesar de ainda ser um conceito em construção, a visão da colegialidade como um princípio identificado com a estrutura dos tribunais poderia ser definida como "tradicional". De fato, como visto, desde a década de 1960, essa posição tem sido defendida no Brasil por autores como José Frederico Marques e reproduzida em diferentes julgados. Não obstante, nos últimos anos, o princípio da colegialidade vem se desenvolvendo também numa nova vertente, como técnica de julgamento, em razão da percepção de que a autoridade dos tribunais pode ser comprometida pela manifestação individual dos juízes em contraste com as posições consagradas na jurisprudência.

Embora a existência de dissídios entre os julgadores e seus colegiados sempre tenha existido na justiça brasileira, após a Constituição de 1988 ela se tornou muito mais sensível,[111] especialmente por conta da: a) ampliação das funções judiciais; b) visibilidade e publicidade dos julgamentos; c) judicialização da política (ativismo judicial); d) alteração nos paradigmas hermenêuticos; e) mudança no processo decisório (incremento dos julgamentos monocráticos); e f) necessidade de formação de padrões decisórios.[112]

Como decorrência desse quadro, as orientações dos tribunais foram se pulverizando entre seus membros, aprofundando ainda mais a incoerência e instabilidade da jurisprudência. O protagonismo judicial das decisões colegiadas passou a dividir espaço com as manifestações individuais dos julgadores. Nesse sentido, o então Ministro do STF Sepúlveda Pertence afirmou que a sua corte era formada por 11 ilhas que não se comunicavam, mas apenas conviviam entre si.[113] De acordo com Felipe Recondo,[114] no entanto, a metáfora das "*11 ilhas*" perdeu capacidade de descrever a dinâmica de trabalho do STF nos tempos mais recentes. Na visão do jornalista, na "*geopolítica judiciária*", a Corte Suprema seria formada por "*11 Estados soberanos*", que

111. Inegável reconhecer que a doutrina pátria, mesmo após a Constituição de 1988, com raras exceções, não se debruçava com interesse sobre a racionalidade das decisões judiciais nos tribunais e a sua relação com a produção do saber no campo da teoria do direito. O tema somente se destacou quando o declínio do positivismo exegético se tornou evidente e o neoconstitucionalismo impôs uma revisão na atividade interpretativa. Sobre a questão, veja-se José Rodrigo Rodriguez, **Como decidem as cortes?**, p. 62.

112. Fabiana Luci de Oliveira, **O supremo relator: processo decisório e mudanças na composição do STF nos governos FHC e Lula**, p. 90, e Adriana de Moraes Vojvodic, Ana Mara França Machado e Evorah Lusci Costa Cardoso, **Escrevendo um romance, primeiro capítulo: precedentes e processo decisório no STF**, p. 22.

113. Mariângela Gallucci, **Somos 11 ilhas. Não somos amigos**.

114. Felipe Recondo, **Das 11 ilhas aos 11 soberanos**.

declaram guerra contra nações inimigas, negociam alianças diplomáticas, adotam programas de governo e estabelecem uma política interna própria.

Conrado Hübner Mendes,[115] na mesma linha, afirma que os ministros impõem suas ideias combinando a manipulação de dois elementos: o tempo e o procedimento. Um ministro sozinho pode impedir, por prazo indeterminado, que o tribunal resolva um caso; pode, também, quando relator, tomar uma decisão monocrática e obstruir o envio desse caso para julgamento colegiado. Um ministro relator, ao perceber que vai ser derrotado na votação, pode tirar a causa do seu órgão fracionário e remetê-lo ao plenário do tribunal; pode também aproveitar a ausência anunciada de um ministro opositor para colocar a causa em votação; pode, enfim, esperar o ministro que pensa diferente se aposente ou que um fato novo venha a ocorrer, até devolver a causa e assim assegurar o resultado que lhe agrada. Nesse quadro, eventual acerto no mérito de um julgamento pouco significa para outros casos, pois as manobras praticadas minariam a confiabilidade e a autoridade daquela decisão.

Por conta disso, os tribunais superiores começaram a desenvolver a visão de que o princípio da colegialidade, além de associado ao princípio do juiz natural, representaria também um comando para que os integrantes dos tribunais se submetessem às posições tomadas pelo colegiado.[116] Sob essa ótica, a decisão colegiada, uma vez proferida, não importa se por unanimidade ou por maioria, passaria a denotar a orientação da corte sobre determinada questão e, desse modo, deveria prevalecer sobre as opiniões pessoais dos julgadores. Em síntese, o princípio da colegialidade apregoaria também a autocontenção dos juízes em face da jurisprudência consolidada nos tribunais.

Nesse passo, é preciso reconhecer que no Brasil, ao contrário do que ocorre nos países filiados à tradição do *Common Law*,[117] a autocontenção judicial é pouco estudada e normalmente vista apenas sob a ótica política, relacionada com a invasão ativista das esferas legislativas e administrativas.[118]

---

115. Conrado Hübner Mendes, **O STF erra até quando acerta**.

116. Carlos Vitor Nascimento dos Santos, **A colegialidade nos tribunais**, p. 511.

117. Keenan D. Kmiec, ***The origin and Current Meanings of Judicial Activism***, p. 1476.

118. Nesse sentido, diz Luís Roberto Barroso, **Judicialização, ativismo judicial e legitimidade democrática**, p. 77: "*O oposto do ativismo é a auto-contenção judicial, conduta pela qual o Judiciário procura reduzir sua interferência nas ações dos outros Poderes. Por essa linha, juízes e tribunais (i) evitam aplicar diretamente a Constituição a situações que não estejam no seu âmbito de incidência expressa, aguardando o pronunciamento do legislador*

A autocontenção jurisprudencial ou interna é uma das vertentes da autocontenção judicial, diretamente associada, nos países de tradição consuetudinária, com a necessidade de observância pelos membros dos tribunais dos seus próprios precedentes.[119] Na realidade brasileira, a autocontenção jurisprudencial é algo novo e ligado à busca pela observância pelos integrantes dos tribunais da jurisprudência dotada de eficácia vinculativa.[120]

Um exemplo emblemático da controvérsia sobre a autocontenção do juiz em relação à jurisprudência pôde ser visto em recente julgamento ocorrido no STF. Sob as vistas de todo o país, no dia 4 de abril de 2018, o Plenário do STF concluiu a apreciação do HC 152.752/PR, impetrado em favor do ex-presidente Luís Inácio Lula da Silva, que tratava, dentre outros temas, da questão da constitucionalidade da execução provisória da pena de prisão determinada por órgão de segunda instância. Na ocasião, o Plenário do STF, por um voto de diferença, denegou a ordem ao paciente. Durante o julgamento, a ministra Rosa Weber afirmou que, apesar de ter uma orientação

---

ordinário; (ii) utilizam critérios rígidos e conservadores para a declaração de inconstitucionalidade de leis e atos normativos; e (iii) abstêm-se de interferir na definição das políticas públicas. Até o advento da Constituição de 1988, essa era a inequívoca linha de atuação do Judiciário no Brasil. A principal diferença metodológica entre as duas posições está em que, em princípio, o ativismo judicial procura extrair o máximo das potencialidades do texto constitucional, sem contudo invadir o campo da criação livre do Direito. A auto-contenção, por sua vez, restringe o espaço de incidência da Constituição em favor das instâncias tipicamente políticas". Na jurisprudência, vejam-se: *"É verdade, no entanto, que essa atuação do Poder Judiciário deve ser exercida com parcimônia, em verdadeira autocontenção da interferência jurisdicional, pois o excesso nessa atuação poderia gerar uma inversão dos papéis constitucionalmente reservados ao Estado-Administrador e ao Estado-Juiz, em desrespeito ao equilíbrio por freios e contrapesos estabelecido entre a arquitetura democrática do primeiro e a estabilidade institucional do segundo no sistema político brasileiro, fazendo com que a atuação contra-majoritária deste no controle do primeiro exorbitasse ao âmbito da simples proteção dos direitos e garantias legais e constitucionalmente protegidos e passasse a constituir-se em substituição das escolhas livremente deixadas pela Constituição ao jogo democrático"* (STJ – 1ª Turma – RESP 1.637.593/CE – Rel. Min. Regina Helena Costa, j. em 29/11/2016) e *"A revisão judicial de marcos regulatórios editados pelo legislador requer uma postura de autocontenção em respeito tanto à investidura popular que caracteriza o Poder Legislativo quanto à complexidade técnica inerente aos temas a que o Poder Judiciário é chamado a analisar pela ótica estrita da validade jurídica"* (STF – Pleno – ADI 4.923/DF – Rel. Min. Luiz Fux, j. em 08/11/2017).

119. Soraya Gasparetto Lunardi e Dimitri Dimoulis, **Ativismo e autocontenção judicial no controle de constitucionalidade**, p. 462.

120. José Rodrigo Rodriguez, **Como decidem as cortes?**, p. 64, e Guilherme Jales Sokal, **O julgamento colegiado nos tribunais**, p. 101.

pessoal diferente, em respeito à colegialidade, votava com a maioria e seguia a tese jurídica consagrada naquela corte.[121] Em que pese ser longo, merece destaque o seguinte trecho do seu voto:

> "Como terceiro ponto, ABORDO o significado do princípio da colegialidade, na engenharia decisória da atividade jurisdicional, notadamente a desempenhada pelas Cortes Supremas, princípio este QUE há de ser bem compreendido.
>
> A colegialidade, como método decisório dos julgamentos em órgãos coletivos pelo qual o decidir se dá em conjunto, impõe, aos integrantes do grupo, da assembleia ou do tribunal, procedimento decisório distinto daquele a que submetido o juiz singular.
>
> Por funcionar como um colegiado, em um tribunal, a justificação da decisão judicial não se detém no raciocínio jurídico de um único juiz, avançando à fase da deliberação, na qual as manifestações individuais são postas em confronto e têm sua consistência e validade testadas, para, na etapa seguinte, proclamar-se resultado que expresse a opinião unânime ou majoritária do tribunal, enquanto voz e voto de um ente coletivo.
>
> A colegialidade, nesse ENFOQUE, assume, em um primeiro olhar, estrutura procedimental marcada pela igualdade e liberdade dos julgadores no compartilhamento dos argumentos jurídicos a fim de compor uma racionalidade única, institucional, do tribunal, conquanto comporte, por óbvio, expressão de divergências.
>
> Em uma segunda dimensão, a colegialidade, quanto ao seu elemento funcional, exige a direta interação, por meio do respeito e confiança recíprocos, entre os membros do grupo para a formação da vontade coletiva, que não se perfectibiliza com a soma de várias vozes, e sim com a sua conjugação em uníssono, a voz da Corte para toda sociedade a conformar a ordem normativa constitucional.
>
> Em outras palavras, as vozes individuais vão cedendo em favor de uma voz institucional, objetiva, desvinculada das diversas interpretações jurídicas colocadas na mesa para deliberação. Essa compreensão tem sido endossada por expressivos doutrinadores brasileiros dedicados ao estudo do processo constitucional, dentre os quais lembram Luiz Guilherme Marinoni, Conrado Hübner Mendes e Virgílio Afonso da Silva.

---

121. Em 11 de novembro de 2016, o Plenário do STF, sob a relatoria do ministro Teori Zavasck, no julgamento do AREXT 964.246/SP, dotado de repercussão geral, assentou a tese *"de que a execução provisória de acórdão penal condenatório proferido em grau recursal, ainda que sujeito a recurso especial ou extraordinário, não compromete o princípio constitucional da presunção de inocência afirmado pelo artigo 5º, inciso LVII, da Constituição Federal"*.

> Nesse contexto normativo e institucional, reputo o princípio da colegialidade imprescindível (isto é, necessário e suficiente) para o sistema, porquanto a individualidade dentro do tribunal, no processo decisório, tem um momento delimitado, a partir do qual cede espaço para a razão institucional revelada no voto majoritário da Corte.

Muitas vozes criticaram o fato de a ministra Rosa Weber ter utilizado o princípio da colegialidade para justificar o seu voto. O ex-presidente do STF Nelson Jobim[122] afirmou que a posição dela criava uma *"situação estranha"*. Afrânio Silva Jardim[123] foi ainda mais enfático e disse que a ministra Rosa Weber não poderia ter invocado o princípio da colegialidade para votar contra as suas próprias convicções e arrematou: *"no 'mundo do Direito' não existe tal princípio. No 'mundo da ética', ele é bastante discutível. No mundo da lógica, ele é uma desgraça"*. Eugênio José Guilherme de Aragão,[124] por sua vez, aduziu que a submissão dos julgadores ao colegiado seria incompatível com a garantia de independência da magistratura, além de contrariar a lógica decisória das cortes brasileiras. De acordo com Aragão, somente se as votações fossem secretas é que se poderia exigir validamente que os julgadores submetessem suas posições pessoais às orientações colegiadas. Além disso, a supressão do voto vencido representaria uma negativa de acesso aos recursos e incidentes que se utilizam desse elemento como requisito de cabimento.

Durante a exposição oral do seu voto, na sessão do julgamento, a ministra Rosa Weber foi criticada também por outros ministros do STF que, através de repetidos apartes, taxaram como incoerente a sua postura. A ministra, então, perguntou aos seus colegas de plenário: se nós deferirmos este *habeas corpus*, rotulando de constrangimento ilegal a decisão do STJ, que nada mais fez do que seguir um precedente que nós mesmos editamos e reafirmamos recentemente, o que será da nossa corte? Que mensagem estaremos passando às demais instâncias judiciais e à sociedade?[125]

Antes de avançar à análise da discussão, necessário sublinhar um ponto no mínimo curioso sobre o julgamento do HC 152.752/PR. Na abertura do seu voto, a ministra Rosa Weber afirmou que, na sua visão, o *habeas corpus* em questão não deveria ter sido admitido. Ainda assim, a ministra invocou

122. Site da Agência Brasil.

123. Afrânio Silva Jardim, **Princípio da colegialidade. Inexistência jurídica**.

124. Eugênio José Guilherme de Aragão, **O princípio da colegialidade e a independência do magistrado**.

125. Veja-se a íntegra do voto da ministra Rosa Weber no julgamento do HC 152.752/PR no site do *Youtube* (disponível em: https://www.youtube.com/watch?v=FRSSYeZ_szQ).

o princípio da colegialidade para conhecê-lo, diante da constatação de que *"diversos julgados em que* habeas corpus *em situação idêntica, ou similar, foram conhecidos por este Plenário, um deles, inclusive, com um único voto contrário, o meu"*. Tal fato, no entanto, não foi objeto de qualquer censura, dentro ou fora do tribunal. Somente a segunda menção ao mesmo princípio despertou a irresignação de parte de seus colegas e da comunidade jurídica.

Em relação às críticas mencionadas, inevitável constatar que nas cortes superiores, inclusive no próprio STF, não é difícil encontrar manifestações assinalando que a posição pessoal do magistrado não deveria prevalecer quando dissonante da jurisprudência assentada, em homenagem ao princípio da colegialidade. Nesse sentido, vejam-se os seguintes arestos:

> "Por tal razão, e a despeito de convicção pessoal em sentido contrário sobre a matéria, devo ajustar o meu entendimento à diretriz jurisprudencial hoje prevalecente em ambas as Turmas desta Suprema Corte, fazendo-o em respeito e em atenção ao princípio da colegialidade" (STF – 2ª Turma – AgRg no REXT 615.931/MG – Rel. Min. Celso de Mello, j. em 26/05/2017)

> "3. A meu ver, a *ratio essendi* de tal sistemática processual repousa na imperiosa garantia de assegurar o devido processo legal, resguardando o contraditório e a ampla defesa em sua forma mais ampla, a fim de evitar possíveis prejuízos à parte contrária decorrentes da impossibilidade de impugnar novos elementos de convicção que possam ser trazidos aos autos, razão pela qual se deveria conhecer os presentes Embargos, não havendo que se fazer distinção se trata-se de Agravo de Instrumento ou Agravo Regimental. 4. Contudo, curvo-me à jurisprudência do STJ, que já pacificou o entendimento de que só são cabíveis os Embargos de Divergência quando os arestos trazidos à colação firmaram posição antagônica sobre os mesmos fatos e questões jurídicas deduzidos no acórdão embargado" (STJ – Corte Especial – ERESP 1.296.584/RJ – Rel. Min. Napoleão Nunes Mais, j. em 01/10/2014)

Nos tribunais inferiores, também é possível identificar a associação do princípio da colegialidade com a necessidade de submissão às orientações prevalentes na própria corte ou em cortes superiores:

> "É importante observar o princípio da colegialidade, com a valorização da conclusão expressa pelos integrantes deste Tribunal de Apelação. Nesta hipótese, a maioria dos juízes competentes para analisar o tema julga improcedente o pedido indenizatório. Nos julgamentos do Tribunal é importante levar em conta a regra prevista no art. 926 do novo CPC. A jurisprudência merece ser uniformizada. Levando em conta essa circunstância, este Relator está se alinhando com a resolução predominante" (TJRS – 10ª Câmara

Cível – AC 0258248-38.2018.8.21.7000 – Rel. Des. Marcelo Cezar Müller, j. em 25/10/2018)

"Posicionamento do STJ, proferido no julgamento do REsp nº 1.339.313/RJ, sob o rito do art. 543-C do CPC. Relatora que passa a seguir este posicionamento a fim de prestigiar o princípio da colegialidade. Precedentes dessa Colenda Câmara" (TJRJ – 9ª Câmara Cível – AC 0251007-25.2012.8.19.0001 – Rel. Des. Ana Célia Montemor Soares Rios Gonçalves, j. em 26/06/2018)

"Posição recente da Primeira e da Segunda Turma do STJ sobre o tema. Respeito ao princípio da colegialidade" (TJSP – 18ª Câmara de Direito Público – MS 2168276-33.2018.8.26.0000 – Rel. Des. Ricardo Chimenti, j. em 24/09/2018)

"Este, entretanto, não é o entendimento majoritário desta Oitava Câmara Cível, razão pela qual tenho ficado vencido sistematicamente sobre o tema, inclusive em julgamentos estendidos. Portanto, diante do princípio da colegialidade, ressalvando meu posicionamento, curvo-me ao entendimento majoritário da Câmara, no sentido de que estão presentes os requisitos ensejadores da indenização por dano moral" (TJMG – 8ª Câmara – AC 0034152-62.2014.8.13.0611 – Rel. Des. Gilson Soares Lemes, j. em 15/10/2018)

"No que se refere à fixação dos honorários advocatícios, este Relator já teve o entendimento de que se a ação foi proposta na vigência do CPC/73, os honorários advocatícios deveriam ser fixados com base no Código revogado, ainda que a sentença tenha sido proferida na vigência do CPC/15. Todavia, em razão do princípio da colegialidade, curvou-se ao entendimento de que ajuizada a ação na vigência do CPC/73, e tendo sido a sentença proferida na vigência do CPC/15, os honorários devem ser fixados com base no atual Código" (TJDF – 4ª Turma Cível – AC 0003020-50.2016.8.07.0007 – Rel. Des. Arnoldo Camanho, j. em 19/09/2018)

"A jurisprudência desse egrégio Tribunal de Justiça se afirmou no sentido de que as provas e argumentos apresentados nestes autos, a exemplo de casos similares, não demonstram a ocorrência de situação que excepcione o direito subjetivo à nomeação. Ressalvada a posição pessoal do relator" (TJAC – Pleno – MS 1001638-23.2018.8.01.0000 – Rel. Des. Roberto Barros, j. em 24/10/2018)

"Dito isto, em observância ao Princípio da Colegialidade estabelecido pelo art. 926 do CPC/15, ao prenunciar que 'os tribunais devem uniformizar sua jurisprudência e mantê-la estável, íntegra e coerente', e feitas as devidas ressalvas ao entendimento esposado por esta Relatora, curvo-me ao supraci-

> tado precedente, no sentido de manter uníssono e coerente os julgados deste egrégio Sodalício, situação já debatida inclusive no Fórum Permanente de Processualistas Civis, em que foram elaborados os Enunciados nºs. 454 e 455" (TJCE – 1ª Câmara Direito Público – AI 0624239-50.2018.8.06.0000 – Rel. Des. Lisete de Sousa Gadelha, j. em 05/11/2018)
>
> "Destaco que este, a despeito da minha compreensão pessoal acerca da matéria, é o entendimento dos membros desta Terceira Câmara Cível, razão pela qual, com fundamento no princípio da colegialidade, adoto-o para estender o benefício previdenciário aos dependentes filhos que já ultrapassaram os 21 anos de idade" (TJAM – 3ª Câmara Cível – AC 0602313-98.2017.8.04.0001 – Rel. Des. Nélia Caminha Jorge, j. em 01/10/2018)
>
> "ACÓRDÃO DIVERGENTE DA ORIENTAÇÃO DO STJ NO ÂMBITO DE RECURSO REPETITIVO. NECESSIDADE DE REEXAME DO ACÓRDÃO PELO ÓRGÃO PROLATOR. OBSERVÂNCIA DO PRINCÍPIO DA COLEGIALIDADE" (TJBA – 5ª Câmara Cível – AC 0158808-47.2007.8.05.0001 – Rel. Des. Baltazar Miranda Saraiva, j. em 17/07/2018)

De sorte que, ao contrário do que foi destacado, a submissão da posição pessoal do julgador à jurisprudência consolidada é um comportamento corriqueiro na dinâmica atual dos julgamentos realizados nos tribunais do país. Nas decisões mencionadas, além do aspecto hierárquico, essa postura procurou atender também à lógica de preservação da estabilidade e coerência do sistema jurisprudencial, especialmente à luz do que dispõe o art. 926 do CPC/2015. Com efeito, a segurança jurídica decorrente da uniformidade da jurisprudência passou a ser vista como valor imprescindível ao funcionamento do Poder Judiciário, pois dela depende a eficácia da vontade política da nação e eficiência da ação soberana do Estado.[126] Trata-se, pois, de uma readequação do papel constitucional do Poder Judiciário, frente à nova feição do sistema processual brasileiro consolidada pelo CPC/2015.[127]

Por outro lado, a independência funcional do magistrado, enquanto proteção contra influências indevidas no processo decisório, deve existir até a consolidação de uma orientação pelo seu colegiado ou por órgão superior. Depois disso, o que deve prevalecer é o interesse público na preservação das posições sedimentadas.[128] Ademais, a imparcialidade decorre da necessária

---

126. Luiz Guilherme Marinoni, **Precedentes obrigatórios**, p. 120.

127. Lucas Buril de Macêdo, **Precedentes e o direito processual civil**, p. 191.

128. Como bem destacado por José Joaquim Gomes Canotilho, **Direito constitucional e teoria da constituição**, p. 657, a independência funcional do juiz significa que a sua

isenção que o juiz deve ter em relação às questões e às partes envolvidas na sua atividade judicante. Submeter-se à uma orientação consolidada não afeta a imparcialidade do julgador, que deve se enxergar como um integrante de uma comunidade de produção de comandos estatais.[129]

Anote-se, igualmente, que a submissão à jurisprudência não visa suprimir o voto vencido, que efetivamente tem funcionalidade jurídica no nosso sistema processual. Na realidade, se o julgador entender que após a estabilização da jurisprudência surgiu algum fato novo que não foi devidamente considerado, é seu dever se manifestar, ainda que contrariamente à posição prevalente, afastando a sua eficácia vinculativa por meio do *overruling* ou do *overriding*.[130] Se a sua divergência, no entanto, já foi ampla e profundamente analisada e refutada pela maioria, é esta posição que deve prevalecer. Além disso, com a mudança no método de julgamento dos tribunais, através da adoção da técnica *per curiam*,[131] acreditamos que seria possível reduzir o impacto das divergências, promovendo um maior grau de aceitação das orientações consolidadas pelos julgadores.

4.4.2. A compatibilidade do julgamento monocrático com o princípio do colegiado

Como será visto no próximo Capítulo, no sistema processual brasileiro, desde o início do período colonial, os magistrados sempre puderam praticar atos isoladamente, sejam administrativos, ordinatórios, instrutórios e, até mesmo, decisórios. Ainda assim, somente quando a Lei nº 9.756/1998 inseriu no art. 557 do CPC/1973 a possibilidade mais ampla de julgamento monocrático pelo relator dos recursos nos tribunais inferiores é que parte da doutrina passou a vislumbrar nesta situação um descompasso com a lei ou Constituição Federal[132] ou, ao menos, com as "tradições da Justiça

---

atuação está submetida às *"fontes de direito jurídico-constitucionalmente reconhecidas"*. Assim, tomando a jurisprudência como "fonte do direito", no sentido defendido nesta tese, a sua aplicação não compromete a independência funcional do magistrado.

129. Luiz Guilherme Marinoni, **Precedentes obrigatórios**, p. 64.

130. Celso de Albuquerque Silva, **Súmula vinculante**, p. 173.

131. Alexandre Freitas Câmara, **Levando os padrões decisórios a sério**, p. 256.

132. Marcos Afonso Borges, **Alterações do Código de processo civil oriundas da Lei 9.756, de 17-12-1998**, p. 8, Henrique Guelber de Mendonça, **O princípio da colegialidade e o papel do relator no processo civil brasileiro**, p. 208, Nelson Luiz Pinto, **Recurso especial e recurso extraordinário**, p.123, Hélio Rubens Ribeiro Costa, **A inconstitucionalidade da primeira parte do parágrafo 3. do art. 544 do Código de Processo Civil e demais questões referentes ao julgamento monocrático dos recursos constitucionais**, p. 120,

brasileira".[133] Na jurisprudência dos tribunais superiores, entretanto, essa irresignação teve pouca repercussão.[134]

Reunindo os argumentos adotados pelos críticos do julgamento monocrático, temos, em síntese, que: a) o julgamento monocrático seria incompatível com o princípio da colegialidade, pois este estabelece que o colegiado é o juiz natural da causa; b) a colegialidade seria peça fundamental para preservar a independência e a imparcialidade dos tribunais; c) somente a Constituição poderia legitimamente estabelecer exceções ao princípio da colegialidade, em razão de seu assento constitucional, como uma característica do princípio do duplo grau ou do juiz natural; d) o julgamento monocrático, por abreviar o procedimento, afrontaria o princípio do contraditório, especialmente no que toca à possibilidade de sustentação oral; e) o julgamento monocrático, por não ser resultado de um trabalho coletivo, poderia ser aplicado de maneira discricionária.[135]

---

e Francisco Peçanha Martins, **A reforma do art. 557 do CPC: inconstitucionalidade e ilegalidade**, p. 59.

133. José Carlos Barbosa Moreira, **Algumas inovações da lei 9.756 em matéria de recursos cíveis**, p. 27, e Athos Gusmão Carneiro, **Poderes do relator e agravo interno**, p. 21.

134. No STJ, por exemplo, só foi possível localizar uma decisão que sufragou o pensamento contrário às modificações operadas no art. 557 do CPC: "*PROCESSUAL CIVIL. RECURSO DE APELAÇAO. DENEGAÇAO DE SEGUIMENTO. ART. 557-CPC. INADMISSIBILIDADE. A aplicação do art. 557 do CPC para negar seguimento ao recurso de apelação, por decisão singular do Relator, implica revogação de dispositivos processuais antecedentes relativos à própria apelação, aos embargos infringentes e à ação rescisória. Além disso, constitui inequívoca restrição ao direito de ampla defesa, constitucionalmente assegurado, sob o pálio da publicidade e com efetiva participação dos advogados, indispensável à realização da Justiça*" (STJ – 2ª Turma – RESP 299.872/MG – Rel. Min. Francisco Peçanha Martins, j. em 06/06/2002). Esta posição, entretanto, restou isolada, sendo certo que a 2ª Turma do STJ, em outros julgamentos, esteve alinhada com a jurisprudência majoritária, que reconhecia a constitucionalidade do julgamento monocrático baseado no art. 557 do CPC/1973. Nesse sentido, por exemplo, veja-se: "*AGRAVO NO RECURSO ESPECIAL - PROCESSUAL CIVIL - ART. 557, DO CPC -DECISÃO MONOCRÁTICA DO RELATOR - REMESSA OFICIAL - POSSIBILIDADE. O art. 557, do CPC, com a redação de acordo com a Lei n. 9.139/95, autoriza o relator a decidir monocraticamente o recurso, mesmo em se tratando de remessa oficial, quando manifestamente inadmissível, improcedente, prejudicado ou contrário à súmula do respectivo tribunal*" (STJ – 2ª Turma – AgRg no RESP 228.824/CE – Rel. Min. Nancy Andrighi, j. em 22/08/2000).

135. No meio legislativo existem diversas iniciativas no sentido de restringir as hipóteses de julgamento monocrático nos tribunais. Um deles, por exemplo, o PLC nº 7.104/2017, estabelece que só poderia ser concedida medida cautelar em ação direta de constitucionalidade por meio de decisão da maioria absoluta dos membros do STF, após a audiência dos órgãos ou autoridades dos quais emanou a lei ou ato normativo impugnado.

Em primeiro lugar, é preciso reconhecer que, tomado na sua expressão literal, o princípio da colegialidade poderia conduzir à conclusão de que nos tribunais apenas as decisões proferidas por mais de um julgador seriam válidas. Como todo princípio jurídico, no entanto, a colegialidade não pode ser vista com contornos absolutos.[136] De fato, o alcance dos princípios é amoldado através da convivência com os demais princípios e regras integrantes do ordenamento jurídico, à luz da dinâmica das relações sociais.[137] Assim, no caso do princípio da colegialidade, os seus limites são estabelecidos por meio da harmonização com os princípios processuais presentes na Constituição Federal, notadamente o princípio da efetividade e o princípio da celeridade.[138]

Além do mais, seria ilógico, do ponto de vista teórico, e contraproducente, do ponto de vista prático, sustentar que os julgadores não pudessem agir isoladamente, em determinadas situações, dentro do seu colegiado. Certamente, tal construção comprometeria o funcionamento desses órgãos, pois a dinâmica da atividade colegiada pressupõe a existência de coordenação e representação entre seus membros. Não por outra razão, a essência do sentido aqui defendido para o princípio da colegialidade é a primazia e não a exclusividade do colegiado no processo de tomada de decisão nos tribunais.

Necessário considerar ainda que, em razão da busca pelo acesso à justiça, especialmente diante do crescimento no número de recursos interpostos, aumentou a exigência por resultados nos trabalhos realizados pelos tribunais. E um dos caminhos que se identificou para se atingir esses objetivos, sem abrir mão de suas funções, foi através da delegação mais ampla de funções decisórias entre os seus integrantes.[139] De fato, não basta aumentar o número

---

136. Tiago Figueiredo Gonçalves, **Julgamento unipessoal nos tribunais e agravo inominado**, p. 27, e Wanessa de Cássia Françolin, **A ampliação dos poderes do relator nos recursos cíveis**, p. 49.

137. Robert Alexy, *Teoria dos direitos fundamentais*, p. 116.

138. Delosmar Domingos de Mendonça Jumior, **Agravo interno**, p. 148. Nesse sentido, veja-se na jurisprudência: *"O 'novo' art. 557 do CPC tem como escopo desobstruir as pautas dos tribunais, a fim de que as ações e os recursos que realmente precisam ser julgados por órgão colegiado possam ser apreciados o quanto antes possível. Por essa razão, os recursos intempestivos, incabíveis, desertos e contrários a jurisprudência consolidada no tribunal de segundo grau ou nos tribunais superiores deverão ser julgados imediatamente pelo próprio relator, através de decisão singular, acarretando o tão desejado esvaziamento das pautas. Prestigiou-se, portanto, o princípio da economia processual e o princípio da celeridade processual, que norteiam direito processual moderno"* (STJ – 1ª Turma – RESP 226.724/RS – Rel. Min. Humberto Gomes de Barros, j. em 16/11/1999).

139. Nagib Slaib Filho, **Notas sobre o art. 557 do CPC (competência do relator de prover e de negar seguimento a recurso)**, p. 101, e Tiago Figueiredo Gonçalves, **Julgamento**

de juízes nos tribunais. É necessário promover uma mudança nos rituais de funcionamento dos órgãos colegiados.[140]

Outrossim, se é verdade que o colegiado é o juiz natural da causa dirigida aos tribunais, também é verdade que a lei pode delegar essa competência para o relator, por questões de gestão processual.[141] A delegação legal, assim, faz com que o relator exerça uma competência funcional que lhe é própria,

---

unipessoal nos tribunais e agravo inominado, p. 27. Na jurisprudência, veja-se: *"No desempenho dos poderes processuais de que dispõe, assiste ao Ministro Relator competência plena para exercer, monocraticamente o controle das ações, pedidos ou recursos dirigidos ao Supremo Tribunal Federal, legitimando-se, em consequência, os atos decisórios que, nessa condição, venha a praticar. Reitero, tal como assinalei na decisão por mim proferida, que, ao assim proceder, fazendo-o mediante interna delegação de atribuições jurisdicionais, esta Suprema Corte, atenta às exigências de celeridade e de racionalização do processo decisório, limitou-se a reafirmar princípio consagrado em nosso ordenamento positivo (RISTF, art. 21, § 1º; Lei nº 8.038/90, art. 38; CPC, art. 557) que autoriza o Relator da causa a decidir, monocraticamente, o litígio, sempre que este referir-se a tema já definido em 'jurisprudência dominante' no Supremo Tribunal Federal"* (STF – Pleno – AgRg na ACO 1.848/MA – Rel. Min. Celso de Mello, j. em 06/11/2014).

140. Como bem resumiu Cândido Rangel Dinamarco, **O relator, a jurisprudência e os recursos**, p. 130: *"A crescente opção pela singularidade do julgamento em diversas situações representa uma legítima tentativa de inovar sistematicamente na luta contra a lentidão do julgamento nos tribunais. Sabe-se que o aumento do número de juízes não resolve o problema, como já não resolveu no passado remoto e próximo. É preciso inovar sistematicamente. O que fez a reforma e o que agora vem a fazer a reforma de 1998 representa uma escalada que vem da colegialidade quase absoluta e aponta para a singularização dos julgados nos tribunais, restrita a casos onde se prevê que os órgãos colegiados julgariam segundo critérios objetivos e temperada pela admissibilidade de agravo dirigidos a eles".*

141. Diferentemente do direito alemão, onde o relator atua monocraticamente por delegação do seu colegiado (art. do CPC alemão), no direito brasileiro a delegação é decorrente da lei (art. 932 do CPC/2015). Apesar disso, é comum encontrar afirmação de que o relator age por delegação do seu colegiado. Nesse sentido, vejam-se Athos Gusmão Carneiro, **O novo recurso de agravo e outros estudos**, p. 79, Nelson Nery Junior, **Princípios do processo civil na constituição federal**, p. 238, e Eduardo Talamini, **Decisões individualmente proferidas por integrantes dos tribunais: legitimidade e controle ("agravo interno")**, p. 182. Na jurisprudência, veja-se: *"As decisões judiciais nos Tribunais, como regra, deverão ser proferidas por seus órgãos colegiados. Os princípios da celeridade e economia processual apontam as hipóteses em que os recursos podem receber decisões monocráticas do relator, que age como delegado do órgão colegiado. Por isso que é defeso ao relator suprimir da apreciação colegiada, por mais inadmissível que sejam as fundamentações do recurso interposto"* (STJ – RESP 1.084.437/RJ – 1ª Turma – Rel. Min. Luiz Fux, j. em 12/05/2009).

como juiz natural da causa.[142] É uma situação semelhante àquela observada nos casos de dispensa da remessa necessária ao tribunal, previstos no art. 496, § 4º, do CPC/2015. De acordo com o Código, o juiz natural para a confirmação da sentença proferida contra a Fazenda Pública é o tribunal, exceto se a tese jurídica adotada nela estiver em simetria com a tese jurídica sufragada em súmula de tribunal superior, julgamento de casos repetitivos, julgamento de incidente de assunção de competência ou entendimento coincidente com orientação vinculante firmada no âmbito administrativo do próprio ente público, consolidada em manifestação, parecer ou súmula administrativa. Nessas hipóteses, o juízo sentenciante não está usurpando a competência do juiz natural da causa, mas, tão somente, exercendo uma competência que lhe foi excepcionalmente delegada pela lei, para sozinho tratar de determinadas matérias, com base na jurisprudência. Ademais, se a Fazenda Pública quiser provocar a manifestação do tribunal sobre a questão, pode interpor o recurso de apelação.

Desse modo, nos parece que o ideal não é combater a possibilidade do magistrado julgar as causas isoladamente, em nome do seu colegiado, mas estabelecer em quais situações ele pode fazer isso, para então tentar definir se os critérios adotados são capazes ou não de permitir a sua convivência harmônica com o sistema processual, além de promover um ganho em termos de eficiência processual.[143] Em nossa opinião, por exemplo, a possibilidade de julgamento monocrático pelo relator do agravo de instrumento, quando ele fosse "*manifestamente improcedente*", conforme previsto na redação original do art. 557 do CPC/1973, era inconstitucional ou poderia levar a uma interpretação inconstitucional, por não prever um critério lógico e razoável para o exercício dessa atividade. No caso específico do art. 932, IV, e V, do CPC/2015, no entanto, defendemos que as regras previstas para o julgamento monocrático, apesar de algumas falhas, são suficientemente adequadas e capazes de promover a ampliação do acesso à justiça, desde que se adote

142. Fabiano Carvalho, **Poderes do relator nos recursos**, p. 53, Mário Teixeira da Silva, **Recursos cíveis & os novos poderes do relator**, p. 58, e Tiago Figueiredo Gonçalves, **Julgamento unipessoal nos tribunais e agravo inominado**, p. 29. Na jurisprudência, veja-se: "*Ademais, a possibilidade de o Relator da causa decidir, monocraticamente, a controvérsia jurídica decorre de competência que o Supremo Tribunal Federal delegou, validamente, em sede regimental. Inexistente, pois, a suposta afronta ao princípio da colegialidade*" (STF – 1ª Turma – AgRg no REXT 897.104/MG – Rel. Min. Roberto Barroso, j. em 27/10/2017)

143. José Carlos Baptista Puoli, **Os poderes do juiz e as reformas do processo civil**, p. 203.

uma leitura do texto legal em consonância com o modelo constitucional de processo inerente ao Estado Democrático de Direito.[144]

De fato, a legitimidade da atuação monocrática do relator decorre não apenas da previsão procedimental, mas também da adoção de um critério lógico e razoável para a sua aplicação: a convergência do pensamento do relator com o entendimento sufragado na jurisprudência dotada de eficácia vinculativa. Destarte, se o relator assume a condição de porta-voz do seu colegiado, a melhor maneira de corroborar essa posição é através da exigência de que sua decisão esteja afinada com a jurisprudência consolidada.[145]

A base jurisprudencial da decisão monocrática, desse modo, é capaz de criar uma projeção ideal de qual seria o resultado do julgamento se o recurso fosse levado diretamente ao colegiado, fazendo com que este percurso procedimental seja legitimamente dispensável.[146] Destarte, sem a regra, o resultado de um julgamento colegiado sobre uma questão recursal assentada na jurisprudência provavelmente seria "por unanimidade, nos termos do voto do relator". Nesse quadro, o julgamento foi elaborado exclusivamente pelo relator e apenas "referendado" pelo colegiado,[147] com dispêndio de tempo e energia que o trabalho coletivo normalmente exige. Ademais, a previsão legal reafirma a força normativa da jurisprudência, conspirando para a coerência e unidade do sistema processual.

Em segundo lugar, o julgamento monocrático do mérito dos recursos se apresenta como um poder-dever do relator, que tem a incumbência legal de agir isoladamente quando presente os requisitos legais.[148] Isso porque

144. Hermes Zaneti Jr., **Comentários ao novo Código de Processo Civil**, p. 1341.

145. Como bem sublinha José Carlos Baptista Puoli, **Os poderes do juiz e as reformas do processo civil**, p. 199, *"em troca da segurança propiciada pelo debate, passa o legislador a acenar com a possibilidade de julgamentos monocráticos, mais rápidos e que não perderão tanto no quesito segurança, em virtude de tal possibilidade somente ser aberta nas hipóteses em que já se tenha posição no mesmo sentido (cristalizada em verbete sumulado pelo tribunal) ou, pelo menos, em jurisprudência dominante da própria corte ou de tribunal superior"*.

146. Nagib Slaib Filho, **Notas sobre o art. 557 do CPC (competência do relator de prover e de negar seguimento a recurso)**, p. 99.

147. Alexandre Freitas Câmara, **O agravo interno no direito processual civil brasileiro**, p. 613.

148. Nesse sentido, vejam-se Fabiano Carvalho, **Poderes do relator nos recursos**, p. 65, e Mantovanni Colares Cavalcante, **Os meios de controle das decisões monocráticas do relator em tribunais**, p. 795. Em sentido contrário, assinalando que seria uma faculdade do relator, Araken Assis, **Manual dos recursos**, p. 357. Na mesma linha que Assis, Cândido Rangel Dinamarco, **O relator, a jurisprudência e os recursos**, p. 130, preceitua que: *"Em todos esses dispositivos que ampliam os poderes do relator nos tribunais tomou-*

o julgamento monocrático, nessa hipótese, representa uma técnica típica de abreviação do procedimento recursal, baseada na jurisprudência. Essa mesma técnica, por sinal, foi empregada em outras situações, tais como no deferimento de uma tutela de evidência (art. 311, II), no julgamento liminar de improcedência do pedido (art. 332), no afastamento da remessa necessária (art. 496, § 4º) ou na dispensa da caução na execução provisória (art. 521, IV). São regras procedimentais que têm natureza cogente, pois de ordem pública, e geram direitos subjetivos processuais para as partes.[149]

O relator, assim, deve atuar como um representante do seu colegiado. Mais do que isso, deve agir como um filtro, para otimizar o funcionamento do colegiado e assegurar a observância dos princípios processuais da efetividade e da celeridade, somente levando ao debate entre seus pares as questões novas, controvertidas ou que mereçam ser rediscutidas.[150] Por esses motivos, sustentamos que o julgamento monocrático dos recursos somente pode ser aplicado quando a posição do relator, amparada por padrões decisórios vinculativos, estiver em consonância com a orientação prevalente no órgão ao qual ele pertence. Caso contrário, o relator deverá levar o mérito do recurso a julgamento pelo colegiado, para, assim, tentar promover a uniformização da jurisprudência (art. 926 do CPC/2015).

É importante também que o relator, no exercício do julgamento monocrático, tenha uma conduta ética, voltada a representar o entendimento do seu colegiado. Situações como as observadas no STF recentemente, onde relatores proferiram decisões liminares e depois impediam a remessa dos autos ao colegiado, por saber que elas seriam revistas, ou afetar a um colegiado diferente, para evitar que uma determinada decisão fosse tomada, trazem descrédito para a Justiça e comprometem a autoridade e a legitimidade dos tribunais.[151] Importante destacar que não se trata de uma postura moralista, mas que busca reafirmar o compromisso da jurisdição com a coerência e a

---

-se constante o cuidado de empregar o verbo poder, não o verbo dever (art. 120, par.; art. 544, §3º.; art. 557,§1º-A). Também não se disse que o relator julgará de plano o conflito de competência, ou proverá desde logo o recurso especial etc., o que equivaleria a criar-lhe obrigatoriedades. Isso significa que o legislador quis deixar ao prudente arbítrio do próprio relator a opção entre julgar por si próprio, monocraticamente, ou encaminhar o caso ao colegiado. Naturalmente, essa opção dependerá sempre do grau de convicção do relator, a quem competirá, com honestidade profissional, abster-se de julgar quando sentir que a matéria não é tão segura que legitime esses verdadeiros atalhos procedimentais instituídos pela lei".

149. Humberto Theodoro Júnior, **Curso de direito processual civil**, v. 1, p. 544.

150. Pedro Miranda de Oliveira, **Agravo interno e agravo regimental**, p. 63.

151. Paulo Cezar Pinheiro Carneiro, **Acesso à justiça**, p. 63.

integridade do direito como elementos fundamentais para a superação do subjetivismo. A ética que está a se reclamar é a ética do direito, pautada nos princípios constitucionais inerentes ao Estado Democrático de Direito.[152]

Outrossim, o julgamento monocrático não é um poder discricionário do relator, mas um poder vinculado, e suas regras, quando presentes os requisitos legais, criam para ele deveres positivos e negativos: o dever positivo é julgar o recurso monocraticamente e o dever negativo é não promover o julgamento colegiado. Assim, se o relator, mesmo diante dos requisitos legais, leva o julgamento do recurso ao colegiado, sem uma justificativa plausível, como na hipótese de entender ser necessário o afastamento total ou parcial da jurisprudência, por exemplo, estará violando o comando legal. Apesar disso, temos que este descumprimento representa apenas uma situação de mera irregularidade, uma vez que a sua constatação somente poderia ocorrer durante o julgamento colegiado, após o voto do relator. Não haveria sentido, então, em desfazer o trabalho coletivo para remeter o recurso para apreciação monocrática do relator cujo voto já foi proferido. Ainda assim, essa postura deve ser objeto de censura pelo colegiado, pois seus integrantes devem estar individualmente comprometidos não apenas com a observância das estruturas procedimentais, mas também com os escopos de celeridade e racionalidade perseguidos pelo sistema processual.

Ademais, se o relator julga monocraticamente um recurso, numa situação que não se enquadre na moldura legal, a inobservância das regras sobre a aplicação dessa técnica viola o desenvolvimento procedimental válido do recurso, ensejando a anulabilidade dos atos praticados, que deverão ser revistos, de ofício ou mediante requerimento, pelo próprio relator, por meio de embargos de declaração (art. 1.022, parágrafo único, do CPC/2015), ou pelo colegiado, em sede de agravo interno (art. 1.021 do CPC/2015).[153]

---

152. Georges Abboud, **Jogo democrático e processo: as razões pelas quais o processo civil deve ser um jogo limpo**, p. 132.

153. Nesse sentido, veja-se: "*AGRAVO REGIMENTAL. DECISÃO UNIPESSOAL. PRECEDENTE ÚNICO. JULGAMENTO COLEGIADO. INCLUSÃO EM PAUTA. NECESSIDADE. 1. Merece provimento o agravo regimental interposto contra decisão unipessoal que se finca em apenas um precedente para prover recurso especial. 2. Pretensão recursal que exige exame do órgão colegiado*" (STJ – 3ª Turma – AgRg no ARESP 664.251/MG – Rel. Min. Humberto Gomes de Barros, j. em 06/03/2007). Em seu voto, o ministro Humberto Gomes de Barros afirmou que "*convencido pelo voto-vista proferido pelo eminente Ministro Ari Pargendler, que bem demonstrou a inexistência de precedentes em número suficiente a autorizar o julgamento unipessoal, retifico meu voto para prover o agravo regimental e cassar a decisão agravada, determinando desde logo a inclusão em pauta do recurso especial*".

Com efeito, o agravo interno exerce papel fundamental na aplicação da mencionada técnica, pois é através deste instrumento que se pode verificar se os requisitos legais foram observados, preservando não apenas a correção procedimental, mas a primazia do colegiado.[154] A bem da verdade, sem o agravo interno, seria extremamente difícil conciliar o julgamento monocrático não apenas com o princípio da colegialidade, mas também com os demais princípios integrantes do postulado do devido processo legal.[155] Mesmo no passado recente, quando o princípio da colegialidade desfrutava de ainda menos prestígio entre os estudiosos, as hipóteses que limitavam o cabimento do agravo interno em face de decisões monocráticas do relator no mandado de segurança (Súmula 622 do STF) e no agravo de instrumento (art. 527, parágrafo único, do CPC/1973,[156] com a redação dada pela Lei nº 11.187/2005[157]) foram tidas como inválidas e abandonadas pela legislação.[158]

---

154. Eduardo Talamini, **Decisões individualmente proferidas por integrantes dos tribunais: legitimidade e controle ("agravo interno")**, p. 184, Fábio Victor da Fonte Monnerat, **A jurisprudência uniformizada como estratégia para a aceleração do procedimento**, p. 447, e Nelson Nery Junior, **Princípios fundamentais: teoria geral dos recursos**, p. 238. Na jurisprudência, veja-se: "*A partir da visão ontológica do funcionamento dos Tribunais, tem-se como regra as decisões colegiadas. Entretanto, pela necessidade de dar-se maior velocidade na tramitação dos feitos, estabelecem os regimentos internos poderes para os relatores agirem isoladamente. O relator age, então, como delegado do colegiado. Quando a parte não se conforma com o ato isolado do relator, não se pode furtar dela a oportunidade de chegar ao juiz natural, o colegiado. Se assim não for, estar-se-á dando ao delegado poderes absolutos, tornando irrecorrível o seu agir, omitindo-se o colegiado de julgar*" (STJ – AgRg no MS 11.961/DF – Rel. Min. Felix Fischer, j. em 16/05/2007).

155. Com bem pontuou Cândido Rangel Dinamarco, **A reforma da reforma**, p. 192: "*Constitui fator legitimante da outorga desses poderes extraordinários ao relator a oferta de um recurso contra o ato deste, como meio de assegurar à parte contrariada um julgamento em colegiado (turma, câmara) – porque a colegialidade dos julgamentos superiores é inerente à fórmula ocidental de diversidade de graus jurisdicionais e de seu próprio fundamento sistemático*".

156. A Súmula 622 do STF diz: "*Não cabe agravo regimental contra decisão do relator que concede ou indefere liminar em mandado de segurança*".

157. "*Art. 527. Recebido o agravo de instrumento no tribunal, e distribuído incontinenti, o relator:*

(...)

II - converterá o agravo de instrumento em agravo retido, salvo quando se tratar de decisão suscetível de causar à parte lesão grave e de difícil reparação, bem como nos casos de inadmissão da apelação e nos relativos aos efeitos em que a apelação é recebida, mandando remeter os autos ao juiz da causa

III - poderá atribuir efeito suspensivo ao recurso (art. 558), ou deferir, em antecipação de tutela, total ou parcialmente, a pretensão recursal, comunicando ao juiz sua decisão;

(...)

Portanto, como a competência originária pertence ao colegiado, sem a adoção de um critério jurisprudencial ou o cabimento do recurso de agravo interno, o julgamento monocrático dificilmente poderia ser visto como compatível com a Constituição.[159] Não por outro motivo, estes dois elementos são reiteradamente empregados para manifestar a validade do julgamento monocrático.[160] Nesse sentido, vejam-se os seguintes arestos:

> "No desempenho dos poderes processuais de que dispõe, assiste, ao Ministro Relator, competência plena para exercer, monocraticamente, o controle

---

Parágrafo único. A decisão liminar, proferida nos casos dos incisos II e III do caput deste artigo, somente é passível de reforma no momento do julgamento do agravo, salvo se o próprio relator a reconsiderar".

158. Apesar de não ter sido formalmente revogada, a Súmula 622 do STF foi considerada superada em diversos julgamentos. No mais antigo deles, ficou assentado: *"Inicialmente, consigno que, antes mesmo da nova disciplina do mandado de segurança, vinha sustentando que todo pronunciamento judicial com carga decisória, praticado no campo monocrático, praticado por órgão como porta-voz do colegiado, desafia recurso. O ato mediante o qual se defere ou se interfere medida liminar consubstancia decisão interlocutória. Já agora, levando até mesmo à revisão do Verbete nº 622, que integra súmula desta Corte, tem-se a letra expressa do § 1º do art. 7 da Lei nº 12.016, de 7 de agosto de 2009, que revela caber agravo de instrumento da decisão do juiz de primeiro grau que concede ou denega a liminar"* (STF – Pleno – AgRg MC no MS 28.177/DF – Rel. Min. Ricardo Lewandowski, j. 30/09/2009). Na doutrina, por todos, veja-se BUENO, Cassio Scarpinella. **A nova lei do mandado de segurança**. 2ª ed., São Paulo: Saraiva, 2010, p. 127. Pelos mesmos motivos, tivemos oportunidade de repudiar a inclusão feita no parágrafo único do art. 577 do CPC/1973: ROCHA, Felipe Borring. **Considerações iniciais sobre as últimas alterações no recurso de agravo. Revista Jus Navigandi**. nº 857, de 07/11/2005. Disponível em: <https://jus.com.br/artigos/7557>. Acessado em: 11/10/2018. Nesse sentido, veja-se também HILL, Flávia Pereira. **O recurso de agravo e a lei nº 11.187/05.** *In:* Revista Eletrônica de Direito Processual. v. 1, Rio de Janeiro: Pós-Graduação *Stricto Sensu* em Direito Processual da UERJ, out./dez. 2007, p. 184.
159. José Carlos Barbosa Moreira, **Comentários ao Código de Processo Civil**, p. 677, Humberto Theodoro Júnior, **Curso de direito processual civil**, v. 1, p. 517, Talamini, p.181, e Wanessa de Cássia Françolin, **A ampliação dos poderes do relator nos recursos cíveis**, p. 41.
160. Cândido Rangel Dinamarco, **Fundamentos do processo civil moderno**, t. 2, p. 1105. A mais antiga decisão localizada, enfrentando diretamente a questão da compatibilidade do princípio da colegialidade com a possibilidade de interposição de agravo interno, foi proferida em 2003: *"A decisão monocrática de relator indeferindo antecipação de tutela recursal em agravo de instrumento interposto perante tribunal de segunda instância pode ser impugnada por recurso interno ao colegiado. Aplicação do princípio constitucional da colegialidade dos tribunais e do art. 39 da Lei 8.038, de 1990"* (STJ – 1ª Turma – AgRg na MC 6.566/MT – Rel. Min. Teori Zavascki, j. em 05/08/2003).

das ações, pedidos ou recursos dirigidos ao Supremo Tribunal Federal, legitimando-se, em consequência, os atos decisórios que, nessa condição, venha a praticar. Cumpre acentuar, neste ponto, que o Pleno do Supremo Tribunal Federal reconheceu a inteira validade constitucional da norma legal que inclui, na esfera de atribuições do Relator, a competência para negar trânsito, em decisão monocrática, a recursos, pedidos ou ações, quando incabíveis, estranhos à competência desta Corte, intempestivos, sem objeto ou que veiculem pretensão incompatível com a jurisprudência predominante do Tribunal (RTJ 139/53 – RTJ 168/174-175). Nem se alegue que esse preceito legal implicaria transgressão ao princípio da colegialidade, eis que o postulado em questão sempre restará preservado ante a possibilidade de submissão da decisão singular ao controle recursal dos órgãos colegiados no âmbito do Supremo Tribunal Federal, consoante esta Corte tem reiteradamente proclamado" (STF – Pleno – AgRg no EDiv no AREXT 876.355/AC – Rel. Min. Celso de Mello, 01/08/2017)

"O artigo 21, § 1º, do RISTF faculta ao Relator a negar seguimento a pedido ou recurso manifestamente inadmissível, improcedente ou contrário à jurisprudência dominante ou à Súmula do Tribunal, deles não conhecer em caso de incompetência manifesta, encaminhando os autos ao órgão que repute competente, bem como cassar ou reformar, liminarmente, acórdão contrário à orientação firmada nos termos do art. 543-B do Código de Processo Civil, cabendo à parte que se sentir prejudicada a interposição de agravo regimental, conforme previsto no artigo 317 do RISTF, tudo a evidenciar a improcedência da alegação de ofensa ao princípio do colegiado" (STF – 1ª Turma – AgRg no RHC/PE - Rel. Min. Luiz Fux, j. em 19/06/2017)

"Não há qualquer omissão concernente à possibilidade de julgamento monocrático, visto que esta Corte Superior possui firme jurisprudência no sentido de que a legislação processual (art. 557 do CPC/1973, equivalente ao art. 932 do CPC/2015, combinados com a Súmula 568 do STJ) permite ao relator julgar monocraticamente recurso inadmissível ou, ainda, aplicar a jurisprudência consolidada deste Tribunal, sendo certo, ademais, que a possibilidade de interposição de recurso ao órgão colegiado afasta qualquer alegação de ofensa ao princípio da colegialidade" (STJ – 4ª Turma – ED no RESP 1.269.844/RS – Rel. Min. Luis Felipe Salomão, j. em 16/10/2018)

"A competência deferida ao Relator para, monocraticamente, julgar recurso manifestamente inadmissível, improcedente ou contrário à jurisprudência desta Corte não derroga o princípio da colegialidade, que resulta preservado, no âmbito deste Tribunal, pelo cabimento do recurso de agravo das decisões singulares proferidas por seus Ministros" (STF – 1ª Turma – AgRg REXT 599.285/RS – Rel. Min. Luiz Fux, j. Em 02/04/2013)

Em terceiro lugar, não parece correta a afirmação, normalmente desprovida de base empírica, de que a recorribilidade da decisão monocrática por meio do agravo interno poderia levar a maiores delongadas do que o julgamento realizado diretamente pelo colegiado.[161] Com efeito, os números apurados nos levantamentos feitos durante o curso de doutorado apontam no sentido de que a adoção do julgamento monocrático foi um dos fatores que contribuiu para a redução no tempo de tramitação dos feitos no Tribunal de Justiça do Rio de Janeiro e que o número de agravos internos interpostos é proporcionalmente baixo e incapaz de comprometer o seu impacto positivo na aceleração da tramitação dos feitos em curso naquela instância.

Na realidade, durante a vigência do CPC/1973, o art. 557, com a redação atribuída pela Lei nº 9.756/1998, adotou uma previsão genérica de cabimento, permitindo ao relator que julgasse o recurso monocraticamente tomando por base a "*jurisprudência dominante*" presente em diferentes tribunais.[162] Assim, possivelmente por conta dessa amplitude de conceitos e pela necessidade de acelerar o julgamento dos recursos, a partir do início da década de 2000 o número de julgamentos monocráticos cresceu exponencialmente. De acordo com a pesquisa realizada por Leslie Shérida Ferraz e Fernanda Medina Pantoja,[163] entre os anos de 2003 e 2008, o percentual de julgamentos monocráticos proferidos nos órgãos cíveis do Tribunal de Justiça do Rio de Janeiro em sede de agravo de instrumento e apelação praticamente dobrou, passando de 23,7% para 39,7% do total de julgamentos realizados. Nesse mesmo período, o tempo médio de duração dos julgamentos diminuiu em

---

161. Nesse sentido, veja-se o que dizem Luiz Guilherme Marinoni e Sérgio Cruz Arenhart, **Manual do processo de conhecimento**, p. 584: "*Observando-se a praxe forense, nota-se que essa reforma introduzida no CPC vem sendo compreendida como a introdução de mais um estágio na linha recursal, autorizando um primeiro exame pelo relator da impugnação e um posterior pelo colegiado. Nesse contexto, e considerada a atual visão emprestada ao instituto, conclui-se pela timidez da abrangência da inovação, a colocar em dúvida sua utilidade*".

162. Criticando o fato do art. 557 do CPC/1973 prever diferentes "fontes" jurisprudenciais ("*respectivo tribunal, do Supremo Tribunal Federal, ou de Tribunal Superior*"), bem como a falta de uniformidade entre essas fontes, vejam-se Teresa Arruda Alvim Wambier, **Os agravos no CPC brasileiro**, p. 550, e José Miguel Garcia Medina, **Prequestionamento e repercussão geral**, p. 71.

163. Leslie Shérida Ferraz e Fernanda Medina Pantoja, **Julgamento singular e agravo interno**, p. 63.

cerca de 20%, apesar da significativa elevação no número destes recursos distribuídos: de 62.396 recursos em 2003 para 106.920 recursos em 2008.[164]

A curva de crescimento do número de julgamentos monocráticos teve seu ápice em 2015, quando foram proferidas 149.534 decisões dessa natureza, em números totais.[165] Já no ano seguinte, com o CPC/2015 entrando em vigor, o número de julgamentos monocráticos despencou para 60.492. Em 2017, a projeção era que o número de julgados monocráticos não atingisse 35.000 decisões, uma vez que até 25/04/2017, data em que o levantamento foi concluído, apenas 10.263 julgamentos desse tipo tinham sido realizados.[166]

Importante destacar que a quantidade de agravos internos interpostos teve uma redução ainda maior do que as decisões monocráticas, em números totais,[167] entre os anos de 2015 e 2017. Em 2015 foram 55.556 agravos internos. Em 2016 foram 19.478 agravos internos e, até 25/04/2017, foram 2.311 agravos internos. Assim, verifica-se que o percentual de agravos internos interpostos em relação ao número de decisões monocráticas proferidas sofreu um significativo recuo com a entrada em vigor do CPC de 2015, considerando-se a média apurada entre 2003 e 2008. Em 2015, o percentual foi de 37,1%, em 2016, foi 32,2% e em 2017, o índice apurado até 25/04/2017 ficou em 22,5%. Embora seja ainda cedo para tirar conclusões definitivas, este último dado, tomado inteiramente sob a vigência do CPC/2015, parece confirmar o prognóstico feito pela doutrina de que tanto as decisões monocráticas como os agravos internos sofreriam uma forte retração com a entrada em vigor das novas regras.

Em quarto lugar, é preciso assinalar que a abreviação do procedimento, por si só, não implicaria em violação ao contraditório e à ampla defesa, desde que as partes tenham tido oportunidade de se manifestar previamente à decisão, independentemente do tipo de decisão.[168] Não obstante, com relação

---

164. Importante destacar que, no mesmo período, o número de desembargadores no TJRJ passou de 159 para 180 (crescimento de 21,6%).

165. Esse número abarca não apenas os recursos de agravo de instrumento e apelação, mas também os demais recursos, ações originárias e incidentes processuais. Ele representa quase a metade das 319.820 decisões proferidas pelo TJRJ em 2015.

166. Dados obtidos junto à Diretoria Geral de Apoio aos Órgãos Jurisdicionais do TJRJ – DGJUR.

167. Esse número abarca não apenas os as decisões monocráticas proferidas em agravo de instrumento e apelação, mas também os demais recursos, ações originárias e incidentes processuais.

168. Como visto no Capítulo 3, a interpretação de que a previsão contida no art. 932, V, do CPC/2015, permitiria a rejeição monocrática do recurso, sem a oitiva prévia da parte

especificamente à possibilidade de sustentação oral, é preciso prestar um esclarecimento. A regra que previa a sustentação oral no procedimento do agravo interno no CPC/2015 (art. 937, VII)[169] foi vetada pela Presidência da República,[170] sob o argumento de que "*resultaria em perda de celeridade processual, princípio norteador do novo Código, provocando ainda a sobrecarga nos Tribunais*".[171] Não obstante, é preciso destacar que o mesmo art. 932 do CPC/2015 prevê a possibilidade da lei e do regimento interno dos tribunais regulamentar outras hipóteses de sustentação oral (inciso IX) e estabelece a sustentação oral no agravo interno interposto em face de decisão monocrática proferida no processamento da ação rescisória, do mandado de segurança e da reclamação (§ 3º). Desse modo, verifica-se que o veto priorizou a celeridade em detrimento do contraditório qualificado, além de desconsiderar a quebra na isonomia procedimental entre os recursos.

De qualquer forma, independentemente do veto presidencial, entendemos que a possibilidade de o julgamento monocrático ser feito sem a sustentação oral prévia depende da existência da sustentação oral no julgamento

---

recorrida, não se coaduna com o princípio constitucional do contraditório. Por isso, foi defendido que deveria ser adotada uma interpretação conforme a constituição para estabelecer que em todas as hipóteses de julgamento monocrático deveriam ser precedidas da oitiva das partes interessadas.

169. "*Art. 937. Na sessão de julgamento, depois da exposição da causa pelo relator, o presidente dará a palavra, sucessivamente, ao recorrente, ao recorrido e, nos casos de sua intervenção, ao membro do Ministério Público, pelo prazo improrrogável de 15 (quinze) minutos para cada um, a fim de sustentarem suas razões, nas seguintes hipóteses, nos termos da parte final do caput do art. 1.021:*
(...)
VII - no agravo interno originário de recurso de apelação, de recurso ordinário, de recurso especial ou de recurso extraordinário;". De acordo com as razões do veto, "*a previsão de sustentação oral para todos os casos de agravo interno resultaria em perda de celeridade processual, princípio norteador do novo Código, provocando ainda sobrecarga nos Tribunais*".

170. As razões do veto foram expostas na Mensagem nº 56/2016 (site da Câmara dos Deputados).

171. Não se pode ignorar que, antes da vigência do CPC/2015, esse entendimento já era consolidado nos tribunais superiores. Nesse sentido, veja-se: "*1. Nos termos do art. 159, caput, do RISTJ, não haverá sustentação oral no julgamento de agravo interno. 2. In casu, não há que se alegar cerceamento do direito de defesa em face da aplicação do art. 557, § 1º-A, do CPC, pois o referido dispositivo legal autoriza o relator a prover o recurso, se a decisão recorrida estiver em manifesto confronto com a súmula ou com a jurisprudência dominante do Supremo Tribunal Federal, ou de Tribunal Superior*" (STJ – 3ª Turma – AgRg no RESP 775.124/GO – Rel. Min. Massami Ueda, j. em 01/06/2010).

do agravo interno. Em outras palavras, entendemos que a sustentação oral não foi suprimida do procedimento recursal abreviado, mas postergada para o momento do julgamento do agravo interno. Sem isso, dificilmente seria possível compatibilizar o julgamento monocrático não apenas com o princípio da colegialidade, mas também com o princípio do contraditório e da isonomia. Ademais, como bem sublinha Hermes Zaneti Jr,[172] a sustentação oral está ligada à democratização do processo e impele os julgadores ao diálogo, aprimorando o contraditório e permitindo decisões melhor embasadas. Na mesma linha, Rodrigo Becker e Marco Aurélio Peixoto[173] afirmam que a sustentação oral tem assento no princípio da oralidade e se mostra como instrumento comprovadamente capaz de influenciar o resultado do julgamento.[174] Por isso, advogamos a ideia de que a sustentação oral deve ser assegurada às partes no agravo interno, sempre que o recurso julgado monocraticamente permitisse esse tipo de manifestação, mesmo sem previsão legal.[175] O ideal, no entanto, seria que o CPC/2015 fosse alterado para reintroduzir o texto original do art. 937, VII. Enquanto isso não ocorre, defendemos que os tribunais deveriam corrigir a indevida omissão e prever em seus regimentos internos o cabimento da sustentação oral no julgamento do agravo interno, com fulcro no art. 937, IX, do CPC/2015, para assegurar a observância do contraditório pleno em seus procedimentos.[176]

Em quinto e último lugar, o risco, já demonstrado nas pesquisas feitas,[177] de utilização discricionária da técnica do julgamento monocrático dos recursos ficaria minimizado se os relatores adotassem uma fundamentação adequada em seus pronunciamentos.[178] De fato, ao proferir uma decisão monocrática, o julgador deve observar com redobrado rigor a regra contida

172. Hermes Zaneti Jr., **Comentários ao novo Código de Processo Civil**, p. 1364. Na mesma linha, vejam-se Guilherme Jales Sokal, **O julgamento colegiado nos tribunais**, p. 252, e Delosmar Domingos de Mendonça Jumior, **Agravo interno**, p. 236.

173. Rodrigo Becker e Marco Aurélio Peixoto, **A relevância da sustentação oral como garantia de influência na decisão.**

174. Em sentido contrário, afirmando a desnecessidade da sustentação oral, veja-se Rafael de Oliveira Guimarães, **Os agravos interno e regimental**, p. 198.

175. Pedro Miranda de Oliveira, **Novíssimo sistema recursal conforme o CPC/2015**, p. 164.

176. Cassio Scarpinella Bueno, **Manual de direito processual**, p. 658, e Luciano Vianna Araújo, **Comentários ao novo Código de Processo Civil**, p. 1508.

177. Fernanda Medina Pantoja e Leslie Shérida Ferraz, **Julgamento singular e agravo interno**, p. 82, e Fabiano Carvalho, **Poderes do relator nos recursos**, p. 191.

178. Sobre o tema, confira-se Ronaldo Cramer, **Conceitos jurídicos indeterminados e discricionariedade judicial no processo civil**, p. 112.

no art. 489, § 1º, IV e V, do CPC/2015, que impõe ao juiz o dever de, ao aplicar padrões decisórios, identificar seus fundamentos determinantes e demonstrar a sua adequação ao caso sob julgamento. Se em todo julgamento o cotejo analítico jurisprudencial é indispensável, no julgamento monocrático é também condição de validade e legitimidade da atuação isolada do magistrado.[179] Assim, o relator tem o dever de demonstrar na fundamentação da decisão monocrática que há similitude fática e jurídica entre a tese jurídica debatida no recurso e a jurisprudência invocada para legitimamente afastar o julgamento colegiado.[180]

4.4.3. À guisa de conclusão

Feitas essas considerações, é possível concluir que a colegialidade retrata um princípio processual assentado, de um lado, no princípio do juiz natural,[181] e de outro, no princípio da segurança jurídica. De fato, no plano estrutural, o princípio da colegialidade estabelece a primazia do órgão colegiado no julgamento das causas dirigidas aos tribunais (primazia do colegiado), ao passo que, no plano da atividade decisória, exige do magistrado o respeito à jurisprudência consolidada em seu órgão e em órgãos aos quais está vinculado, ainda que divergente de sua posição pessoal (autocontenção judicial). Por conta dessas diretrizes, somente a manifestação do órgão colegiado é vista como capaz de provocar o esgotamento da instância jurisdicional de um tribunal ou produzir padrões decisórios do sistema jurisprudencial.

---

179. Sobre o tema, merece destaque o seguinte ensinamento de José Carlos Barbosa Moreira, **Comentários ao Código de Processo Civil**, p. 633: *"Deve o relator examinar com cuidado especial as razões do recurso: é sempre possível que haja aí argumentos novos, até então não considerados. Preferível suportar algum peso a mais na carga de trabalho dos tribunais a contribuir para a fossilização da jurisprudência. A lei do menor esforço não é necessariamente, sob quaisquer condições, boa conselheira"*.

180. Nesse sentido, veja-se: *"1. O caput do art. 557 do CPC autoriza o relator a negar seguimento a recurso manifestamente inadmissível, improcedente, prejudicado ou em confronto com súmula ou com jurisprudência dominante do respectivo tribunal, do Supremo Tribunal Federal, ou de Tribunal Superior. 2. Ofende o art. 557, caput, do CPC a decisão monocrática que se limita a afirmar a conformidade da decisão impugnada com o entendimento dos Tribunais, deixando de proceder à indispensável demonstração da existência de orientação sedimentada no âmbito daquela Corte ou de Tribunal Superior a respaldar a tese adotada"* (STJ – 1ª Turma – RESP 617.471/SE – Rel. Min. Teori Albino Zavascki, j. em 03/06/2004).

181. Conforme já destacado, a colegialidade não é um princípio restrito aos recursos, mas também aplicável às ações originárias e aos incidentes dirigidos aos tribunais. Por isso, sua vinculação direta é ao princípio do juiz natural.

Importante esclarecer, nesse passo, que na nossa opinião a colegialidade não representa um princípio constitucional, pois essa condição depende de uma previsão, expressa ou implícita, na Constituição Federal. De fato, embora esteja assentada sobre princípios constitucionais, não identificamos a colocação da colegialidade como enunciado constitucional próprio e distinto. Assim, somente se a colegialidade fosse desconsiderada como princípio e inserida como característica do princípio do duplo grau de jurisdição ou do juiz natural é que poderia ser vista como sendo dotada de índole constitucional. Ocorre que o princípio do juiz natural é voltado para todos os órgãos judiciais, inclusive aqueles de natureza singular, e o princípio do duplo grau não exige a colegialidade para se materializar, como fica claro no julgamento dos embargos de declaração (art. 1.024 do CPC/2015).[182] Portanto, melhor ter um princípio infraconstitucional robusto e relevante do que uma característica constitucional dúbia e pouco útil.

Como todos os princípios processuais, o princípio da colegialidade também comporta exceções. A autocontenção judicial, por exemplo, não é absoluta e pode ser mitigada quando o julgador estiver diante de circunstâncias que recomendem a tomada de uma posição distinta daquela presente na jurisprudência consolidada. Da mesma forma, por razões de celeridade e racionalidade, é possível afastar a primazia do colegiado e, por meio de uma técnica de abreviação procedimental, regra de ordem pública, delegar ao relator a atribuição de julgar monocraticamente o mérito dos recursos da competência do tribunal, representando o seu órgão, desde que: a) seja respeitado o princípio do contraditório, abrindo a possibilidade de as partes se manifestarem antes da prolação da decisão do relator, em todas as situações; b) seja respeitado o princípio do devido processo legal, exigindo que o relator somente julgue o recurso monocraticamente nas hipóteses expressamente previstas em lei (art. 932, IV e V, do CPC/2015); c) seja respeitado o princípio da fundamentação adequada, exigindo que o relator demonstre na decisão monocrática a similitude fática e jurídica entre a questão recursal e o padrão decisório invocado; d) seja permitido o acesso das partes ao colegiado através do agravo interno (art. 1.021 do CPC/2015); e) seja respeitado o princípio do contraditório, permitindo o direito à sustentação oral no julgamento do agravo interno.

182. Sobre o princípio do duplo grau, veja-se Felippe Borring Rocha, **Teoria geral dos recursos cíveis**, p. 55.

4.5. AS ATRIBUIÇÕES DO RELATOR NOS ÓRGÃOS COLEGIADOS

O relator é o magistrado com atuação nos tribunais, a quem, mediante sorteio, são distribuídas as causas da competência daquela instância.[183] Como seu nome deixa claro, ao relator cabe elaborar o relatório da causa que vai integrar a decisão a ser proferida por ele ou por seus pares. O relatório deve conter a descrição dos atos e fatos mais relevantes do procedimento (art. 489, I, do CPC/2015) e que foram sopesados na fundamentação. É a partir do relatório que os demais integrantes do órgão colegiado irão conhecer as características da causa submetida a julgamento. No relatório também serão estabelecidos os contornos fáticos da questão que, no futuro, servirão de parâmetro para a utilização do julgado como padrão decisório. Além disso, é através do relatório que o julgador tem a oportunidade de demonstrar às partes e à sociedade que tem conhecimento da causa que está julgando.[184] De modo que, ao contrário do que vem se sedimentando no direito brasileiro, relatório tem significativa importância no processo de legitimação da atuação judicial.[185]

As atribuições do relator, no entanto, vão muito além da elaboração do relatório da decisão judicial e vão variar conforme a natureza da causa sob sua responsabilidade, seja uma ação, um incidente ou um recurso. Em razão dos contornos estabelecidos para esta pesquisa, vamos tratar basicamente da atuação do relator quando sorteado para conduzir o julgamento de um recurso.

Na seara recursal, além de atribuições ordinatórias, cabe ao relator dirigir o procedimento, instruindo o feito e resolvendo as questões incidentes. Excepcionalmente, o relator pode também julgar sozinho o recurso (art. 932 do CPC/2015). Não sendo caso de julgamento monocrático, entretanto, o relator deve elaborar um voto e submetê-lo à apreciação de seus pares. Concluída a votação, cabe ao relator lavrar o acórdão do julgamento, salvo se tiver sido vencido na votação sobre a decisão a ser tomada (art. 941 do CPC/2015).[186] Em suma, concatenando essas informações, num primeiro

---

183. José Carlos Barbosa Moreira, **Comentários ao Código de Processo Civil**, p. 630.

184. Alexandre Freitas Câmara, **Relatório influencia na agilidade e qualidade dos julgamentos**.

185. Fredie Didier Jr., Rafael Alexandria de Oliveira e Paula Sarno Braga, **Comentários ao art. 489**, p. 704, e Guilherme Jales Sokal, **O julgamento colegiado nos tribunais**, p. 205.

186. Luiz Guilherme Marinoni, Sérgio Cruz Arenhart e Daniel Mitidiero, **Novo curso de processo civil**, v. 2, p. 446.

momento podemos dividir as atribuições do relator, com apoio na lição de Fredie Didier Jr. e Leonardo Carneiro da Cunha,[187] em ordinatórias, instrutórias e decisórias.[188]

As atividades ordinatórias são aquelas voltadas a imprimir andamento ao processo e que não têm conteúdo decisório diretamente relacionado à pretensão recursal. Nesse campo, estão incluídos os despachos e os atos meramente ordinatórios (art. 203, §§ 3º e 4º, do CPC/2015), tais como o pedido de informações, a abertura de vista às partes, a juntada de uma petição ou a designação de data para o julgamento. Tais atos são ordinariamente praticados pelos servidores judiciais, sob a supervisão e revisão do relator.

Além das atividades ordinatórias, o relator pode praticar também atos de natureza instrutória, para obter esclarecimentos necessários ao julgamento da causa (art. 371 do CPC/2015), especialmente nas hipóteses de se apresentarem fatos supervenientes (art. 493 do CPC/2015) ou defeitos processuais sanáveis (art. 938, § 3º, do CPC/2015). Pode, assim, o relator determinar a realização de perícia, a juntada ou exibição de documentos, a oitiva de testemunhas e o interrogatório das partes, apenas para exemplificar. As atividades decisórias, por sua vez, representam a concessão de poderes judicantes ao relator, para agir em nome do seu órgão colegiado, como se ele mesmo fosse um órgão do tribunal. As suas decisões são plenas e possuem o mesmo *status* que os pronunciamentos análogos proferidos pelo colegiado. Tomando por base a diferenciação feita pelo art. 203 do CPC/2015, as atividades decisórias do relator podem ser subdividas em: a) incidentais; b) finais.[189]

---

187. Fredie Didier Jr. e Leonardo Carneiro da Cunha, *Curso de direito processual civil*, v. 3, p. 49.

188. Fabiano Carvalho, **Poderes do relator nos recursos**, p. 10, acresce a essa classificação um quarto item: os atos preparatórios. Segundo o autor, a elaboração do relatório seria um exemplo de ato preparatório. Entendemos, no entanto, que o relatório integra a atividade decisória.

189. Classificação similar à adotada por Athos Gusmão Carneiro, **Poderes do relator e agravo interno**, p. 19, e Fabiano Carvalho, **Poderes do relator nos recursos**, p. 59. Mantovanni Colares Cavalcante, **Os meios de controle das decisões monocráticas do relator em tribunais**, p. 796, prefere chamar de decisões *"definitivas"* o que nós chamamos de "sentenciais". Essa nomenclatura, entretanto, não parece adequada, uma vez que pode levar à associação com o conteúdo da decisão monocrática proferida (decisão definitiva são aquelas que resolvem o mérito – art. 487 do CPC/2015). Pedro Miranda de Oliveira, **Agravo interno e agravo regimental**, p. 149, por sua vez, chama as decisões finais do relator de *"decisões-sentença"*. Como visto, entretanto, as decisões finais do relator podem ser também interlocutórias, por isso o termo não parece apropriado.

Dentro da classificação proposta, o primeiro grupo de atividades decisórias a serem analisadas são as incidentais. De maneira sintética, as decisões incidentais são aquelas em que, por exclusão, não envolvem a aplicação do art. 485 ou 486 do CPC/2015, pondo fim ao procedimento recursal. São, portanto, pronunciamentos que têm natureza processual de decisão interlocutória (art. 203, § 2º, do CPC/2015). Como exemplos dessa atividade no CPC/2015 podemos citar a decisão sobre: a) a gratuidade de justiça (arts. 99, § 7º, e 101, § 1º); o *amicus curiae* (art. 138); c) o depósito da coisa submetida ao penhor legal (art. 706, § 2º); d) a tutela provisória (arts. 932, II, 995, parágrafo único, 1.012, § 3º, I, 1.026, § 1º, 1.029, § 5º); e) a desconsideração da personalidade jurídica (art. 932, VI); f) a correção de vícios sanáveis (arts. 932, parágrafo único, e 938, § 1º); g) a produção de provas (art. 938, § 3º); h) os fatos supervenientes ou apreciáveis de ofício (art. 933); i) a instauração do incidente de assunção da competência (art. 947, § 1º); j) o afastamento da pena de deserção (art. 1.007, § 6º); k) o sobrestamento dos recursos excepcionais interpostos simultaneamente (arts. 1.031, §§ 2º e 3º, e 1.032, parágrafo único); l) o sobrestamento das causas relacionadas ao processamento dos recursos repetitivos (arts. 1.035, § 5º, e 1.036); m) a escolha das causas a serem submetidas ao processamento de casos repetitivos (arts. 1.036, §§ 4º e 5º).

O segundo grupo de atividades decisórias são as finais. Essas decisões são aquelas em que o relator, aplicando o art. 485 ou 487 do CPC/2015, põe fim ao procedimento recursal de forma monocrática. Apesar de seguir a lógica presente no art. 203, § 1º, isso não significa que essas decisões sempre terão natureza processual de sentença. Pôr fim ao procedimento recursal não é a mesma coisa que pôr fim ao procedimento principal, na qual a decisão impugnada foi proferida. No caso do agravo de instrumento, por exemplo, a decisão que põe fim ao procedimento recursal normalmente é uma decisão interlocutória, que vai substituir a decisão interlocutória agravada (art. 1.008 do CPC/2015). Se, entretanto, o agravo de instrumento estiver analisando uma decisão que rejeitou o pedido de reconhecimento da prescrição do direito que embasa a demanda e o tribunal acolher a pretensão recursal, nessa hipótese a decisão terá natureza processual de sentença e irá encerrar não apenas o procedimento recursal, mas também o procedimento principal.

As decisões finais do relator podem se diferenciar, ainda, por conta do conteúdo do julgamento, em terminativas e definitivas. As decisões terminativas são aquelas que contêm um juízo negativo de admissibilidade da pretensão recursal, como nos casos de intempestividade ou falta de preparo, ao passo que, as definitivas, são as que expressam um juízo de mérito sobre a pretensão, homologando um acordo ou rejeitando o pedido recursal, por exemplo. De modo que a classificação das decisões finais proferidas pelo relator vai se assentar na dicotomia existente no julgamento da pretensão recursal: juízo de admissibilidade e juízo de mérito.[190]

De fato, o direito de recorrer, como todo direito, deve ser exercido de acordo com certas regras de ordem pública preestabelecidas pelo ordenamento jurídico. Assim, o legislador brasileiro optou por definir que o julgamento do recurso seria feito através de um duplo exame. Num primeiro momento, verifica-se se estão satisfeitas as condições impostas pela lei processual para que o órgão julgador possa examinar o conteúdo da postulação recursal. Trata-se do chamado juízo de admissibilidade. Somente após reconhecer a admissibilidade do recurso é que o órgão julgador pode passar ao segundo exame, em que irá aferir o mérito da pretensão recursal, no qual se investiga a existência ou a inexistência de fundamento daquilo que é postulado por meio do recurso.

O juízo de admissibilidade é feito quando o recurso é recebido pelo órgão recursal, logo após a sua interposição. No modelo brasileiro, alguns recursos têm a admissibilidade e o mérito feitos no mesmo órgão em que são interpostos. Um exemplo disso é o agravo de instrumento (art. 1.019 do CPC/2015). Ocorre que, na maioria das hipóteses, o recurso é interposto perante um órgão e tem o seu mérito julgado em outro. Nesses casos, é preciso verificar se o órgão onde foi feita a interposição tem a função de realizar o primeiro juízo de admissibilidade ou se deverá somente processar o recurso e remetê-lo para o órgão *ad quem*. O direito brasileiro já teve como característica a realização do juízo de admissibilidade tanto no órgão de interposição como no órgão com atribuição para o julgamento do mérito do recurso, chamado de sistema de dupla filtragem. Trata-se de expediente que visava promover a economia processual,[191] mas que foi sendo gradativamente abandonado pelas reformas operadas no CPC/1973 e que, no atual Código, ficou restrito aos recursos excepcionais (art. 1.030, I).[192] Assim, quando o órgão de interposição for diferente do órgão de julgamento do mérito do recurso, aquele fará apenas o seu processamento, salvo quando se tratar de recurso excepcional, cujo juízo de admissibilidade é feito também na origem.

190. José Carlos Barbosa Moreira, **Comentários ao Código de Processo Civil**, p. 260.

191. Nelson Nery Junior, **Princípios fundamentais: teoria geral dos recursos**, p. 222.

192. Importante registrar que essa exceção não existia na versão do Código aprovada pelo Congresso Nacional. Ela foi inserida, ainda durante o período de *vacatio legis* do CPC/2015 pela Lei nº 13.256/2016.

Na realidade, o juízo de admissibilidade funciona como uma fase prévia de depuração do recurso, impedindo que se analise o mérito da impugnação, se ele não reunir os requisitos processuais para seu manejo. Sua natureza é reconhecidamente declaratória,[193] posto que se limita a afirmar a existência ou não dos requisitos aplicáveis. Por conta da visão restritiva que vem sendo imposta aos recursos, nas últimas décadas o julgamento da admissibilidade recursal tem sido feito de maneira extremamente rigorosa e formalista, levando à rejeição de grande parte dos recursos, especialmente nos tribunais superiores. Não por outro motivo, o CPC/2015, com vistas ao princípio da primazia do mérito (art. 4º), permitiu expressamente, em diferentes dispositivos, a correção dos vícios sanáveis presentes nos recursos (arts. 932, parágrafo único, 938, § 1º, 1.017, § 3º, 1.029, § 3º). Trata-se de reflexo do movimento voltado a combater a chamada jurisprudência defensiva.[194]

O juízo positivo de admissibilidade de um recurso tem como efeito conferir à decisão recorrida uma nova etapa procedimental, necessária para sua estabilização. A decisão, que antes poderia alcançar por si a estabilidade, dependerá de uma outra decisão integrativa para poder atingir esse mesmo fim. Por outro lado, a decisão que denega a admissibilidade, se não for objeto de novo recurso, faz com que a decisão impugnada possa então galgar a estabilização.[195]

A doutrina mais tradicional afirma que o juízo de admissibilidade dos recursos está sujeito ao preenchimento de certos requisitos ou pressupostos, divididos em objetivos e subjetivos.[196] Outra corrente, não menos prestigiosa, defende que tais pressupostos classificam-se em intrínsecos e extrínsecos.[197] Sob a ótica da tutela constitucional do devido processo legal,

---

193. José Carlos Barbosa Moreira, **O juízo de admissibilidade no sistema dos recursos civis**, p. 130.

194. A expressão tornou-se conhecida a partir do momento que foi utilizada no discurso de posse Ministro Humberto Gomes de Barros como presidente do STJ, em 07 de abril de 2008, em que anunciou que aquela Corte adotaria a "*jurisprudência defensiva*", "*consistente na criação de entraves e pretextos para impedir a chegada e o conhecimento dos recursos que lhe são dirigidos*" (site do STJ).

195. Felippe Borring Rocha, **Teoria geral dos recursos cíveis**, p. 87.

196. Os pressupostos objetivos seriam o cabimento, a adequação, a tempestividade, inexistência de fato impeditivo ou extintivo e a regularidade. Os pressupostos subjetivos seriam o interesse e a legitimação. Nesse sentido, Moacyr Amaral Santos, **Primeiras linhas de direito processual civil**, v. 3, p. 83.

197. Os pressupostos intrínsecos seriam o cabimento, a legitimidade, o interesse e a inexistência de fato impeditivo ou extintivo; os pressupostos extrínsecos seriam tempestividade, regularidade e preparo. Nessa linha de pensamento, vejam-se José Carlos Barbosa

no entanto, o mais adequado é, levando em consideração a relação entre o direito de ação e o direito de recorrer, buscar estabelecer a visão simétrica entre os juízos de admissibilidade de ambos.[198] Logo, tem-se que a análise do juízo de admissibilidade dos recursos pode ser feita a partir da projeção dos elementos que formam o juízo de admissibilidade da ação, dividido em pressupostos recursais e condições do recurso.

Embora não exista consenso sobre o tema, é possível afirmar que os pressupostos recursais se dividem em quatro espécies: competência recursal, capacidade do recorrente, regularidade formal do recurso e inexistência de fatos impeditivos, modificativos ou extintivos ao direito de recorrer. As condições recursais serão analisadas neste estudo sob as mesmas lentes da orientação atual, deslocando os aspectos que antes eram vistos sob a rubrica da "possibilidade jurídica do recurso" para o plano do interesse em recorrer que, ao lado da legitimidade recursal, passaram a compor seu universo.

Vistas algumas características do juízo de admissibilidade, é chegado o momento de analisar o juízo de mérito. A função do juízo de mérito é avaliar o cerne do recurso para acolhê-lo, se fundado, ou rejeitá-lo, em caso contrário.[199] Seu conteúdo toca o chamado pedido mediato do recurso, isto é, a matéria devolvida ao órgão recursal pela sua interposição. Logo, o mérito do recurso não se confunde com o mérito da ação, embora represente a mesma ordem de ideias.[200] Enquanto o mérito da ação versa sobre a pretensão da causa, o mérito do recurso trata do pedido de reforma, invalidação ou reexpressão do pronunciamento judicial. Ambas as pretensões podem ser coincidentes, mas, não raras vezes, o mérito do recurso se distancia do mérito da ação. Uma questão preliminar de ilegitimidade passiva, por exemplo, suscitada na contestação, não integra o mérito da ação. Mas essa mesma questão, impugnada por meio da apelação, representa o mérito do recurso.

As características do mérito de um recurso dependem, essencialmente, de três fatores: a matéria impugnada, as razões da impugnação e o tipo de recurso.[201] A abrangência da matéria impugnada vai delimitar o conteúdo daquilo que é devolvido ao juízo recursal para a revisão, estando o restante da decisão não impugnada sob o manto da preclusão, ressalvadas as questões

Moreira, **Comentários ao Código de Processo Civil**, p. 243, e Nelson Nery Junior, **Princípios fundamentais: teoria geral dos recursos**, p. 240.

198. Alexandre Freitas Câmara, **O novo processo civil brasileiro**, p. 497.

199. José Carlos Barbosa Moreira, **Comentários ao Código de Processo Civil**, p. 248.

200. Cândido Rangel Dinamarco, **Fundamentos do processo civil moderno**, t. 1, p. 260.

201. Felippe Borring Rocha, **Teoria geral dos recursos cíveis**, p. 84.

de ordem pública (art. 278, parágrafo único, do CPC/2015). As razões do recurso reúnem questões de fato e de direito a sustentar o pedido recursal, definindo o tipo de intervenção que o recorrente deseja promover na decisão impugnada. Por ouro lado, o tipo de recurso vai determinar o campo do exame do mérito, de acordo com sua natureza. Por exemplo, no caso de um recurso especial, o mérito do recurso será a revisão de uma questão relacionada à aplicação da lei federal.

Apesar de estar, via de regra, associado às falhas no pronunciamento judicial - tradicionalmente classificado em *error in procedendo* e *error in judicando* –, é possível que o mérito do recurso se volte contra vícios estranhos à atividade do juiz, como no caso em que o Ministério Público recorre alegando que houve conluio entre as partes (art. 142 do CPC/2015). Aqui, o vício não está na atividade desenvolvida pelo julgador, mas no comportamento das partes.

Capítulo 5

A RELEITURA DO JULGAMENTO MONOCRÁTICO DO MÉRITO DOS RECURSOS À LUZ DO PRINCÍPIO DA JURIDIÇÃO EQUIVALENTE

5.1. A TRAJETÓRIA HISTÓRICA DO JULGAMENTO MONOCRÁTICO NO BRASIL

De acordo com José Carlos Barbosa Moreira,[1] não apenas a figura do relator, mas também a sua função de condutor das causas nos tribunais, foram trazidas do Direito Romano[2] para o Brasil pelas Ordenações Filipinas do Reino de Portugal (Livro III), editadas em 1603 e vigentes em nosso país, em matéria processual civil, até 1890.[3] A bem da verdade, não foi possível localizar no texto das Ordenações uma regra específica regulando a figura do relator nos tribunais. Em diferentes dispositivos, entretanto, fica claro que a tramitação das causas, conforme as alçadas e as matérias discutidas, era

1. José Carlos Barbosa Moreira, **O juízo de admissibilidade no sistema de recursos civis**, p. 182. Na mesma linha, veja-se Tiago Figueiredo Gonçalves, **Julgamento unipessoal nos tribunais e agravo inominado**, p. 32.
2. Sobre a figura do relator (*praetor urbanus*) no direito romano, veja-se Mário Teixeira da Silva, **Recursos cíveis & os novos poderes do relator**, p. 26.
3. Foi o Decreto nº 763/1890 que determinou que o Decreto nº 737/1850, que tratava do Código de Processo Comercial, fosse aplicado também às causas cíveis, substituindo as regras processuais presentes nas Ordenações Filipinas, que permaneciam em vigor, mesmo após a declaração de independência, por meio da Lei de 20/10/1923, do Rei Pedro I do Brasil. Portanto, em 1890 o Decreto nº 737/1850 se tornou oficialmente o primeiro código de processo civil brasileiro, embora já fosse aplicado subsidiariamente às causas cíveis antes disso. Note-se, ainda, que as Ordenações Filipinas somente pararam efetivamente de produzir efeitos no Brasil quando o nosso primeiro Código Civil entrou em vigor, no dia 1º de janeiro de 1917 (art. 1.807).

conduzida por um magistrado pertencente ao colegiado.[4] As suas atribuições, no entanto, somente aparecem, de forma esparsa, na regulamentação de alguns procedimentos. Assim, por exemplo, o Título LXX do Livro III das Ordenações Filipinas,[5] no item referente à apelação das sentenças definitivas, previa a possibilidade de o *"juiz superior"* monocraticamente inadmitir o recurso intempestivo:

> "Porém, se appellante por si, ou por seu Procurador fez atempar a appellação entre ele e o appellado, postoque o appellante a não tire dentro dos seis mezes, o Juiz, que deu a sentença, não poderá haver a appellação por deserta, porque neste caso poderá o appellado, pois já a appellação he atempada, tirar dia de apparecer, e o Juiz Superior a haverá por deserta e não seguida"

Outro ponto a ser destacado é que as Ordenações do Reino adotavam como lógica de funcionamento dos tribunais a primazia do colegiado, ou seja, as decisões deveriam ser tomadas pela composição plural do tribunal ou de seus órgãos fracionários, chamados de *"mesas"*. Assim, quando um desembargador proferia uma decisão monocrática, cabia *"aggravo"* para o seu órgão colegiado. Nesse sentido, dizia o item 13 do Título IV do Livro I das Ordenações Filipinas:[6]

> "E quando alguma pessoa se aggravar de algum desembargo, que o dito Chanceller per si só der, e elle stiver na Mesa ao tempo, que se houver de despachar, se apartará para outra parte, em quanto se derem as vozes sobre o dito agravo"

No Brasil, as regras previstas nas Ordenações Filipinas para atuação do relator somente tiveram incidência a partir de 07/03/1609, quando foi instalado, por ordem do Rei Philippe I de Portugal (Lei de 16/04/1587),[7] o

---

4. Assim, por exemplo, dizia o item 4 do Título I do Livro I das Ordenações Filipinas que o chanceler (desembargador mais graduado da corte) *"conhecerá de todas as suspeições postas aos Desembargadores, e todos os outros Officiaes da Casa da Supplicção"* (Cândido Mendes de Almeida, **Codigo Philippino, ou, ordenações e leis do reino de Portugal: recopiladas por mandado d'El-Rey D. Philippe I**, p. 15).
5. Cândido Mendes de Almeida, **Codigo Philippino, ou, ordenações e leis do reino de Portugal: recopiladas por mandado d'El-Rey D. Philippe I**, p. 678.
6. Cândido Mendes de Almeida, **Codigo Philippino, ou, ordenações e leis do reino de Portugal: recopiladas por mandado d'El-Rey D. Philippe I**, p. 678.
7. Affonso Ruy, **A relação da Bahia**, p. 11. A Lei de 16/04/1587, que estabeleceu as regras básicas de funcionamento do Tribunal, a chamava de *"regedor"* o desem-

Tribunal da Relação, a primeira corte de apelações do país, localizada em Salvador. Antes do advento deste tribunal, a justiça no território brasileiro era aplicada pelos ouvidores, que funcionavam como órgãos de "primeira instância",[8] sendo que eventuais recursos das suas decisões deveriam ser encaminhados para o Tribunal da Relação de Lisboa, que então fazia as vezes de corte suprema de Portugal e das suas colônias.[9] O primeiro Ouvidor-Geral a chegar no Brasil foi Pero Borges, em 1549.[10] Coube a ele e aos ouvidores que lhe sucederem a tarefa de, sob o comando dos Governadores, elaborar a organização inicial da Justiça brasileira, criando os cargos de juízes de primeira instância – ordinários, leigos, eletivos, de fora, vintena e de órfãos – e os distribuindo entre as capitanias.

Conforme assinala Antonio Pessoa Cardoso,[11] o Tribunal da Relação do Brasil foi organizado aos moldes do Tribunal da Relação da Índia, primeira corte de apelação estabelecida fora dos limites de Portugal. Este tribunal, instalado na província de Goa em 1554, foi idealizado para reduzir o volume das causas remetidas à Lisboa e agilizar a aplicação da justiça nas possessões ultramarinas. Ambos os tribunais, por sua vez, tinham como inspiração a Casa de Suplicação de Lisboa, cujo regimento lhes serviu de base.

Na sua formação original, o Tribunal da Relação do Brasil contava com 10 desembargadores,[12] bacharéis em direito, nomeados pelo rei, que

---

bargador mais graduado e responsável por conduzir os trabalhos. Assim, por exemplo, dizia no item 12 que determinados pedidos de deveriam ser dirigidos ao desembargador "*regedor dos aggravos e apellações*" (José Anastácio Figueiredo, **Synopsis chronologica de subsidios ainda os mais raros para a historia e estudo critico da legislação portugueza**. t. 2, p. 235).

8. Na realidade, não é exatamente apropriado falar em "primeira instância", pois o Ouvidor-Geral das Províncias também reviam as decisões tomadas pelos Ouvidores das Comarcas e por outros órgãos, que solucionavam as questões jurídicas das vilas das Capitanias. Ainda assim, é esse conceito que melhor enquadra a função do Ouvidor-Geral na complexa estrutura judicial portuguesa da época. Sobre o tema, veja-se Moacir Lobo da Costa, **Breve notícia histórica do direito processual civil brasileiro e sua literatura**, p. 29.
9. Edson Alvisi Neves, **Magistrados e negociantes na corte do Império do Brasil: o Tribunal do Comércio**, p. 185.
10. Entre 1530 e 1549, existiam órgãos ("*mesas*") no Desembargo do Paço, situado em Lisboa, que tinham competência para julgar questões referentes ao Brasil. Sobre o tema, veja-se Paulo Paranhos, **A relação do Rio de Janeiro (1751-1808)**, p. 25.
11. *Antonio Pessoa Cardoso, Bahia abrigou o primeiro tribunal de justiça do Brasil.*
12. De acordo com *Antonio Pessoa Cardoso, Bahia abrigou o primeiro tribunal de justiça do Brasil*, os desembargadores eram assim distribuídos: um ouvidor-geral, um chanceler,

serviam pelo período de seis anos. A sua principal função jurídica era julgar os recursos das decisões proferidas pelos juízes e ouvidores, bem como processar e julgar algumas autoridades dotadas de foro especial. A jurisdição da Relação abrangia todo o Brasil, com exceção das Capitanias do norte, que tinham seus recursos dirigidos diretamente à Casa de Suplicação. Apesar de ter significado um evidente avanço para a prestação jurisdicional na Colônia, por pressões econômicas e políticas,[13] o Tribunal da Relação do Brasil foi desativado em 5 de abril de 1626, por Alvará expedido pelo Rei Philippe II de Portugal, voltando a atuar os ouvidores como fiscalizadores e aplicadores da justiça.[14]

Após a restauração da Coroa Portuguesa, em razão das inúmeras denúncias de abusos praticados pelos ouvidores e da necessidade de reforçar a autoridade portuguesa, o Rei João IV decide reinstalar o Tribunal da Relação do Brasil, por meio da Carta Régia de 12/09/1652.[15] A sua estrutura de funcionamento, alvo de constantes críticas na primeira fase de existência, foi reformulada, mas os julgamentos colegiados dos agravos e das apelações permaneceram sendo conduzidos por desembargadores-regedores.[16]

---

três desembargadores dos Agravos e Apelações, dois desembargadores extravagantes, um juiz dos Feitos da Coroa, Fazenda e Fisco, um procurador dos Feitos da Coroa, Fazenda e Fisco, que acumulava a função de Promotor Público, e um Provedor dos Defuntos e Resíduos.

13. Importante registrar que o Brasil vivia momentos de grande conturbação, notadamente por força das invasões holandesas do seu território (1624 a 1637). Além disso, os governadores das províncias não tinham interesse no funcionamento da Relação, pois nomeavam e controlavam os ouvidores. Sobre o tema, veja-se Moacir Lobo da Costa, **Breve notícia histórica do direito processual civil brasileiro e sua literatura**, p. 14.
14. Affonso Ruy, **A relação da Bahia**, p. 4.
15. Stuart Schwartz, **Burocracia e sociedade colonial: a suprema corte da Bahia e seus juízes (1609-1751)**, p. 31, afirma que o Tribunal da Relação exerceu nos séculos XVII e XVIII papel central no projeto de dominação colonial oriundo da Coroa Portuguesa, promovendo o *"abrasileiramento"* da burocracia portuguesa e sedimentando as relações promíscuas estabelecidas entre a alta magistratura e as elites locais, uma das bases fundamentais de nosso estado patrimonialista. O mesmo autor apresenta uma extensa lista das queixas feitas contra os ouvidores e que serviram para motivar a decisão de reinstalar o Tribunal da Relação no Brasil (p. 192).
16. *De fato, a mencionada* Carta Régia de 12/09/1652, *por exemplo, ao tratar das atribuições dos desembargadores, dizia: "32. Todos os feitos civeis, que por bem deste Regimento lhes pertencerem, despacharão por tenções; e no despacho delas se guardará a ordem, que tendo dado, por minhas Ordenações, e Extravagantes, aos Desembargadores dos Aggravos e Apellações da Casa da Supplicação, assim no despacho das*

A Relação do Brasil manteve-se, até 1752, como a única corte de apelações da colônia. Isso porque, em 15 de julho daquele ano, foi instalado o Tribunal da Relação do Rio de Janeiro, criado por Alvará do Rei José I datado de 13/10/1751. O crescimento econômico e as diferentes ameaças externas observadas nas regiões do sul do país, bem como a mudança da capital, de Salvador para o Rio de Janeiro, que ocorreria em 1763, foram apontadas por Rogério de Oliveira Souza[17] como motivadores da criação desse novo tribunal. *Importante destacar que o* Alvará de 13/10/1751,[18] *no seu item 63, estabelecia que as decisões monocráticas dos desembargadores, chamados de ministros, seriam passíveis de "**aggravo**", recurso este dirigido ao colegiado e relatado por um novo desembargador*:

> "63. Quando na fôrma sobredita se aggravar de algum Ministro que despacha em Relação, a tempo que já no feito tenha Adjuntos certos, estes mesmos o farão no despacho do aggravo, manttendo-se de novo hum Ministro, que o relate, e vote nelle, em lugar do relator do feito de que se agravar"

Nesse passo, importante esclarecer que, em razão da falta de um código, no período anterior à proclamação da independência o direito processo civil era essencialmente regulado pelas Ordenações Filipinas, pelo direito canônico, pelo direito romano glosado – a *Lex Romana Wisigothorum*, os Privilégios e os Forais – e pelas poucas normas editadas, como Lei da Boa Razão (Lei de 18/08/1769).[19] Por isso, os regimentos internos dos tribunais tinham papel relevante no tratamento dos institutos processuais afetos àquela instância. Tais regimentos, no entanto, não eram escritos com uma técnica jurídica apurada ou maiores preocupações estruturais.[20] Essa pode ser uma

---

sentenças definitivas, como das interlocutórias, dias de apparecer, e instrumentos de agravo, petições, e cartas testemunháveis" (José Justino de Andrade e Silva, **Collecção chronologica da legislação portugueza**, p, 105).

17. Rogério de Oliveira Souza, **A relação do Rio de Janeiro (1751-1808)**, p. 142. Contribuiu também para a instalação os problemas jurídicos decorrentes da mineração na região sudeste do Brasil. Nesse sentido, veja-se Edson Alvisi Neves, **Magistrados e negociantes na corte do Império do Brasil: o Tribunal do Comércio**, p. 187.
18. José Roberto Monteiro de Campos, **Systema, ou collecção dos regimentos reaes**. t. 4, p. 494.
19. Sálvio de Figueiredo Teixeira, **A criação e a realização do direito na decisão judicial**, p. 38.
20. Alguns regimentos citavam poesias, elogiavam pessoas ou faziam pregações religiosas. O supracitado Regimento da Casa de Suplicação de Portugal, por exemplo, assim explicava porque o rei deveria nomear juízes para julgar em seu nome: *"Mas, porque o*

explicação para o fato do relator, apesar de ser uma figura sedimentada na estrutura dos tribunais "brasileiros", praticamente não receber tratamento legislativo no período colonial.

Não obstante, a partir da análise dos regimentos presentes no período colonial, ressai claro que a diretriz predominante nos tribunais é que as decisões deveriam ser tomadas coletivamente. Apesar disso, como visto, sempre se reconheceu a possibilidade de os juízes monocraticamente praticar atos, notadamente os presidentes dos tribunais, não apenas de natureza administrativa, mas também judicantes. Isso compromete a ideia, tão comum na doutrina pátria, de que o julgamento monocrático não fazia parte das *"tradições da Justiça brasileira"*, como *"dogma incontestado"*.[21] É preciso assinalar, entretanto, que nessas situações, os julgamentos eram feitos de forma isolada porque era uma atribuição própria do magistrado agir daquela maneira.[22] Não se tratava de uma função de representação do colegiado, embora este eventualmente pudesse ser provocado a reanalisar a decisão monocrática por meio de *"aggravos"*.

Em 1808, um dos primeiros atos do Rei João VI, quando desembarcou com a Coroa Portuguesa no Brasil foi transformar o Tribunal da Relação do Brasil em Tribunal da Relação da Bahia e elevar o Tribunal da Relação do Rio de Janeiro à categoria de Casa da Suplicação (Alvará de 10/05/1808).[23]

---

rei assim habituado à justiça não pode, nem convém, examinar e resolver todas as coisas particulares por si próprio, deve ter sempre consigo homens justos, jurisperitos, tementes a Deus, aborrecedores do mal, honestos, providos e facundos, que umas vezes, mormente nos negócios graves, lhe dêem conta da justiça que se deve fazer e da injustiça que deve cessar, e outras vezes julguem só por si em nome do Rei" (tradução do original, escrito em latim, feita por Martin de Albuquerque, conforme apurado por Manuela Mendonça, **O regimento da casa da suplicação**, p. 38).

21. Nesse sentido, vejam-se José Carlos Barbosa Moreira, **Algumas inovações da lei 9.756 em matéria de recursos cíveis**, p. 27, Athos Gusmão Carneiro, **Poderes do relator e agravo interno**, p. 21, e Araken de Assis, **Manual dos recursos**, p. 674.

22. De acordo com o Regimento Interno do Tribunal da Relação do Brasil (Carta Régia de 12/09/1652), por exemplo, cabia ao Governador, que exercia a função de presidente do Tribunal da Relação, deferir monocraticamente fianças e comutações de pena (item 12). O Chanceler, por sua vez, na qualidade de magistrado mais graduado da corte, tinha a atribuição de conhecer *"das suspeições postas aos Desembargadores da Relação do Estado do Brasil, e aos mais Officiaes della, as quaes despachará em Relação"* (item 24).

23. Moacir Lobo da Costa, **Breve notícia histórica do direito processual civil brasileiro e sua literatura**, p. 34, informa que as Casas de Suplicação faziam as vezes de corte suprema do Poder Judiciário português e que são os tribunais da relação que vão dar origem, no século seguinte, aos tribunais de justiça brasileiros. Edson Alvisi Neves, **Magistrados e negociantes na corte do Império do Brasil: o Tribunal do Comércio**,

A ela foi aplicado o regimento da Casa de Suplicação de Lisboa (Carta Régia de 27/07/1582). Após a proclamação da independência, em 1822, a primeira lei nacional a mencionar o relator localizada durante a pesquisa foi a Lei de 18/09/1828.[24] Este diploma, atendendo ao comando contido no art. 163 da Constituição de 1824,[25] criou o Supremo Tribunal de Justiça e estabeleceu regras para seu funcionamento. A mesma lei extinguiu a Casa de Suplicação do Rio de Janeiro, transformando aquela corte novamente em Tribunal da Relação. Logo em seguida, o Decreto de 03/01/1833, que estabelecia as regras gerais sobre o funcionamento dos Tribunais da Relação do Brasil, tratou do relator em diversos artigos. Seu art. 55, por exemplo, assim dispunha:

> "Art. 55. Findos os termos assignados às partes para arrazoarem, o Escrivão fará os autos conclusos ao Presidente, o qual os distribuirá ao Desembargador, a quem tocar, e então se seguirá no despacho da appellação o disposto nos arts. 29 e 30 deste Regulamento"

Os arts. 29 e 30 do Decreto de 03/01/1833, por sua vez, diziam:

> Art. 29. Apresentados os autos em conferencia, com as razões, ou sem ellas, no caso que as partes as não apresentem em tempo, o Presidente os distribuirá ao Desembargador, a quem tocar, o qual, examinando-as com as allegações das partes, e pondo no processo uma simples declaração de o ter visto, o levará à mesa; e ahi, depois de ter exposto a especie, de que se trata, e os pontos de direito, em que as partes se fundam, o passará ao Desembargador, que immediatamente se lhe seguir, o qual procederá da mesma fôrma, e assim por diante até o numero de tres.
>
> Art. 30. Quando o terceiro tiver visto o processo, o apresentará em mesa no dia, que o Presidente designar; e debatida a questão por todos os Desembargadores presentes (com tanto que não excedam ao numero de effectivos, que deve ter a Relação) decidir-se-ha à pluralidade de

---

p. 189, por sua vez, destacou também a questão do bloqueio continental napoleônico como fator decisivo para a elevação da corte fluminense.

24. *"Art. 11. Recebendo o Secretario os autos, os apresentará na primeira conferencia ao Tribunal, e se distribuirão á um dos magistrados, que será o relator".*

25. *"Art. 163. Na Capital do Imperio, além da Relação, que deve existir, assim como nas demais Provincias, haverá tambem um Tribunal com a denominação de - Supremo Tribunal de Justiça - composto de Juizes Letrados, tirados das Relações por suas antiguidades; e serão condecorados com o Titulo do Conselho. Na primeira organisação poderão ser empregados neste Tribunal os Ministros daquelles, que se houverem de abolir".*

> votos; e, conforme o vencimento, se lançará a sentença escripta pelo Juiz do feito, e por todos assignada.

O mesmo Decreto de 03/01/1833 previa, ainda, algumas atividades singulares ao relator como, por exemplo, processar a habilitação das partes perante o tribunal:

> Art. 81. Constando no Juizo das appellações o fallecimento de alguma elas partes, ou sendo necessária por qualquer motivo a habilitação de alguma parte, se procederá a esta perante o Juiz relator, fazendo-se a inquirição de testemunhas na fôrma do art. 11 da disposição provisoria ácerca da Administração da justiça civil; e recebendo-se os artigos, e procedendo-se ao julgamento da habilitação em mesa, à pluralidade dos votos dos Desembargadores presentes.

Registre-se que o Decreto de 03/01/1833 foi expedido para adequar o funcionamento dos tribunais ao recém editado Código de Processo Criminal de Primeira Instância, promulgado pela Lei de 29/11/1832, que visam complementar o Código Criminal de 1830. O Código de Processo Criminal, por sua vez, tinha como anexo um título, com 27 artigos, chamado de *"Disposição Provisória acêrca da Justiça Civil"*. Moacir Lobo da Costa[26] afirma que este Anexo poderia ser considerado a primeira legislação processual civil brasileira. O título, entretanto, dispunha somente sobre algumas questões relacionadas à conciliação e à resposta do réu no processo civil, que então utilizava basicamente as mesmas regras procedimentais previstas para o processo criminal. Conforme ressalta Costa,[27] a timidez da iniciativa se devia à força que as Ordenações Filipinas tinham no território brasileiro, aliada à percepção de que o processo civil deveria ser regulado primordialmente pelas províncias.

Posteriormente, o relator foi citado, de forma lateral, no art. 662 do Decreto nº 737/1850, conhecido como Código de Processo Comercial.[28] Este Código, lançado quase que simultaneamente com o Código Comercial

26. Moacir Lobo da Costa, **Breve notícia histórica do direito processual civil brasileiro e sua literatura**, p. 78. Este autor, inclusive, afirma que o anexo do Código de Processo Criminal de 1832 poderia ser considerada a primeira legislação processual civil brasileira.

27. Moacir Lobo da Costa, **Breve notícia histórica do direito processual civil brasileiro e sua literatura**, p. 60.

28. *"Art. 662. As sentenças proferidas nas Relações poderão ser embargadas dentro de dez dias (Art. 639), pedindo o embargante vista dos proprios autos ao Juiz relator do feito,*

(Lei nº 556/1850), foi desenvolvido para regular o funcionamento da Justiça Comercial no país, composta por juízes e pelo Tribunal do Comércio.[29] O Decreto nº 737/1850, no seu art. 661, determinava a aplicação subsidiária do Decreto de 03/01/1833 às causas em curso perante os tribunais da relação, o que perdurou até a proclamação da república, ocorrida em 1889. De fato, por força do Decreto nº 763/1890, o Decreto nº 737/1850 passou a ser aplicado não só às causas comerciais, mas também a todas as causas cíveis, em ambas as instâncias. Dessa forma, o Decreto nº 737/1850 assumiu a condição de primeiro código de processo civil brasileiro.[30]

Antes disso, porém, por encomenda do governo imperial, Antonio Joaquim Ribas, conhecido como Conselheiro Ribas, elaborou uma compilação das leis de processo civil em vigor na época.[31] A "Consolidação de Ribas" se tornou obrigatória – *"com força de lei"* – em virtude da aprovação da Resolução Imperial de 28/12/1876.[32] De modo que, entre 1876 e 1890, foi esta consolidação que formalmente regeu o processo civil no Brasil. A Consolidação de Ribas previa, nos tribunais da relação, a distribuição dos feitos ao desembargadores relatores (art. 129, § 3º), o julgamento monocrático pelo presidente do tribunal do incidente de suspeição de juízes de direito das comarcas especiais (art. 89, § 18, item 1º) e a aplicação monocrática pelo relator da pena de litigância de má-fé (art. 518, item 1º). Interessante destacar que, apesar de ser formalmente uma consolidação, não foi localizado nesse texto a previsão de *"aggravo"* da decisão monocrática dos juízes nos

---

que a dará por cinco dias ao embargante, seja parte singular ou collectiva, seguindo a discussão dos embargos a fórma determinada no Artigo 644".

29. Edson Alvisi Neves, **Magistrados e negociantes na corte do Império do Brasil: o Tribunal do Comércio**, p. 232.

30. De acordo com Edson Alvisi Neves, **Magistrados e negociantes na corte do Império do Brasil: o Tribunal do Comércio**, p. 233, o Código de Processo Comercial de 1850 *"é considerado por diversos especialistas como o mais perfeito código de processo das Américas, o que explica a sua utilização mesmo depois da extinção do Tribunal do Comércio: inclusive, algumas figuras processuais abandonadas após a extinção do referido tribunal foram retomadas, recentemente, em reformas legislativas que tentam desemperrar a máquina estatal, como no caso dos Juizados Especiais, dos procedimentos sumários, da arbitragem, da conciliação, etc".*

31. O texto comentado da Consolidação foi publicado por Ribas, em coautoria com seu filho, em 1880 (apesar da edição apontar o ano de 1879), com o título de **Consolidação das disposições legislativas e regulamentares concernentes ao processo civil**.

32. Moacir Lobo da Costa, **Breve notícia histórica do direito processual civil brasileiro e sua literatura**, p. 112.

tribunais, tema recorrente em diversos regimentos anteriores, inclusive nas citadas Ordenações Filipinas, cujo texto serviu de base para o trabalho.[33]

Logo após a proclamação da república, ocorrida em 1889, o Superior Tribunal de Justiça foi transformado em Supremo Tribunal Federal (Decreto nº 510/1890). O primeiro regimento interno do novo tribunal, aprovado por seus membros em 08/08/1891, estabeleceu que o relator poderia monocraticamente arbitrar fiança (art. 71), resolver questões ordinatórias, incidentes e probatórias (art. 87), determinar a emenda ou complementação da petição inicial da revisão criminal (art. 104, § 5º) e o sobrestamento dos processos, no caso de conflito positivo de competência (art. 108). O mesmo regimento definia também que os feitos eram distribuídos entre os ministros, que assim assumiam a condição de relator (arts. 37[34] e 38[35]), e que das decisões monocráticas do relator caberia "*aggravo*" para a "*meza*" correspondente:

> "Art. 39. A parte que se considerar aggravada com despacho do juiz instructor ou relator, poderá requerer, no prazo de cinco dias, que elle apresente o feito em meza para o despacho ser confirmado ou alterado por sentença do Tribunal, mediante processo verbal"

Em observância ao regime federativo de governo adotado, a Constituição de 1891 previu a possibilidade de edição de códigos de processo civil pelos Estados, enquanto a União mantinha a competência dela para legislar sobre direito civil, e também sobre o processo na justiça federal (art. 34, item 23º, combinado com o art. 65, item 2º). Assim, no período compreendido entre 1905 e 1930, foram editados códigos de processo civil e comercial em quase todos os Estados do Brasil.[36] A Constituição de 1934, no entanto,

---

33. Antonio Joaquim Ribas e Julio A Ribas, **Consolidação das disposições legislativas e regulamentares concernentes ao processo civil.**
34. *"Art. 37. O presidente na véspera das sessões fará a distribuição dos feitos pelos ministros, segundo a precedência destes, observando a ordem prescripta nos art. 32 e 33".*
35. *"Art. 38. O ministro a quem tocar a distribuição é juiz da instrucção que se houver de processar no Tribunal, e relator do processo que houver de ser submetido a julgamento. Seo relatório em meza é oral, podendo le-lo si o tiver escripto".*
36. Foram editados códigos de processo civil no Pará (Decreto nº 1.380/1905), no Rio Grande do Sul (Lei nº 507/1909), no Maranhão (Lei nº 65/1908), na Bahia (Lei nº 1.121/1915), no Espírito Santo (Lei nº 1.055/1915), no Rio de Janeiro (Lei nº 1.580/1919), no Paraná (Lei nº 1915/1920), no Piauí (Lei nº 964/1920), no Sergipe (Lei nº 793/1920), no Ceará (Lei nº 1.952/1921), em Minas Gerais (Lei nº 830/1922), no Rio Grande do Norte (Lei nº 551/1922), em Pernambuco (Lei nº 1.672/1924), no Distrito Federal (Decreto nº 16.752/1924), em Santa Catarina (Lei nº 1.640/1928), em São Paulo (Lei nº 2.421/1930)

erigida sob um projeto de unificação nacional, traz de volta para o Congresso Nacional a competência exclusiva para legislar sobre processo civil (art. 5º, XIX). A Constituição de 1937, que marca o início da ditadura do Estado Novo, manteve a mesma disposição. Nesse momento, pela iniciativa do Ministro da Justiça Francisco Campos, começa a ser desenvolvido o projeto de (re)criação de um código de processo civil nacional.

O CPC/1939 foi influenciado pelo código da Áustria, idealizado por Franz Klein e editado em 1895, pelo projeto elaborado por José Alberto dos Reis, que gerou o Código português de 1939, e pelo projeto formulado por Giuseppe Chiovenda, que deu origem ao Código italiano de 1940.[37] Com a vigência do CPC/1939, galgado na oralidade, substitui-se a concepção privatística do processo romano pela visão publicística, que identificava o processo como instrumento de transformação social, em voga na Europa continental no período entre guerras. Cresce, também, o papel do juiz na condução do processo, em contraste com a feição estática do juiz, importada do direito processual francês, na fase final do período imperial brasileiro.

No CPC/1939, o relator ganha destaque e novas atribuições, embora ainda sem um regramento genérico sobre suas funções. O seu papel de condutor das causas em curso no tribunal, por exemplo, somente é mencionado de passagem dentro dos dispositivos voltados a regular o processamento dos embargos de nulidade e infringentes (arts. 835[38] e 838[39]) e dos embargos de declaração (art. 862[40]). A maior novidade, no entanto, ficou por conta do

---

e na Paraíba (Decreto nº 28/1930). De acordo com Moacir Lobo da Costa, **Breve notícia histórica do direito processual civil brasileiro e sua literatura**, p. 63, o Decreto 737/1850 foi a principal fonte de inspiração dessas legislações estaduais.

37. Moacir Lobo da Costa, **Breve notícia histórica do direito processual civil brasileiro e sua literatura**, p. 79.

38. *"Art. 835. Conclusos ao relator do acórdão embargado, os autos, serão por ele remetidos à Secretaria, afim de, se couber o recurso, serem preparados e apresentados no início da primeira sessão, para sorteio de outro relator.*

    § 1º O prazo para o preparo será de três (3) dias, contados da data do recebimento dos embargos.

    § 2º A escolha do relator recairá, quando possível, em juiz, que não haja participado do primeiro julgamento".

39. *"Art. 838. Impugnados os embargos, serão os autos conclusos ao relator e ao revisor, pelos prazos de quinze (15) e dez (10) dias, respectivamente, seguindo-se, no que fôr aplicável, o processo estabelecido no Título anterior".*

40. *"Art. 862. Os embargos declaratórios serão opostos em petição dirigida ao relator, dentro de quarenta e oito (48) horas, contadas da publicação do acórdão no órgão oficial.*

    A petição indicará o ponto obscuro, omisso ou contraditório cuja declaração se imponha.

art. 836, que previa uma atividade decisória do relator que ficava entre a admissibilidade e o mérito: rejeitar de plano e monocraticamente os embargos de nulidade e infringentes "incabíveis". O mesmo dispositivo previa ainda a estrutura procedimental do agravo e sublinhava que o relator não participaria do seu julgamento. Eis a redação original do art. 836:[41]

> Art. 836. Si não fôr caso de embargos, o relator o decidirá de plano, cabendo desta decisão agravo para a Câmara competente para o julgamento dos embargos.
>
> § 1º O agravo poderá ser interposto nas quarenta e oito (48), horas seguintes à publicação do despacho no orgão oficial.
>
> § 2º O relator, na primeira sessão, relatará o feito, sem tornar parte no julgamento que se seguir, lavrando, afinal, o acórdão.

A Lei nº 1.661/1952, no entanto, suprimiu esses parágrafos, abrindo caminho para que o tema voltasse a ser regulado pelos regimentos internos dos tribunais. Eis a redação do dispositivo, após a modificação promovida pela Lei nº 1.661/1952:

> "Art. 836. Se não fôr caso de embargo, o relator o decidirá de plano, cabendo desta decisão agravo para o Tribunal competente para o julgamento dos embargos"

A regra prevista no art. 836 do CPC/1939 certamente gerou impacto na atuação dos relatores nos tribunais, especialmente no STF. De fato, o regimento interno do STF, aprovado em 25 de janeiro de 1940, foi feito para entrar em vigor simultaneamente com o CPC/1939 (art. 312). Este

---

§ 1º Será desde logo indeferida, por despacho irrecorrível, a petição que não indicar o ponto que deva ser declarado.

§ 2º O relator, independentemente de qualquer formalidade, apresentará os embargos em mesa para julgamento, na primeira sessão seguinte, fazendo o relatório e dando o seu voto.

§ 3º Vencido o relator, outro será designado pelo presidente da Câmara para lavrar o acórdão.

§ 4º Se os embargos forem providos, a nova decisão se limitará, a corrigir a obscuridade, omissão ou contradição.

§ 5º Os embargos declaratórios suspendem os prazos para outros recursos, salvo se manifestamente protelatórios e assim declarados na, decisão que os rejeitar".

41. Esse mesmo recurso era cabível ainda para atacar as decisões monocráticas do presidente do tribunal:

"Art. 860. Da decisão do presidente, que não admitir o recurso de revista, caberá agravo para as Câmaras reunidas (art. 836)".

regulamento dedicava um artigo para tratar das funções monocráticas do relator, algumas de caráter judicante (art. 46), bem como um artigo versando sobre o cabimento do agravo das decisões monocráticas para o órgão colegiado (art. 47). *In verbis*:

> "Art. 46. Compete ao relator:
>
> a) requisitar os autos originais dos processos que subirem ao tribunal em translado ou certidões, se julgar necessário;
>
> b) julgar as desistências e as deserções dos recursos; estas quando o Presidente não houver feito;
>
> c) indeferir liminarmente as petições de *habeas-corpus* e revisões criminais, quando não suficientemente instruídas, quando fôr incompetente o Tribunal, ou o pedido fôr reiteração de outro, pelos mesmos fundamentos, salvo se julga relevante matéria. Poderá todavia ordenar as diligências que considerar necessárias para o conhecimento do *habeas-corpus* ou de revisão criminal, quando verificar que o pedido não foi instruído por motivo alinho ao requerente"

> "Art. 47. A parte que se considerar agravada por despacho do Presidente do Tribunal, ou do relator, poderá requerer, dentro em cinco dias, que apresente o feito em mesa, para ser a decisão confirmada ou revogada por acórdão, será lavrado pelo relator se fôr confirmada, ou por outro Ministro designado pelo Presidente, no caso contrario"

Apesar de nenhuma das regras citadas dizer isso de maneira expressa, o entendimento fluente na doutrina[42] e jurisprudência[43] era de que as decisões monocráticas do relator deveriam se basear na jurisprudência consolidada sobre a questão. Pondes de Miranda,[44] por exemplo, comentando o citado

42. Candido Naves, **Impulso processual e poderes do juiz**, p. 197.
43. Nesse sentido, veja-se: "*O Instituto de Aposentadoria e Pensões dos Empregados em Transportes e Cargas ofereceu embargos divergência. Tendo em vista que a jurisprudência do Supremo Tribunal já se tranquilizou mesmo sentido da decisão embargada, proferi o seguinte despacho: 'Deixo de admitir os embargos de folha 208, em observância obediência ao critério firmado pelo plenário, nas sessões de 11 e 14 de agosto de 1961'*" (STF – Pleno – AgRg REXT 43.382/RS – Rel. Min. Pedro Chaves, j. em 15/12/1961). Este julgado, inclusive, serviu de base para a edição da Súmula 247 do STF: "*O relator não admitirá os embargos da L. 623, de 19.2.49, nem deles conhecerá o Supremo Tribunal Federal, quando houver jurisprudência firme do Plenário no mesmo sentido da decisão embargada*".
44. Francisco Cavalcanti Pontes de Miranda, **Comentários ao Código de Processo Civil de 1939**, t. 11, p. 321.

art. 836 do CPC/1939, dizia que o relator poderia avançar ao mérito dos embargos de nulidade e infringentes, quando a sua decisão estivesse *"assentada na jurisprudência"*. A consolidação dessa visão se deu em 1963, quando o STF positivou em seu regimento interno a vinculação do julgamento monocrático pelo relator à existência de uma jurisprudência consolidada. A jurisprudência então passou a ser vista como fonte legitimadora ao julgamento monocrático, transformando o relator num porta-voz[45] do pensamento sufragado nos julgamentos prevalentes em seu órgão colegiado.[46] De fato, com a emenda regimental aprovada por seus membros em 28/08/1963, o art. 15, IV, do Regimento Interno do STF, passou a ter a seguinte redação:

> "Art. 15. Quando pedido do recorrente contrariar a jurisprudência compendiada na Súmula, ressalvado o procedimento de revisão (art. 7º):
>
> (...)
>
> IV – O Relator poderá mandar arquivar o recurso extraordinário, ou o agravo de instrumento, indicando o correspondente número da Súmula.
>
> § 1º – No caso do inc. IV deste artigo, a parte prejudicada poderá interpor agravo regimental (art. 47) desde que:
>
> a) não se aplique à espécie a Súmula citada pelo Relator; ou
>
> b) tenha novos argumentos para pedir sua revisão (art. 7º).
>
> § 2º O Relator terá voto no julgamento do agravo"

De acordo com Alfredo Buzaid,[47] a inovação tinha por objetivo reduzir a quantidade de julgamentos colegiados que eram realizados, para dar prioridade às causas que realmente merecessem a atenção das Turmas ou do Plenário do STF. Segundo o ministro Victor Nunes Leal,[48] autor do

---

45. José Carlos Barbosa Moreira, **Lei 9.756: uma inconstitucionalidade flagrante e uma decisão infeliz**, p. 83. Em sentido contrário, entendendo que o relator não é um representante do órgão colegiado, Tiago Figueiredo Gonçalves, **Julgamento unipessoal nos tribunais e agravo inominado**, p. 30.
46. Registre-se que a colocação do relator como um representante do seu órgão colegiado encontra eco também nas várias normas existentes nos tribunais superiores que preveem a possibilidade de submissão, *ad referendum*, das decisões liminares proferidas monocraticamente. É o que ocorre, por exemplo, no art. 34, V, do RISTJ que atribui ao relator a função de "submeter à Corte Especial, à Seção ou à Turma, nos processos da competência respectiva, medidas cautelares necessárias à proteção de direito suscetível de grave dano de incerta reparação, ou ainda destinadas a garantir a eficácia da ulterior decisão da causa".
47. Alfredo Buzaid, **Estudos de direito**, p. 204.
48. Victor Nunes Leal, **Passado e futuro da súmula do STF**, p. 9.

projeto que deu origem à emenda regimental, a reforma operada em 1967 consolidou a natureza normativa das súmulas editadas pelo STF. Além disso, no mesmo ano, o STF endossou a alteração editando uma súmula, com o seguinte enunciado:

> Súmula 322: "Não terá seguimento pedido ou recurso dirigido ao Supremo Tribunal Federal, quando manifestamente incabível, ou apresentado fora do prazo, ou quando for evidente a incompetência do tribunal"

Embora a redação pareça indicar o contrário, pois fala em descabimento, intempestividade e incompetência, temas afetos ao juízo de admissibilidade, o entendimento prevalente na época era que o dispositivo permitia que o relator não apenas inadmitisse os recursos mencionados, mas também rejeitasse a pretensão recursal, adentrando ao seu mérito.[49] Outro ponto a ser destacado é que, contrariando o entendimento vigente, o § 2º do art. 15 do RISTF definiu que o relator teria voto no julgamento do agravo interno. Depois disso, todas as regras que regularam esse recurso passaram a prever que o relator deveria participar do seu julgamento.

Em 1980, foi editado no STF um novo regimento interno, que em seu art. 21, § 1º, delineava de forma mais detalhada o julgamento monocrático do relator.[50] Em 1985, o STF editou a Emenda Regimental nº 02, que acrescentou o § 2º ao citado art. 21, afirmando que *"poderá ainda o Relator, em caso de manifesta divergência com a súmula, prover, desde logo, o recurso extraordinário"*.[51] Seguindo essa diretriz, o STJ ampliou os poderes do relator com a edição da Emenda Regimental nº 01 de 1991, que, alterando a

49. Fabiano Carvalho, **Poderes do relator nos recursos**, p. 14, e Athos Gusmão Carneiro, **O novo recurso de agravo e outros estudos**, p. 77.

50. *"Art. 21. (...)*

§ 1º Poderá o Relator arquivar ou negar seguimento a pedido ou recurso manifestamente intempestivo, incabível ou improcedente e, ainda, quando contrariar a jurisprudência predominante do Tribunal ou for evidente a sua incompetência".

51. A redação em vigor do art. 21, § 1º, do RISTF, alterada pela Emenda Regimental nº 21/2007, é a seguinte:

"Art. 21. (...)

§ 1º. Poderá o(a) Relator(a) negar seguimento a pedido ou recurso manifestamente inadmissível, improcedente ou contrário à jurisprudência dominante ou a Súmula do Tribunal, deles não conhecer em caso de incompetência manifesta, encaminhando os autos ao órgão que repute competente, bem como cassar ou reformar, liminarmente, acórdão contrário à orientação firmada nos termos do art. 543-B do Código de Processo Civil".

redação do art. 34 de seu Regimento Interno, passou a permitir que o relator negasse seguimento "*a pedido ou recurso manifestamente intempestivo, incabível, improcedente ou contrário à súmula do Tribunal, ou quando fosse evidente a incompetência deste*".

As alterações ocorridas no regimento interno do STF em 1963 impactaram também na análise do Projeto de Lei da Câmara nº 810/1972, que deu origem ao CPC/1973.[52] Este código procurava imprimir apuro técnico ao direito processual brasileiro, dentro do movimento conhecido como processualismo europeu. A sua principal fonte de inspiração foram as lições de Enrico Tullio Liebman, emérito professor italiano que se refugiou no país durante a Segunda Guerra Mundial e formou a chamada "Escola Processual de São Paulo".[53]

Não obstante os significativos avanços científicos, o CPC/1973 não dispensava um dispositivo próprio para especificar os poderes judicantes do relator. Havia, tão somente, o art. 557, que, em sua redação original, dispunha que o relator poderia indeferir o agravo de instrumento monocraticamente quando ele fosse "*manifestadamente improcedente*", em decisão sujeita à agravo. Como o entendimento prevalente[54] era que essa "*improcedência*" não se limitava ao mérito, o relator poderia também analisar isoladamente a admissibilidade da pretensão recursal.[55] Além disso, a omissão legislativa abriu caminho para que os tribunais dispusessem sobre os poderes do relator em seus respectivos regimentos internos. Assim, em algumas cortes, os relatores tinham atribuições mais amplas, ao passo que, em outras, os seus poderes eram restritos ao que estava previsto pelo Código.

Após a edição do CPC/1973, a Lei Complementar nº 35/1979 (Lei Orgânica da Magistratura Nacional - LOMAN) previu em seu texto que

---

52. De acordo com Fabiano Carvalho, **Poderes do relator nos recursos**, p. 16, a redação original do art. 557 do CPC/1973 foi proposta por emenda apresentada pelo Senador Accioly, com base no regimento interno do STF.

53. Ada Pellegrini Grinover, **Magistério de Enrico Tullio Liebman no Brasil**, p. 100.

54. Athos Gusmão Carneiro, **O novo recurso de agravo e outros estudos**, p. 77.

55. Em sentido contrário, sustentando que a redação original do art. 557 do CPC/1973 somente delegava ao relator a possibilidade de inadmitir o recurso monocraticamente, confira-se o seguinte julgado: "*O julgamento efetuado pelo relator deve se ater à inadmissibilidade do recurso, quando patente a inobservância das regras sobre seu manejo*" (STJ – 4ª Turma – RESP 7.368/SP – Rel. Min. Barros Monteiro, j. em 03/09/1991).

o relator de recurso interposto no Tribunal Federal de Recursos,[56] deveria julgar monocraticamente "pedido ou recurso" que fosse inadmissível ou contrário à jurisprudência consolidada:

> Art. 90. (...)
>
> § 2º O relator julgará pedido ou recurso que manifestamente haja perdido objeto, bem assim, mandará arquivar ou negará seguimento a pedido ou recurso manifestamente intempestivo ou incabível ou, ainda, que contrariar as questões predominantemente de direito, súmula do tribunal ou do Supremo Tribunal Federal. Deste despacho caberá agravo, em 5 (cinco) dias, para o órgão do tribunal competente, para o julgamento do pedido ou recurso, que será julgado na primeira sessão seguinte, não participando o relator da votação.

Note-se, ainda, que, até a Constituição de 1988, o regimento interno do STF tinha força de lei (art. 119, § 3º, "c", da CF/1967). Como a situação mudou com a nova Carta (art. 96, I, "a", da CF/1988), foi necessário elaborar uma lei tratando não apenas das regras gerais do regimento do STF, mas também do recém-criado STJ. Assim, foi editada a Lei nº 8.038/1990, voltada para estabelecer as regras procedimentais dos tribunais superiores. Seu texto, refletindo a evolução do julgamento monocrático nos anos anteriores, assim dispunha:

> "Art. 38. O Relator, no Supremo Tribunal Federal ou no Superior Tribunal de Justiça, decidirá o pedido ou o recurso que haja perdido seu objeto, bem como negará seguimento a pedido ou recurso manifestamente intempestivo, incabível ou, improcedente ou ainda, que contrariar, nas questões predominantemente de direito, Súmula do respectivo Tribunal"

Nelson Nery Junior[57] chegou a sustentar a inconstitucionalidade do citado art. 38 da Lei nº 8.038/1990, por suposta violação aos princípios do

56. O Tribunal Federal de Recursos foi extinto pela Constituição de 1988 e suas atribuições foram deslocadas para o recém-criado Superior Tribunal de Justiça (art. 105).

57. Nelson Nery Junior, **Princípios do processo civil na constituição federal**, p. 165: *"Os dispositivos legais que conferem poderes ao relator para decidir sobre a admissibilidade e o próprio mérito dos recursos extraordinário e especial (art. 38 da Lei 8.038/90 e CPC, art. 544, § 2º e 545), são inconstitucionais por ferirem os princípios do direito de ação e duplo grau de jurisdição. Quando o constituinte cometeu ao STF e ao STJ o julgamento dos recursos extraordinário e especial, respectivamente, quis que o julgamento desses recursos fosse tomado por órgão colegiado, em atendimento ao princípio do duplo grau de jurisdição. Como o relator – juiz singular, monocrático – pode julgar o mérito dos recursos, decretando sua improcedência, estará frustrando a norma constitucional que*

direito de ação e duplo grau de jurisdição. Posteriormente, o mesmo autor[58] reconsiderou seu posicionamento, passando a entender que a lei ordinária poderia *"conferir poderes ao relator para apreciar a admissibilidade e o próprio mérito daqueles recursos excepcionais, em decisão preliminar, cuja eficácia fica condicionada à não impugnação pela parte ou interessado"*. Não se pode deixar de observar, no entanto, que o agravo interno não tem efeito suspensivo (art. 995 do CPC/2015). Logo, não parece correto afirmar que a eficácia da decisão monocrática ficaria condicionada ao trânsito em julgado. Contudo, concordamos com Nery Junior, quando afirmou que o dispositivo era poder demais genérico e permitia a utilização da técnica do julgamento monocrático de maneira discricionária.

De qualquer forma, influenciado pelo art. 38 da Lei nº 8.038/1990, o art. 557 do CPC/1973 foi novamente alterado, desta vez pela Lei nº 9.139/1995, que ampliou as atribuições do relator nos tribunais inferiores, também em termos genéricos, permitindo o julgamento monocrático de qualquer tipo de recurso. A última alteração legislativa na redação do art. 557, fruto da Lei nº 9.756/1998, ampliou ainda mais as atribuições do relator,[59] incluindo a possibilidade de monocraticamente dar provimento ao recurso com fundamento na jurisprudência consolidada (*"súmula e jurisprudência dominante"*) do STF e do STJ, bem como a possibilidade de aplicação de multa no caso de agravo protelatório.

Eis um quadro sinóptico das alterações promovidas no art. 557 do CPC/1973:

---

determinou como competente para referido julgamento os tribunais federais superiores (STF e STJ)". Na mesma linha, manifestou-se Nelson Luiz Pinto, **Recurso especial e recurso extraordinário**, p. 123.

58. Nelson e Nery Junior e Rosa Maria Andrade Nery, **Código de Processo Civil comentado**, p. 1.071.

59. Sobre essa ampliação, diz Cândido Rangel Dinamarco, **Fundamentos do processo civil moderno**. t 2, p. 1.103: *"A tendência brasileira a ampliar os poderes do relator vem de encontro à linha adotada na Itália, onde em tempo recente se deu precisamente o contrário. O art. 350 do Códice de Procedure Civile, que atribuía a uma série grande de atividades ao instruttore em grau de apelação, foi alterado pela Reforma de 1990. Operou-se então uma visível e intencional opção pela 'rigorosa colegiata del processo d'apelo in ogni sue fase', inclusive mediante 'La conseguente sopressione dela figure del giudice instruttore' (Giuseppe Tarzia)"*.

Redação original do CPC/1973	Redação dada pela Lei nº 9.139/1995	Redação dada pela Lei nº 9.756/1998
Art. 557. Se o agravo for manifestadamente improcedente, o relator poderá indeferí-lo por despacho. Também por despacho poderá convertê-lo em diligência se estiver insuficientemente instruído. Parágrafo único. Do despacho de indeferimento caberá recurso para o órgão a que competiria julgar o agravo.	Art. 557. O relator negará seguimento a recurso manifestamente inadmissível, improcedente, prejudicado ou contrário à súmula do respectivo tribunal ou tribunal superior. Parágrafo único - Da decisão denegatória caberá agravo, no prazo de 5 (cinco) dias, ao órgão competente para o julgamento do recurso. Interposto o agravo a que se refere este parágrafo, o relator pedirá dia.	Art. 557. O relator negará seguimento a recurso manifestamente inadmissível, improcedente, prejudicado ou em confronto com súmula ou com jurisprudência dominante do respectivo tribunal, do Supremo Tribunal Federal, ou de Tribunal Superior. § 1º-A Se a decisão recorrida estiver em manifesto confronto com súmula ou com jurisprudência dominante do Supremo Tribunal Federal, ou de Tribunal Superior, o relator poderá dar provimento ao recurso. § 1º Da decisão caberá agravo, no prazo de cinco dias, ao órgão competente para o julgamento do recurso, e, se não houver retratação, o relator apresentará o processo em mesa, proferindo voto; provido o agravo, o recurso terá seguimento. § 2º Quando manifestamente inadmissível ou infundado o agravo, o tribunal condenará o agravante a pagar ao agravado multa entre um e dez por cento do valor corrigido da causa, ficando a interposição de qualquer outro recurso condicionada ao depósito do respectivo valor.

5.2. O REGIME JURÍDICO DO JULGAMENTO MONOCRÁTICO DO RECURSO NO CPC/2015

Como visto no Capítulo anterior, as decisões finais, proferidas monocraticamente pelo relator no julgamento de um recurso no tribunal, podem ser divididas em terminativas e definitivas, conforme tenham ou não aptidão para resolver o mérito recursal. Estas decisões estão genericamente reguladas no art. 932 do CPC/2015.

> Art. 932. Incumbe ao relator:
>
> I – dirigir e ordenar o processo no tribunal, inclusive em relação à produção de prova, bem como, quando for o caso, homologar autocomposição das partes;
>
> II – apreciar o pedido de tutela provisória nos recursos e nos processos de competência originária do tribunal;

> III – não conhecer de recurso inadmissível, prejudicado ou que não tenha impugnado especificamente os fundamentos da decisão recorrida;
>
> IV – negar provimento a recurso que for contrário a:
>
> a) súmula do Supremo Tribunal Federal, do Superior Tribunal de Justiça ou do próprio tribunal;
>
> b) acórdão proferido pelo Supremo Tribunal Federal ou pelo Superior Tribunal de Justiça em julgamento de recursos repetitivos;
>
> c) entendimento firmado em incidente de resolução de demandas repetitivas ou de assunção de competência;
>
> V – depois de facultada a apresentação de contrarrazões, dar provimento ao recurso se a decisão recorrida for contrária a:
>
> a) súmula do Supremo Tribunal Federal, do Superior Tribunal de Justiça ou do próprio tribunal;
>
> b) acórdão proferido pelo Supremo Tribunal Federal ou pelo Superior Tribunal de Justiça em julgamento de recursos repetitivos;
>
> c) entendimento firmado em incidente de resolução de demandas repetitivas ou de assunção de competência;
>
> VI – decidir o incidente de desconsideração da personalidade jurídica, quando este for instaurado originariamente perante o tribunal;
>
> VII – determinar a intimação do Ministério Público, quando for o caso;
>
> VIII – exercer outras atribuições estabelecidas no regimento interno do tribunal.
>
> Parágrafo único. Antes de considerar inadmissível o recurso, o relator concederá o prazo de 5 (cinco) dias ao recorrente para que seja sanado vício ou complementada a documentação exigível.

Como fica claro na dicção do seu inciso VIII, o art. 932 do CPC/2015 não esgota o universo de atividades afetas ao relator no tribunal. Como visto no Capítulo anterior, ele pode exercer outras atribuições estabelecidas não apenas no regimento interno do tribunal, mas em outros diplomas legais e, inclusive, no próprio CPC. Dissecando este dispositivo, é possível fazer a seguinte divisão do art. 932:

- **Atividades ordinatórias:** a) dirigir e ordenar o feito (inciso I); b) determinar a intimação do Ministério Público (inciso VII); c) determinar a intimação do recorrido, antes de dar provimento à pretensão recursal, para apresentar contrarrazões (inciso V); d) determinar a intimação do recorrente para sanar vício ou complementar a documentação exigível (parágrafo único);

- **Atividades probatórias:** dirigir e ordenar a produção da prova (inciso I e parágrafo único);
- **Atividades decisórias**: a) homologar autocomposição das partes (inciso I); b) apreciar o pedido de tutela provisória (inciso II); c) encerrar o procedimento recursal, sem análise do mérito, por falta dos requisitos de admissibilidade, por perda do objeto recursal ou falta de impugnação específica[60] (inciso III); d) negar provimento à pretensão recursal contrastante com a jurisprudência (inciso IV); e) dar provimento à pretensão recursal harmônica com a jurisprudência (inciso V); f) decidir o incidente de desconsideração da personalidade jurídica.

Observando-se o recorte proposto para a presente estudo, vamos focar nossa atenção na disciplina sobre o julgamento monocrático do mérito dos recursos presente nos incisos IV e V do art. 932 do CPC/2015. Isso porque, dentre as atividades decisórias listadas no art. 932, nenhuma outra depende da jurisprudência, em caráter final.[61] De fato, em relação às decisões terminativas, o relator não precisa buscar padrões decisórios para agir isoladamente. No que tange às decisões definitivas, o relator também pode proferi-las, sem base jurisprudencial, quando tiverem caráter homologatório. Assim, apenas

---

60. De acordo com Daniel Amorim Assumpção Neves, **Manual de direito processual civil**, p. 2021, a exigência de impugnação específica da decisão recorrida, chamado de "princípio da dialeticidade", deriva do princípio do contraditório, pois permite que o recorrido conheça os argumentos do recorrente, para poder rebatê-los adequadamente, e do princípio do *tantum devolutum quantum appelatum* (art. 1.013, caput, do CPC/2015), eis que demarca ao Tribunal os contornos da questão recursal. O mesmo autor sustenta ainda que a falta de impugnação específica da decisão recorrida constitui vício insanável, motivo pelo qual o magistrado pode deixar de conhecer do recurso já de imediato, dispensando-se, assim, a intimação da parte recorrente para saneamento do vício. Luiz Guilherme Marinoni, Sérgio Cruz Arenhart e Daniel Mitidiero, **Novo Código de Processo Civil comentado**, p. 879, por sua vez, entendem que: *"Antes de não conhecer de qualquer recurso, porém, tem o relator o dever de viabilizar ao recorrente a sanação do vício ou a complementação da documentação faltante (art. 932, parágrafo único, CPC). Trata-se de dever de prevenção, decorrente da estrutura cooperativa do processo civil brasileiro (art. 6º, CPC). O relator deve indicar especificamente qual vício deve ser sanado ou qual é a documentação faltante (dever de esclarecimento)"*. A razão parece estar com estes autores, em decorrência do princípio da primazia do mérito (art. 4º do CPC/2015).
61. As decisões interlocutórias do relator, referentes às tutelas provisórias, podem se basear na jurisprudência, como ocorre no caso da tutela de evidência prevista no art. 301, II, do CPC/2015. Ainda assim, por serem decisões interlocutórias, estão fora dos limites propostos para o presente estudo.

quando o relator acolhe ou rejeita monocraticamente o pedido recursal é que a sua atuação depende do emprego de padrões decisórios.

É importante alertar, antes, que a possibilidade do julgamento monocrático dos recursos pelo relator também está prevista nos arts. 1.011, I, 1.018, § 1º, 1.019, do CPC/2015. Os dois primeiros dispositivos são redundantes e não trazem qualquer contribuição para o regramento do tema.[62] O terceiro dispositivo deveria ter seguido o mesmo caminho, mas, por um detalhe, criou uma diferenciação que merece ser destacada. Eis o seu texto:

> "Art. 1.019. Recebido o agravo de instrumento no tribunal e distribuído imediatamente, se não for o caso de aplicação do art. 932, incisos III e IV, o relator, no prazo de 5 (cinco) dias:
>
> I – poderá atribuir efeito suspensivo ao recurso ou deferir, em antecipação de tutela, total ou parcialmente, a pretensão recursal, comunicando ao juiz sua decisão;
>
> II – ordenará a intimação do agravado pessoalmente, por carta com aviso de recebimento, quando não tiver procurador constituído, ou pelo Diário da Justiça ou por carta com aviso de recebimento dirigida ao seu advogado, para que responda no prazo de 15 (quinze) dias, facultando-lhe juntar a documentação que entender necessária ao julgamento do recurso;
>
> III – determinará a intimação do Ministério Público, preferencialmente por meio eletrônico, quando for o caso de sua intervenção, para que se manifeste no prazo de 15 (quinze) dias"

Pela expressão literal do *caput* do art. 1.019 do CPC/2015, o relator somente poderia julgar monocraticamente o agravo de instrumento nas hipóteses dos incisos III e V do art. 932 do CPC/2015, ou seja, para inadmitir ou dar provimento ao recurso. Deixou de fora, desse modo, a possibilidade do relator negar provimento à pretensão recursal (art. 932, IV, do CPC/2015).[63]

---

62. *"Art. 1.011. Recebido o recurso de apelação no tribunal e distribuído imediatamente, o relator:*

(...)

I - decidi-lo-á monocraticamente apenas nas hipóteses do art. 932, incisos III a V".

"Art. 1.018. O agravante poderá requerer a juntada, aos autos do processo, de cópia da petição do agravo de instrumento, do comprovante de sua interposição e da relação dos documentos que instruíram o recurso.

§ 1º Se o juiz comunicar que reformou inteiramente a decisão, o relator considerará prejudicado o agravo de instrumento".

63. Essa, aliás, não é a única impropriedade técnica do dispositivo, uma reminiscência inconveniente deixada pelo CPC/1973 (art. 527). O art. 1.019, I, do CPC/2015 menciona,

De acordo com a doutrina,[64] a omissão destacada foi provocada pelo desejo do legislador em afastar, especificamente no caso do julgamento de improvimento do agravo de instrumento, a necessidade de intimação prévia do agravado, prevista no art. 1.019, II, do CPC/2015, em simetria com o art. 932, IV, do CPC/2015. Apesar da equivocada técnica legislativa adotada, o entendimento amplamente majoritário é que o relator pode também negar provimento monocraticamente ao agravo de instrumento, por aplicação subsidiária ao art. 932, IV, do CPC/2015.[65]

Por outro lado, não obstante o texto legal deixar claro que o julgamento previsto nos incisos IV e V do art. 932 do CPC/2015 está vinculado à presença dos padrões decisórios enumerados, parte dos julgadores tem se recusado a adotar estes parâmetros, represtinando a regra presente nos parágrafos do art. 557 do CPC/1973.[66] O sinal mais representativo deste entendimento

---

igualmente, que o relator poderá atribuir efeito suspensivo ao recurso ou deferir a antecipação de tutela da pretensão recursal, quando deveria ter dito simplesmente "deferir tutelas provisórias", como faz o art. 932, I, do CPC/2015. Com isso, não restaria dúvidas de que o relator pode deferir, além de efeito suspensivo, outros pronunciamentos de natureza cautelar, tais como o arresto, o sequestro, o arrolamento de bens e o registro de protesto contra alienação de bem (art. 301 do CPC/2015).

64. Araken de Assis, **Manual dos recursos**, p. 650.

65. Alexandre Freitas Câmara, **Comentários ao Novo Código de Processo Civil**, p. 1503. Na jurisprudência, vejam-se: "*Infere-se, pois, conforme legislação supra, que, em sede de agravo de instrumento contra decisão que indefere o benefício da justiça gratuita, o relator pode decidir monocraticamente, seja para manter a decisão recorrida, seja para reformá-la*" (TJRS – 20ª Câmara Cível – AI 0349352-14.2018.8.21.7000 – Rel. Des. Dilso Domingos Pereira, 21/11/2018) e "*Adianto que o recurso deve ser desprovido liminarmente. Dispõe o art. 932, IV, a, do CPC/2015, que incumbe ao relator negar provimento ao recurso que for contrário a 'súmula do Supremo Tribunal Federal, do Superior Tribunal de Justiça ou do próprio tribunal'*" (TJSC – 2ª Câmara de Direito Comercial – AI 4016057-89.2017.8.24.0000 – Rel. Des. Dinart Francisco Machado, 24/09/2018).

66. Já houve entendimento no STJ, antes mesmo da edição da Lei nº 9.756/1998, que apenas a jurisprudência sumulada do STJ, no que toca à legislação federal, poderia ser usada para negar seguimento a recurso monocraticamente. Nesse sentido, veja-se: "*Processual Civil. Apelação e Remessa Oficial. Descabimento da Invocação de Jurisprudência Iterativa não Sumulada. Obrigação do Conhecimento. LC 35/79 (art. 90. § 2º) -CPC, arts. 475, II e 557. 1. Pela estrita viseira de iterativa jurisprudência constitui ilegalidade, revelando contrariedade ao duplo grau de jurisdição, a decisão do relator negando seguimento à remessa oficial e à apelação voluntária. Compete ao STJ, no concernente à legislação infraconstitucional, dizer da sua aplicação em âmbito nacional e não às instâncias ordinárias*" (STJ – 1ª Turma – RESP 156.513/PB – Rel. Min. Milton Luiz Pereira, j. em 02/06/1998). Nesse sentido, diz Luiz Rodrigues Wambier, **Uma proposta em torno de conceito de jurisprudência dominante**, p. 84: "*Está absolutamente equivocada a posição que vem*

veio do tribunal responsável por proteger a lei nacional. De fato, dois dias antes da entrada em vigor do CPC/2015, a Corte Especial do STJ aprovou a Súmula 568, com o seguinte teor:

> Súmula 568 do STJ: "O relator, monocraticamente e no Superior Tribunal de Justiça, poderá dar ou negar provimento ao recurso quando houver entendimento dominante acerca do tema"

Posteriormente, ainda em 2016, o mesmo STJ aprovou as Emendas Regimentais nº 22 e nº 24, com o objetivo de adequar o seu regimento interno ao CPC/2015. Dentre outras disposições, estas emendas mantiveram a possibilidade de o relator monocraticamente negar ou dar provimento ao recurso que fosse contrário à "*jurisprudência dominante*" ou "*jurisprudência consolidada*" no STJ, em diversos dispositivos: nos arts. 34, XVIII, "b" e "c", 67, VIII-A, 253, II, "b" e "c", 255, II e III, e 266-C. Em todos os dispositivos mencionados, o STJ:

> "Art. 34. São atribuições do relator:
>
> (...)
>
> XVIII - distribuídos os autos:
>
> a) não conhecer do recurso ou pedido inadmissível, prejudicado ou daquele que não tiver impugnado especificamente todos os fundamentos da decisão recorrida;
>
> b) negar provimento ao recurso ou pedido que for contrário a tese fixada em julgamento de recurso repetitivo ou de repercussão geral, a entendimento firmado em incidente de assunção de competência, a súmula do Supremo Tribunal Federal ou do Superior Tribunal de Justiça ou, ainda, a jurisprudência dominante acerca do tema;
>
> c) dar provimento ao recurso se o acórdão recorrido for contrário a tese fixada em julgamento de recurso repetitivo ou de repercussão geral, a entendimento firmado em incidente de assunção de competência, a súmula

---

sendo adotada por setores minoritários da jurisprudência, no sentido de se negar seguimento a recurso que confronte com a posição do Tribunal local ou, pior ainda, de órgão fracionário do tribunal local! Se prevalecer este entendimento, visível e evidentemente equivocado, haverá quebra de ordem constitucional, justamente em razão da usurpação de competência do Superior Tribunal de Justiça. Nem se diga que o texto da lei confere poderes aos tribunais locais. Ao prever que possa o relator negar seguimento a recurso que confronte com a jurisprudência dominante do respectivo tribunal, a lei somente pode ter querido referir-se à hipótese de existir jurisprudência local que não colida com aquilo que também no Superior Tribunal de Justiça se tiver entendido como tal".

do Supremo Tribunal Federal ou do Superior Tribunal de Justiça ou, ainda, a jurisprudência dominante acerca do tema"

Art. 67. O registro far-se-á em numeração contínua e seriada em cada uma das classes seguintes:

(...)

Parágrafo único. O Presidente resolverá, mediante instrução normativa, as dúvidas que se suscitarem na classificação dos feitos e papéis, observando-se as seguintes normas:

(...)

VIII-A - a classe Pedido de Uniformização de Interpretação de Lei (PUIL) compreende a medida interposta contra decisão:

a) da Turma Nacional de Uniformização no âmbito da Justiça Federal que, em questões de direito material, contrarie súmula ou jurisprudência dominante no Superior Tribunal de Justiça"

"Art. 253. O agravo interposto de decisão que não admitiu o recurso especial obedecerá, no Tribunal de origem, às normas da legislação processual vigente.

Parágrafo único. Distribuído o agravo e ouvido, se necessário, o Ministério Público no prazo de cinco dias, o relator poderá:

(...)

II – conhecer do agravo para:

(...)

b) negar provimento ao recurso especial que for contrário a tese fixada em julgamento de recurso repetitivo ou de repercussão geral, a entendimento firmado em incidente de assunção de competência, a súmula do Supremo Tribunal Federal ou do Superior Tribunal de Justiça ou, ainda, a jurisprudência dominante acerca do tema;

c) dar provimento ao recurso especial se o acórdão recorrido for contrário a tese fixada em julgamento de recurso repetitivo ou de repercussão geral, a entendimento firmado em incidente de assunção de competência, a súmula do Supremo Tribunal Federal ou do Superior Tribunal de Justiça ou, ainda, a jurisprudência dominante acerca do tema"

"Art. 255. (...)

§ 4º Distribuído o recurso, o relator, após vista ao Ministério Público, se necessário, pelo prazo de vinte dias, poderá:

(...)

II – negar provimento ao recurso especial que for contrário a tese fixada em julgamento de recurso repetitivo ou de repercussão geral, a entendimento firmado em incidente de assunção de competência, ou, ainda, a súmula ou jurisprudência consolidada do Supremo Tribunal Federal ou do Superior Tribunal de Justiça;

III – dar provimento ao recurso especial após vista ao recorrido, se o acórdão recorrido for contrário a tese fixada em julgamento de recurso repetitivo ou de repercussão geral, a entendimento firmado em incidente de assunção de competência ou, ainda, a súmula ou jurisprudência consolidada do Supremo Tribunal Federal ou do Superior Tribunal de Justiça"

"Art. 266-C. Sorteado o relator, ele poderá indeferir os embargos de divergência liminarmente se intempestivos ou se não comprovada ou não configurada a divergência jurisprudencial atual, ou negar-lhes provimento caso a tese deduzida no recurso seja contrária a fixada em julgamento de recurso repetitivo ou de repercussão geral, a entendimento firmado em incidente de assunção de competência, a súmula do Supremo Tribunal Federal ou do Superior Tribunal de Justiça ou, ainda, a jurisprudência dominante acerca do tema"

Embora a Súmula 568 do STJ tenha dito de forma expressa que o seu comando se dirigia especificamente ao próprio tribunal,[67] diante dessas manifestações, os tribunais inferiores se sentiram encorajados a sustentar que os requisitos legais presentes nos incisos IV e V do art. 932 do CPC/2015 não eram taxativos.[68] Resumindo os argumentos empregados, pode-se dizer

67. Nesse sentido, vejam-se no STJ os seguintes julgados, proferidos ao longo do ano de 2018: AgInt nos ED no ARESP 876.175/RS, AgInt no AgInt no RESP 1.420.787/RS e AgRg no ARESP 451.815/SC.

68. Nesse sentido, vejam-se: "*Cumpre frisar a motivação do julgado hostilizado, no cabimento do julgamento do agravo de instrumento n° 70078831849, na forma monocrática, com amparo no Enunciado da Súmula nº 568 do STJ; e no art. 169, XXXIX do Regimento Interno deste Tribunal de Justiça*" (TJRS – 3ª Câmara Cível – ED no AI 0280187-74.2018.8.21.7000 – Rel. Des. Eduardo Delgado, j. em 08/10/2018), "*A dinâmica das atividades dos Tribunais pode, por exemplo, ser um entrave para o cumprimento da regra estabelecida no artigo 926, §1º, do CPC que diz que 'os tribunais editarão enunciados de súmula correspondentes a sua jurisprudência dominante', não podendo assim ser jamais, impeditiva à mitigação da regra do artigo 932 do CPC. Ademais, a Súmula 568 do STJ confere explicitamente ao relator, o poder para decidir monocraticamente*" (TJMA – 2ª Câmara Cível – AgInt na AC 43.860/2015 – Rel. Des. Antonio Guerreiro Júnior, j. em 06/06/2017), "*De acordo com a Súmula 568 do STJ é cabível ao Relator negar provimento a recurso quando houver entendimento dominante acerca do tema*" (TJBA – 2ª Câmara Cível – AgRg 0019394-85.2017.8.05.0000 – Rel. Des. Edmilson Fonseca Júnior, j. em 19/02/2018), "*Por fim, frise-se que as decisões jurisprudenciais acima reproduzidas são dominantes no Superior Tribunal de Justiça.*

que o julgamento monocrático fora das hipóteses do art. 932 do CPC/2015 atenderia: a) aos princípios da celeridade, duração razoável e economia processual; b) à proibição do retrocesso; c) à necessidade dos tribunais de centrar os esforços colegiados no enfrentamento das questões novas e controvertidas; d) ao caráter econômico do direito; e) aos vetores estabelecidos no art. 926 do CPC/2015. Em alguns julgados, chega-se a falar em

---

Desta feita, com base na súmula 568, e no princípio da isonomia, verifica-se que não haveria sentido proferir decisões monocráticas apenas com base em recursos repetitivos, haja vista o próprio STJ ter sumulado o entendimento de que as decisões monocráticas podem ser proferidas com base na sua jurisprudência dominante" (TJPB – 3ª Câmara Cível – AC 0000319-46.2012.815.0521 – Rel. Des. Saulo Henriques de Sá e Benevides, j. em 19/01/2017), "*Oportuno registrar, que, nos termos do art. 932, I a IV, do NCPC, fica facultado ao relator decidir monocraticamente os recursos quando houver jurisprudência dominante/qualificada bastante acerca do tema, ressalvando-se à parte sucumbente interessada o acesso recursal (com impugnação específica aos fundamentos) para então preservar, se a hipótese, o princípio da colegialidade (que, abonando ou não o mérito decidido, legitima, de toda sorte, a ação do relator, se retratação não houver)*'" (TRF1 – 2ª Turma – AI 0045076-23.2016.4.01.0000 – Rel. Des. César Cintra Jatahy Fonseca, j. em 02/08/2018), "*Diante do exposto, nego provimento ao recurso, na forma do artigo 932, inciso IV, alínea a, do Código de Processo Civil, à luz da orientação da Súmula nº 568 da Superior Tribunal de Justiça*" (TJRJ – 7ª Câmara Cível – AI 0034979-56.2018.8.19.0000 - Rel. Des. André Andrade, j. em 19/09/2018), "*Por fim, importante esclarecer que o STJ editou o verbete nº 568 com o seguinte texto: O relator, monocraticamente e no Superior Tribunal de Justiça, poderá dar ou negar provimento ao recurso quando houver entendimento dominante acerca do tema. Com efeito, muito embora o texto do indigitado enunciado sumular esteja direcionado exclusivamente ao Ministro Relator no STJ, pode-se concluir, com coerência lógica, que, no âmbito dos Tribunais Regionais Federais, o relator do recurso também se encontra autorizado a decidir monocraticamente o recurso com suporte jurídico em entendimento dominante do STJ ou do STF*" (TRF2 – 3ª Turma – AI 0003333-12.2010.4.02.5110 – Rel. Des. Theophilo Antonio Miguel Filho, j. em 26/06/2018), "*A reiteração de decisões num mesmo sentido, proferidas pelas Cortes Superiores, pode ensejar o julgamento monocrático do recurso, já que, a nosso sentir o legislador, no NCPC, disse menos do que desejava, porquanto – no cenário de apregoada criação de meios de agilizar a Jurisdição – não tinha sentido reduzir a capacidade dos Tribunais de Apelação de resolver as demandas de conteúdo repetitivo e os recursos claramente improcedentes ou não, por meio de decisões unipessoais; ainda mais que, tanto agora como antes, essa decisão sujeita-se a recurso que deve necessariamente ser levado perante o órgão fracionário*" (TRF3 – 6ª Turma – AC 0004425-31.2017.4.3.9999 – Rel. Des. Johonsom di Salvo, j. em 14/11/2018), "*A possibilidade de o relator proferir decisão monocrática, fundada em jurisprudência dominante, tem lastro em interpretação sistemática do artigo 932, incisos III, IV e V, do CPC, na esteira da orientação sumulada pelo eg. Superior Tribunal de Justiça (n.º 568)*" (TRF4 – 4ª Turma – AI 5017693-30.2018.4.04.0000 – Rel. Des. Vivian Josete Pantaleão Caminha, j. em 05/09/2018).

"hipóteses implícitas" de julgamento monocrático. Nesse sentido, veja-se, especificamente, o seguinte aresto:

> "Não é empecilho o fato de eventualmente a hipótese não se encaixar como luva nas fôrmas do art. 932, entenda-se, nas alíneas do inciso IV (quando o relator nega provimento) e nas alíneas do inciso V (quando o relator dá provimento). É impositivo lembrar as duas hipóteses implícitas de julgamento monocrático, isto é, que decorrem naturalmente do sistema: (a) a lei; e (b) o princípio da jurisdição equivalente. Quanto à lei, deve-se extrair do art. 932, IV e V, do CPC/2015, a mesma inteligência que se extraiu do art. 557, do CPC/1973. Se o relator pode desprover ou prover quando a decisão está conforme as categorias jurisprudenciais ou delas diverge, que vêm a ser as alíneas de tais incisos, com muito mais razão pode igualmente desprover ou prover quando a decisão está conforme a lei ou dela diverge, justificando, inclusive, noutras circunstâncias, ação rescisória. De outro modo, consoante era argumentado quando ainda se buscava o exato alcance do ex-art. 557, a jurisprudência fica erigida a categoria normativa superior à própria lei, o que é antinômico ao sistema jurídico. Quanto ao princípio da jurisdição equivalente, não se pode admitir que um Código que estimula fortemente o princípio da duração razoável do processo (CF, art. 5º, LXXVIII; CPC/2015, art. 4º), o que significa celeridade processual, seja instrumento de retrocesso, não mais se admitindo o princípio da jurisdicional equivalente, consagrado pelo STJ" (TJRS – 1ª Câmara Cível – AC 0397221-07.2017.8.21.7000 – Rel. Des. Irineu Mariani, 09/11/2018)

Nesse passo, importante salientar que alguns dos julgados identificados na pesquisa citam, para sustentar as suas teses, as lições de Hermes Zaneti Jr. Ocorre que esse autor, apesar de efetivamente sustentar que o rol presente no art. 932, IV e V, do CPC/2015 é exemplificativo, não defende que o relator possa se valer da "jurisprudência dominante" para embasar a sua atuação monocrática, como retratado na Súmula 568 do STJ. Na realidade, a base de argumentação de Zaneti Jr. se assenta no fato de que o CPC/2015 teria adotado um sistema de "precedentes vinculantes", de modo que o relator somente poderia atuar isoladamente quando diante dos padrões decisórios previstos no art. 927 do CPC/2015.[69]

Não obstante as ponderações feitas, em nosso sentir, o entendimento de que o relator poderia julgar monocraticamente fora das hipóteses previstas em lei, retrata uma afronta os princípios da legalidade e do devido processo legal. Como visto no Capítulo anterior, a legitimidade da aplicação da técnica do julgamento monocrático, em substituição ao julgamento colegiado,

69. Hermes Zaneti Jr., **O valor vinculante dos precedentes**, p. 324

repousa na aplicação criteriosa da jurisprudência prevista no art. 932, IV e V, do CPC/2015.[70] Este dispositivo foi redigido com o nítido propósito de prestigiar o julgamento colegiado e refrear a discricionariedade dos julgadores, na aplicação do julgamento monocrático, através da apresentação de um rol taxativo dos padrões decisórios que podem ser empregados para afastar a manifestação do colegiado, juiz natural dos recursos nos tribunais.[71] Assim, como tal regra representa uma exceção ao princípio da colegialidade, deve ser interpretada restritivamente.[72] Ademais, as regras procedimentais têm força cogente, em razão de sua natureza pública, submetendo a atividade judicial à observância dos requisitos legais.

Os princípios mencionados – celeridade, duração razoável, economia processual –, por seu turno, servem de fundamento para a própria existência do julgamento monocrático e não poderiam ser utilizados "reutilizados"

---

70. Daniel Amorim Assumpção Neves, **Novo Código de Processo Civil comentado artigo por artigo**, p. 1515, assinala: "*Para parcela da doutrina, o dispositivo deve ser interpretado ampliativamente, de forma a ser aplicável sempre que existir precedente sobre a matéria de tribunal superior, ainda que não exista súmula sobre o tema e que a matéria não tenha sido objeto de julgamento de causas repetitivas ou do incidente de assunção de competência. Apesar de poder se considerar ser esse o espírito da norma, por uma opção legislativa associada à segurança jurídica, foi feita uma opção dos fundamentos que justificam a decisão unipessoal, de forma que o entendimento ampliativo não deve ser prestigiado*".

71. A limitação das hipóteses de cabimento do julgamento monocrático representa de um sinal contundente de revalorização do colegiado, que no período final de vigência do CPC/1973 estava sendo colocado de lado pelo aumento exponencial das decisões unipessoais. Outro exemplo desse movimento foi a implantação da técnica de ampliação do colegiado, prevista no art. 942 do CPC/2015.

72. Fredie Didier Jr. e Leonardo Carneiro da Cunha, *Curso de direito processual civil, v. 3*, p. 55. Na jurisprudência, veja-se: "*O princípio da colegialidade, imbricado que está com o devido processo legal (em sentido lato), articularmente com a vertente do duplo grau de jurisdição, traduz-se, em regra, na imposição de que as questões litigiosas submetidas aos tribunais sejam analisadas por um grupo de magistrados, de modo a garantir, em tese, uma decisão substancialmente mais adequada. (...) Nessa diretriz, observa-se que a lei processual brasileira, após sucessivas inovações, alargou o leque de possibilidades de o relator de um recurso, de forma unipessoal, pôr termo à irresignação (ex vi art. 557 do Código de Processo Civil). Todavia, por se tratarem de hipóteses que excetuam, num primeiro lanço, o exame pelo grupo de magistrados, em prestígio à celeridade e eficiência na prestação jurisdicional, excluindo-se, por isso mesmo, a incidência imediata do princípio da colegialidade, deve-se operar a interpretação do referido dispositivo processual de forma restritiva, levando-se em consideração os demais princípios envolvidos, sobretudo o da ampla defesa*" (STJ – 6ª Turma – AgRg no RESP 1.274.612/RJ – Rel. Min Rogério Schietti Cruz, j. em 08/03/2014).

para ampliar, ao arrepio da lei, a sua incidência. Por outro lado, permitir que o relator volte a utilizar de um conceito fluído e impreciso, como é a "jurisprudência dominante",[73] tal qual ocorria na vigência do CPC/1973, seria um retrocesso, tanto para o sistema jurisprudencial, como para o próprio sistema processual, que precisa da segurança jurídica em seus julgamentos, para promover o acesso à justiça.[74]

Com efeito, a experiência que tivemos durante a vigência do CPC/1973 demonstrou que a falta de padrões decisórios objetivos abria caminho para que o relator decidisse monocraticamente sem apresentar fundamentação adequada[75] ou utilizando as suas próprias decisões ("autojurisprudência")[76]

---

73. Da mesma forma, afirma José Miguel Garcia Medina, **Novo Código de Processo Civil comentado**, p. 831: *"Não se refere o art. 932 do CPC/2015, também, "jurisprudência dominante" (expressão de difícil definição, outrora referida no art. 557 do CPC/1973): deve-se estar, para que se admita o julgamento monocrático, diante de orientação sumulada, veiculada em julgamento de casos repetitivos ou em assunção de competência".*
74. Da mesma forma, vejam-se Hermes Zaneti Jr., **Poderes do relator e precedentes no CPC/2015**, p. 540, e Luiz Guilherme Marinoni, **O STJ enquanto corte de precedentes**, p. 154.
75. Eis o inteiro teor de uma decisão monocrática proferida no STF: *"O recurso extraordinário não pode ser provido, uma vez que não reúne condições para a sua admissibilidade. Incide, na hipótese, a Súmula 279/STF. Diante do exposto, com base no art. 557, caput, do CPC e no art. 21, § 1º, do RI/STF, nego seguimento ao recurso"* (STF – 1ª Turma – REXT 609.376/MG – Rel. Min. Roberto Barroso, j. em 22/02/2016). O mesmo relator proferiu pelo menos outras sete decisões idênticas a essa.
76. Fabiano Carvalho, **Poderes do relator nos recursos**, p. 143. Um caso paradigmático em termos de autojurisprudência ocorreu em 2005 no STF. Em 25/04/2005, o ministro Carlos Velloso, contrariando a jurisprudência consolidada naquela corte, julgou monocraticamente procedente um recurso extraordinário, sustentando a tese de que a possibilidade da penhora do bem de família do fiador no contrato de locação, prevista no art. 3º, VII, da Lei nº 8.009/1990, não teria sido recepcionada pela Constituição de 1988, após a promulgação da Emenda Constitucional nº 26/2000 (REXT 352.940/SP). Dois dias depois, em 27/05/2005, o mesmo ministro novamente julgou a questão, também monocraticamente, agora com apoio em seu próprio "precedente" (REXT 415.626/SP e REXT 349.370/SP). Nos dias que se seguiram, novas decisões monocráticas foram sendo proferidas (REXT 449.657/SP, REXT 259.883/SP e Ação Cautelar 967/RS), sempre citando o mesmo precedente. Até que, em 26/02/2006, o Pleno do STF decidiu reafirmar aquilo que já estava assentado na sua jurisprudência: *"A penhorabilidade do bem de família do fiador do contrato de locação, objeto do art. 3º, inc. VII, da Lei nº 8.009, de 23 de março de 1990, com a redação da Lei nº 8.245, de 15 de outubro de 1991, não ofende o art. 6º da Constituição da República* (RE 407.688/SP).

ou ainda jurisprudência isolada,[77] superada, antiga ou desajustada ao caso concreto.[78]

Anote-se, ainda, que a existência do agravo interno não é suficiente para assegurar a lisura da atuação monocrática do relator. Como será visto mais à frente, o agravo interno é conduzido pelo próprio relator que proferiu a decisão agravada, que participa da votação do recurso no colegiado. As partes envolvidas no recurso não têm direito à sustentação oral e o recorrente corre o risco de ser multado, caso o seu agravo interno seja visto como protelatório. O resultado é que o agravo interno tem sido pouco utilizado e tem índices baixíssimos de acolhimento, servindo, na maioria das vezes, apenas para referendar a decisão monocrática do relator.

Se é verdade que a redação do art. 932 do CPC/2015 reduziu significativamente o campo da atuação monocrática do relator, isso se deve também ao fato de que temos poucos padrões decisórios dotados de eficácia vinculativa na Justiça brasileira. Assim, na medida em que os tribunais avancem no processo de uniformização e padronização dos seus entendimentos, haverá

---

77. O STJ, em mais de uma oportunidade, já afirmou que um único acórdão seria suficiente para demonstrar a existência de "jurisprudência dominante". Nesse sentido, vejam-se: *"A colação de apenas um acórdão é suficiente para embasar decisão com base no art. 557, caput, do CPC, quanto mais que a agravante não indicou qualquer acórdão dissidente, em apoio da alegação de não ser dominante a jurisprudência"* (STJ – 5ª Turma – AgRg no ARESP 249.496/SP – Rel. Min. Gilson Dipp, j. em 06/02/2001) e *"Com efeito, não havia nenhum elemento nos autos que impusesse ao relator o dever de abdicar da prerrogativa que lhe é conferida pelo art. 557 do CPC. Vale ressaltar que o só fato de haver um precedente deste Superior Tribunal sobre a matéria já se mostra bastante para ilustrar o posicionamento da Corte sobre a questão, especialmente quando não existe, no seu próprio âmbito, julgados expondo entendimento diverso"* (STJ – 1ª Turma – AgRg no RESP 1.130.746/RS – Rel. Min. Arnaldo Esteves Lima, j. em 06/06/2013),

78. Dias depois da entrada em vigor do CPC/2015, o STJ revogou a Resolução nº 12/2009 e editou a Resolução nº 3/2016, em que estabeleceu que caberia *"às Câmaras Reunidas ou à Seção Especializada dos Tribunais de Justiça a competência para processar e julgar as Reclamações destinadas dirimir divergência entre acórdão prolatado por Turma Recursal Estadual e do Distrito Federal e a jurisprudência do STJ"*. Como os Tribunais de Justiça não aceitaram essa "delegação", ao receber as reclamações oriundas de suas turmas recursais, passaram a instaurar conflitos negativos de competência, dirigidos ao STF, como determina o art. 102, I, "o", da CF (CC 7.755/MA, CC 7.968/MG, CC 7.971/BA, CC 7.983/MG, CC 7.991/MG, CC 8.007/BA, CC 8.008/BA e CC 8.046/MG, por exemplo). O STF, no entanto, inadmitiu monocraticamente todos esses incidentes, com a alegação de que não haveria conflito de competência entre o STJ e os tribunais inferiores. Em todos esses incidentes, os relatores julgaram citando um acórdão que não tinha qualquer relação com o caso (QO no CC 7094).

uma natural ampliação do leque de situações nos quais o relator poderá julgar legitimamente.

Portanto, entendemos que o relator somente deve julgar monocraticamente o mérito dos recursos quando tiver como fundamento alguns dos padrões decisórios enumerados nos incisos IV e V do art. 932 do CPC/2015.[79] Um ponto, entretanto, deve ser sublinhado: é inexplicável ausência, nesses incisos, da menção às decisões proferidas pelo STF em controle concentrado de constitucionalidade.[80] Não apenas porque esta decisão é utilizada em vários dispositivos do CPC/2015 (arts. 525, § 12, 535, § 5º, 927, I, e 988, III), mas, principalmente, porque ela representa um padrão decisório dotado de eficácia vinculante, por expressa determinação constitucional (art. 102, § 2º, da CF).[81] A solução, ainda assim, em nosso sentir, não é mitigar a taxatividade do rol do art. 932 do CPC/2015, mas incitar o Congresso Nacional a promover a alteração do dispositivo, para nele prever também, como padrão decisório legitimador da atuação monocrática do relator, as decisões proferidas pelo STF em controle concentrado de constitucionalidade.

---

79. Nesse sentido, veja-se: "*Nessa diretriz, observa-se que a lei processual brasileira, após sucessivas inovações, alargou o leque de possibilidades de o relator de um recurso, de forma unipessoal, pôr termo à irresignação (ex vi art. 557 do Código de Processo Civil). Todavia, por se tratarem de hipóteses que excetuam, num primeiro lanço, o exame pelo grupo de magistrados, em prestígio à celeridade e eficiência na prestação jurisdicional, excluindo-se, por isso mesmo, a incidência imediata do princípio da colegialidade, deve-se operar a interpretação do referido dispositivo processual de forma restritiva, levando-se em consideração os demais princípios envolvidos, sobretudo o da ampla defesa. Assim, só é possível ao relator de um recurso decidir de maneira monocrática, quando o tema a ele submetido inserir-se no rol contido no art. 557 do Código de Processo Civil (manifesta inadmissibilidade do pedido, na improcedência, prejudicialidade ou confronto com súmula ou jurisprudência dominante), sob pena de incorrer em violação ao referido princípio*" (STJ – 6ª Turma – AgRg no RESP 1.274.612/RJ – Rel. Min Rogério Schietti Cruz, j. em 08/03/2014).

80. Comparando-se o rol do art. 932 como o do art. 927, verifica-se também a ausência da menção à "*orientação do plenário ou do órgão especial aos quais estiverem vinculados*" (art. 927, V). Esta omissão, entretanto, não nos traz qualquer perplexidade, na medida em que o referido inciso não deveria nem mesmo constar da relação presente no art. 927, conforme esclarecido no Capítulo 2 desta tese. Apesar disso, alguns autores defendem que também este parâmetro pode ser utilizado para embasar o julgamento monocrático. Nesse sentido, veja-se Hermes Zaneti Jr., Poderes do relator e precedentes no CPC/2015, p. 536.

81. Diversos autores sustentam que a decisão do STF em controle concentrado pode ser usada como padrão decisório para embasar o julgamento monocrático. Nesse sentido, veja-se o levantamento feito por Hermes Zaneti Jr., **Poderes do relator e precedentes no CPC/2015**, p. 535.

Outro ponto que deve ser frisar diz respeito à correlação entre o padrão decisório invocado e a pretensão recursal. De fato, para permitir a aplicação da técnica de abreviação do procedimento recursal a aplicação do padrão decisório deve ser capaz de resolver a totalidade da pretensão recursal. Se o padrão decisório não for capaz de, por si só, resolver o mérito do recurso, a questão terá que ser submetida ao colegiado. Destarte, se o autor de uma demanda tem o seu pedido de indenização negado na primeira instância e apela, mesmo que exista um padrão decisório amparando a sua pretensão, o relator não poderá julgá-la monocraticamente, pois, nesse caso, teria que não apenas reverter o comando contido na sentença, mas também fixar o *quantum* da indenização. De modo que o padrão decisório não deve ser utilizado para legitimar o julgamento de outras questões por ventura existentes na pretensão recursal, ainda que de natureza jurídica. Em nossa visão, somente as questões de ordem pública devolvidas com o recurso, dentro do chamado efeito translativo, poderão ser apreciadas monocraticamente pelo relator em conexão com a questão submetida a um padrão decisório.

5.3. A VISÃO DOS DESEMBARGADORES DO TJRJ SOBRE O JULGAMENTO MONOCRÁTICO

Com o propósito de averiguar qual seria a visão dos julgadores nos tribunais sobre o julgamento monocrático, foi feita uma pesquisa de campo com os desembargadores cíveis do Tribunal de Justiça do Rio de Janeiro. Inicialmente, necessário esclarecer que a escolha do Tribunal de Justiça do Rio de Janeiro como campo de pesquisa foi baseada não apenas por questão de proximidade geográfica, mas também pela importância que essa Corte e seus membros têm no País.

A metodologia de pesquisa adotada foi a analítico-descritiva, baseada, essencialmente, na coleta direta de informações com os entrevistados. Para realizar as entrevistas, foi elaborado um formulário impresso explicando os objetivos da pesquisa e convidando os destinatários a dela participar. O formulário foi entregue a 54 desembargadores, num universo de 135 desembargadores cíveis, dentre os 180 desembargadores que formam o TJRJ.[82]

---

82. Com o autor da pesquisa optou por entregar pessoalmente os formulários, não foi possível ter acesso a todos os 135 desembargadores cíveis do TJRJ. A bem da verdade, alguns cargos de desembargador são ocupados por juízes de direito. Além disso, no período da pesquisa, realizada em maio de 2016, aproximadamente 20 desembargadores cíveis estavam de férias ou licença e cerca de 5 desembargadores não estavam vinculados a um órgão julgador.

Destes, apenas 38 se interessaram em participar da pesquisa, respondendo às perguntas do formulário, de próprio punho. Dentre os 38 que responderam ao formulário, somente 18 se dispuseram a participar das entrevistas pessoais, realizadas diretamente pelo autor deste resumo (esse número representa 10% do contingente de desembargadores do TJRJ). Todas as entrevistas foram gravadas em meio eletrônico e objeto de anotações. Foi assegurado aos entrevistados o anonimato das suas informações e declarações.

Em todas as entrevistas, por nós pessoalmente conduzidas, os desembargadores responderam às mesmas perguntas, feitas na mesma ordem. As perguntas foram: 1) Qual a sua percepção sobre a importância do julgamento monocrático para o Poder Judiciário? 2) A estrutura do julgamento monocrática no CPC/1973 era adequada? 3) O Novo CPC teria reduzido o alcance dos poderes do relator para julgar monocraticamente os recursos? 4) Quais os impactos dessas modificações para a tramitação dos recursos? 5) Os relatores têm aplicado os padrões das decisões das cortes superiores? 6) O agravo interno tem cumprindo sua função de controlar a aplicação do julgamento monocrático?[83]

Para elaborar as questões presentes no formulário e na entrevista, foram utilizados os elementos que se sobressaíram nos estudos doutrinários daqueles que se dedicaram especificamente a analisar o julgamento monocrático, dentre os quais se destacam os textos elaborados por Leslie Ferraz e Fernanda Pantoja,[84] José Rodrigo Rodriguez,[85] Fabiano Carvalho,[86] Tiago Figueiredo Gonçalves,[87] Dierle Nunes[88] e Guilherme Sokal.[89]

Em relação ao perfil dos entrevistados, quase metade era oriundo do quinto constitucional (8). Eles tinham em média 8 anos de atuação no tribunal e 23 anos de atuação como magistrados, para aqueles que chegaram ao cargo por promoção na carreira). Quase todos tinham pós-graduação

83. O formulário com as questões encontra-se no Anexo deste livro.

84. Leslie Shérida Ferraz e Fernanda Medina Pantoja, **Julgamento singular e agravo interno**.

85. José Rodrigo Rodriguez, **Como decidem as cortes?**.

86. Fabiano Carvalho, **Poderes do relator nos recursos**.

87. Tiago Figueiredo Gonçalves, **Julgamento unipessoal nos tribunais e agravo inominado**.

88. Dierle José Coelho Nunes, **Colegialidade das decisões dos tribunais: sua visualização como princípio constitucional e do cabimento de interposição de agravo interno em face de todas as decisões monocráticas do relator**.

89. Guilherme Jales Sokal, **O julgamento colegiado nos tribunais**.

(16) e tiveram atividade docente (13) e livros, artigos ou pesquisas jurídicas publicadas (16). A maioria era natural do Estado do Rio de Janeiro (15), sendo 12 homens e 6 mulheres.

Como resultado das entrevistas, foi possível observar que nenhum dos 18 desembargadores ouvidos entendia que o julgamento monocrático era nocivo ao ordenamento jurídico ou ao funcionamento dos tribunais. Muito pelo contrário, a maioria dos pesquisados tinha uma visão positiva do julgamento monocrático e entendiam que apesar de alguns excessos, em geral, o instituto era bem aplicado e importante para a busca pela efetivação do princípio da duração razoável do processo. Percebeu-se que a visão prevalente nos entrevistados era que a necessidade de uma descentralização da força de trabalho poderia contribuir para o melhor exercício das funções atribuídas aos seus membros, além da apreciação de um número maior de demandas a partir da celeridade impressa às dinâmicas do tribunal.

Alguns desembargadores manifestaram opinião no sentido de que a amplitude das regras presentes no CPC/1973 permitia algumas distorções, decorrentes da aplicação do julgamento monocrático em hipóteses que deveriam ter sido levadas ao colegiado. A maioria dos entrevistados, por isso, viu com bons olhos as restrições implementadas pelo CPC/2015. Para alguns deles, o aumento no número de julgamentos colegiados não impactou negativamente na fluência dos julgamentos, pois veio acompanhado de uma significativa redução do número de agravos internos interpostos contra as decisões monocráticas. Os desembargadores participantes da pesquisa assinalaram, ainda, que o agravo interno cumpria bem a sua função de controlar a aplicação do julgamento monocrático.

Todos os desembargadores reconheceram que aplicavam a técnica do julgamento monocrático na sua rotina, em proporção que oscilava, na sua visão, em torno de 15% dos julgados nos quais funcionavam como relatores. Todos também afirmavam citar os padrões decisórios previstos no art. 932, IV e V, do CPC/2015 em suas decisões monocráticas e a grande maioria dava preferência aos julgados da própria Corte fluminense para embasar suas posições, desde que afinados com a jurisprudência dos tribunais superiores.

Portanto, em um apanhado geral, percebe-se nos entrevistados uma visão positiva sobre o julgamento monocrático e as regras previstas sobre o tema no CPC/2015. As perceptivas destacadas desembargadores em geral coincidem com as informações expostas no Capítulo anterior deste livro, levantadas dos estudos realizados e dos dados apurados junto à Diretoria Geral de Apoio aos Órgãos Jurisdicionais do TJRJ – DGJUR. Nesse sentido, necessário destacar que, apesar dos entrevistados afirmarem que julgavam em sintonia com a jurisprudência dos tribunais superiores, a referência aos padrões decisórios nas decisões monocráticas pesquisadas se mostrou basicamente regional. De modo que, ainda que as decisões monocráticas estejam efetivamente alinhadas com a jurisprudência superior, como alegado, existe um claro déficit na fundamentação desse aspecto.

O único ponto que pode ser identificado como dissonante entre o discurso dos entrevistados e os dados apurados foi a questão do agravo interno. A opinião de que o agravo interno cumpre bem sua função de controlar a atividade, expressa por 13 dos 18 desembargadores entrevistados não se coaduna com o baixíssimo índice de acolhimento destes recursos identificado no levantamento feito: menos de 3%. Nesse sentido, o discurso dos entrevistados parece estar mais focado na legitimação formal do julgamento colegiado do recurso do que com o efetivo controle da qualidade da decisão monocrática agravada.

5.4. OS REFLEXOS DO PRINCÍPIO DA JURISDIÇÃO EQUIVALENTE NO JULGAMENTO MONOCRÁTICO

5.4.1. A origem da expressão "jurisdição equivalente"

Após percorrer todas as etapas propostas para o desenvolvimento deste estudo, é chegado o momento de apresentar as nossas principais conclusões e definir aquilo que entendemos que deva corresponder às bases de um princípio voltado para promover o equilíbrio entre a colegialidade e o julgamento monocrático do mérito dos recursos cíveis nos tribunais brasileiros, dentro de um modelo constitucional de processo e com vistas à promoção do acesso à justiça. Antes disso, no entanto, gostaríamos de esclarecer a razão que nos levou a adotar a nomenclatura "jurisdição equivalente".

A primeira vez que encontramos a expressão "jurisdição equivalente" foi num texto de 2004 da lavra de José Maria Rosa Tesheiner.[90] Nele, o professor gaúcho aborda a criação *ad hoc* do "princípio da jurisdição equivalente", conforme expresso em dois julgamentos, um do STJ e outro do TJRS,[91] que

90. José Maria Rosa Tesheiner, **Provimento de recurso por decisão do relator: o chamado "princípio" da jurisdição equivalente**.

91. Sem sobra de dúvida, entre os tribunais da federação pesquisados, é o TJRS que até hoje mais utiliza da terminologia "jurisdição equivalente" associada ao julgamento monocrático. Nesse sentido, vejam-se: *"É possível o julgamento monocrático do recurso de apelação, pelo princípio da prestação jurisdicional equivalente, quando há orientação sedimentada na Câmara sobre a matéria, de maneira que, levada a questão ao órgão colegiado, seria*

versavam sobre o julgamento monocrático dos recursos baseado na jurisprudência, então previsto no art. 557 do CPC/1973. Esses são os julgamentos mencionados:

> "AGRAVO INTERNO CONTRA DECISÃO QUE NEGOU CURSO A AGRAVO DE INSTRUMENTO, POR SUA VEZ CONTRA DECISÃO QUE SUSPENDEU PROCESSO DE CONHECIMENTO ATÉ JULGAMENTO DEFINITIVO DE MANDADO DE SEGURANÇA. JUÍZO DE MANIFESTA IMPROCEDÊNCIA MANTIDO. 1. Causa externa de suspensão. Se a questão de fundo (ilegalidade da cobrança de contribuição de inativo) ainda está sub judice em mandado de segurança, suspende-se, até decisão definitiva daquele, processo de conhecimento em que postula-se a restituição das parcelas alegadamente indevidas. Inteligência do art. 265, IV, a, do CPC. 2. Princípio da jurisdição equivalente. Recurso contra decisão do juízo singular em tal sentido que se ostenta de manifesta improcedência, inclusive face a precedente da Câmara, aplicando-se o princípio da jurisdição equivalente. Inteligência do art. 557 do CPC" (TJRS - 1ª Câmara Cível - AI 70007829229 - Rel. Des. Irineu Mariani, j. em 10/03/2004)

> "PROCESSO CIVIL. CPC, ARTS. 475 E 557. DECISÃO MONOCRÁTICA DO RELATOR RESPALDADA EM JURISPRUDÊNCIA DO TRIBUNAL A QUE PERTENCE. REMESSA NECESSÁRIA. 1. A aplicação do art. 557 do CPC supõe que o julgador, ao isoladamente, negar seguimento ao recurso, confira à parte, prestação jurisdicional equivalente à que seria concedida acaso o processo fosse julgado pelo órgão colegiado. 2. A *ratio essendi* do dispositivo, com a redação dada pelo art. 1º da Lei 9.756/98, está a desobstruir as pautas dos tribunais, dando preferência a julgamentos de recursos que encerrem matéria controversa. 3. Prevalência do valor celeridade à luz do princípio da efetividade. 4. O relator, com base no art. 557 do CPC, pode decidir monocraticamente a apelação e a remessa oficial, sem, todavia, comprometer o duplo grau de jurisdição" (STJ - 1ª Turma - RESP 517.358/RN - Rel. Min. Luiz Fux, j. em 04/09/2003)

---

confirmada a decisão do relator" (TJRS – 1ª Câmara Cível – AI 70078040045 – Rel. Des. Sergio Luiz Grassi Beck, j. em 31/10/2018), *"É possível o julgamento monocromático do agravo de instrumento, pelo princípio da prestação jurisdicional equivalente, quando há orientação sedimentada na Câmara sobre a matéria, de maneira que, levada a questão ao órgão colegiado, seria confirmada decisão do relator*" (TJRS – 20ª Câmara Cível – AI 70073240112 – Rel. Des. Glênio José Wasserstein Hekman, j. em 29/09/2014) e *"É possível o julgamento monocromático do agravo de instrumento, pelo princípio da prestação jurisdicional equivalente, quando há orientação sedimentada na Câmara sobre a matéria, de maneira que, levada a questão ao órgão colegiado, seria confirmada decisão do relator*" (TJRS – 7ª Câmara Cível – AI 70074411828 – Rel. Des. Liselena Schifino Ribeiro, j. em 26/07/2017).

Imediatamente, ficamos interessados na expressão, pois já tínhamos defendido a nossa dissertação de mestrado falando sobre recursos e lecionávamos sobre a matéria. Em uma busca preliminar, no entanto, não conseguimos identificar a sua origem. A mais antiga referência à terminologia "jurisdição equivalente" que encontramos, foi num julgado do ano de 2001 no STJ:

> "3. Inexiste restrição em aplicar o relator o art. 557 do CPC, negando seguimento à hipótese dos autos, quando se deu à parte prestação jurisdicional equivalente à que seria dada se julgado o feito pelo órgão fracionário. 4. Tratando-se de tese jurídica sedimentada no órgão fracionário, está o relator autorizado pelo legislador processual a subtrair do colegiado a apreciação do recurso" (STJ – 2ª Turma – ARESP 358.229/MG – Rel. Min. Paulo Gallotti, j. em 19/02/2001)

Posteriormente, o termo se difundiu e passou a ser empregado, ainda que timidamente, em outros tribunais da federação. Apenas para ilustrar, vejam-se os seguintes arestos:

> "APLICAÇÃO DO PRINCÍPIO DA PRESTAÇÃO JURISDICIONAL EQUIVALENTE. INTELIGÊNCIA DO ART. 557, CAPUT, DO CÓDIGO DE PROCESSO CIVIL. SEGMENTO NEGADO AO RECURSO. A jurisdição pátria assentou entendimento, segundo o qual deve ser o Nacional dos autos à comprovação do preparo, seja na oportunidade interposição do recurso ou, posteriormente, devidamente provocado, sob pena de deserção. Aplicabilidade do art. 557, carro, do Código de Processo Civil, permite ao relator, de forma isolada, negar seguimento ao recurso, conferindo à parte prestação jurisdicional equivalente aqui seria concedida, caso a demanda fosse julgada pelo órgão colegiado" (TJPB – 4ª Câmara Cível – AC 0000595-92.2001.8.15.0091 – Rel. Des. Frederico Martinho da Nóbrega Continho, j. em 15/10/2015)

> "AGRAVO REGIMENTAL. DECISÃO MONOCROMÁTICA QUE NEGA SEGUIMENTO A RECURSO DE AGRAVO DE INSTRUMENTO POR MANIFESTA IMPROCEDÊNCIA. ART. 557 DO CPC. APLICAÇÃO DO PRINCÍPIO DA PRESTAÇÃO JURISDICIONAL EQUIVALENTE" (TJSE – 2ª Câmara Cível – AgRg 0008846-82.2013.8.25.0000 – Rel. Des. José dos Anjos, j. em 09/09/2013)

> "Destaco que é possível o julgamento, de plano, pelo princípio da prestação jurisdicional e que Valente, quando a orientação sedimentada na Câmara sobre a matéria, de maneira que, elevada a questão ao órgão colegiado, seria confirmada a decisão do relator, consoante orientação já consagrada pelo e.

STJ nos seguintes julgamentos: (...)" (TJMT – 1ª Câmara de Direito Público e Coletivo – AC 0012166-12.2010.8.11.0041 – Rel. Des. Helena Maria Bezerra Ramos, j. em 19/09/2018)

Assim, abraçamos o conceito "jurisdição equivalente" e passamos a empregá-lo em nossas atividades profissionais e acadêmicas, para identificar o julgamento monocrático. Isso porque ele expressa uma ideia que nos parece fundamental sobre o tema: a afirmação de que decisão monocrática é (ou deveria ser) um equivalente da decisão colegiada. Essa concepção de equivalência é importante não apenas para afirmar que a decisão monocrática tem a mesma autoridade e os mesmos efeitos da decisão colegiada, mas também para sublinhar que ela representa (ou deveria representar) uma projeção ou uma antecipação daquilo que o colegiado decidiria, caso fosse convocado para julgar a questão.

5.4.2. Jurisdição equivalente é um princípio?

Conforme demonstrado, há quase duas décadas parte da jurisprudência vem empregando o termo "jurisdição equivalente", com um sentido próprio, sem que isso tenha sensibilizado a doutrina. De fato, não logramos encontrar autores que tenham empregado em seus textos o "princípio da jurisdição equivalente" como um conceito próprio a identificar as características do julgamento monocrático. Somente na jurisprudência o termo é empregado e, na maioria das manifestações, a jurisdição equivalente é tratada como um princípio jurídico, relacionado com a possibilidade de o relator julgar as causas da alçada dos tribunais monocraticamente.

Inicialmente, é preciso sublinhar que não se desconhecem as críticas sobre a "epidemia" de princípios que tem sido observada no direito brasileiro. Nesse sentido, uma das vozes mais contundentes é a de Lenio Luiz Streck, que nomeou de "panprincipiologismo" a tendência de identificar como princípios regras e postulados que não se enquadram no conceito de princípios e que são criados para "driblar" as regras jurídicas ou justificar escolhas pessoais dos intérpretes. Não obstante, embora façamos coro a essas críticas, entendemos que a jurisdição equivalente pode legitimamente ser vista como um princípio jurídico.

De fato, é possível identificar no princípio da jurisdição equivalente um enunciado geral e abstrato que, orientando o sistema jurídico, sustente como lógica a atuação monocrática do relator, fundados nos valores da celeridade, da racionalidade e da eficiência. A nossa proposta, portanto, diante do vácuo doutrinário, é atribuir ao princípio da jurisdição equivalente um conceito particular, representando o conjunto estruturado de postulados jurídicos, voltado para orientar o funcionamento do julgamento monocrático do mérito do recurso, baseados em padrões decisórios com eficácia vinculativa, com o objetivo de, através de um modelo constitucional-democrático de processo, torná-lo um instrumento mais eficiente de promoção do acesso qualificado à justiça.

Importante frisar que o objetivo dessa iniciativa é provocar o debate sobre o julgamento monocrático de uma forma mais ampla e concatenada, onde os elementos relacionados ao tema estejam interligados dentro de um eixo metodológico. Assim, por exemplo, durante a pesquisa foi demonstrado que apesar de ser visto, quase que unanimemente, como fundamental para validar o julgamento monocrático, até agora a doutrina não percebeu um detalhe muito importante sobre o agravo interno: ele não funciona.

O número de decisões monocráticas agravadas, que antes do CPC/2015 era de cerca de 30%, caiu para menos de 15% após a entrada em vigor do novo Código. E os poucos agravos que são interpostos, na sua esmagadora maioria, não são providos. Por que isso ocorre? Na nossa visão, porque o relator do agravo interno é o mesmo que proferiu a decisão agravada e que não se retratou, quando provocado. É ele que vai conduzir a votação e participar do julgamento que está analisando a sua própria decisão. Além disso, no agravo interno, o direito à sustentação oral tem sido negado, permitindo que o relator defenda o acerto da sua decisão monocrática para seus pares, sem qualquer diálogo e, não raras vezes, por meio eletrônico. Completando esse quadro, temos a "ameaça" de multa para quem tem a sua pretensão recursal considerada como *"manifestamente inadmissível ou improcedente"*.

Qual a solução? Um banho de constitucionalidade no agravo interno: o relator, se não reconsiderar a sua decisão monocrática, não pode participar do julgamento, que tem que ter sustentação oral, nos casos onde ela é prevista para o recurso que teve o seu procedimento abreviado. A sustentação oral, por sua vez, deve ser assegurada às partes. Além disso, a multa somente deve ser aplicada quando ficar demonstrada a existência de má-fé por parte do agravante na interposição do recurso.

Embora essas afirmações possam ser apresentadas separadamente, elas passam a fazer um novo sentido quando colocadas dentro de um contexto maior: o agravo interno precisa ser aperfeiçoado não "apenas" para aproximá-lo do modelo constitucional de processo, mas também para que ele possa desempenhar eficazmente seu papel de controle do julgamento monocrático, preservando o princípio da colegialidade e assegurando o acesso qualificado aos tribunais, que é uma das vertentes do acesso à justiça. As mesmas considerações podem ser feitas em relação aos embargos de declaração opostos em face da decisão monocrática. Da mesma forma, a necessidade de que o relator somente julgue monocraticamente os recursos utilizando os padrões decisórios previstos expressamente no art. 932 do CPC/2015 não representa, "apenas", uma consequência do princípio da legalidade, mas também um componente do mecanismo de legitimação da atuação unipessoal do relator, frente ao princípio da colegialidade.

A ideia de apresentar a jurisdição equivalente como um princípio, portanto, ganhou força na medida em que se percebeu que as conclusões da pesquisa repousavam sobre a mesma lógica normativa. De modo que, se existe um conjunto de fundamentos comuns às conclusões, isso significa que elas podem ser apresentadas de forma estruturada e abstrata, constituindo, assim, um princípio jurídico.

5.4.3. A concepção do julgamento monocrático como técnica de abreviação do procedimento recursal

Nos termos do art. 931 do CPC/2015, após receber o recurso que lhe foi distribuído, o relator deverá elaborar seu relatório e, em seguida, restituir os autos à secretária, no prazo de 30 dias. A secretaria, então, diz o art. 934 do CPC/2015, apresentará os autos ao presidente do órgão colegiado, que designará dia para julgamento, em pauta a ser publicada na forma prevista no art. 935 do CPC/2015. No dia da sessão do julgamento, depois da exposição da causa pelo relator, o presidente dará a palavra, sucessivamente, ao recorrente, ao recorrido, nas hipóteses previstas no art. 937 do CPC/2015, e, nos casos de sua intervenção, ao membro do Ministério Público. Encerradas as sustentações orais, os julgadores proferirão seus votos e o resultado do julgamento será proclamado, conforme disposição contida nos arts. 938 a 941 do CPC/2015. Numa apertada síntese, assim pode ser descrito o procedimento recursal completo, também chamado de padrão ou ordinário.

Nessa ordem de ideias, todas as atividades decisórias finais do relator, de caráter terminativo ou definitivo (art. 932, III a V, do CPC/2015), representam a aplicação de uma técnica de abreviação do procedimento recursal completo,[92] também chamada de técnica de julgamento antecipado do recurso.[93] Por isso, quando o relator julga monocraticamente um recurso,

---

92. *Guilherme Lunelli, Técnicas procedimentais* **pautadas em entendimentos jurisprudenciais**, p. 504.

93. Fabiano Carvalho, **Poderes do relator nos recursos**, p. 75.

fala-se em procedimento recursal abreviado ou sumário.[94] No caso específico dos incisos IV e V do mencionado artigo, a técnica de abreviação procedimental é assentada na aplicação de padrões decisórios, da mesma forma que ocorre no julgamento liminar de improcedência do pedido (arts. 332, *caput*, do CPC/2015), na dispensa da remessa necessária (art. 496, § 4º, do CPC/2015) e no julgamento monocrático do conflito de competência (art. 955, parágrafo único, do CPC/2015).

Da mesma forma, por se tratar de uma técnica de abreviação procedimental, não pode o relator julgar parcialmente o mérito do recurso, ainda que presentes os requisitos legais do art. 356 do CPC/2015. Com efeito, não haveria sentido em adotar um procedimento híbrido, parcialmente completo e parcialmente sumário, pois, além de desprovido de base legal, haveria a possibilidade de o colegiado ter que se manifestar duas vezes: uma no agravo interno contra o julgamento monocrático da parcela apreciada pelo relator e outra, em relação ao restante da questão recursal.[95]

Note-se, ainda, que a disposição dos artigos do CPC/2015 deixa latente que o relator deve julgar monocraticamente o mérito do recurso antes de apresentar os autos ao presidente para julgamento colegiado (art. 934 do CPC/2015). Nada obsta, entretanto, que o relator adote algumas providências previstas nos arts. 932 e 933 do CPC/2015, antes de julgar. Pode, por exemplo, produzir alguma prova, deferir efeito suspensivo ao recurso, intimar as partes ou o Ministério Público, pedir informações etc.[96]

5.4.4. A afirmação da natureza cogente do julgamento monocrático

De acordo com os estudos realizados, o julgamento monocrático acompanhou a trajetória histórica do direito brasileiro, à margem de uma regulamentação mais precisa e técnica. Com isso, foi desenvolvida na jurisprudência a percepção de que o julgamento monocrático seria uma faculdade do relator, que poderia aplicá-lo conforme seu "prudente arbítrio".[97] Na doutrina pátria

94. Guilherme Jales Sokal, **O julgamento colegiado nos tribunais**, p. 80, e Araken de Assis, **Manual dos recursos**, p. 357.
95. Fabiano Carvalho, **Poderes do relator nos recursos**, p. 73.
96. Conforme já destacado, entendemos que a oitiva prévia das partes é condição essencial para o julgamento monocrático e isso abarca também a oitiva do Ministério Público. Em sentido contrário, entendendo que a oitiva do MP pode ser dispensada ao se adotar o procedimento abreviado, veja-se Fabiano Carvalho, **Poderes do relator nos recursos**, p. 78.
97. Apenas no STF, vejam-se: *"O artigo 21, § 1º, do Regimento Interno do Supremo Tribunal federal confere ao Relator poderes para, monocraticamente, negar seguimento a pedido*

formada após a edição do CPC/1973, Cândido Rangel Dinamarco[98] foi um dos que primeiro defendeu a discricionariedade judicial na aplicação do julgamento monocrático. Araken de Assis,[99] na mesma linha, assinala que o julgamento monocrático se configura numa faculdade do relator, porque não haveria uma sanção aplicável para o caso de descumprimento.[100]

Em nossa visão, entretanto, entendemos que a utilização de qualquer técnica de abreviação do procedimento, por estar ligada à efetividade da prestação da tutela jurisdicional, não pode ser considerada como facultativa.[101] Portanto, diante dos requisitos legais, tem o relator o dever de julgar monocraticamente o recurso.

Nesse sentido, necessário sublinhar que a sanção natural pela inobservância de uma regra procedimental pelo relator é o reconhecimento da anulabilidade de sua conduta. Por isso, do ponto de vista teórico, se o relator

---

ou recurso manifestamente inadmissível, improcedente ou contrário a jurisprudência dominante ou a súmula do Tribunal, sendo certa a ausência de violação ao princípio da colegialidade quando do exercício dessa faculdade" (STF – 1ª Turma – HC AgRg no 160866/SP – Rel. Min. Luiz Fux, j. em 22/10/2018), *"Não há violação ao princípio da colegialidade quando o relator, utilizando-se da faculdade conferida pelo art. 21, § 1º do Regimento Interno do Supremo Tribunal Federal, nega seguimento a pedido manifestamente inadmissível, improcedente ou contrário a jurisprudência dominante ou a súmula do Tribunal"* (STF – 1ª Turma – HC AgRg no 152.685/SP – Rel. Min. Alexandre de Moraes, j. em 04/04/2018), *"Inexiste violação ao princípio da colegialidade na utilização, pelo Ministro relator, da faculdade prevista no art. 21, § 1º, do RI/STF para negar seguimento ao habeas corpus"* (STF – 1ª Turma – AgRg no HC 154.417/SP – Rel. Min. Roberto Barroso, j. em 07/05/2018), *"Não ofende o princípio da colegialidade o uso pelo relator da faculdade prevista no art. 21, § 1º, do Regimento Interno da Corte, o qual lhe confere a prerrogativa de, monocraticamente, negar seguimento a pedido ou recurso manifestamente inadmissível, improcedente ou contrário a jurisprudência dominante ou a súmula do Tribunal"* (STF – 2ª Turma – AgRg no AREXT 1.034.695/BA – Rel. Min. Dias Toffoli, j. em 29/09/2017) e *"Suposta violação ao princípio da colegialidade. Inocorrência. Faculdade prevista no artigo 192, caput, do RISTF: possibilidade de o relator, monocraticamente, denegar ou conceder a ordem de habeas corpus, quando a matéria for objeto de jurisprudência consolidada do Tribunal"* (STF – 2ª Turma – AgRg no HC 142.291/RS – Rel. Min. Gilmar Mendes, j. em 30/06/2017).

98. Cândido Rangel Dinamarco, **O relator, a jurisprudência e os recursos**, p. 132, e Nelson Luiz Pinto, **Manual dos recursos cíveis**, p. 210

99. Araken de Assis, **Manual dos recursos**, p. 358.

100. Assim também pensa, em relação ao julgamento de mérito do recurso, Fabiano Carvalho, **Poderes do relator nos recursos**, p. 67.

101. Hermes Zaneti Jr., **Poderes do relator e precedentes no CPC/2015**, p. 534, Fabiano Carvalho, **Poderes do relator nos recursos**, p. 61, Wanessa de Cássia Françolin, **A ampliação dos poderes do relator nos recursos cíveis**, p. 123.

levasse diretamente ao colegiado o julgamento de uma pretensão recursal contrastante com a jurisprudência consolidada, sem justificar a sua atitude, ou julgasse monocraticamente um recurso, sem observância dos requisitos legais, o colegiado deveria, sem adentrar à análise do recurso, anular o ato e devolver ao relator os autos, para adotar o procedimento correto.

Essa proposta teórica, no entanto, não parece ser a mais adequada para tratar a situação, pois inverteria a lógica de celeridade e abreviação procedimental, em detrimento da prestação da tutela jurisdicional. Em ambos os casos, quando o vício fosse percebido, o relator já teria revelado seu voto e o feito já estaria em sessão de julgamento perante o colegiado.[102] A caminho, assim, parece ser que o colegiado reconheça o vício, em votação separada, antes de declarar sanada a nulidade procedimental, orientando o relator sobre o caminho a ser adotado em casos análogos. Agora, se a decisão monocrática, além de não observar os requisitos legais previstos no art. 932 do CPC/2015, aplicar solução incorreta para a questão recursal, o colegiado deveria anulá-la e proferir uma nova, transformando a posição do relator em voto vencido.[103]

---

102. Francisco Cavalcanti Pontes de Miranda, **Comentários ao Código de Processo Civil**, t. 8, p. 228.

103. O entendimento majoritário na jurisprudência, no entanto, é que qualquer equívoco presente na decisão monocrática é sanado pelo colegiado, quando do julgamento do agravo interno. Nesse sentido, vejam-se: *"Nos termos da Súmula 568/STJ, é possível o julgamento monocrático do recurso especial quando houver jurisprudência no mesmo sentido dos fundamentos adotados no* ***decisum****. Ainda que assim não fosse, a jurisprudência desse Sodalício orienta-se no sentido de que o julgamento colegiado torna prejudicado eventuais vícios inerentes ao exame monocrático"* (STJ – 2ª Turma – AgInt no RESP 1.625.316/PE – Rel. Min. Mauro Campbell Marques, j. em 08/11/2016), *"Consoante previsto nos arts. 932, V, a, do CPC/2015, 34, VII, e 253, parágrafo único, II, alíneas a e b, do RISTJ cabe ao relator, por decisão monocrática, conhecer do agravo para não conhecer de recurso especial inadmissível, sendo que a interposição do agravo interno e seu julgamento pelo colegiado sana eventual contrariedade ao art. 932 do CPC/2015"* (STJ – 4ª Turma – AgInt no ARESP 978518/SP – Rel. Min. Antonio Carlos Ferreira, j. em 12/09/2017), *"Eventual nulidade da decisão monocrática por suposta contrariedade ao art. 932 do CPC/2015 fica superada com a reapreciação do recurso pelo órgão colegiado mediante agravo regimental/interno"* (STJ – 2ª Turma – AgInt no RESP 1.466.959/PR – Rel. Min. Og Fernandes, j. em 28/1/2017) e *"Ademais, a jurisprudência iterativa desta Corte tem se orientado no sentido de que não ocorre ofensa ao art. 932, IV, do NCPC, se o relator decidir a controvérsia na mesma linha de sua jurisprudência dominante, pois a matéria poderá ser reapreciada pelo colegiado por meio de agravo interno"* (STJ – 3ª Turma – AgInt no ARESP 927214/MG – Rel. Min. Moura Ribeiro, j. em 28/03/2017).

É preciso ressaltar, no entanto, como bem observado por José Miguel Garcia Medina,[104] que, à luz do que dispõe o art. 927 do CPC/2015, o julgamento monocrático não deve ser feito com base em padrões decisórios, se estes não estiverem em consonância com o entendimento dos tribunais superiores.[105] Exatamente por isso, Athos Gusmão Carneiro[106] afirmava que o julgamento monocrático representava uma regra de "*imperatividade relativa*", uma vez que permitia ao relator aquilatar a importância de submeter ao colegiado a questão, ainda que assentada na jurisprudência. Na realidade, em nossa opinião, não se trata de uma imperatividade relativa, termo até certo ponto paradoxal, mas de extrair o sentido mais profundo dos requisitos legais, cotejando-os com o sistema jurisprudencial. Em outras palavras, a eficácia vinculativa dos padrões decisórios decorre não apenas da sua presença no texto legal, mas também da sua capacidade de representar o pensamento prevalente nos tribunais, produzido através de um procedimento marcado pelo caráter constitucional-democrático.

Além disso, cabe ao relator verificar a simetria entre o padrão decisório invocado e a posição vigente no seu tribunal e, mais especificamente, no seu órgão colegiado. Isso porque, se o relator é um porta-voz do seu órgão colegiado, um equivalente jurisdicional, não pode tomar decisões monocráticas aplicando padrões decisórios que não estejam sendo adotados entre seus pares, em nome dos vetores ideológicos do sistema jurisprudencial (art. 926 do CPC/2015). Visto de outra maneira, se o relator julgar monocraticamente uma questão de forma diferente do que vem decidindo o seu colegiado e essa decisão transitar em julgado, terá contribuído para deformidade jurisprudencial, em prejuízo da isonomia e da segurança jurídica.

De modo que, na hipótese do magistrado vislumbrar que a aplicação do padrão decisório que se ajusta à questão sob sua relatoria é controvertida, seja em outros tribunais, no seu tribunal ou mesmo em seu órgão colegiado, deverá submeter o recurso ao procedimento completo, em homenagem ao princípio da colegialidade.[107] Nesse sentido, não importa se a controvérsia

---

104. José Miguel Garcia Medina, **Novo Código de Processo Civil comentado**, p. 831. Nessa mesma linha, veja-se Luiz Rodrigues Wambier, **Uma proposta em torno do conceito de jurisprudência dominante**, p. 84.

105. Assim também pensa Wanessa de Cássia Françolin, **A ampliação dos poderes do relator nos recursos cíveis**, p. 85.

106. Athos Gusmão Carneiro, **Poderes do relator e agravo interno**, p. 21.

107. Nesse sentido, veja-se: "*Aliás, tais hipóteses acabaram por reforçar a indispensabilidade e a importância do julgamento colegiado para pôr fim a determinada controvérsia estabelecida e firmar uma orientação sólida para a aplicação célere nos casos ulteriores. Por tudo isso,*

é intensa ou moderada: havendo atualidade e relevância na discussão, ou mesmo dúvida sobre a presença dos requisitos legais,[108] deve o relator se dobrar à primazia do colegiado: *in dubio pro collegium*. Da mesma forma, não deve o relator julgar monocraticamente o recurso se a sua decisão tiver como fundamento a superação de um padrão decisório ou a distinção entre o padrão decisório e o caso. As técnicas de afastamento da jurisprudência dotada de eficácia vinculativa devem ser realizadas pelo colegiado, através de um debate amplo e minucioso, nos termos do art. 489, § 1º, VI e V, e § 2º, do CPC/2015.[109]

5.4.5. A definição dos padrões decisórios que podem ser utilizados para legitimar o emprego do julgamento monocrático

Conforme se percebe da leitura dos seus textos, as alíneas dos incisos IV e V do art. 932 do CPC/2015, empregam os mesmos padrões decisórios para embasar o julgamento monocrático do mérito do recurso pelo relator. De modo que tais requisitos podem ser estudados em conjunto. São eles: a) súmula do STF, do STJ ou do próprio tribunal; b) acórdão proferido pelo STF ou pelo STJ em julgamento de recursos repetitivos; e c) entendimento firmado em incidente de resolução de demandas repetitivas ou de incidente de assunção de competência (IAC).

No que diz respeito às súmulas, o relator pode lançar mão tanto das dotadas de eficácia vinculante (art. 103-A da CF), como das súmulas editadas regularmente pelo STF, pelo STJ ou por seu tribunal, desde que produzidas dentro de um modelo constitucional-democrático de processo. No Capítulo deste livro, destacamos a nossa opinião de que nenhuma das súmulas editadas pelo STJ e STF, até hoje, tem condições de passar por um filtro de constitucionalidade democrática. Destarte, seria necessário reformular a forma de edição das súmulas nos tribunais, para estabelecer um procedimento qualificado, dotado de contraditório expandido, ampla divulgação e a participação das instituições interessadas e da sociedade, de modo a que tais padrões decisórios possam cumprir adequadamente seu papel no sistema jurisprudencial brasileiro.

---

verifico, na hipótese, que a decisão impugnada, diante da complexidade e especificidade do caso, exige que o exame da questão seja submetido ao colegiado" (STJ – 6ª Turma – AgRg no RESP 1.274.612/RJ – Rel. Min Rogério Schietti Cruz, j. em 08/03/2014).

108. Fabiano Carvalho, **Poderes do relator nos recursos**, p. 71.

109. Hermes Zaneti Jr., **Poderes do relator e precedentes no CPC/2015**, p. 533.

Embora o art. 932 do CPC/2015 não faça diferenciação, por certo, além das súmulas "regulares", editadas pelo STF e pelo STJ, pode o relator também utilizar as súmulas vinculantes, que desfrutam de eficácia vinculativa especial (art. 927, II, do CPC/2015). No caso das súmulas editadas pelos tribunais inferiores, elas somente podem ser empregadas no julgamento monocrático dos recursos (art. 932, IV, "a", V, "a", do CPC/2015), se o relator demonstrar o seu alinhamento com a jurisprudência dominante nos tribunais superiores (art. 927, V, do CPC/2015).[110]

Além das súmulas, o relator pode lançar mão também das teses jurídicas fixadas no julgamento de recursos repetitivos. De acordo com o art. 928 do CPC/2015, os recursos repetitivos fazem parte do gênero dos "casos repetitivos" e se dividem em dois tipos: recurso extraordinário repetitivo e recurso especial repetitivo (arts. 1.036 a 1.041, do CPC/2015).[111] Em nosso sentir, entretanto, o legislador disse menos do que deveria dizer. Isso porque, deveria ser considerado também como recurso repetitivo o processamento da repercussão geral em recurso extraordinário (art. 102, § 3º, da CF, e art. 1.035 do CPC/2015). Com efeito, a decisão proferida no julgamento do recurso extraordinário afetado para julgamento da repercussão geral poderia ter sido considerada como padrão decisório dotada de eficácia vinculativa (art. 927 do CPC/2015),[112] inclusive para fins de julgamento monocrático

110. Pedro Miranda de Oliveira, **Novíssimo sistema recursal conforme o CPC/2015**, p. 155.

111. É a mesma classificação defendida pela doutrina, no período final de vigência do CPC/1973. Nesse sentido, veja-se Bruno Dantas, **Teoria dos recursos repetitivos**, p. 69.

112. A questão do papel da repercussão geral no sistema jurisprudencial chegou a ser debatida no STF. Nesse sentido, veja-se: "*Poder-se-ia aduzir, em interpretação literal, que a observância obrigatória das decisões desta Corte não se estende aos recursos extraordinários que fogem do regime do art. 1.036 do CPC. No entanto, a interpretação sistemática do Código exige que se leve em conta que, caso tenha a repercussão geral reconhecida, o efeito consequente é a suspensão de todos os processos pendentes e em trâmite em todo o território nacional (art. 1.035, § 5º, do diploma processual). Ademais, a contrariedade com súmula ou jurisprudência dominante implica presunção de repercussão geral (art. 1.035, § 3º, do CPC). Se a repercussão geral visa uniformizar a compreensão do direito, obrigação que atinge a todo o Poder Judiciário (art. 926 do CPC), então a estabilização, a integridade e a coerência, que têm na repercussão geral presumida importante garantia de uniformidade, devem, necessariamente, também atingir as decisões proferidas nos demais recursos extraordinários*" (STF – 2ª Turma – AREXT 1.022.368/RN – Rel. Min. Edson Fachin, j. em 28/03/2017). Apenas a título de ilustração, veja-se um exemplo no qual o julgamento do mérito do recurso extraordinário afetado para verificação da repercussão geral contém uma tese jurídica, importantíssima, por sinal, que poderia ser usada

(art. 932 do CPC/2015). A falta de previsão legal, no entanto, inviabiliza a possibilidade de utilização, com eficácia vinculativa, de tais decisões.

O processamento dos recursos repetitivos é cabível quando um magistrado em atuação nos tribunais brasileiros, inclusive no próprio STF, identifica a existência de diversos recursos extraordinários ou especiais, tratando de uma mesma questão jurídica. Nesses casos, o julgador poderá propor que alguns desses recursos sejam afetados para julgamento, perante o tribunal competente. Se a proposta for aceita, o presidente do tribunal selecionará dois ou mais recursos representativos da controvérsia, que serão encaminhados ao STF ou ao STJ, determinando a suspensão do trâmite de todos os processos pendentes, versando sobre a mesma questão jurídica. No tribunal superior, os recursos afetados serão julgados em conjunto, através de um procedimento qualificado,[113] e a decisão valerá para todos os recursos suspensos, que deverão se submeter à tese firmada. É essa decisão que poderá ser usada pelo relator para agir monocraticamente.

Por outro lado, o relator também pode julgar monocraticamente o recurso com base na tese jurídica firmada em incidente de resolução de demandas repetitivas ou de assunção de competência.[114] O primeiro incidente, também rotulado como espécie de "caso repetitivo" (art. 928, I, do CPC/2015), está previsto nos arts. 976 a 987 do CPC/2015 e tem cabimento

---

como padrão decisório: "*RECURSO EXTRAORDINÁRIO. REPERCUSSÃO GERAL. AÇÃO DIRETA DE INCONSTITUCIONALIDADE ESTADUAL. PARÂMETRO DE CONTROLE. REGIME DE SUBSÍDIO. VERBA DE REPRESENTAÇÃO, 13º SALÁRIO E TERÇO CONSTITUCIONAL DE FÉRIAS. 1. Tribunais de Justiça podem exercer controle abstrato de constitucionalidade de leis municipais utilizando como parâmetro normas da Constituição Federal, desde que se trate de normas de reprodução obrigatória pelos Estados. Precedentes. 2. O regime de subsídio é incompatível com outras parcelas remuneratórias de natureza mensal, o que não é o caso do décimo terceiro salário e do terço constitucional de férias, pagos a todos os trabalhadores e servidores com periodicidade anual. 3. A 'verba de representação' impugnada tem natureza remuneratória, independentemente de a lei municipal atribuir-lhe nominalmente natureza indenizatória. Como consequência, não é compatível com o regime constitucional de subsídio. 4. Recurso parcialmente provido*" (STF – Plenário – REXT 650.898/RS – Rel. Min. Roberto Barroso, j. em 01/02/2017).

113. O procedimento é qualificado pela ampla divulgação, pela intervenção do Ministério Público e de *amicus curiae*, pela multiplicidade de argumentos, pela realização de audiências públicas, pelas informações prestadas pelos tribunais etc.

114. Note-se que o artigo não poderia ter incluído aqui a decisão proferida no incidente de declaração de arguição de inconstitucionalidade (arts. 948 a 950 do CPC/2015), pois isto implicaria em violação à reserva de plenário prevista no art. 97 da CF.

quando houver, num tribunal inferior,[115] a repetição de causas que contenham controvérsia sobre a mesma questão de direito, pondo em risco a isonomia e a segurança jurídica. Nesses casos, o pedido de instauração do incidente, dirigido ao presidente de tribunal, poderá ser feito pelo magistrado, pelas partes, pelo Ministério Público ou pela Defensoria Pública. A sua admissão e processamento será feito no órgão colegiado indicado pelo regimento interno. Uma vez admitido, será determinada a suspensão dos processos pendentes na respectiva circunscrição. O órgão competente, então, julgará o incidente, por meio de procedimento qualificado. A tese jurídica definida na decisão será replicada nos feitos suspensos e servirá de base para o relator poder julgar monocraticamente os recursos.

Por sua vez, o incidente de assunção de competência encontra previsão no art. 947 do CPC/2015 e é admissível quando o julgamento de recurso, de remessa necessária ou de processo de competência originária envolver relevante questão de direito, com grande repercussão social, ou ainda quando se verifique a conveniência da prevenção ou da composição de divergência entre câmaras ou turmas do tribunal, sem repetição em múltiplos processos. Nessas hipóteses, o pedido de instauração do incidente poderá ser promovido pelo magistrado, pela parte, pelo Ministério Público ou pela Defensoria Pública, dirigido ao presidente do tribunal. A admissão e o processamento do incidente serão realizados pelo órgão colegiado que o regimento indicar. Se o incidente for admitido, o feito em questão será encaminhado para o órgão competente, que o julgará por inteiro. Essa decisão vinculará todos os juízes e órgãos fracionários do tribunal e pode ser usada pelo relator para justificar o julgamento monocrático de um recurso.

Por certo, a eficácia vinculativa dos padrões decisórios proferidos pelos tribunais inferiores está limitada à sua circunscrição, exercendo força apenas persuasiva em relação aos demais tribunais da federação. Por isso, o relator

115. Nos parece correta a afirmação de que o IRDR somente pode ser aplicado em tribunais inferiores. Nesse sentido, veja-se Luiz Guilherme Marinoni, **Incidente de resolução de demandas repetitivas: decisão de questão idêntica x precedente**, p. 70. Há vozes na doutrina, no entanto, que sustentam o cabimento do IRDR também nos tribunais superiores. Nesse sentido, Fredie Didier Jr. e Leonardo José Carneiro da Cunha, *Curso de direito processual civil, v. 3*, p. 630. Em 28/09/2016, o ministro Mauro Campbell Marques afetou um conflito de competência para julgamento como IRDR no STJ (CC 148.519/MT). Em 25/10/2017, no entanto, a afetação foi derrubada, por decisão da 1ª Seção do STJ (AgInt no CC 148.519/MT). A questão, atualmente, encontra-se submetida à Corte Especial do STJ (AgInt na Pet 11.838/MS).

não pode julgar monocraticamente um recurso se baseando num IRDR ou IAC exarado por outro tribunal que não o seu.

5.4.6. A necessidade de oitiva prévia do recorrido ao julgamento monocrático

Os textos dos incisos IV e V do art. 932 do CPC/2015 são praticamente idênticos. Em nosso sentir, bastaria um único inciso dizendo que o relator poderia dar ou negar provimento ao recurso, conforme a pretensão recursal estivesse em contraste ou consonância com os padrões decisórios mencionados. A separação dos incisos, no entanto, não foi acidental. Na realidade, o legislador decidiu tratar das formas de julgamento do mérito recursal em separado, para ressaltar que somente quando fosse o caso de dar provimento ao recurso é que o relator teria o dever de intimar previamente a parte recorrida, para oferecimento das contrarrazões (art. 932, V, do CPC/2015). De fato, somente nesta hipótese o legislador previu expressamente a necessidade da oitiva prévia da parte recorrida sobre o recurso interposto contra si. No caso de negativa de provimento (inciso IV), a lei foi eloquentemente silenciosa.

Para o legislador, se o recurso vai ser improvido, o recorrido não será prejudicado pela decisão recursal, tornando a sua oitiva prévia dispensável. Como visto no Capítulo 4 deste texto, esta construção retrata uma visão utilitarista do contraditório, que não se coaduna com o modelo constitucional de processo presente num Estado Democrático de Direito (art. 5º, LV, da CF e art. 10 do CPC/2015). Com efeito, a estrutura dialética do processo, que se projeta no procedimento recursal, deve ser construída sobre a lógica do contraditório participativo, apta a formar uma comunidade de trabalho legitimadora da decisão judicial.[116] Ademais, não se pode definir a participação do recorrido a partir do tipo de decisão que será tomada, pois isso transforma o contraditório numa mera formalidade, voltada a dar feição dialógica para uma decisão já tomada.

Por outro lado, é preciso ouvir o recorrido antes do julgamento para saber qual a posição diante da pretensão recursal. Isso porque, excepcionalmente, a decisão impugnada pode agredir o interesse das partes que não recorreram, inclusive aquelas que estão no mesmo polo que o recorrente,

---

116. Como bem sublinhado por Cândido Rangel Dinamarco, **Fundamentos do processo civil moderno**, t. 1, p. 125, *"o que legitima os atos de poder não é a mera e formal observância dos procedimentos, mas a participação que mediante o correto cumprimento das normas processuais tenha sido possível aos destinatários. Melhor falar, portanto, em legitimação pelo contraditório e devido processo legal"*.

sejam coautores ou corréus. Nessas situações, uma manifestação do recorrido em sentido favorável à pretensão recursal pode mudar completamente o contexto do julgamento do recurso. As contrarrazões do recorrido podem ainda enriquecer o julgamento recursal, com a apresentação de alegações e provas que não foram ventiladas no recurso, tanto para rejeitar a pretensão recursal, como para acolhê-la. Nesse sentido, basta pensar num recorrido que, nas contrarrazões, confessa um fato ou junta um documento favorável à tese recursal defendida pelo recorrente.

Em suma, defendemos que a única leitura constitucional dos incisos IV e V do art. 932 do CPC/2015 é que em todas as hipóteses de julgamento monocrático de mérito do recurso, deve o relator intimar previamente o recorrido, para se manifestar. A única exceção legítima a essa regra, é no caso de agravo de instrumento interposto em face de decisão sobre tutela de urgência, requerida antes da citação do réu e sem a sua oitiva prévia (*inaudita altera parte*).[117] Nesse caso, o próprio Código afasta a exigência de contraditório prévio (art. 9º, parágrafo único, do CPC/2015). Assim, o réu, uma vez integrado ao processo, pode requerer a revisão da decisão liminar (art. 296 do CPC/2015), mesmo que confirmada pelo tribunal, para então poder agravar de seu conteúdo.[118] Note-se, entretanto, que se não houver urgência no julgamento do agravo de instrumento,[119] o réu deveria ser citado para apresentar contrarrazões, pois entendemos que a sua intervenção é essencial ao desenvolvimento válido do procedimento, ainda que isso possa gerar percalços à tramitação do feito, em decorrência da necessidade de sua comunicação pessoal e, até, eventualmente, da realização de diligências para a sua localização.[120] Nesses casos, o relator pode lançar mão dos instrumentos

117.. Wanessa de Cássia Françolin, **A ampliação dos poderes do relator nos recursos cíveis**, p. 100, e CÂMARA, Alexandre Freitas. **Novo CPC permite provimento de recurso sem prévia oitiva do recorrido**. Revista **Consultor Jurídico** de 28/02/2016. Disponível em: https://www.conjur.com.br/2016-fev-28/alexandre-camara-cpc-permite-provimento-previa-oitiva. Acessado em 11/10/2018.

118. Nelson Nery Junior, **Princípios do processo civil na constituição federal**, p. 149.

119. É o que ocorre, por exemplo, quando o juiz de piso indefere o pedido de gratuidade de justiça formulado na petição inicial (art. 1.015, V, do CPC/2015). Em tese, não há urgência na apreciação deste pedido.

120. Em sentido contrário e majoritário, sustentando que o réu ainda não citado não precisa ser intimado do agravo de instrumento interposto, independentemente do tipo de decisão a ser proferida, vejam-se: *"Cabe extrair do inciso V do art. 932 adequada compreensão quando exige que, antes de prover o recurso, o relator deve facultar 'a apresentação de contrarrazões'. E diga-se o mesmo quanto ao inciso II do art. 1.019, em relação ao agravo de instrumento, quando fala em 'intimação do agravado pessoalmente,*

disponíveis, principalmente através das tutelas provisórias, para atenuar os efeitos nocivos da demora na comunicação do agravado.

Importante destacar que na doutrina desenvolvida na vigência do CPC/1973, o fundamento principal para sustentar essa orientação era o fato de que na apelação interposta contra o indeferimento da petição inicial não se exigia a citação do réu (art. 296, parágrafo único).[121] Ocorre que, em razão da adoção do contraditório qualificado, o CPC/2015 não apenas excluiu essa

---

por carta com aviso de recebimento, quando não tiver procurador constituído'. Ora, contrarrazões pressupõe advogado constituído nos autos, que por sua vez pressupõe citação ou suprimento pelo ingresso espontâneo. Não se pode entender tais dispositivos de modo amplo a ponto de obrigar o 2º Grau citar e intimar, quando isso ainda não ocorreu no 1º. Menos ainda quando se discute em juízo provisório, se a parte deve ou não figurar no polo passivo, ou se deve ou não ser citada por edital. Assim é porque o caráter provisório da decisão resultante não priva a parte de oportunamente se defender. A literalidade desses dispositivos implanta emperramento da tramitação dos recursos no 2º Grau, indo-se de encontro ao art. 8º do novel CPC, pelo qual, repito o que já disse, o juiz deve interpretá-lo conforme os fins sociais e as exigências do bem comum, 'observando a proporcionalidade, a razoabilidade, a legalidade, a publicidade e a eficiência'. Sobrecarregar o 2º Grau de atos inúteis, pois não priva o direito à defesa a ser exercido no momento adequado, não está conforme a razoabilidade e a eficiência" (TJRS – 1ª Câmara Cível – AC 0397221-07.2017.8.21.7000 – Rel. Des. Irineu Mariani, 09/11/2018) e *"Neste ponto, as mudanças, em matéria de celeridade, pioraram o que já era ruim. Passados poucos meses da entrada em vigor do novo estatuto processual, os Tribunais já se deparam com situação que vai totalmente de encontro ao princípio da celeridade, objetivo primeiro da reforma, que tanto reclama o jurisdicionado. É que, quando o autor agrava de alguma decisão proferida em primeiro grau, antes de angularizada a relação processual, o relator, não sendo hipótese dos incisos III e IV, do artigo 932, deve, consoante interpretação literal do artigo 1.019, inciso II, ordenar a intimação pessoal do agravado, já que ele, por não ter sido citado, ainda não constituiu advogado nos autos. Expedida a carta, ou mesmo mandado, de intimação, se o réu for localizado, ante o êxito do ato, inexiste dificuldade. O problema se instala, e de forma grave, quando ele não é encontrado, porque, então, ao relator resta (i) suspender o recurso, no aguardo de diligências do primeiro grau, (ii) ele próprio diligenciar, ou (iii) intimar por edital. Enquanto isso, o recurso permanece parado, o que trará, em muito breve, um resultado caótico. Não se vai precisar de muito tempo para que os tribunais fiquem abarrotados de agravos de instrumento pendentes de julgamento"* (TJRS – 20ª Câmara Cível – AI 0349352-14.2018.8.21.7000 – Rel. Des. Dilso Domingos Pereira, 21/11/2018).

121. Nesse sentido, afirmavam Luiz Guilherme Marinoni e Daniel Mitidiero, **Código de Processo Civil comentado artigo por artigo**, p. 561: *"Se o agravo de instrumento ataca decisão proferida antes da citação da parte contrária, é desnecessária a sua intimação para contra-arrazoar o recurso, incidindo analogicamente o regime da apelação interposta contra o indeferimento da petição inicial, em que se dispensa a oitiva do demandado ainda não citado (art. 296, CPC)"*. Na jurisprudência, veja-se: *"Não estando o agravado representado nos autos, não há motivo para sua intimação para contra-arrazoar o recurso,*

regra,[122] como também previu expressamente que o réu seria citado para participar dos procedimentos recursais deflagrados tanto no indeferimento da petição inicial (art. 331, § 1º), com no julgamento liminar de improcedência do pedido (art. 332, § 4º).[123] Em última análise, a oitiva prévia do recorrido é feita em qualquer tipo de julgamento recursal, quando as contrarrazões são colhidas no juízo *a quo*, como ocorre na apelação (art. 1.010, § 1º, do CPC/2015) ou no recurso excepcional (art. 1.030 do CPC/2015). Logo, a falta dessa oitiva nos recursos interpostos na instância superior, como no agravo de instrumento, representaria, também, uma quebra de isonomia.

5.4.7. A necessidade de fundamentação adequada no julgamento monocrático

Para que possa julgar monocraticamente, o relator tem o dever constitucional de apresentar na fundamentação da decisão as razões pelas quais entende que a questão recursal se enquadra nos parâmetros fáticos e jurídicos da tese presente no padrão decisório invocado.[124] Esse cotejo analítico deve ser feito para demonstrar aos jurisdicionados e à sociedade, de uma forma geral, que a aplicação da jurisprudência dotada de eficácia vinculativa ao caso concreto não decorre de uma prática mecânica ou discricionária, mas é fruto de uma articulação lógica e coerente entre os diferentes recursos

---

aos moldes do que se vê no procedimento previsto no art. 296, CPC" (TJRS – 22ª Câmara Cível – AI 70063827869 – Rel. Des. Carlos Eduardo Duro, j. em 09/03/2015).

122. Alguns ministros do STF chegaram a declarar a inconstitucionalidade do parágrafo único do art. 296 do CPC/1973, por ofensa ao princípio do contraditório. O entendimento prevalente, no entanto, era que o dispositivo era constitucional, mas que a falta da citação do réu para acompanhar o recurso impediria que a decisão pudesse projetar sobre ele a eficácia da coisa julgada. Nesse sentido, veja-se: "*A decisão que julga apelação processada nos termos do art. 296, § único, do Código de Processo Civil, com a redação da Lei nº 8.952, de 13 de dezembro de 1994, não gera coisa julgada material nem preclusão em relação ao réu, cuja citação é desnecessária para contra-arrazoar o recurso*" (STF – Pleno – AgRg no AREXT 427.533/RS – Rel. Min. Cezar Peluso, j. em 02/08/2004).

123. A posição majoritária, no entanto, é que a intimação prévia do agravado somente é indispensável no caso de provimento monocrático do agravo de instrumento. Nesse sentido, veja-se Fredie Didier Jr. e Leonardo Carneiro da Cunha, *Curso de direito processual civil, v. 3*, p. 55.

124. Fabiano Carvalho, **Poderes do relator nos recursos**, p. 78. Nesse sentido, veja-se: "*Ofende o art. 557, caput, do CPC a decisão monocrática que se limita a afirmar a conformidade da decisão impugnada com o entendimento dos Tribunais, deixando de proceder à indispensável demonstração da existência de orientação sedimentada no âmbito daquela Corte ou de Tribunal Superior a respaldar a tese adotada*" (STJ – 1ª Turma – RESP 617.471/SE – Rel. Min Teori Albino Zavascki, j. em 03/06/2004).

argumentativos pertinentes, empregados para extrair o sentido constitucional das normas e dar à pretensão recursal a solução mais próxima o possível das linhas gerais estabelecidas no sistema jurídico.

De fato, a aplicação da jurisprudência no processo decisório não deveria ser vista com de um recurso de "facilitação" da fundamentação ou "engessamento".[125] Não basta dizer que a questão está submetida a um padrão decisório e que, assim, tem que ter determinada solução. A jurisprudência deveria ser empregada para dar coerência e integridade ao ato decisório, como técnica hermenêutica. O padrão decisório teria que ser usado de forma articulada com as características da questão *sub judice*, à luz da legislação, da doutrina e também de outros elementos jurisprudenciais.[126] Assim, por exemplo, para uma súmula ser empregada numa decisão, deveria o julgador não apenas apresentar seu texto, mas também o seu enquadramento legal, seus precedentes, a opinião dos estudiosos e outros julgados similares em que a construção argumentativa feita a partir da tese jurídica contida na súmula levou às mesmas conclusões que se aplicou na decisão monocrática.[127] A súmula, portanto, deveria ser utilizada como uma ferramenta no processo de recriação interpretativa da atividade decisória que extraiu a tese jurídica que está sendo aplicada ao caso concreto.[128]

---

125. Daniel Vianna Vargas, **Ferramentas de controle das razões de decidir**, p. 117.

126. É o que Daniel Vianna Vargas, **Ferramentas de controle das razões de decidir**, p. 120, chama de "fundamentar a fundamentação".

127. A nossa proposta diz exatamente o contrário do que determina o RISTF:
"Art. 102. A jurisprudência assentada pelo Tribunal será compendiada na Súmula do Supremo Tribunal Federal.
(...)
§ 4º A citação da Súmula, pelo número correspondente, dispensará, perante o Tribunal, a referência a outros julgados no mesmo sentido".

128. Veja-se, por exemplo, o caso da Súmula Vinculante 5. Essa súmula assenta que a *"falta de defesa técnica por advogado no processo administrativo disciplinar não ofende a Constituição"*. Ocorre que a sua construção foi inteiramente feita no STF fora da lógica do procedimento administrativo penal. Não obstante, após a sua edição, a súmula passou a ser empregada nos procedimentos administrativos disciplinares previstos pela Lei de Execuções Penais (arts. 59 e 60 da Lei nº 7.210/1984). Nesse sentido, veja-se: *"O fato de o recorrente ter prestado depoimento sem a presença de um advogado não configura nulidade, nos termos da Súmula Vinculante nº 5 do Supremo Tribunal Federal"* (TJDF – 2ª Turma Criminal – AP 0029585-09.2015.8.07.0000 – Rel. Des. Roberval Casemiro Belinati, j. em 26/11/2015). Apesar do próprio STF, em diversas oportunidades, ter afirmado a impossibilidade de tal interpretação (por todos, veja-se a decisão proferida no AgRg na Rcl 9.340/SP), a súmula continuou a ser aplicada em procedimentos penais. Assim, o STJ foi compelido a editar uma súmula (Súmula 533), explicando que a

Em se tratando da aplicação de uma tese jurídica presente em um "acórdão", como no caso dos RR, do IRDR ou do IAC, a atividade decisória é facilitada pela presença, nesse tipo de padrão, dos elementos relacionados à sua formação. O cotejo analítico, portanto, pode ser feito com o caso concreto julgado e com as alegações empregadas, para definir a solução a ser proferida na decisão monocrática. Ainda assim, o uso de outras fontes pode densificar a decisão monocrática do relator, conferindo-lhe maior autoridade e legitimidade.

A decisão monocrática, como toda decisão, deve ser adequadamente fundamentada, sob pena de nulidade. O ônus argumentativo dela, no entanto, é maior, porque além da "fundamentação regular", deve ela conter também a "fundamentação jurisprudencial", ou seja, a apresentação do padrão decisório que legitimou a adoção da técnica de abreviação do procedimento recursal e o seu cotejo analítico com a questão sob julgamento.[129] A falta de fundamentação jurisprudencial adequada no julgamento monocrático representa vício de nulidade (art. 489, § 1º, IV e V, do CPC/2015) e pode ser atacada tanto por meio de embargos de declaração (art. 1.022, parágrafo único, I, do CPC/2015), como por agravo interno (art. 1.021 do CPC/2015).

5.4.8. O controle do julgamento monocrático

Não obstante o julgamento monocrático possa ser atacado, em tese, por mandado de segurança ou reclamação correicional, quando o relator, por exemplo, julga monocraticamente um agravo interno, usurpando competência do seu colegiado, a forma regular de controlar essa técnica de julgamento é através dos recursos. Nesse sentido, apenas dois recursos

---

Súmula Vinculante 5 do STF não se aplicava ao procedimento disciplinar penal: "*Para o reconhecimento da prática de falta disciplinar no âmbito da execução penal, é imprescindível a instauração de procedimento administrativo pelo diretor do estabelecimento prisional, assegurado o direito de defesa, a ser realizado por advogado constituído ou defensor público nomeado*".

129. Nesse sentido, veja-se, ainda sob a vigência do CPC/1973: "*I - De acordo com o novo art. 557 do CPC, o relator pode julgar o mérito de recurso através de decisão singular devidamente fundamentada (art. 93, IX, da CF/88). Mas o recurso, tem que ser notoriamente infundado. Tem-se por manifestamente improcedente o recurso que impugna decisão judicial que está em consonância com precedentes de alguma das cortes superiores. II - Tratando-se de decisão denegatória de recurso por manifesta improcedência, o relator deve indicar com precisão os precedentes que confirmam a tese adotada no decisum recorrido*" (STJ - 2ª Turma - RESP 178.885/SE - Rel. Min. Adhemar Maciel, j. em 17/09/1998).

são cabíveis em face da decisão monocrática: o agravo interno e os embargos de declaração. Isso porque as demais espécies de recurso exigem a manifestação do colegiado.

5.4.8.1. O agravo interno

Como visto, desde o início da instalação dos tribunais no país, a legislação processual tem previsto, ainda que de maneira irregular e dispersa, o cabimento de um recurso contra as decisões monocráticas proferidas por magistrados em atuação nas cortes, dirigido para o seu colegiado. Apesar de estar presente nas Ordenações Filipinas do Reino de Portugal, nos regimentos dos Tribunais da Relação, da Casa de Suplicação e do Supremo Tribunal de Justiça, no Decreto de 03/01/1833, no Código de Processo Comercial de 1850, no primeiro regimento do Supremo Tribunal Federal (Decreto nº 510/1890), no CPC/1939 e no CPC/1973, até a edição do CPC/2015 este recurso não tinha um regramento próprio ou mesmo um *nomen iuris*. Inicialmente, ele era chamado de "*aggravo*", pois era o recurso cabível para quem se sentisse "*aggravado*", no sentido de lesado ou prejudicado, por alguma decisão monocrática.[130]

Como era essencialmente previsto nos regimentos internos dos tribunais, que até antes da Constituição de 1988 tinham "força de lei",[131] com o tempo, esse recurso passou a ser chamado de "agravo regimental", para lhe distinguir das demais modalidades de agravos previstos na legislação. As leis não-regimentais que se sucederam,[132] entretanto, não deram nome

---

130. Esse conceito permanece vivo até hoje na legislação portuguesa, como se pode ver da redação do art. 652, § 3º, do Código de Processo Civil de Portugal: "*Quando a parte se considere prejudicada por qualquer despacho do relator, que não seja de mero expediente, pode requerer que sobre a matéria do despacho recaia um acórdão; o relator deve submeter o caso à conferência, depois de ouvida a parte contrária*".

131. Mesmo após a edição da Constituição de 1988, o STF continuou a considerar o regimento interno dos tribunais como "leis materiais", no âmbito de suas competências organizacionais. Nesse sentido, veja-se: "*A Constituição subtraiu ao legislador a competência para dispor sobre a economia dos tribunais e a estes a imputou, em caráter exclusivo. Em relação à economia interna dos tribunais a lei é o seu regimento. O regimento interno dos tribunais é lei material. Na taxinomia das normas jurídicas o regimento interno dos tribunais se equipara à lei. A prevalência de uma ou de outro depende de matéria regulada, pois são normas de igual categoria. Em matéria processual prevalece a lei, no que tange ao funcionamento dos tribunais o regimento interno prepondera*" (STF – Pleno – MC na ADI 1105/DF – Rel. Min. Paulo Brossard, j. em 03/08/1994).

132. O agravo interno pode ser encontrado, fora do CPC/2015, em algumas leis especiais, tais como no art. 12, § 1º da Lei nº 7.347/1985, no art. 4º, § 3º, da Lei nº 8.437/1992, e nos arts. 10, § 1º, e 15, da Lei nº 12.016/2009.

ao recurso contra decisão monocrática, que foi identificado, entre outros, como "agravo de mesa", "agravo por petição", "agravo nos autos", "agravinho" e "agravo inominado",[133] gerando discussões sobre qual seria o regime jurídico aplicável a estes modelos recursais.[134]

O CPC/2015, no entanto, não apenas deu um nome ao recurso – agravo interno –, como o incluiu no rol de recursos cabíveis (art. 994, III), estabeleceu uma disciplina geral (arts. 12, § 2º, VI, 1.021 e 1.070) e expressas hipóteses de cabimento (arts. 136, parágrafo único, 937, § 1º, 1.024, § 3º, 1.030, § 2º, 1.036, § 3º, e 1.037, § 13, II). Na nossa visão, a proposta do legislador foi definir um regime jurídico único para o recurso contra as decisões monocráticas proferidas nos tribunais,[135] apesar do art. 1.070 do CPC/2015 ter expressamente mencionado outros modelos de agravo, que tivessem previsão *"em lei ou em regimento interno de tribunal"*. Nesse sentido, entendemos que a referência contida no art. 1.070 deve ser interpretada não como indicador da existência de outras modalidades de agravo interno previstas em regimentos internos, o que seria formalmente

---

133. Sobre a dispersão terminológica, vejam-se Pedro Miranda de Oliveira, **Agravo interno e agravo regimental**, p. 144, Tiago Figueiredo Gonçalves, **Julgamento unipessoal nos tribunais e agravo inominado**, p. 115, Araken de Assis, **Manual dos recursos**, p. 671, Rafael de Oliveira Guimarães, **Os agravos interno e regimental**, p. 193, Eduardo Talamini, **Decisões individualmente proferidas por integrantes dos tribunais: legitimidade e controle ("agravo interno")**, p. 184, e Nelson Nery Junior, **Princípios fundamentais: teoria geral dos recursos**, p. 238, e Fabiano Carvalho, **Poderes do relator nos recursos**, p. 158. Em nossa opinião, embora o nome "agravo interno" cumpra bem o seu papel, o recurso deveria se chamar "agravo ao colegiado".

134. Prevalece o entendimento de que existe um regime jurídico para o agravo regimental e outro, para o agravo interno. Nesse sentido, assevera Rafael de Oliveira Guimarães, **Os agravos interno e regimental**, p. 165: *"Primeiramente, é mister que se esclareça que agravo regimental e agravo interno fazem parte do mesmo gênero, qual seja dos recursos que visam impugnar as decisões monocráticas nos Tribunais. Mas, desde já, afirma-se: não são da mesma espécie, pois são apresentados para impugnar diferentes decisões, embora ambas monocráticas. Enquanto o agravo regimental, surgido há mais de um século, ataca decisões interlocutórias tanto em recursos quanto em ações de competência originária dos Tribunais, o agravo interno visa impugnar decisões finais, exclusivamente as que põe termos ao recurso"*. Na mesma linha, veja-se também Flávio Cheim Jorge, **Teoria geral dos recursos cíveis**, p. 195.

135. Rafael de Oliveira Guimarães, **Os agravos interno e regimental**, p. 200, enxergava nas regras do projeto de lei que deu origem ao CPC/2015 a unificação dos regimes jurídicos, passando a existir apenas o agravo interno. Pedro Miranda de Oliveira, **Novíssimo sistema recursal conforme o CPC/2015**, p. 159, analisando o CPC/2015, entende que o agravo regimental foi extirpado do sistema recursal, tendo sido englobado pelo agravo interno.

inconstitucional (art. 22, I, do CF), mas como a possibilidade dos regimentos internos editarem normas procedimentais complementares à disciplina prevista no art. 921 do CPC/2015.[136] Com a edição do CPC/2015, portanto, o nome "agravo regimental" deveria desaparecer, restando apenas agravos internos com determinadas peculiaridades procedimentais previstas nos correspondentes regimentos internos. Um exemplo disso é a possibilidade de os regimentos internos preverem a sustentação oral ao agravo interno (art. 937, IX, do CPC/2015).

Importante relembrar que na vigência do CPC/1939, diante da falta de um regramento específico, o entendimento majoritário era que o agravo regimental não poderia ser considerado um recurso, mas apenas um "pedido de integração".[137] Com a edição do CPC/1973, apesar de persistir a omissão legislativa, essa visão foi gradativamente se tornando minoritária,[138] mesmo contando com importantes vozes em sua defesa, na doutrina[139] e na jurisprudência.[140] Independentemente do seu regime jurídico, no entanto, parece

---

136. Com bem assinalava Flávio Cheim Jorge, **Teoria geral dos recursos cíveis**, p. 255, *"o que precisa ser inicialmente esclarecido é que os regimentos internos não estão criando um recurso. O recurso já existe e se encontra consagrado no art. 496, II do CPC* [1973]: *'recurso de agravo'. O que fazem os tribunais é disciplinar um procedimento para esses recursos. Não se legisla, assim, sobre processo, mas sobre procedimento. A previsão contida no art. 22, I, da CF/1988, por tal motivo, passa a deixar de ter importância"*. Na mesma linha, veja-se Nelson Luiz Pinto, **Manual dos recursos cíveis**, p. 82.

137. Egas Dirceu Moniz Aragão, **Do agravo regimental**, p. 139. Na jurisprudência, veja-se: *"A lei 8.038/90 prevê, no art. 39, o direito de a parte reiterar o pedido perante o próprio colegiado. Nestes casos, cabe à parte sucumbente impugnar os fundamentos da decisão monocrática através de agravo regimental, como forma de assegurar o princípio da colegialidade, garantia fundamental do processo que visa neutralizar o individualismo das decisões"* (STJ – 1ª Turma – AgRg no ARESP 827.242/MT – Rel. Min. Luiz Fux, j. em 07/12/2006).

138. Sobre essa mudança de visão, veja-se Fabiano Carvalho, **Poderes do relator nos recursos**, p. 161.

139. Nesse sentido, vejam-se Luiz Guilherme Marinoni e Sérgio Cruz Arenhart, **Manual do processo de conhecimento: a tutela jurisdicional através do processo de conhecimento**. 2ª ed., São Paulo: Revista dos Tribunais, 2003, p. 622, Eduardo Talamini, **Decisões individualmente proferidas por integrantes dos tribunais**, p.185, e Delosmar Domingos de Mendonça Jumior, **Agravo interno**, p. 200.

140. Nesse sentido, vejam-se: *"Com efeito, o agravo regimental – e essa denominação advém de serem eles instituídos pelos Regimentos Internos dos Tribunais – não sofre, atualmente, a crítica de ser inconstitucional por não ser criado por lei de competência exclusiva da União Federal, pela singela razão de que, em verdade, não é ele, como bem demonstram Moniz de Aragão ('Do agravo Regimental', in Revista dos Tribunais, volume 315, nº. 19 e segs., os. 140 e segs.) e Feu Rosa ('Agravo regimental', in Revista*

correto afirmar que agravo interno é um recurso, não apenas porque assim rotulado pelo CPC/2015 (art. 994, III), mas também porque preenche os requisitos que compõem o conceito de recurso: a taxatividade, a voluntariedade, o caráter endoprocessual, a dialeticidade e a devolutividade.[141] Desse modo, o agravo interno pode ser definido como o recurso cabível em face de decisão monocrática proferida nos tribunais, capaz de provocar o seu reexame pelo órgão colegiado competente.[142] O agravo interno tem papel fundamental no sistema jurídico, pois representa o instrumento de preservação não apenas

---

dos Tribunais, volume 738, os. 729 e segs.), recurso, mas meio de promover-se à integração da vontade do órgão colegiado do tribunal, quando a parte não concordar com a decisão monocrática do relator ou do presidente da Corte por lhe parecer que esta não representa a vontade daquele que deveria proferir o julgamento" (STF – 1ª Turma – AgRg no AREXT 247.591/RS – Rel. Min. Moreira Alves, j. em 14/03/2000), *"Esta Corte firmou entendimento no sentido de que, para a interposição do agravo interno, previsto no artigo 557, § 1º, do CPC, não há necessidade de preparo, em vista de não possuir natureza propriamente de recurso*" (STJ – 2ª Turma – AgRg no RESP 959.406/RJ – Rel. Min. Humberto Martins, j. em 07/02/2008).

141. Fabiano Carvalho, **Poderes do relator nos recursos**, p. 163, Pedro Miranda de Oliveira, **Agravo interno e agravo regimental**, p. 147, Athos Gusmão Carneiro, **O novo recurso de agravo e outros estudos**, p. 79, Araken de Assis, **Manual dos recursos**, p. 675, e Wanessa de Cássia Françolin, **A ampliação dos poderes do relator nos recursos cíveis**, p. 89. Nesse sentido, na jurisprudência, vejam-se: *"Embora tenha colaborado na formação do acórdão paradigma, ouso agora retratar-me. Faço-o porque:1) as inúmeras referências na Lei federal permitem concluir que o agravo interno (ou regimental) é mesmo um recurso. Em verdade, ao agravo interno não falta qualquer dos elementos que - doutrinariamente - compõem o conceito de recurso (voluntariedade, adequação, previsão legal, finalidade e eficácia devolutiva ou de retratação). Assim, tanto pela previsão legal inegável, como por seus elementos, o agravo interno é um recurso*" (STJ – 2ª Seção – Pet 5153/RJ, Rel. Min. Humberto Gomes de Barros, j. em 08/08/2007), *"Destarte, deve prevalecer o entendimento segundo o qual o agravo previsto no art. 557, § 1º, do CPC possui natureza recursal*" (STJ – 1ª Turma – ED no AgRg no ARESP 1.344.973/ES – Rel. Min. Arnaldo Esteves Lima, j. em 05/06/2014).

142. Afirma Alexandre Freitas Câmara, **O agravo interno no direito processual civil brasileiro**, p. 614: *"Chama-se agravo interno ao remédio processual que permite o controle pelos tribunais (ou seus órgãos fracionários) das decisões monocráticas proferidas pelos relatores ou seus presidentes"*.

do princípio do colegiado,[143] mas também de outros princípios processuais, tais como a ampla defesa e o duplo grau de jurisdição.[144]

O agravo interno é cabível exclusivamente em face de decisões monocráticas. De modo que não se pode utilizar o recurso contra decisões colegiadas,[145] ainda que proferidas em sede de embargos de declaração.[146] As decisões monocráticas, por sua vez, podem ser proferidas em ações originárias, incidentes ou recursos, tanto pelo relator como pelo presidente ou vice-presidente da corte. Para os fins deste estudo, no entanto, vamos focar na análise do agravo interno interposto contra decisões monocráticas

---

143. Nesse sentido, veja-se: *"É possível ao Relator negar seguimento a recurso manifestamente inadmissível, improcedente ou prejudicado não ofendendo, assim, o princípio da colegialidade. Ademais, com a interposição do agravo regimental, fica superada a alegação de nulidade pela violação ao referido princípio, ante a devolução da matéria à apreciação pelo Órgão Julgador"* (STJ – 3ª Turma – AgInt no RESP 1.665.396/MG – Rel. Min. Marco Aurélio Bellizze, j. em 14/11/2017).

144. Pedro Miranda de Oliveira, **Agravo interno e agravo regimental**, p. 129, e Alexandre Freitas Câmara, **O agravo interno no direito processual civil brasileiro**, p. 618.

145. A toda evidência, não cabe agravo interno contra decisão colegiada. Nesse sentido, vejam-se: *"NÃO CABE AGRAVO REGIMENTAL DE ACORDÃO DOS ORGÃOS JULGADORES DO TRIBUNAL, SENÃO DE DECISÃO MONOCRATICA DOS PRESIDENTES DA CORTE ESPECIAL, DAS SEÇÕES DAS TURMAS OU DOS RELATORES (ART. 258 DO REGIMENTO INTERNO DO SUPERIOR TRIBUNAL DE JUSTIÇA)"* (STJ – 3ª Turma – AgRg nos ED no RESP 2.026/SP – Rel. Min. Dias Trindade, j. em 21/05/1991) , e *"Oposto em face de acórdão, temos a impropriedade do recurso manejado, pois é certo que contra acórdão não cabe agravo interno, o qual apenas é admissível para impugnar decisão monocrática, nos ditames do artigo 253 do Regimento Interno do Tribunal de Justiça. Outrossim, o recurso de agravo interno, disciplinado no artigo 1.021, parágrafo 2º, do Código de Processo Civil de 2015, também é inadmissível contra decisão colegiada"* (TJSP – 17ª Câmara de Direito Privado – AgRg no AI 2086089-70.2015.8.26.0000 – Rel. Des. João Batista Vilhena, j. em 10/01/2018).

146. Não obstante, existem decisões que afirmam que não apenas o colegiado pode julgar embargos de declaração interpostos contra decisões monocráticas, mas também que tal fato não afasta o cabimento do agravo interno. Nesse sentido, veja-se: *"Consoante o entendimento da Corte Especial, 'quando o órgão colegiado aprecia embargos de declaração opostos contra decisão monocrática, em verdade, não examina a controvérsia, mas apenas afere a presença, ou não, de um dos vícios indicados no art. 535, I e II, do CPC. Por conseguinte, o fato de existir decisão colegiada não impede nem inibe a subsequente interposição de agravo regimental, este sim, apto a levar ao órgão coletivo o exame da questão controvertida. Precedentes de todas as Turmas da Corte' (STJ, AgRg no REsp 1.231.070/ES, Rel. Ministro CASTRO MEIRA, CORTE ESPECIAL, DJe de 10/10/2012)"* (STJ – 4ª Turma – AgInt no ARESP 1.057.752/SP – Rel. Min. Luis Felipe Salomão, j. em 08/08/2017).

proferidas pelo relator em relação ao mérito dos recursos, com base na jurisprudência.[147]

O agravo interno é interposto por quem tenha legitimidade recursal (art. 996 do CPC/2015), através de petição escrita, dirigida ao relator que proferiu a decisão recorrida (art. 1.021, § 2°, do CPC/2015).[148] Nela, deve o agravante impugnar especificamente os fundamentos da decisão agravada (art. 1.021, § 1°, do CPC/2015), sob pena de ser o agravo inadmitido pelo colegiado.[149] Trata-se, a bem da verdade, de exigência comum a todos os recursos, que tem sido associada com o princípio da dialeticidade,[150] que já era cobrada do agravante no período final de vigência do CPC/1973.[151]

---

147. Por certo, existem decisões monocráticas, em determinados procedimentos recursais, que são, por expressa disposição legal, irrecorríveis. É o que se dá, por exemplo, no caso da decisão do relator que releva a pena de deserção de recurso (art. 1.007, § 6°, do CPC), ou, ainda, da decisão do relator sobre a existência de prejudicialidade entre o recurso especial e recurso extraordinário interpostos simultaneamente (art. 1.031, §§ 2° e 3°, do CPC). A irrecorribilidade, entretanto, não alcança, e nem poderia alcançar, as decisões monocráticas finais.

148. Por isso, o agravo interno deve ser considerado como um recurso de complementação ou integração. Como bem resumiu Wanessa de Cássia Françolin, **A ampliação dos poderes do relator nos recursos cíveis**, p. 91: *"A idéia de um recurso que venha simplesmente integrar a decisão anteriormente proferida, mas que, apesar disso, tenha (possa ter) efeitos infringentes, não é estranha ao nosso ordenamento jurídico. Os embargos de declaração são um recurso, tal como o agravo interno, dirigido ao próprio órgão prolator da decisão que, ao ser apreciado, poderá acarretar a modificação da decisão anterior (efeitos infringentes dos embargos de declaração)".*

149. Pedro Miranda de Oliveira, **Novíssimo sistema recursal conforme o CPC/2015**, p. 162. Na jurisprudência, veja-se: *"Inviável o agravo regimental que não impugna os fundamentos da decisão agravada, limitando-se à arguição de ofensa ao princípio da colegialidade"* (STJ – 5ª Turma – AgInt no ARESP 1.162.175/SP – Rel. Min. Reynaldo Soares da Fonseca, j. em 08/02/2018).

150. Araken de Assis, **Manual dos recursos**, p. 125, Nelson Nery Junior, **Princípios fundamentais: teoria geral dos recursos**, p. 125, e Felippe Borring Rocha, **Teoria geral dos recursos cíveis**, p. 67.

151. Delosmar Domingos de Mendonça Jumior, **Agravo interno**, p. 208, Luiz Guilherme Marinoni, **Precedentes obrigatórios**, p. 514, e Pedro Miranda de Oliveira, **Agravo interno e agravo regimental**, p. 191. Nesse sentido, embora direcionado a outro tipo de recurso, veja-se a Súmula 182 do STJ: *"É inviável o agravo do art. 545 do CPC que deixa de atacar especificamente os fundamentos da decisão agravada"*.

Na petição de interposição, o agravante deve demonstrar o desacerto da decisão monocrática, apontando especialmente: a) a falta de fundamentação adequada; b) a falta de observância do contraditório prévio; c) o incorreto enquadramento da questão recursal; c) a falta de correlação fática ou jurídica entre os padrões decisórios invocados e a questão recursal (distinção); d) a inadequação dos padrões decisórios invocados (superação); e) a necessidade de adaptação diferenciada dos padrões decisórios invocados (transformação); f) incompatibilidade entre a decisão monocrática e preceitos constitucionais ou legais (necessidade de manifestação do colegiado para viabilizar o acesso às vias excepcionais).[152] Para tanto, o agravante deve apresentar elementos que embasem as suas afirmativas, tais como decisões judicias, estudos doutrinários, pareceres e documentos, por exemplo.

Note-se, entretanto, que se a decisão agravada tiver mais de um capítulo ou tiver um capítulo que comporte cisão, o agravo interno pode atacar apenas a questão que interessar ao agravante (art. 1.002 do CPC/2015).[153] Em outras palavras, o ônus da impugnação específica, previsto no art. 1.021, § 1º, do CPC/2015, não significa que todo o conteúdo da decisão monocrática tem que ser objeto do agravo interno, mas, apenas, que o agravante tem que objetar em suas razões todos os fundamentos da questão que está sendo impugnada.

Para interpor o recurso, o agravante deverá realizar o preparo, quando exigido pela legislação pertinente.[154] O prazo de interposição é de 15 dias, contados da intimação da decisão (arts. 1.003, § 5º, e 219 do CPC/2015). Esse prazo, aliás, é aplicável para todos os agravos internos (art. 1.070 do

---

152. Delosmar Domingos de Mendonça Jumior, **Agravo interno**, p. 242.

153. Delosmar Domingos de Mendonça Jumior, **Agravo interno**, p. 217. Nesse sentido, veja-se: "*Nos termos do art. 1.021, § 1º, do CPC/2015, merece ser conhecido o agravo interno tão somente em relação aos capítulos impugnados da decisão agravada*" (STJ - 2ª Seção - AgInt ERESP 1.120.356/RS - Rel. Min. Marco Bellizze, j. em 24/08/2016).

154. O entendimento prevalente é que somente quando o CPC afirma expressamente que determinado recurso não depende de preparo é que a legislação organizacional fica impedida de cobrar custas e taxas. Nesse sentido, vejam-se Araken de Assis, **Manual dos recursos**, p. 265, e José Carlos Barbosa Moreira, **Comentários ao Código de Processo Civil**, p. 393. Admitindo que possa ser cobrado preparo em relação à interposição do agravo interno, vejam-se Pedro Miranda de Oliveira, **Agravo interno e agravo regimental**, p. 195, e Delosmar Domingos de Mendonça Jumior, **Agravo interno**, p. 212.

CPC/2015),[155] que não cuidem de questão criminal.[156] Embora não seja pertinente à seara recursal, cumpre destacar que existe uma exceção cível ao prazo quinzenal: a Lei nº 13.300/2016 (Lei do Mandado de Injunção), aprovada após o CPC/2015, previu, no seu art. 6º, parágrafo único, o prazo de 5 dias para interposição do agravo interno contra a decisão monocrática

---

155. Nesse sentido, vejam-se: *"Publicada a decisão agravada em 27.9.2017 (quarta-feira), o prazo de quinze dias úteis, previsto nos arts. 219, 1.003, § 5º, e 1.070 do CPC, começou a fluir no primeiro dia útil subsequente (art. 224, § 3º, do CPC), isto é, em 28.9.2017 (quinta-feira), e teve fim em 19.10.2017 (quinta-feira). Intempestivo, pois, o presente agravo interno, cujo protocolo somente ocorreu em 20.10.2017 (segunda-feira)"* (STF – 1ª Turma – AgRg no AREXT 1.075.389/SP – Rel. Min. Rosa Weber, j. em 09/02/2018), *"É intempestivo o agravo em recurso especial interposto fora do prazo de 15 (quinze) dias úteis, nos termos dos arts. 994, VIII, c/c 219, 1.003, § 5º, 1.042 e 1.070 do NCPC"* (STJ – 4ª Turma – AgInt no ARESP 1.303.363/SP – Rel. Min. Marco Buzzi, j. em 23/10/2018), *"Descumprido, portanto, o prazo de quinze dias úteis, para a interposição do Agravo interno, previsto nos art. 1.070 do Código de Processo Civil vigente, inviável a análise dos argumentos recursais, uma vez que não preenchido um dos requisitos extrínsecos de sua admissibilidade"* (STJ – 2ª Turma – AgInt no ARESP 805.579/SP – Rel. Min. Assusete Magalhães, j. em 24/05/2016).

156. Nesse sentido, vejam-se: *"Isso não obstante, o agravo contra decisão monocrática de Relator, em controvérsias que versam sobre matéria penal ou processual penal, nos tribunais superiores, não obedece às regras no novo CPC referentes à contagem dos prazos em dias úteis (art. 219, Lei 13.105/2015) e ao estabelecimento de prazo de 15 (quinze) dias para todos os recursos, com exceção dos embargos de declaração (art. 1.003, § 5º, Lei 13.105/2015). Isso porque, no ponto, não foi revogada, expressamente, como ocorreu com norma especial da Lei 8.038/90 que dispõe sobre normas procedimentais para os processos que especifica, perante o Superior Tribunal de Justiça e o Supremo Tribunal Federal, e que, em seu art. 39, prevê: 'Art. 39 - Da decisão do Presidente do Tribunal, de Seção, de Turma ou de Relator que causar gravame à parte, caberá agravo para o órgão especial, Seção ou Turma, conforme o caso, no prazo de cinco dias'. Tal previsão legal é secundada pelo disposto no caput do art. 258 do Regimento Regimental do Superior Tribunal de Justiça, cujo teor é o seguinte: 'Art. 258. A parte que se considerar agravada por decisão do Presidente da Corte Especial, de Seção, de Turma ou de relator, poderá requerer, dentro de cinco dias, a apresentação do feito em mesa, para que a Corte Especial, a Seção ou a Turma sobre ela se pronuncie, confirmando-a ou reformando-a'. Além disso, importa lembrar que o art. 798 do Código de Processo Penal, em seu caput e § 1º, determina que "Todos os prazos correrão em cartório e serão contínuos peremptórios, não se interrompendo por férias, domingo ou dia feriado" e que "Não se computará no prazo o dia do começo, incluindo-se, porém, o do vencimento"* (STJ – 3ª Seção – AgRg no MS 22.771/GO – Rel. Min. Reynaldo Soares da Fonseca, j. em 24/08/2016), *"É intempestivo o agravo interno, em matéria criminal, que não observa o prazo de 05 (cinco) dias estabelecido no art. 317 do RISTF, contado na forma do art. 798 do CPP"* (STF – 2ª Turma – AgRg na Rcl 29960/DF – Rel. Min. Edson Fachin, j. em 05/10/2018).

do relator que inadmite a impetração.[157] A razão para isso se deveu ao fato de ambos os projetos de lei terem tramitado simultaneamente no Congresso Nacional, sem se comunicarem.[158] Pensamos que o ideal seria que o parágrafo único do art. 6º da Lei nº 13.300/2016 fosse revogado ou alterado, para que o prazo do agravo interno nesse caso passasse a ser também de 15 dias.[159]

Uma vez apresentado, o agravo interno interrompe a contagem do prazo para a interposição de outros recursos, cabíveis em relação à decisão colegiada a ser proferida. Por outro lado, apesar de não ter efeito suspensivo previsto em lei, a interposição do agravo interno pode prorrogar o efeito suspensivo presente no recurso julgado monocraticamente.[160] Assim, no caso do julgamento monocrático de uma apelação, dotada de efeito suspensivo (art. 1.012, *caput*, do CPC/2015), até a decisão colegiada transitar em julgado ou ser impugnada por recurso desprovido de efeito suspensivo, ela não produzirá efeito. Tratando-se de um agravo de instrumento, desprovido de efeito suspensivo, a decisão monocrática produz efeitos tão logo publicada e a interposição de agravo interno não é capaz de alterar esse quando, ressalvada a hipótese, pouco provável, do relator lhe conceder efeito suspensivo, nos moldes do art. 995, parágrafo único, do CPC/2015. A decisão que atribui efeito suspensivo ao agravo interno tem natureza de pronunciamento cautelar. Logo, para sua concessão devem estar presentes os requisitos gerais da cautela: a probabilidade de provimento do recurso (*fumus boni iuris*) e a capacidade de decisão agravada produzir um dano grave (*periculum in*

157. *"Art. 6º. A petição inicial será desde logo indeferida quando a impetração for manifestamente incabível ou manifestamente improcedente.*

Parágrafo único. Da decisão de relator que indeferir a petição inicial, caberá agravo, em 5 (cinco) dias, para o órgão colegiado competente para o julgamento da impetração".

158. Guilherme de Siqueira Castro e Olavo Augusto Vianna Alves Ferreira, **Mandado de injunção**, p. 122.

159. O entendimento prevalente é que enquanto o **art. 6º, parágrafo único, da Lei nº 13.300/2016, não for alterado, o prazo de 5 dias deverá ser aplicado. Nesse sentido, veja-se:** *"Publicada a decisão agravada no DJe de 18.09.2018, a contagem do prazo de cinco dias úteis para interpor agravo, previsto no art. 6º, parágrafo único, da Lei nº 13.300/2016 – legislação especial aplicável ao mandado de injunção e cronologicamente posterior ao CPC/2015 –* ***teve início em 19.09.2018 e fim em 25.09.2018****"* (STF – Pleno – AgRg no MI 7.016/DF – Rel. Min. Rosa Weber, j. em 06/11/2018).

160. Fabiano Carvalho, **Poderes do relator nos recursos**, p. 187, e Pedro Miranda de Oliveira, **Agravo interno e agravo regimental**, p. 210.

mora).[161] Note-se que, ao contrário da maioria,[162] entendemos que a decisão que atribui efeito suspensivo ao agravo interno pode ser proferida de ofício, por conta de sua natureza cautelar.[163]

Acolhendo uma orientação fluente na vigência do CPC/1973,[164] o art. 1.024, § 3º, do CPC/2015 previu a possibilidade do relator, monocraticamente, ou do seu órgão colegiado, conhecer dos embargos de declaração interpostos contra decisão unipessoal como agravo interno.[165] Para tanto, o agravante deverá ser intimado para no prazo de 5 dias complementar as razões recursais, de modo a ajustá-las às regras do agravo interno. O comando contido no art. 1.024, § 3º, do CPC/2015 se baseia no princípio da fungibilidade, que, por sua vez, materializa os princípios da primazia do mérito, da efetividade e da instrumentalidade das formas no procedimento recursal.[166]

---

161. Felippe Borring Rocha, **Teoria geral dos recursos cíveis**, p. 99.

162. Nesse sentido, veja-se: "*O poder geral de cautela não pode ser invocado para justificar a atuação da autoridade, de ofício, quando há disposição legal específica reclamando iniciativa da parte*" (STJ – 4ª Turma – RESP 1.108.549/MS – Rel. Min. Marco Buzzi, j. em 20/09/2012).

163. Nesse sentido, veja-se: "*3. Nesse contexto, e com base no poder geral de cautela a que alude o art. 301 do CPC/2015, caso é de se atribuir, de ofício, efeito suspensivo à referida apelação da Eletropaulo. 4. Agravo interno não provido, mas com a concessão, de ofício, de medida cautelar para imprimir efeito suspensivo à apelação da recorrente Eletropaulo, com a determinação de sua pronta remessa e distribuição perante o TJ/SP*" (STJ – 1ª Turma – AgInt no ARESP 1.304.352/SP – Rel. Min. Sérgio Kukina, j. em 09/10/2018).

164. Nesse sentido, vejam-se: "*É admissível o recebimento de Embargos de Declaração como Agravo Regimental ou Agravo Inominado, quando atendidas as exigências formais do recurso próprio. Aplicação do princípio da fungibilidade recursal*" (STJ – 1ª Seção – ED nos ERESP 488.166/MG – Rel. Min. Francisco Peçanha Martins, j. em 13/04/2005) e "*Embargos de Declaração recebidos como agravo regimental, para, no mérito, negar provimento ao agravo de instrumento, face à inviabilidade do recurso especial por ausência de prequestionamento do dispositivo tido por violado*" (STF – 1ª Turma – ED no REXT 251223/SP – Rel. Min. Cezar Peluso, j. em 29/06/2005).

165. Nesse sentido, veja-se: "*Tendo em vista que os embargantes buscam a alteração da decisão atacada, recebo os embargos de declaração como agravo interno. Nos termos do art. 1.024, § 3º, do CPC/2015, intime-se a parte recorrente para complementar as razões recursais, ajustando-as ao disposto no art. 1.021, § 1º, do referido Diploma. Após, adote-se a mesma providência em relação ao embargado, para, querendo, manifestar-se sobre o recurso. Por fim, retornem os autos para julgamento do agravo interno*" (STJ – 1ª Turma – ED no RESP 1.413.482/ES – Rel. Min. Gurgel de Faria, 04/12/2018).

166. Pedro Miranda de Oliveira, **Novíssimo sistema recursal conforme o CPC/2015**, p. 161.

Por certo, muito embora o art. 1.021 do CPC/2015 não tenha feito esta previsão, a fungibilidade pode ser vista como uma via de mão dupla, ou seja, o agravo interno também pode ser recebido como embargos de declaração pelo relator, se ficar claro que a pretensão recursal visa obter algum esclarecimento da decisão monocrática. Nesse caso, ao contrário do que ocorre com o agravo interno, o próprio relator pode julgar monocraticamente o recurso transformado em embargos de declaração (art. 1.024, § 2º, do CPC/2015). Outrossim, se a natureza aclaratória do agravo interno somente for percebida na sessão do órgão colegiado, a fungibilidade torna-se desnecessária, o que não impede que os vícios apontados sejam sanados.

Recebido o agravo interno, o relator deverá abrir vista dos autos ao agravado, que terá o prazo de 15 dias úteis (art. 1.021, § 2º, do CPC/2015). Findo o prazo, tenham ou não sido oferecidas contrarrazões, os autos deverão ir à conclusão, para que o relator faça o juízo de retratação, chamado de efeito regressivo.[167] Se o relator se retratar, surge nova decisão monocrática que pode ser novamente agravada,[168] salvo se decidir levar a questão diretamente ao colegiado, retomando o procedimento recursal completo.[169] Se for mantida a decisão, o relator deverá levar o recurso a julgamento, com inclusão em pauta (art. 1.021, § 2º, do CPC/2015).[170] O agravo interno não se submete à

---

167. Fabiano Carvalho, **Poderes do relator nos recursos**, p. 165, Delosmar Domingos de Mendonça Jumior, **Agravo interno**, p. 221, e Pedro Miranda de Oliveira, **Agravo interno e agravo regimental**, p. 210.

168. Pedro Miranda de Oliveira, **Agravo interno e agravo regimental**, p. 224, e Wanessa de Cássia Françolin, **A ampliação dos poderes do relator nos recursos cíveis**, p. 89.

169. Athos Gusmão Carneiro, **Poderes do relator e agravo interno**, p. 21.

170. Se o relator não levar o agravo interno a julgamento pelo colegiado ou julgar monocraticamente o agravo interno, cabe mandado de segurança, reclamação ou até mesmo recurso especial. Nesse sentido, vejam-se: "2. *A hipótese dos autos trata de situação excepcional, pois o recorrente utilizou de todos os meios jurídicos postos à sua disposição para conseguir o exaurimento da instância ordinária com a finalidade de interposição dos recursos às instâncias superiores: foi interposto agravo interno contra a decisão proferida no agravo de instrumento; após o recurso não ser conhecido pela órgão colegiado com a imposição de multa, foram opostos os embargos de declaração, que não foram conhecidos monocraticamente; em seguida, foi interposto novo agravo interno, novamente decidido monocraticamente. 3. A recorrente não tinha opções para continuar recorrendo no Tribunal Regional Federal, tendo em vista que fez o uso escorreito de todas as possibilidades recursais apresentadas, não podendo, portanto, o recurso especial deixar de ser conhecido pelo fundamento de não exaurimento da instância, sob pena de ofensa às garantias do acesso ao Judiciário e ao devido processo legal*" (STJ – 1ª Turma – AgInt no ARESP 1.156.112/SP – Rel. Min. Gurgel de Faria, j. em 16/08/2018), "*O agravo interno, interposto contra decisão singular do relator, deve ser submetido à apreciação do*

ordem cronológica de julgamento (art. 12, § 2º, VI, do CPC/2015), por conta de sua natureza complementar de uma decisão anteriormente proferida que, em tese, já se submeteu à fila de tramitação. O recurso deverá ser julgado exclusivamente pelo órgão colegiado.[171] O relator não poderá sequer fazer o juízo preliminar de admissibilidade.[172] Caso contrário, teríamos uma nova decisão monocrática que poderia gerar mais um agravo interno.

Embora não tenha dito isso de maneira expressa, o entendimento prevalente é que art. 1.021, § 2º, do CPC/2015, referenda a participação do prolator da decisão monocrática no julgamento do agravo interno, inclusive mantendo a sua condição de relator.[173] Mesmo afirmando que o relator não pode, em seu voto, "*limitar-se à reprodução dos fundamentos da decisão agravada para julgar improcedente o agravo interno*" (art. 1.021, § 3º, do CPC/2015), entendemos que a sua participação é inadequada. Se o relator não reconsiderou a decisão monocrática, quando instado a tanto, o julgamento já se inicia com o placar de 1 x 0, favorável à rejeição do agravo interno. Além disso, o relator agravado possui uma natural tendência a defender a

---

órgão colegiado do Tribunal" (STJ – 2ª Turma – RESP 1.138.973/AM – Rel. Min. Eliana Calmon, j. em 02/09/2010), e "In casu, *trata-se de correição parcial destinada a anular ato jurisdicional praticado pelo Eminente Desembargador do Tribunal Regional Federal da 2ª Região que, nos autos da apelação cível interposta, negou seguimento, monocraticamente, ao agravo que teria sido interposto contra decisão que negara seguimento a seus embargos declaratórios opostos à decisão que a condenou em honorários advocatícios, no âmbito da apelação cível nº 2001.51.01.011506-9, objetivando que o referido agravo fosse levado em mesa para julgamento do colegiado. O Tribunal Regional Federal da 2ª Região, por maioria, não conheceu da correição parcial ao fundamento de que esta não se trata de recurso, estando amoldada às hipóteses em que o juiz excede os prazos previstos em lei, sendo que, no caso, trata-se da questão referente a que o relator entendeu pela inadmissibilidade do agravo interno, tratando-se de convencimento eminentemente jurisdicional, passível desta sorte, de interposição de recurso especial, visto que o relator conferiu "definitividade" àquela decisão e, não se propôs, a levá-la ao colegiado, não havendo mais recurso a ser interposto no âmbito do Tribunal; ou ainda, a impetração de mandado de segurança contra ato desta autoridade*" (STJ – 1ª Turma – AgRg no AgRg no RESP 1.038.446/RJ – Rel. Min. Luiz Fux, j. em 20/05/2010).

171. Nesse sentido, vejam-se Pedro Miranda de Oliveira, **Agravo interno e agravo regimental**, p. 112, e José Carlos Barbosa Moreira, **Comentários ao Código de Processo Civil**, p. 661.

172. Delosmar Domingos de Mendonça Jumior, **Agravo interno**, p. 204.

173. Pedro Miranda de Oliveira, **Agravo interno e agravo regimental**, p. 237, Delosmar Domingos de Mendonça Jumior, **Agravo interno**, p. 226, Araken de Assis, **Manual dos recursos**, p. 696, e Rafael de Oliveira Guimarães, **Os agravos interno e regimental**, p. 181.

sua decisão monocrática, perdendo a isenção para colaborar no reexame da questão. De fato, se o colegiado vai avaliar a atuação do relator como seu "porta-voz", isso significa que ele também está sendo julgado. Ademais, se um juiz, após ser promovido ao tribunal, fica impedido de julgar um recurso de apelação contra uma sentença que proferiu na primeira instância (art. 144, II, do CPC/2015), porque o juiz que julgou procedente uma apelação, verdadeiramente proferindo uma sentença monocrática, pode participar do julgamento do recurso interposto contra esta decisão?[174]

Como bem destacado por Guilherme Jales Sokal,[175] a validade da participação do relator nos julgamentos colegiados nos quais as suas decisões estão sendo revistas foi amparada pela Súmula 252 do STF, de 1963, que diz que *"na ação rescisória, não estão impedidos juízes que participaram do julgamento rescindendo"*. Apesar disso, prossegue Sokal, a partir da leitura dos acórdãos que embasaram a edição da Súmula 252, como o REXT 66.149, é possível verificar que o fundamento em pregado foi voltado para permitir que pequenos tribunais pudessem julgar as ações rescisórias dos seus julgados.[176] Esse argumento, no entanto, estaria evidentemente defasado, em face da realidade atual dos tribunais do país. No caso específico do julgamento do agravo interno, que é feito por 3 julgadores, em órgãos compostos por 5 ou mais magistrados, o argumento pode ser considerado até mesmo inaplicável.

Por isso, sustentamos que se o relator, ao receber o agravo interno, não reconsiderar a sua decisão, deverá ser afastado do julgamento do recurso, reassumindo a relatoria apenas se a pretensão recursal for rejeitada pelo colegiado.[177] Nesse passo, interessante notar que, muito antes da consolidação dogmática do contraditório qualificado, essa determinação já fazia parte dos regimentos vigentes no Brasil, como visto no primeiro item deste

---

174. Como bem sublinhado por Guilherme Jales Sokal, **O julgamento colegiado nos tribunais**, p. 282, *"em última análise, o que tal disposição consolida é a tradicional máxima de que 'ninguém é bom juiz de si mesmo', que rejeita a imparcialidade quando o julgador tem de avaliar, como suposto terceiro (alienità), a correção dos atos por ele mesmo proferidos"*.

175. Guilherme Jales Sokal, **O julgamento colegiado nos tribunais**, p. 283.

176. Embora o ideal fosse afastar, no mínimo, o relator do acórdão rescindendo do julgamento da ação rescisória, o art. 971, parágrafo único, do CPC/2015 prevê que na ação rescisória, *"a escolha de relator recairá, sempre que possível, em juiz que não haja participado do julgamento rescindendo"*.

177. Apesar de não ser aplicado ao agravo interno, é nesse sentido, por exemplo, que estabelece o art. 30 do RITJRJ:
"Não poderão servir como relator:
(...)

Capítulo.[178] De modo que a proposta não se apresenta como uma novidade e poderia contribuir para melhorar a qualidade do controle realizado sobre o julgamento monocrático, que atualmente apresenta índices insignificantes de acolhimento.

Na sessão de julgamento, após a leitura do relatório, mesmo sem uma previsão específica no regimento do tribunal (art. 937, IX, do CPC/2015), as partes poderão fazer a sustentação oral, se o recurso julgado monocraticamente tiver esse tipo de previsão. Embora este não seja o entendimento prevalente, conforme já destacado no Capítulo anterior, o veto ao dispositivo que a previa a sustentação oral no agravo interno (art. 937, VII, do CPC/2015), além de equivocado, não é capaz de impedir o exercício dessa faculdade, assentada no princípio do contraditório, da ampla defesa e da isonomia. Em seguida, os votos serão tomados e o resultado proclamado. A decisão que julga o agravo interno tem natureza de acórdão e deve ser redigida como todos os requisitos pertinentes (art. 941 do CPC/2015).[179]

Caso o agravo interno seja inadmitido, a decisão monocrática restará íntegra. Mas se o agravo interno for improvido, a decisão colegiada substituirá a decisão monocrática, no que tiver sido objeto de recurso (art. 1.008 do CPC). Se, no entanto, o agravo interno for provido pelo colegiado, identificando um *error in procedendo* ou um *error in judicando*,[180] o entendimento majoritário na vigência do CPC/1973 era que o recurso julgado monocraticamente deveria ser retomado.[181] O tema, no entanto, era controvertido,

---

II – nos recursos e nas ações rescisórias, salvo norma legal ou regimental em contrário, Desembargador que tiver proferido a decisão recorrida ou rescindenda, ou dela participado".

178. Assim, por exemplo, no item 13 do Título IV do Livro I das Ordenações Filipinas, no *item 63 do Regimento Interno do Tribunal da Relação do Rio de Janeiro (*Alvará de 13 de outubro de 1751*) e na redação original do art. 836, § 2º, do CPC/1939.*

179. Fabiano Carvalho, **Poderes do relator nos recursos**, p. 192.

180. Entendemos que se o relator não indica os padrões decisórios ou não faz o cotejo analítico entre o padrão decisório e a questão *sub judice*, a situação é de fundamentação deficiente (art. 489, § 1º, V e VI, do CPC/2015), o que enseja a anulação da decisão monocrática (*error in procedendo*), ao passo que, o enquadramento equivocado de um padrão decisório dá lugar à reforma da decisão monocrática (*error in judicando*).

181. Na vigência do CPC/1973, o art. 557, § 1º, dizia que "provido o agravo, o recurso terá seguimento". Por isso, prevalecia que o mérito do recurso que teve o procedimento abreviado não poderia ser julgado simultaneamente com o agravo interno. Nesse sentido, vejam-se Fabiano Carvalho, **Poderes do relator nos recursos**, p. 195, Flávio Cheim Jorge, **Teoria geral dos recursos cíveis**, p. 103, Mário Teixeira da Silva, **Recursos cíveis & os novos poderes do relator**, p. 90, e Wanessa de Cássia Françolin, **A ampliação**

existindo autores que sustentavam a possibilidade do julgamento do agravo interno abarcar a questão recursal de fundo.[182] Analisando essa situação, Pedro Miranda de Oliveira[183] sustentava que o reconhecimento do erro na decisão monocrática implicava na "*conversão do agravo interno no recurso principal*". Na nossa visão, entretanto, não há que se falar em conversão, pois o efeito devolutivo do agravo interno, contra decisão monocrática de mérito, tem o condão de submeter à análise do colegiado as questões tratadas no recurso originário, bem como outras que lhe toque conhecer de ofício (efeito translativo).[184] Exatamente por isso, se o julgamento do agravo interno levar à análise do mérito da causa e houver dissídio de votos, não poderá ser aplicada a regra que prevê a ampliação do colegiado (art. 942 do CPC/2015), por falta de previsão legal.[185]

---

dos poderes do relator nos recursos cíveis, p. 92. As razões apresentadas por estes autores, entretanto, poderiam ser consideradas superadas pela edição do CPC/2015, se o recorrido fosse ouvido, sempre, antes do julgamento monocrático, e se as partes tivessem direito à sustentação oral no julgamento do agravo interno, como defendido nesta tese. Tiago Figueiredo Gonçalves, **Julgamento unipessoal nos tribunais e agravo inominado**, p. 139.

182. Na vigência do CPC/1973, o art. 557, § 1º, dizia que "provido o agravo, o recurso terá seguimento". Por isso, prevalecia que o mérito do recurso que teve o procedimento abreviado não poderia ser julgado simultaneamente com o agravo interno. Nesse sentido, vejam-se Fabiano Carvalho, **Poderes do relator nos recursos**, p. 195, Flávio Cheim Jorge, **Teoria geral dos recursos cíveis**, p. 103, Mário Teixeira da Silva, **Recursos cíveis & os novos poderes do relator**, p. 90, e Wanessa de Cássia Françolin, **A ampliação dos poderes do relator nos recursos cíveis**, p. 92. As razões apresentadas por estes autores, entretanto, poderiam ser consideradas superadas pela edição do CPC/2015, se o recorrido fosse ouvido, sempre, antes do julgamento monocrático, e se as partes tivessem direito à sustentação oral no julgamento do agravo interno, como defendido nesta tese. Tiago Figueiredo Gonçalves, **Julgamento unipessoal nos tribunais e agravo inominado**, p. 139.

183. Pedro Miranda de Oliveira, **Agravo interno e agravo regimental**, p. 218.

184. Felippe Borring Rocha, **Teoria geral dos recursos cíveis**, p. 67. Alguns autores, no entanto, repelem a ideia da existência do efeito translativo, afirmando que a devolução das matérias de ordem pública representa uma característica do efeito devolutivo. Nesse sentido, veja-se Araken de Assis, **Manual dos recursos**, p. 289.

185. Nesse sentido, veja-se: "*Ainda, no que toca ao pleito de aplicação do artigo 942, não prospera, haja vista que o referido dispositivo não contempla aplicabilidade à julgamento não unânime de agravo interno*" (TJRS – 2ª Câmara Cível – ED no AgInt na AC 0241093-56.2017.8.21.7000 – Rel. Des. Laura Louzada Jaccottet, j. em 13/12/2017). Esse tema, inclusive, encontra-se afetado ao órgão Especial do Tribunal de Justiça de Pernambuco, por meio de um incidente de assunção de competência, no qual se busca definir se "*incide o artigo 942, do CPC, no julgamento não unânime de agravo interno em agravo de instrumento, quando reformar a decisão interlocutória de primeiro grau que antecipou*

Por outro lado, mesmo que o colegiado concorde parcialmente com a decisão monocrática agravada, deverá revê-la por inteiro, naquilo que foi impugnado, e produzir uma nova decisão para substituí-la[186] (art. 1.008 do CPC/2015). Por isso, não há espaço para provimento parcial do agravo interno, no que diz respeito à preservação de parte da decisão agravada. O provimento parcial só deve existir se ao menos um dos capítulos impugnados forem revistos.

Na verdade, ao julgar o agravo interno o colegiado deverá fazer duas análises sobre a decisão monocrática: a) o relator poderia ter julgado monocraticamente? b) a decisão monocrática foi correta? No primeiro exame, o colegiado pode até concordar com a conclusão monocrática do relator, mas se entender que não estavam presentes os requisitos legais, deverá cassá-la, dando provimento ao agravo interno, para proferir uma nova decisão. No segundo exame, se o colegiado vislumbrar que a decisão monocrática, embora formalmente adequada, não deu correta solução à questão recursal, irá reformá-la, por meio de uma nova decisão.

Provido o agravo interno, assumirá a relatoria o autor do primeiro voto vencedor, que deverá também redigir o acórdão (art. 941, *caput*, do CPC/2015).

Em nosso entender, o julgamento do agravo interno, por si só, não implica na majoração dos honorários prevista no art. 85, § 11, do CPC/2015, mas a análise do mérito da questão recursal objeto da apelação ou do agravo de instrumento, pode levar a essa elevação. Assim, a decisão colegiada que der provimento ao agravo interno e julgar o mérito da causa que havia sido apreciada monocraticamente pelo relator, deve aplicar a regra prevista no art. 85, § 11, do CPC/2015.

Importante destacar que o art. 1.021, § 4º, do CPC/2015 prevê que se o agravo interno for declarado, em votação unânime, "*manifestamente inadmissível ou improcedente*", o órgão colegiado, em decisão fundamentada, "*condenará*" o agravante a pagar ao agravado multa a ser fixada entre 1% e 5% do valor atualizado da causa. O depósito do valor da multa, por sua vez, consubstancia requisito de admissibilidade de qualquer outro recurso pela mesma parte, à exceção da Fazenda Pública e do beneficiário de gratuidade

---

parcela de mérito" (TJPE – Órgão Especial – IAC 0000181-26.2018.8.17.0000 – Rel. Des. Frederico Ricardo de Almeida Neves, afetado em 15/10/2018).

186. Pedro Miranda de Oliveira, **Agravo interno e agravo regimental**, p. 214.

de justiça, que farão o pagamento ao final (art. 1.021, § 5º, do CPC/2015). Esses dispositivos reproduzem, de maneira mais técnica e com pequenas alterações, o teor do art. 557, § 2º, do CPC/1973.[187]

Não parece haver dúvida que os recursos protelatórios devem ser punidos, em nome dos princípios da boa-fé, da efetividade e da cooperação, dentre outros. O problema é que o legislador manteve como referência para aplicação da multa prevista no art. 1.021 do CPC/2015 um conceito indeterminado e que não destaca aquilo que, em nosso sentir, deveria ser o móvel da sanção processual: a má-fé do agravante na interposição do recurso.[188] Com efeito, afirmar que o agravante será penalizado quando o recurso for "manifestamente" inadmissível ou improcedente não transmite objetividade e certeza, atributos indispensáveis para uma regra punitiva.[189] Curiosamente, o mesmo conceito que foi extirpado do rol de cabimento do julgamento monocrático (art. 557, *caput*, e § 1º-A, do CPC/1973), foi mantido no regramento do agravo interno, reciclando dúvidas e incertezas. Um agravo interno interposto fora do prazo é "manifestamente" inadmissível? Um agravo interno que pretende superar o padrão decisório invocado no julgamento monocrático é "manifestamente" improcedente?

Ainda que a decisão monocrática impugnada seja coerente com a jurisprudência consolidada de tribunais a respeito da questão debatida, o agravante que apresentasse fundamentação adequada no pedido recursal não poderia ser privado do direito de ter os seus argumentos reanalisados pelo órgão colegiado, em observância aos princípios constitucionais do acesso à justiça, do contraditório e do colegiado. Logo, em nossa opinião, a multa prevista no art. 1.021 do CPC/2015 não poderia ser tratada como um

---

187. *"Art. 557. (...).*

§ 2o Quando manifestamente inadmissível ou infundado o agravo, o tribunal condenará o agravante a pagar ao agravado multa entre um e dez por cento do valor corrigido da causa, ficando a interposição de qualquer outro recurso condicionada ao depósito do respectivo valor".

188. Diz Wanessa de Cássia Françolin, **A ampliação dos poderes do relator nos recursos cíveis**, p. 107; *"Não podemos deixar de considerar que esta* [desestimular a utilização do agravo interno] *é a finalidade mais evidente da imposição da multa; contudo, não é a única e, talvez, nem mesmo a mais significativa. É preciso destacar, ainda, a função da multa como uma punição imposta ao litigante que age de má-fé e que pretende somente prolongar o tempo do processo".*

189. Fabiano Carvalho, **Poderes do relator nos recursos**, p. 84.

efeito automático do julgamento[190] e somente deveria ser aplicada quando, além de denegar por unanimidade a pretensão recursal, o órgão colegiado identificasse, fundamentadamente,[191] um comportamento desleal por parte do agravante na interposição do recurso, à luz do art. 80 do CPC/2015.[192]

São exemplos de condutas abusivas que poderiam ser objeto de multa: quando o agravante falta com a verdade ou recorre contra texto expresso de lei ou padrão decisório, sem fazer distinção ou superação, usa do agravo para obter vantagens ilícitas, ataca questão já resolvida e estabilizada etc. É preciso lembrar ainda que a interposição do agravo interno é indispensável para que o agravante possa exaurir as instâncias ordinárias e viabilizar o acesso às instâncias excepcionais.[193] De modo que o medo de ser multado

---

190. Nesse sentido, veja-se: "*A aplicação da multa prevista no § 4º do art. 1.021 do CPC/2015 não é automática, não se tratando de mera decorrência lógica do não provimento do agravo interno em votação unânime. A condenação do agravante ao pagamento da aludida multa, a ser analisada em cada caso concreto, em decisão fundamentada, pressupõe que o agravo interno mostre-se manifestamente inadmissível ou que sua improcedência seja de tal forma evidente que a simples interposição do recurso possa ser tida, de plano, como abusiva ou protelatória, o que, contudo, não ocorreu na hipótese examinada*" (STJ – 2ª Seção – AgInt nos ERESP 1.120.356/RS – Rel. Min. Marco Aurélio Bellizze, j. em 24/08/2016).

191. Diversos julgados aplicam a multa prevista no art. 1.021, § 4º, do CPC/2015, sem apresentar qualquer fundamentação, como se fosse um efeito automático da inadmissibilidade ou improcedência. Nesse sentido, veja-se: "*II – Nos termos do art. 1.021, § 1°, do CPC e do art. 317, § 1°, do RISTF, é requisito de admissibilidade do agravo regimental a impugnação específica de todos os fundamentos nos quais se baseou a decisão agravada, sob pena de incidência do óbice previsto nas Súmulas 284 e 287/STF. III – Agravo regimental não conhecido, com aplicação de multa (art. 1.021, § 4°, do CPC)*" (STF – Pleno – AgRg no EDiv no AgRg no AREXT 982.755/BA – Rel. Min. Ricardo Lewandowski, j. em 11/12/2017).

192. Nesse sentido, veja-se: "*Nos casos concretos em que o intuito meramente procrastinatório da parte surge patente, verificando-se um exercício automatizado do direito de recorrer sem a mínima atenção aos ensinamentos comezinhos da processualística civil, e quando verificar-se que a pretensão recursal é completamente infundada, é cabível a cominação da multa aludida no art. 1.021, §§ 4.º e 5.º, do CPC/2015*" (STJ – 1ª Seção – AgInt na PET nos EDiv no ARESP 589.461/MT – Rel. Min. Mauro Campbell Marques, j. em 28/02/2018).

193. Wanessa de Cássia Françolin, **A ampliação dos poderes do relator nos recursos cíveis**, p. 106. O STJ, aliás, enfrentou tema semelhante, quando da discussão em torno de embargos de declaração protelatórios, firmando sua jurisprudência no sentido de que "*Embargos de declaração manifestados com notório propósito de prequestionamento não têm caráter protelatório*" (Súmula 98). Essa orientação, sem dúvida, deve prevalecer também em relação à multa do agravo interno. Nesse sentido, veja-se: "*O Superior*

não pode se transformar em um obstáculo para o acesso do agravante aos tribunais.[194] Outrossim, a multa não pode, em hipótese alguma, ser usada como instrumento de intimidação das partes,[195] pois isso fere o sentido ético do direito e não se coaduna com as diretrizes constitucionais de um Estado Democrático de Direito.

Por fim, temos que a fixação do valor da multa deve atender aos seus fins dissuasórios, sancionatórios e indenizatórios. Assim, por exemplo, se a causa estiver vinculada a uma situação de urgência, em que a demora no julgamento cause maiores danos, a multa deveria ser maior do que uma causa na qual não há urgência. Da mesma forma, se o valor da causa for muito alto, a multa deve ficar no mínimo, para não se tornar excessiva, ou se for muito baixo, no máximo, para não se tornar ineficaz. Por fim, a multa deve ser fixada levando em consideração a capacidade econômica do agravante e seu comportamento processual.

5.4.8.2. Embargos de declaração

Apenas um outro recurso é cabível em face da decisão monocrática, além do agravo interno: os embargos de declaração. Isso porque todos os demais recursos dependem do pronunciamento colegiado para poderem ser interpostos.

Tribunal de Justiça firmou entendimento de que não é manifestamente inadmissível ou infundado o Agravo Interno manejado com o objetivo de exaurir a instância recursal ordinária para permitir a interposição de Recurso Especial e do Extraordinário, como se vê da ementa lavrada no julgamento do REsp 1198108/RJ, apreciado sob a sistemática dos recursos repetitivos" (STJ – 2ª Turma – RESP 1.738.150/SP – Rel. Min. Herman, j. em 22/05/2018).

194. Nesse sentido, veja-se: "*Mediante análise dos autos, verifica-se que o acórdão recorrido, ao negar provimento ao agravo interno interposto pela parte Recorrente, aplicou a multa do art. 1.021, §4º, do CPC/2015, ficando a interposição de qualquer outro recurso condicionada ao depósito do respectivo valor. Com efeito, verifica-se que no ato da interposição do recurso especial, a parte deixou de recolher os valores correspondentes à penalidade aplicada. Nessas hipóteses, não se conhece do recurso especial quando interposto sem o recolhimento da multa inserta no art. 1.021, § 4.º, do Código de Processo Civil, imposta pelo Tribunal de origem, vez que tal recolhimento configura-se pressuposto objetivo de admissibilidade recursal, com natureza de penalidade processual*" (STJ – 2ª Turma – RESP 1.778.869/MG – Rel. Min. Mauro Campbell Marques, j. em 04/12/2018).

195. Nesse sentido, veja-se: "*Advirta-se que eventual recurso interposto contra esta decisão estará sujeito às normas do NCPC, inclusive no que tange ao cabimento de multa*" (arts. 1.021, § 4º e 1.026, § 2º)" (STJ – 3ª Turma – ARESP 1.342.354/MG – Rel. Min. Moura Ribeiro, j. em 23/11/2018).

Os embargos de declaração estão regulados no CPC/2015[196] nos arts. 1.022 a 1.026 e representam um recurso de complementação,[197] com devolutividade restrita ou motivação vinculada, que visa obter a integração, o esclarecimento ou a correção de um erro material de uma decisão judicial, pelo próprio órgão que a proferiu. Nesse sentido, estabelece o art. 1.022 do CPC/2015 que os defeitos que podem ser atacados pelos embargos de declaração são a omissão, a obscuridade, a contradição e o erro material. A presença de qualquer um deles na decisão judicial representa uma situação de atrito com a ordem constitucional, em especial ao comando contido no art. 93, IX, da CF, o que abre caminho para que os embargos de declaração tenham um regime recursal diferenciado.[198] Assim, segundo a doutrina,[199] qualquer decisão judicial, em qualquer instância, pode ser objeto de embargos de declaração, ainda que o legislador a tenha rotulado como "irrecorrível". Da mesma forma, pode o vencedor opor aclaratórios da decisão que lhe favoreça, exclusivamente por considerar que a imprecisão no pronunciamento judicial pode embaraçar o exercício do seu direito. São ainda cabíveis embargos de declaração de embargos de declaração, desde que o defeito esteja na decisão proferida no primeiro aclaratório interposto.

Importante salientar que o art. 1.022, parágrafo único, do CPC/2015 considera omissa a decisão que deixe de se manifestar sobre tese firmada em julgamento de casos repetitivos ou em incidente de assunção de competência aplicável ao caso sob julgamento, bem como na que incorra em qualquer das condutas descritas no art. 489, § 1º, do CPC/2015. De modo

196. É possível encontrar regras especiais tratando dos embargos de declaração, por exemplo, nos arts. 619 e 629 do CPP, no art. 275 da Lei nº 4.737/1965, no art. 30, II, da Lei nº 9.307/1996 e nos arts. 48 a 50 da Lei nº 9.099/1995.

197. Os embargos de declaração são tidos como um recurso de complementação (ou integração) porque, em tese, visam apenas complementar uma decisão anterior. Por esses e outros motivos, parte da doutrina lhe negava a natureza recursal. O tema, atualmente, encontra-se pacificado em razão do princípio da taxatividade. Nesse sentido, veja-se Araken de Assis, **Manual dos recursos**, p. 704. Como bem resumiu José Carlos Barbosa Moreira, **Comentários ao Código de Processo Civil**, p. 550: *"A nosso ver, a questão é pura e simplesmente de direito positivo: cabe ao legislador optar, e ao intérprete respeitar-lhe a opção, ainda que,* de lege ferenda, *outra lhe pareça mais aconselhável".* Em nosso entender, a função de complementação dos embargos não afasta a realidade de que a decisão complementada é uma nova decisão. Por isso, também, enxergamos nos embargos de declaração natureza recursal.

198. Sandro Marcelo Kozikoski, **Embargos de declaração**, p. 72.

199. Humberto Dalla Bernardina de Pinho, **Direito processual civil contemporâneo**, p. 1178.

que os embargos de declaração podem mirar especificamente a deficiência da fundamentação jurisprudencial. Também sob o signo da omissão, os embargos de declaração podem provocar a manifestação da corte de origem sobre a compatibilidade da decisão com os preceitos legais ou constitucionais debatidos, para fins de prequestionar a questão que surgiu naquela instância, permitindo a interposição dos recursos excepcionais (Súmula 182 do SFT).[200] Nesse sentido, importante frisar que, de acordo com o art. 1.025 do CPC/2015, tal efeito é obtido ainda que os embargos de declaração sejam inadmitidos ou rejeitados, caso o tribunal superior considere existentes erro, omissão, contradição ou obscuridade. É a positivação do chamado prequestionamento ficto, que não era aceito pela jurisprudência consolidada antes da edição do CPC/2015.[201]

Os embargos serão opostos, independentemente de preparo, no prazo de 5 dias, em petição dirigida ao juiz, com indicação do erro, obscuridade, contradição ou omissão, e não se sujeitam a preparo. Não obstante a sua natureza recursal, diz o art. 1.023, § 2º, do CPC/2015 que o embargado somente será intimado para oferecer contrarrazões, no prazo de 5 dias, se o eventual acolhimento da pretensão recursal implicar na modificação da decisão embargada. Como visto no Capítulo 3 deste livro, trata-se de mais uma modalidade de contraditório utilitarista, que condiciona a oitiva do recorrido ao tipo de decisão a ser proferida. De acordo com esse dispositivo, se os embargos de declaração não forem ser providos, o embargante não sofrerá prejuízos, tornando a sua oitiva um estorvo para o andamento processual. Da mesma forma que sublinhado em relação ao julgamento monocrático de mérito do recurso, entretanto, sustentamos que a única leitura constitucional possível do § 2º do art. 1.023 do CPC/2015 é que o juiz deve intimar previamente o embargado para se manifestar em todas as situações nas quais os embargos de declaração puderem ser julgado e não apenas na hipótese dele ter efeitos modificativos.

Diz o art. 1.024 do CPC/2015 que na primeira instância o juiz julgará os embargos de declaração em 5 dias. No caso de decisão proferida por

---

200. O texto legal, assim, consagrou a orientação pacífica na jurisprudência. Nesse sentido, veja-se o teor da Súmula 356 do STF: *"O ponto omisso da decisão, sobre o qual não foram opostos embargos declaratórios, não pode ser objeto de recurso extraordinário, por faltar o requisito do prequestionamento"*.

201. Nesse sentido, veja-se o teor da superada Súmula 211 do STJ: *"Inadmissível recurso especial quanto à questão que, a despeito da oposição de embargos declaratórios, não foi apreciada pelo tribunal 'a quo'"*. Nesse sentido, inadmitindo o prequestionamento ficto, veja-se Sandro Marcelo Kozikoski, **Embargos de declaração**, p. 188.

órgão colegiado do tribunal, o relator apresentará os embargos em mesa na sessão subsequente, proferindo voto. Destarte, embora os embargos de declaração opostos contra acórdão devam ser dirigidos ao colegiado, nada impede que sejam julgados monocraticamente pelo relator, tanto no que diz respeito à admissibilidade como ao mérito.[202] Por outro lado, quando os embargos de declaração forem opostos contra decisão monocrática, será o próprio relator que, em nova decisão monocrática, julgará o recurso.[203]

---

202. Nesse sentido, vejam-se Sandro Marcelo Kozikoski, **Embargos de declaração**, p. 144, Delosmar Domingos de Mendonça Jumior, **Agravo interno**, p. 169, e Wanessa de Cássia Françolin, **A ampliação dos poderes do relator nos recursos cíveis**, p. 155. A matéria foi submetida a julgamento por recurso especial repetitivo, que concluiu pela possibilidade do julgamento monocrático dos embargos de declaração interposto contra acórdão: *"PROCESSUAL CIVIL. TRIBUTÁRIO. RECURSO ESPECIAL REPRESENTATIVO DE CONTROVÉRSIA. ART. 543-C, DO CPC. NEGATIVA DE SEGUIMENTO AOS EMBARGOS DE DECLARAÇÃO POR DECISÃO MONOCRÁTICA DO RELATOR. POSSIBILIDADE. VIOLAÇÃO DO ART. 557, CAPUT DO CPC NÃO CONFIGURADA. POSTERIOR APRECIAÇÃO DA MATÉRIA PELO ÓRGÃO COLEGIADO EM AGRAVO INTERNO"* (STJ - Corte Especial - RESP 1.049.974/SP - Rel. Min. Luiz Fux, j. em 02/06/2010). Há quem sustente, entretanto, que a decisão monocrática do relator, nesses casos, só pode versar sobre a inadmissibilidade dos embargos de declaração. Nesse sentido, veja-se Luís Guilherme Aidar Bondioli, **Novidades em matéria de embargos de declaração no CPC de 2015**, p. 154, e Araken de Assis, **Manual dos recursos**, p. 359. Por outro lado, parte da doutrina afirmava, na vigência do CPC/1973, que somente o colegiado pode julgar embargos de declaração opostos contra acórdão. Nesse sentido, vejam-se Athos Gusmão Carneiro, **O novo recurso de agravo e outros estudos**, p. 78, e José Carlos Barbosa Moreira, **Comentários ao Código de Processo Civil**, p. 553.

203. Apesar da clareza do comando contido no art. 1.024 do CPC/2015, o entendimento majoritário nos tribunais é que não apenas o colegiado pode julgar embargos de declaração interpostos contra decisões monocráticas, mas também que tal fato não afasta o cabimento do agravo interno em relação ao julgamento monocrático aclarado. Nesse sentido, veja-se: *"Consoante o entendimento da Corte Especial, 'quando o órgão colegiado aprecia embargos de declaração opostos contra decisão monocrática, em verdade, não examina a controvérsia, mas apenas afere a presença, ou não, de um dos vícios indicados no art. 535, I e II, do CPC. Por conseguinte, o fato de existir decisão colegiada não impede nem inibe a subsequente interposição de agravo regimental, este sim, apto a levar ao órgão coletivo o exame da questão controvertida. Precedentes de todas as Turmas da Corte' (STJ, AgRg no REsp 1.231.070/ES, Rel. Ministro CASTRO MEIRA, CORTE ESPECIAL, DJe de 10/10/2012)"* (STJ - 4ª Turma - AgInt no ARESP 1.057.752/SP - Rel. Min. Luis Felipe Salomão, j. em 08/08/2017). Esse entendimento, no entanto, não se aplica se quando o colegiado avançou ao mérito do recurso. Nesse sentido, veja-se: *"Segundo se depreende dos autos, o recurso especial foi interposto contra acórdão em embargos de declaração opostos a decisão singular do relator. De início, ressaltou a Min. Relatora que a questão em comento comporta distinção, não podendo*

Essa orientação já era defendida na doutrina[204] e na jurisprudência,[205] antes da edição do CPC/2015, apesar do art. 537 do CPC/1973 prever apenas o julgamento colegiado dos embargos de declaração opostos nos tribunais. O tema, no entanto, não era pacífico, havendo decisões afirmando que, diante do texto contido no art. 537 do CPC/1973, a competência seria sempre do colegiado e, até, que a decisão monocrática seria insuscetível de embargos de declaração.[206] A positivação desse entendimento, portanto, é importante não apenas para dar previsibilidade ao sistema recursal, mas também para regulamentar uma regra de competência funcional.

---

ser resolvida meramente tendo em vista o nome dado pelo órgão julgador ao recurso em apreciação. Esclareceu que, no caso de oposição dos embargos de declaração contra decisão singular, se o relator optar por levar a questão à Turma, e esta, apreciando a questão de direito federal controvertida, confirmar a decisão singular, embora sem adotar a fórmula de "conhecimento dos embargos de declaração como agravo regimental", exaurida estará a jurisdição ordinária - cabível, portanto, o conhecimento do recurso especial sem o óbice da Súmula 281/STF. Por outro lado, se a Turma limitar-se a afirmar a inexistência de omissão, obscuridade ou contradição na decisão singular embargada para o conhecimento do recurso especial, caberia à parte opor novos embargos de declaração, requerendo o exame da Turma da questão e/ou prequestionando os artigos 557 e 535 do CPC. No caso em exame, os embargos de declaração foram levados ao julgamento da Turma, que confirmou a decisão monocrática do relator por seus próprios fundamentos. A questão de mérito foi devidamente enfrentada pelo colegiado. Assim, satisfeitos os requisitos de exaurimento da instância ordinária e do prequestionamento das questões levantadas, não pode a parte ser prejudicada pela opção do relator de julgar o recurso na Turma, como se de agravo regimental se tratasse, apenas porque não utilizou o nome "agravo regimental" (STJ - 4ª Turma - AgRg no ARESP 1.341.584/PR – Rel. Min. Maria Isabel Gallotti, j. em 19/4/2012).

204. Fabiano Carvalho, **Poderes do relator nos recursos**, p. 180.

205. Nesse sentido, veja-se: *"O órgão que emitiu o ato embargado é o competente para decidir ou apreciar. Compete ao relator, não ao órgão colegiado, apreciar embargos dirigidos a decisão sua, unipessoal"* (STJ – Corte Especial – ED nos ERESP 174.291/DF – Rel. Min. Humberto Gomes de Barros, j. em 18/04/2001).

206. Nesse sentido, vejam-se: *"Embargos de declaração convertidos em agravo regimental. Segundo a firme jurisprudência desta Corte, não são cabíveis embargos de declaração contra decisão monocrática, devendo eles ser convertidos em agravo regimental"* (STF – 1ª Turma – ED no REXT 284.625/PE – Rel. Min. Moreira Alves, j. em 01/10/2002) e *"Nos termos do art. 263, do RISTJ, os embargos de declaração somente poderão ser opostos contra acórdão proferido pela Corte Especial, pela Seção ou pelas Turmas. Na linha da tese consagrada pelo Pretório Excelso, esta Corte vem reiteradamente admitindo a possibilidade de recebimento de embargos de declaração como agravo regimental, quando opostos contra decisão monocrática do relator"* (STJ – Corte Especial – ED nos ERESP 117.134/MG – Rel. Min. Vicente Leal, j. em 29/06/2001).

Outra orientação jurisprudencial incorporada pelo Código pode ser vista no art. 1.024, § 3º, do CPC/2015.[207] Este dispositivo prevê expressamente a possibilidade do relator ou do órgão colegiado, aplicando a fungibilidade, receber os embargos de declaração como agravo interno, se entender ser este o recurso cabível.[208] Para tanto, deverá intimar o embargante para que, no prazo de 5 dias, complemente as razões recursais, de modo a ajustá-las às exigências do art. 1.021, § 1º, do CPC/2015.[209] Em seguida, deverá intimar o agora agravado para oferecer contrarrazões ao recurso, mesmo que este já tenha sido ouvido antes da conversão.

Por outro lado, os §§ 4º e 5º do art. 1.024 do CPC/2015, ao tratar do recurso interposto após oferecimento de embargos de declaração, se afastaram das orientações prevalentes sobre o tema na jurisprudência, sintetizadas na Súmula 418 do STJ.[210] Com efeito, o dispositivo dispensou a necessidade de ratificação do recurso interposto antes do julgamento dos embargos de declaração, quando estes não prejudicarem. Na mesma toada, reconheceu o direito do recorrente de complementar seu recurso, no prazo de 15 dias, se a

---

207. Nesse sentido, veja-se: *"Admitem-se como agravo regimental embargos de declaração opostos a decisão monocrática proferida pelo relator do feito no tribunal. Princípios da economia processual e da fungibilidade"* (STJ - 3ª Turma - ED no ARESP 454.814/CE - Rel. Min. João Otávio de Noronha, j. em 24/04/2014).

208. Nesse sentido, veja-se: *"Embargos de declaração recebidos como agravo interno, a teor do previsto no § 3º do art. 1024 do Novo Código de Processo Civil, uma vez que os aclaratórios não apontam nenhum vício no julgado, apenas expressam o inconformismo da recorrente"* (STJ - Corte Especial - ED no ERESP 1.594.374/GO - Rel. Min. Maria Thereza de Assis Moura, j. em 02/05/2018).

209. A falta de intimação para adequar os embargos de declaração convertidos em agravo interno representa vício passível de anulação. Nesse sentido, veja-se: *"Assim, tratando-se de questão processual relevante para o deslinde da causa que foi suscitada no momento oportuno e reiterada em sede de embargos de declaração, a ausência de manifestação sobre ela caracteriza ofensa ao art. 1022 do CPC. Verificada tal ofensa, em sede de recurso especial, impõe-se a anulação do acórdão proferido em sede de embargos de declaração, para que seja proferido novo julgamento suprindo a omissão relacionada a ausência de intimação para a complementação das razões recursais, conforme estipulado pelo art. 1024, §3º, do CPC/2015"* (STJ - 2ª Turma - ARESP 1.386.406/SP - Rel. Min. Mauro Campbell Marques, j. em 07/12/2018).

210. Dizia a Súmula 418 do STJ: *"É inadmissível o recurso especial interposto antes da publicação do acórdão dos embargos de declaração, sem posterior ratificação"*. Na mesma sessão de 01/07/2016 em que cancelou a súmula 418, **a Corte Especial d**o STJ ainda aprovou a Súmula 579, nos seguintes termos: *"Não é necessário ratificar o recurso especial interposto na pendência do julgamento dos embargos de declaração quando inalterado o julgamento anterior"*.

decisão dos embargos de declaração lhe afetar. Outra posição jurisprudencial que ficou superada com a edição do CC/2015 foi em relação ao cabimento dos embargos de declaração em face do voto vencido.[211] De fato, o art. 941, § 3º, estabeleceu que o voto vencido integra a decisão colegiada. Assim, a sua recorribilidade tornou-se inequívoca.

A interposição dos embargos de declaração não tem efeito suspensivo previsto em lei (art. 1.026, *caput*, do CPC/2015). No entanto, por se tratar de recurso de complementação, podem os embargos de declaração prorrogarem o efeito suspensivo do recurso principal a ser interposto contra a decisão embargada. Por exemplo, se o juiz profere uma sentença cuja apelação for dotada de efeito suspensivo (art. 1.012, *caput*, do CPC/2015) e ela for impugnada por embargos de declaração, permanecerá ineficaz até que ocorra o trânsito em julgado ou a interposição de um outro recurso sem efeito suspensivo.[212] Se o juiz, por outro lado, profere decisão interlocutória submetida ao rol do art. 1.015 do CPC/2015, como o agravo de instrumento não tem efeito suspensivo estabelecido em lei, essa decisão começa a produzir efeitos imediatamente após publicada e a eventual interposição de agravo de instrumento não é capaz de suspender tal comando, ressalvada a hipótese de concessão do efeito suspensivo pelo relator (art. 1.019, I, do CPC/2015).

Os embargos de declaração podem ainda ter efeito suspensivo se o juiz ou relator o deferirem diante da probabilidade de provimento do recurso ou, sendo relevante a fundamentação, se houver risco de dano grave ou de difícil reparação (art. 1.026, § 1º, do CPC/2015). Trata-se, como já mencionado, de pronunciamento de natureza cautelar. Independentemente do efeito suspenso, a apresentação tempestiva de embargos de declaração, interrompe o prazo para a interposição do agravo interno, único recurso

---

211. Na doutrina, negando o cabimento de embargos de declaração em face de voto vencido, veja-se Sérgio Bermudes, **Comentários ao Código de Processo Civil**, p. 213. Apesar de concordar que os aclaratórios não seriam cabíveis em face de voto vencido, Nelson Nery Junior, **Princípios do processo civil na Constituição Federal**, p. 370, afirma que caberiam embargos de declaração quando faltasse a apresentação do próprio voto vencido. Nesse sentido, veja-se: "*Sendo o voto vencido parte integrante do 'decisum', é direito da parte conhecer os seus fundamentos, emitidos na assentada de julgamento. Embargos de divergência acolhidos para determinar a juntada da fundamentação do voto vencido*" (STJ – 1ª Seção – ERESP 191.319/RS – Rel. Min. Francisco Peçanha Martins, j. em 14/12/2000).

212. Nesse sentido veja-se Cassio Scarpinella Bueno, **Manual de direito processual**, p. 551, e o Enunciado 218 do Fórum Permanente de Processualistas Civis: "*A inexistência de efeito suspensivo dos embargos de declaração não autoriza o cumprimento provisório da sentença nos casos em que a apelação tenha efeito suspensivo*".

cabível em face dessa decisão. Esse efeito é aplicável a ambas as partes e a todos os capítulos da decisão embargada, mesmo quando os embargos não são conhecidos, exceto no caso de intempestividade. Nesta hipótese, entende-se que a decisão estava preclusa ou transitada em julgado.[213] Apesar da falta do efeito interruptivo, o embargante pode interpor outros recursos para as instâncias superiores, como se o efeito interruptivo existisse, para demonstrar que não houve intempestividade na interposição dos embargos de declaração e, assim, obter a anulação da decisão de intempestividade e o julgamento do seu recurso.

Em conformidade com o art. 1.026, §§ 2º a 4º, do CPC/2015, quando os embargos de declaração forem declarados manifestamente protelatórios pelo juiz ou pelo tribunal, em decisão fundamentada, o embargante será condenado a pagar ao embargado multa não excedente a 2% sobre o valor atualizado da causa. Se o mesmo embargante apresentar novos embargos de declaração tidos como protelatórios, a multa será elevada a até 10% sobre o valor atualizado da causa, e a interposição de qualquer recurso ficará condicionada ao depósito prévio do valor da multa, à exceção da Fazenda Pública e do beneficiário de gratuidade da justiça, que a recolherão ao final.[214] Além disso, não serão admitidos novos embargos de declaração se os dois anteriores houverem sido considerados protelatórios.

Em nosso entender, para que a conduta do embargante possa ser considerada como protelatória, deve ser identificada a ocorrência de má-fé,

---

213. Note-se que o STJ entendia que os embargos de declaração, ainda que intempestivos, interrompiam o prazo para a parte contrária. Nesse sentido, veja-se: "*1. Esta Corte vem entendendo que a oposição dos embargos de declaração interrompe o prazo para interposição de outros recursos (art. 538, do CPC), salvo nos casos em que estes não são conhecidos por intempestividade. Tal interrupção não ocorre porque o prazo recursal fluiu normalmente e, pois, operou-se a preclusão do direito de recorrer e, por conseguinte, o trânsito em julgado do decisum embargado. 2. Por outro lado, o STJ já apontou que essa interrupção não é comum para ambos os litigantes quando não se tem como verificar de plano a referida intempestividade. Precedente. 3. Tal entendimento vem reforçar a tese reiteradamente defendida neste Tribunal Superior, segundo a qual é prematura a interposição de recurso especial antes do julgamento dos embargos de declaração, mesmo que esta tenha sido realizada pela parte contrária*" (STJ – 2ª Turma – RESP 1.299.821/PB – Rel. Min. Mauro Campbell Marques, j. em 07/08/2012). Ocorre que, com o fim da chamada intempestividade por interposição prematura (art. 218, § 4º, do CPC/2015), entendemos que essa orientação não faz mais sentido.

214. O benefício atribuído à Fazenda Pública e ao beneficiário da gratuidade de justiça é alvo de críticas pela doutrina. Nesse sentido veja-se Cassio Scarpinella Bueno, **Manual de direito processual**, p. 554.

nos termos do art. 80 do CPC/2015. Além disso, é preciso ter em mente que a interposição dos embargos de declaração pode mirar a obtenção do prequestionamento da questão legal ou constitucional, permitindo a utilização dos recursos excepcionais.[215] De modo que a multa somente deve ser aplicada quando houver elementos para considerar que a interposição dos embargos de declaração não teve por móvel o atingimento de objetivos lícitos. Não obstante a omissão legal, entendemos que a multa por embargos protelatórios pode ser aplicada monocraticamente pelo relator, pois, ao contrário do agravo interno, o art. 1.026 do CPC/2015 não fala em "votação unânime".

5.5. AS PROPOSTAS DE ALTERAÇÃO DO CPC/2015 À LUZ DO PRINCÍPIO DA JURISDIÇÃO EQUIVALENTE

Diante das reflexões apresentadas ao longo da pesquisa, entendemos que algumas regras do CPC/2015 deveriam ser alteradas, para permitir que o julgamento monocrático do mérito dos recursos possa ser feito de maneira mais consentânea com as diretrizes do modelo constitucional de processo, com vistas à promoção do acesso à justiça. Eis as nossas propostas para contribuir com o aprimoramento do CPC/2015:

a) Transferir o conteúdo do inciso V art. 927 para um novo parágrafo no art. 926

Art. 926: inclusão de um novo parágrafo (§ 3º)
Nova redação
Art. 926. Os tribunais devem uniformizar sua jurisprudência e mantê-la estável, íntegra e coerente. (...) *§ 3º Ao julgarem, os juízes observarão as decisões do seu órgão colegiado, do plenário ou do órgão especial aos quais estiverem vinculados.*

Objetivo: Transformar a menção à *"orientação do plenário ou do órgão especial"*, atualmente contida no art. 927, num dos vetores ideológicos do sistema jurisprudencial no CPC/2015

215. Nesse sentido veja-se o teor da Súmula 98 do STJ: *"Embargos de declaração manifestados com notório propósito de prequestionamento não tem caráter protelatório"*.

b) Aprimorar a redação do inciso III do art. 927 e suprimir a redação do inciso V do art. 927

Art. 927: alteração na redação do inciso III e supressão do inciso V	
Redação atual	**Nova redação**
Art. 927. Os juízes e os tribunais observarão: (...) III – os acórdãos em incidente de assunção de competência ou de resolução de demandas repetitivas e em julgamento de recursos extraordinário e especial repetitivos; (...) V – a orientação do plenário ou do órgão especial aos quais estiverem vinculados.	Art. 927. Os juízes e os tribunais observarão: (...) III – os acórdãos *proferidos nos julgamentos de casos repetitivos e de incidente de arguição de inconstitucionalidade*; (...) V – *(revogado)*

Objetivos: Fazer com que o inciso III do art. 927 fique em simetria com o art. 928 e mencione expressamente o incidente de arguição de inconstitucionalidade; retirar do inciso V do art. 927 a menção à *"orientação do plenário ou do órgão especial"*, para transformá-la num dos vetores ideológicos do sistema jurisprudencial, incluindo-a no art. 926 do CPC/2015.

c) Incluir um novo inciso no art. 928

Art. 928: inclusão de um novo inciso (inciso III)
Nova redação
Art. 928. Para os fins deste Código, considera-se julgamento de casos repetitivos a decisão proferida em: (...) *III – recurso extraordinário afetado ao plenário do STF para verificação repercussão geral.*

Objetivo: Incluir no rol do art. 928 a decisão proferida no recurso extraordinário afetado ao plenário para verificação repercussão geral, para que ela passe a ser tratada como julgamento de caso repetitivo (art. 1.035 do CPC/2015).

d) Aprimorar a redação do inciso IV do art. 932 e suprimir a redação do inciso V do art. 932

Art. 932: alteração na redação do inciso IV e supressão do inciso V	
Redação atual	**Nova redação**
Art. 932. Incumbe ao relator: (...) IV – negar provimento a recurso que for contrário a: a) súmula do Supremo Tribunal Federal, do Superior Tribunal de Justiça ou do próprio tribunal; b) acórdão proferido pelo Supremo Tribunal Federal ou pelo Superior Tribunal de Justiça em julgamento de recursos repetitivos; c) entendimento firmado em incidente de resolução de demandas repetitivas ou de assunção de competência; V – depois de facultada a apresentação de contrarrazões, dar provimento ao recurso se a decisão recorrida for contrária a: a) súmula do Supremo Tribunal Federal, do Superior Tribunal de Justiça ou do próprio tribunal; b) acórdão proferido pelo Supremo Tribunal Federal ou pelo Superior Tribunal de Justiça em julgamento de recursos repetitivos; c) entendimento firmado em incidente de resolução de demandas repetitivas ou de assunção de competência;	Art. 932. Incumbe ao relator: (...) IV – *depois de facultada a apresentação de contrarrazões, julgar monocraticamente o recurso, acolhendo ou rejeitando a pretensão recursal, se a integralidade da questão recursal puder ser resolvida pela aplicação de alguns dos padrões decisórios previstos no art. 927;* V – (*revogado*)

Objetivos: Aprimorar a redação do inciso IV do art. 932, para fazer com que as partes sejam sempre ouvidas antes do julgamento monocrático e para incluir uma remissão genérica aos padrões decisórios previstos no art. 927; retirar do inciso V do art. 932 a menção ao julgamento monocrático de desprovimento do recurso, uma vez que a redação proposta para o inciso IV abarcaria também essa situação.

e) Incluir um texto no vetado inciso VII do art. 937 e suprimir a redação do § 3º do art. 937

Art. 937: inclusão de um texto no vetado inciso VII e supressão do § 3º	
Redação atual	**Nova redação**
Art. 937. Na sessão de julgamento, depois da exposição da causa pelo relator, o presidente dará a palavra, sucessivamente, ao recorrente, ao recorrido e, nos casos de sua intervenção, ao membro do Ministério Público, pelo prazo improrrogável de 15 (quinze) minutos para cada um, a fim de sustentarem suas razões, nas seguintes hipóteses, nos termos da parte final do caput do art. 1.021: (...) VII – (VETADO); (...) § 3º Nos processos de competência originária previstos no inciso VI, caberá sustentação oral no agravo interno interposto contra decisão de relator que o extinga.	Art. 937. Na sessão de julgamento, depois da exposição da causa pelo relator, o presidente dará a palavra, sucessivamente, ao recorrente, ao recorrido e, nos casos de sua intervenção, ao membro do Ministério Público, pelo prazo improrrogável de 15 (quinze) minutos para cada um, a fim de sustentarem suas razões, nas seguintes hipóteses, nos termos da parte final do caput do art. 1.021: (...) VII – *o agravo interno, quando a decisão agravada tiver sido proferida em algumas das hipóteses previstas nos incisos deste artigo;* (...) § *3º (revogado)*

Objetivos: Incluir a previsão da sustentação oral no agravo interno no inciso VII do art. 937; retirar do § 3º do art. 937 a menção à sustentação oral nos processos de competência originária previstos no inciso VI (ação rescisória, mandado de segurança e reclamação), uma vez que a redação proposta para o inciso VII abarcaria também essas situações.

f) Incluir um novo inciso no § 3º do art. 942

Art. 942: inclusão de um inciso (inciso III) no § 3º do art. 942
Nova redação
Art. 942. Quando o resultado da apelação for não unânime, o julgamento terá prosseguimento em sessão a ser designada com a presença de outros julgadores, que serão convocados nos termos previamente definidos no regimento interno, em número suficiente para garantir a possibilidade de inversão do resultado inicial, assegurado às partes e a eventuais terceiros o direito de sustentar oralmente suas razões perante os novos julgadores. (...) § 3º A técnica de julgamento prevista neste artigo aplica-se, igualmente, ao julgamento não unânime proferido em: (...) *III – agravo interno, quando o julgamento monocrático agravado tiver incidido em algumas das hipóteses previstas neste artigo.*

Objetivo: Incluir no rol do § 3º do art. 942 o julgamento do agravo interno, para permitir a aplicação da técnica de ampliação do colegiado nas hipóteses análogas àquelas previstas no mesmo artigo.

g) Aprimorar a redação do inciso III do art. 988 e suprimir a redação do inciso IV do art. 988

Art. 988: alteração na redação do inciso III e supressão do inciso IV	
Redação atual	**Nova redação**
Art. 988. Caberá reclamação da parte interessada ou do Ministério Público para: (...) III – garantir a observância de enunciado de súmula vinculante e de decisão do Supremo Tribunal Federal em controle concentrado de constitucionalidade; IV – garantir a observância de acórdão proferido em julgamento de incidente de resolução de demandas repetitivas ou de incidente de assunção de competência;	Art. 988. Caberá reclamação da parte interessada ou do Ministério Público para: (...) III – *garantir a observância dos padrões decisórios previstos no art. 927;* IV – *(revogado)*

Objetivos: Aprimorar a redação do inciso III do art. 988 para incluir uma remissão genérica aos padrões decisórios previstos no art. 927; retirar do inciso IV do art. 988 a menção ao julgamento de incidente de resolução de demandas repetitivas ou de incidente de assunção de competência, uma vez que a redação proposta para o inciso III abarcaria também essas situações.

h) Aprimorar a redação dos §§ 2º e 4º do art. 1.021 e incluir dois novos parágrafos no art. 1.021

Art. 1.021: alteração da redação dos §§ 2º e 4º e inclusão de dois novos parágrafos (§ 2º-A e § 2º-B)	
Redação atual	**Nova redação**
Art. 1.021. Contra decisão proferida pelo relator caberá agravo interno para o respectivo órgão colegiado, observadas, quanto ao processamento, as regras do regimento interno do tribunal. (...) § 2º O agravo será dirigido ao relator, que intimará o agravado para manifestar-se sobre o recurso no prazo de 15 (quinze) dias, ao final do qual, não havendo retratação, o relator levá-lo-á a julgamento pelo órgão colegiado, com inclusão em pauta. (...) § 4º Quando o agravo interno for declarado manifestamente inadmissível ou improcedente em votação unânime, o órgão colegiado, em decisão fundamentada, condenará o agravante a pagar ao agravado multa fixada entre um e cinco por cento do valor atualizado da causa.	Art. 1.021. Contra decisão proferida pelo relator caberá agravo interno para o respectivo órgão colegiado, observadas, quanto ao processamento, as regras do regimento interno do tribunal. (...) *§ 2º O agravo será dirigido ao relator, que intimará o agravado para manifestar-se sobre o recurso no prazo de 15 (quinze) dias; em seguida, formulará seu juízo de retração.* *§ 2º-A Não havendo retratação, a relatoria será transferida para o magistrado subsequente na ordem de antiguidade dentro do órgão colegiado, que ficará responsável por fazer novo relatório e levar o recurso a julgamento pelo órgão colegiado, com inclusão em pauta.* *§ 2º-B O relator originário não participará da votação do agravo interno, mas reassumirá suas funções, após a conclusão do julgamento, se o recurso for inadmitido ou julgado improcedente.*

Art. 1.021: alteração da redação dos §§ 2º e 4º e inclusão de dois novos parágrafos (§ 2º-A e § 2º-B)	
Redação atual	**Nova redação**
	(...) *§ 4º No julgamento do agravo interno, o órgão colegiado, em votação unânime e fundamentada, condenará o agravante a pagar ao agravado multa fixada entre um e cinco por cento do valor atualizado da causa, caso verifique que a sua interposição foi eivada de má-fé.*

Objetivos: Aprimorar a redação do § 2º do art. 1.021, para deixar claro que o relator deverá formular o juízo de retratação somente após a oitiva do agravado; incluir um novo parágrafo no art. 1.021, para estabelecer que se não haver retratação, a relatoria será transferida para outro magistrado, que fará um novo relatório e levará o recurso a julgamento pelo órgão colegiado, com inclusão em pauta; incluir um novo parágrafo no art. 1.021, para deixar claro que o relator originário não participará do julgamento do agravo interno, mas que poderá reassumir a relatoria se a sua decisão for confirmada; aprimorar a redação do § 4º do art. 1.021, para deixar claro que a aplicação da multa depende da verificação da existência de má-fé por parte do agravado.

i) Suprimir a redação do § 2º do art. 1.023

Art. 1.023: supressão do § 2º	
Redação atual	**Nova redação**
Art. 1.023. Os embargos serão opostos, no prazo de 5 (cinco) dias, em petição dirigida ao juiz, com indicação do erro, obscuridade, contradição ou omissão, e não se sujeitam a preparo. (...) § 2º O juiz intimará o embargado para, querendo, manifestar-se, no prazo de 5 (cinco) dias, sobre os embargos opostos, caso seu eventual acolhimento implique a modificação da decisão embargada.	Art. 1.023. Os embargos serão opostos, no prazo de 5 (cinco) dias, em petição dirigida ao juiz, com indicação do erro, obscuridade, contradição ou omissão, e não se sujeitam a preparo. (...) § 2º *(revogado)*

Objetivo: Excluir a redação do § 2º do art. 1.023, em razão da previsão genérica de oitiva das partes, contida na proposta de alteração do art. 1.024.

j) Aprimorar a redação do *caput* e do § 1º do art. 1.024

Art. 1.024: alteração da redação do *caput* e § 1º	
Redação atual	**Nova redação**
Art. 1.024. O juiz julgará os embargos em 5 (cinco) dias. § 1º Nos tribunais, o relator apresentará os embargos em mesa na sessão subsequente, proferindo voto, e, não havendo julgamento nessa sessão, será o recurso incluído em pauta automaticamente.	*Art. 1.024. O juiz julgará os embargos em 5 (cinco) dias, após a oitiva das partes para se manifestar em igual prazo.* *§ 1º Nos tribunais, o relator, após a oitiva das partes, no prazo de 5 dias, incluirá o recurso em pauta para julgamento.*

Objetivos: Aprimorar a redação do *caput* do art. 1.024, para deixar claro que o juiz deverá julgar os embargos de declaração somente após a oitiva das partes, no prazo de 5 dias; aprimorar a redação do § 1º do art. 1.024, para deixar claro que o relator, no tribunal, deverá julgar os embargos de declaração somente após a oitiva das partes, no prazo de 5 dias.

k) Aprimorar a redação do § 2º do art. 1.026

Art. 1.026: alteração da redação do § 2º	
Redação atual	**Nova redação**
Art. 1.026. Os embargos de declaração não possuem efeito suspensivo e interrompem o prazo para a interposição de recurso. (...) § 2º Quando manifestamente protelatórios os embargos de declaração, o juiz ou o tribunal, em decisão fundamentada, condenará o embargante a pagar ao embargado multa não excedente a dois por cento sobre o valor atualizado da causa.	Art. 1.026. Os embargos de declaração não possuem efeito suspensivo e interrompem o prazo para a interposição de recurso. (...) *§ 2º Quando verificar que os embargos de declaração foram interpostos com má-fé, o juiz, em decisão fundamentada, condenará o embargante a pagar ao embargado multa não excedente a dois por cento sobre o valor atualizado da causa; no tribunal, a condenação dependerá ainda de votação unânime em relação ao ponto, ressalvado o caso de julgamento monocrático, quando tal votação será exigida no agravo interno.*

Objetivos: Aprimorar a redação do § 2º do art. 1.026, para deixar claro que a aplicação da multa depende da verificação da existência de má-fé por parte do embargante e que, no tribunal, essa condenação depende da existência de votação unânime, em simetria com a regra contida no art. 1.021, § 4º; note-se que a redação proposta não impede a aplicação da multa pelo relator, mas exige a unanimidade no caso do julgamento do agravo interno contra esta decisão.

5.6. BREVES NOTÍCIAS SOBRE O JULGAMENTO MONOCRÁTICO NO DIREITO PORTUGUÊS

Conforme dispõem os arts. 209 e seguintes da Constituição Portuguesa de 1976, a estrutura do Poder Judiciário português pode ser dividida em quatro jurisdições: a jurisdição constitucional (Tribunal Constitucional), a jurisdição judicial (tribunais judiciais), a jurisdição administrativa (tribunais administrativos e fiscais) e jurisdição financeira (Tribunal de Contas). Os tribunais judiciais exercem a competência em matéria cível e criminal em todas as áreas não atribuídas às outras jurisdições (arts. 201 e 211 da Constituição Portuguesa).

Os tribunais judiciais subdividem-se em duas instâncias e um Supremo Tribunal. Da mesma forma se observa no que concerne aos tribunais administrativos e fiscais: tribunais administrativos e fiscais de primeira instância, tribunais administrativos de círculo, como segunda instância, e o Supremo Tribunal Administrativo. Os tribunais de primeira instância da ordem de jurisdição judicial são os tribunais de comarca, os tribunais de segunda instância são os tribunais da relação e o Supremo Tribunal de Justiça que funciona como tribunal de revista, sujeitando suas decisões apenas ao Tribunal Constitucional no que tange à constitucionalidade das normas aplicadas. A primeira instância da jurisdição judicial, nas comarcas, é composta por juízes singulares e tribunais coletivos,[216] que realizam o processamento e julgamento das causas, em quanto que à segunda instância incumbe prioritariamente rever as decisões proferidas pela instância inferior e julgar ações de competência originária dos tribunais. Ao Supremo Tribunal de Justiça compete rever as decisões dos tribunais da relação, uniformizando seus entendimentos.

Os tribunais da relação são divididos em órgãos fracionários, chamados de *"seções"*, a quem compete julgar, dentre outros, o recurso de apelação. Nas seções, o julgamento da apelação é prioritariamente feito de forma colegiada, *"em conferência"*, formada por três juízes, cabendo a um deles a função de relator e aos demais, a função de *"adjuntos"* (vogais). Embora a figura

216. Diz o art. 132 do CPCP:

"Tribunal singular

Artigo 132º

Composição e competência

1 - O tribunal singular é composto por um juiz.

2 - Compete ao tribunal singular julgar os processos que não devam ser julgados pelo tribunal coletivo ou do júri".

do relator já existisse no direito português desde o século XV, chamado de "juiz regedor", ele somente foi melhor regulado a partir da previsão contida nos arts. 1.538 e 1.539 do Código de Processo Civil português de 1876. As últimas reformas processuais, no entanto, com vistas à celeridade processual, têm acentuado a unipessoalidade do relator em detrimento da colegialidade própria dos tribunais, ampliando o leque de atividades que ele pode praticar isoladamente.[217] Atualmente, o tema está regulado no art. 652 do Código de Processo Civil português de 2013 – CPCP, dentro do capítulo que trata especificamente do recurso de apelação. Eis o teor do art. 652 do CPCP:

> Art. 652
>
> Função do relator
>
> 1 - O juiz a quem o processo for distribuído fica a ser o relator, incumbindo-lhe deferir todos os termos do recurso até final, designadamente:
>
> a) Corrigir o efeito atribuído ao recurso e o respetivo modo de subida, ou convidar as partes a aperfeiçoar as conclusões das respetivas alegações, nos termos do n.º 3 do artigo 639.º;
>
> b) Verificar se alguma circunstância obsta ao conhecimento do recurso;
>
> c) Julgar sumariamente o objeto do recurso, nos termos previstos no artigo 656.º;
>
> d) Ordenar as diligências que considere necessárias;
>
> e) Autorizar ou recusar a junção de documentos e pareceres;
>
> f) Julgar os incidentes suscitados;
>
> g) Declarar a suspensão da instância;
>
> h) Julgar extinta a instância por causa diversa do julgamento ou julgar findo o recurso, por não haver que conhecer do seu objeto.
>
> 2 - Na decisão do objeto do recurso e das questões a apreciar em conferência intervêm, pela ordem de antiguidade no tribunal, os juízes seguintes ao relator.
>
> 3 - Salvo o disposto no n.º 6 do artigo 641.º, quando a parte se considere prejudicada por qualquer despacho do relator, que não seja de mero expediente, pode requerer que sobre a matéria do despacho recaia um acórdão; o relator deve submeter o caso à conferência, depois de ouvida a parte contrária.
>
> 4 - A reclamação deduzida é decidida no acórdão que julga o recurso, salvo quando a natureza das questões suscitadas impuser decisão imediata, sendo, neste caso, aplicável, com as necessárias adaptações, o disposto nos n.º 2 a 4 do artigo 657.º.
>
> 5 - Do acórdão da conferência pode a parte que se considere prejudicada:

217. António Santos Abrantes Geraldes, **Recursos no novo Código de Processo Civil**, p. 246.

> a) Reclamar, com efeito suspensivo, da decisão proferida sobre a competência relativa da Relação para o Presidente do Supremo Tribunal de Justiça, o qual decide definitivamente a questão; b) Recorrer nos termos gerais.

Como visto, os atos exarados pelo relator são chamados de despachos ou decisões, enquanto que os atos oriundos da conferência são designados por acórdãos.[218] Dentre as decisões que lhe são conferidas, o relator pode julgar monocraticamente o recurso de apelação, através de *"decisão sumária"*, nos termos dos arts. 655 e 656 do CPCP (art. 652, nº 1, "b", "c" e "h", do CPCP).[219] O art. 655 do CPCP cuida especificamente da decisão monocrática de inadmissibilidade da apelação;[220] já o art. 656 do CPCP versa sobre o julgamento monocrático do *"objecto"* (mérito) da apelação.

No modelo processual português o relator elege, a partir de determinados requisitos legais (art. 656 do CPCP), quais as apelações que poderão ter seu mérito apreciado monocraticamente.[221] Eis o teor do art. 656 do CPCP:

> Artigo 656º
>
> Decisão liminar do objeto do recurso
>
> Quando o relator entender que a questão a decidir é simples, designadamente por ter já sido jurisdicionalmente apreciada, de modo uniforme e reiterado, ou que o recurso é manifestamente infundado, profere decisão sumária, que

---

218. Francisco Manuel Lucas Ferreira de Almeida, **Direito processual civil**, p. 456.

219. Nesse sentido, importante destacar os seguintes dispositivos da Lei nº 62, de 26 de agosto de 2013 (Lei da Organização do Sistema Judiciário Português):
"Art. 55. Compete às secções, segundo a sua especialização:
(...)
g) Julgar, por intermédio do relator, os termos dos recursos a este cometidos pela lei de processo"
"Art. 56. Julgamento nas secções
1 - Fora dos casos previstos na lei de processo e nas alíneas g) e h) do artigo anterior, o julgamento nas secções é efetuado por três juízes, cabendo a um juiz as funções de relator e aos outros juízes as funções de adjuntos".

220. *"Artigo 655º*
Não conhecimento do objeto do recurso
1 - Se entender que não pode conhecer-se do objeto do recurso, o relator, antes de proferir decisão, ouvirá cada uma das partes, pelo prazo de 10 dias.
2 - Sendo a questão suscitada pelo apelado, na sua alegação, é aplicável o disposto no nº 2 do artigo anterior".

221. Fernando Pereira Rodrigues, **Noções fundamentais de processo civil**, p. 460.

pode consistir em simples remissão para as precedentes decisões, de que se juntará cópia.

Nos termos do art. 656 do CPCP, existem duas hipóteses de julgamento monocrático do mérito da apelação: a) quando a pretensão recursal é manifestamente infundada; b) quando a questão recursal é simples, por estar assentada na jurisprudência. Nesse último caso, o relator precisa juntar cópias dos precedentes que demonstram que a sua decisão monocrática está em sintonia com a jurisprudência consolidada. Além disso, na decisão monocrática, o relator pode se limitar a fazer remissões aos precedentes invocados, através da fundamentação *per relationem*.[222] Na prática forense, entretanto, diante da exigência de fundamentação adequada, presente no art. 154 do CPCP,[223] em consonância com o que prescreve o art. 205, item 1, da Constituição portuguesa,[224] ainda que o recurso seja manifestamente infundado, a decisão tem de ser fundamentada, ou pelo citação da jurisprudência ou da doutrina.[225]

Das decisões proferidas monocraticamente cabe "impugnação", informalmente conhecida como "reclamação para a conferência", para o reexame da questão recursal pelo órgão colegiado a quem caberia originariamente a apreciação da apelação (art. 652, nº 3, do CPCP).[226] A impugnação deve

---

222. Francisco Manuel Lucas Ferreira de Almeida, **Direito processual civil**, p. 478.

223. *"Art. 154.º Dever de fundamentação.*

1 - As decisões proferidas sobre qualquer pedido controvertido ou sobre alguma dúvida suscitada no processo são sempre fundamentadas.

2 - A justificação não pode consistir na simples adesão aos fundamentos alegados no requerimento ou na oposição, salvo quando, tratando-se de despacho interlocutório, a contraparte não tenha apresentado oposição ao pedido e o caso seja de manifesta simplicidade".

224. *"Art. 205.º Decisões dos tribunais.*

1. As decisões dos tribunais que não sejam de mero expediente são fundamentadas na forma prevista na lei".

225. Maria dos Prazeres Pizarro Beleza, **O dever de motivação das decisões judiciais no novo CPC português**, p. 180.

226. A redação do art. 656 do CPCP foi copiada do art. 705 do CPC português de 1961, após a reforma operada pelo Decreto-Lei nº 329-A/1995. A exposição de motivos do Decreto-Lei nº 329-A/1995, ao tratar do tema, assim destacou: *"No que se reporta ao julgamento do recurso, amplia-se muito significativamente o elenco das competências atribuídas ao relator, permitindo-lhe inclusivamente julgar, singular e liminarmente, o objeto do recurso, nos casos de manifesta improcedência ou de o mesmo versar sobre questões simples e já repetidamente apreciadas na jurisprudência. Pretende-se, com tal faculdade, dispensar a intervenção – na prática, em muitos casos, puramente formal – da*

ser interposta no prazo de 10 dias (art. 149, nº 1, do CPCP), contados da notificação da decisão, por meio de petição escrita, dirigida ao relator, requerendo o julgamento colegiado. Note-se que a lei não exige qualquer fundamentação a ser apresentada na petição de impugnação, o que não impede que o reclamante possa fazer as alegações que entender pertinentes.[227] Recebida a impugnação, o relator deve determinar a intimação do impugnado para responder, no prazo de 10 dias. No julgamento da questão no órgão colegiado participam, além do relator, os dois juízes que lhe seguirem na ordem de antiguidade da respectiva seção (art. 652, nº 2, do CPCP).[228]

De acordo com António Santos Abrantes Geraldes,[229] a "deliberação em conferência" deve incidir sobre o "projeto" (relatório) elaborado pelo relator, com a manutenção, revogação ou alteração da decisão reclamada, na forma que se revelar o entendimento majoritário. A decisão monocrática do relator, não é diretamente recorrível para o Supremo Tribunal de Justiça. Assim, nos termos do art. 671, nº 2, do CPCP, a interposição do recurso de revista ao Supremo Tribunal de Justiça deve ser sempre precedida de impugnação para a conferência, com prolação de acórdão.

Conforme se pode verificar, o regramento português do julgamento monocrático do mérito do recurso, chamada de "decisão sumária definitiva", e da impugnação são similares ao que o direito brasileiro tinha, antes do CPC/2015, e, em alguns aspectos, antes mesmo do CPC/1973. Diferentemente do direito alemão, onde é o órgão colegiado que estabelece quais causas o relator poderá julgar, em verdadeiro ato de delegação,[230] no direito

---

conferência na resolução de questões que podem perfeitamente ser decididas singularmente pelo relator, ficando os direitos das partes acautelados pela possibilidade de reclamarem para a conferência da decisão proferida pelo relator do processo".

227. António Santos Abrantes Geraldes, **Recursos no novo Código de Processo Civil**, p. 246.

228. Jorge Augusto Pais de Amaral, **Direito processual civil**, p. 314.

229. António Santos Abrantes Geraldes, **Recursos no novo Código de Processo Civil**, p. 247.

230. No direito processual alemão, a regra também é o julgamento colegiado nos tribunais e o julgamento monocrático dos recursos é feito em caráter excepcional, quando o órgão colegiado delega ao relator poderes decisórios, em determinadas situações, na forma do art. 526 do Código de Processo Civil alemão (*Zivilprozessordnung*):
"Art. 526
(1) O Tribunal de Apelação pode, por meio de uma decisão, transferir o julgamento de uma causa para um dos seus membros como juiz singular quando:
1. a decisão recorrida foi emitida por um único juiz,

processual português o cabimento do julgamento monocrático, restrito ao recurso de apelação, é feito de forma subjetiva pelo relator. A simplicidade da questão recursal, preferencialmente demonstrada pela existência de jurisprudência consolidada sobre o tema, ou a manifesta falta de fundamento, são critérios imprecisos e vagos, que não promovem a segurança jurídica necessária para buscar a padronização do procedimento sumário e a uniformização da jurisprudência. Não por outra razão, a "decisão sumária" é alvo de críticas doutrinárias, sendo apontada como fator de retardo e não de aceleração processual.[231]

---

2. a causa não apresenta dificuldades específicas de natureza factual ou jurídica,

3. a causa não tem importância fundamental e

4. não tenha sido tratada a causa principal em audiência, podendo suceder então que nesse ínterim tenha sido proferida uma sentença com reserva, parcial ou incidental.

(2) O juiz singular submete ao Tribunal de Apelação a causa para que seja decidida a transferência para este quando:

1. uma alteração substancial na situação jurídica dá origem à dificuldades factuais ou jurídicas específicas ou à atribui importância fundamental do causa, ou

2. as partes concordam em fazê-lo.

O Tribunal de Apelação assumirá o julgamento da causa se houver os pré-requisitos nos termos da frase nº 1. Ela decide sobre isso depois de ouvir as partes por escrito. Uma nova transferência para o juiz singular é proibida".

Eis o texto original:

"§ 526

(1) Das Berufungsgericht kann durch Beschluss den Rechtsstreit einem seiner Mitglieder als Einzelrichter zur Entscheidung übertragen, wenn:

1. die angefochtene Entscheidung von einem Einzelrichter erlassen wurde,

2. die Sache keine besonderen Schwierigkeiten tatsächlicher oder rechtlicher Art aufweist,

3. die Rechtssache keine grundsätzliche Bedeutung hat und

4. nicht bereits im Haupttermin zur Hauptsache verhandelt worden ist, es sei denn, dass inzwischen ein Vorbehalts-, Teil- oder Zwischenurteil ergangen ist.

(2) 1Der Einzelrichter legt den Rechtsstreit dem Berufungsgericht zur Entscheidung über eine Übernahme vor, wenn

1. sich aus einer wesentlichen Änderung der Prozesslage besondere tatsächliche oder rechtliche Schwierigkeiten der Sache oder die grundsätzliche Bedeutung der Rechtssache ergeben oder,

2. die Parteien dies übereinstimmend beantragen.

Das Berufungsgericht übernimmt den Rechtsstreit, wenn die Voraussetzungen nach Satz 1 Nr. 1 vorliegen. Es entscheidet hierüber nach Anhörung der Parteien durch Beschluss. Eine erneute Übertragung auf den Einzelrichter ist ausgeschlossen".

231. Nesse sentido, diz Francisco Manuel Lucas Ferreira de Almeida, **Direito processual civil**, p. 479: *"Julgamento sumário não significa aceleração do julgamento. Após a apresentação*

A impugnação, por sua vez, não tem natureza de recurso, mas de mero pedido de rejulgamento da apelação pelo colegiado, que não precisa sequer ser motivado. É a lógica que existia no direito processual brasileiro em relação ao "agravo regimental", durante a parte inicial da vigência do CPC/1939. No processo civil contemporâneo, entretanto, todas as manifestações das partes, sejam elas impugnações, requerimentos ou recursos, devem ser fundamentadas, pois é a fundamentação que identifica e legitima a pretensão ventilada, permitindo o contraditório da parte adversa e a tutela efetiva pelo órgão jurisdicional.

da reclamação (que quase sempre ocorre) pelo recorrente vencido da decisão singular para a conferência, haverá que ouvir a parte contrária por 10 dias, e, seguidamente, abrir vista aos juízes adjuntos por idêntico razão; daí que, sem tal expediente processual, o recurso fosse julgado muito mais celeremente, tendo presente que a reclamação e a correspondente resposta irão funcionar, na prática, como novas 'alegações'. O que explica a relativa parcimônia com que os tribunais superiores vêm lançando mão da faculdade concedida pelo anterior art. 705º (atual art. 656º)".

CONCLUSÕES

Conforme demonstrado, a colegialidade, mais do que uma característica intrínseca dos tribunais brasileiros desde seus primórdios, pode ser visto também como um princípio voltado a reger a atuação das cortes no desempenho de suas funções judicantes. A colegialidade serve, assim, não apenas para justificar as estruturas judiciais dos tribunais, mas também para legitimar a sua atuação frente às instâncias inferiores, na busca do aperfeiçoamento e do controle das atividades judiciais. Nos últimos anos, entretanto, a colegialidade nos tribunais tem sido posta em cheque, tanto pela visão individualista que tem se sobressaído na atuação dos seus magistrados – as "ilhas" de que falava o ministro Sepúlvida Pertence – como também pela regulamentação e ampliação das hipóteses de julgamento monocrático.

Embora sejam fenômenos distintos, o individualismo judicial e a atuação monocrática acabam por convergir no processo de fragilização do colegiado. De fato, a possibilidade do julgamento monocrático acaba por servir de via para o escoamento do individualismo judicial que, em outros tempos, ficaria, em boa parte, represado nos debates em plenário. Isso fez com que a atuação monocrática ficasse marcada por uma pecha negativa, associada, muitas das vezes, ao solipsimo judicial.

Por isso, entendemos que o caminho para buscar um melhor equilíbrio no funcionamento dos tribunais não é, pura e simplesmente, eliminar o julgamento monocrático, que representam inegável elemento de promoção da eficiência e da racionalização dos trabalhos nos órgãos colegiados. A nossa proposta central é buscar estabelecer um conjunto de postulados para orientar a aplicação do julgamento monocrático, em consonância com o modelo constitucional de processo inerente ao Estado Democrático de Direito, com vistas à promoção do acesso à justiça e, em especial, do acesso aos tribunais.

Não foi possível, entretanto, tratar de todas as hipóteses de julgamento monocrático, na medida em que as suas características eram muito diferentes entre si. Um passo necessário no futuro, portanto, é buscar traçar uma teoria geral dos julgamentos monocráticos que abarque os seus modelos e crie, se assim for viável, uma diretriz comum para orientá-los. Optamos, assim, por limitar o estudo do julgamento monocrático às situações onde a sua aplicação fosse baseada na jurisprudência, nos termos do art. 932, IV e V, do CPC/2015.

Para tanto, entendemos que o ponto de partida da pesquisa deveria ser a análise do perfil do sistema jurídico brasileiro, após as inovações legislativas que, nas últimas décadas, redefiniram o papel da jurisprudência. Isso porque, essas alterações foram responsáveis não apenas por atribuir novas funções para a jurisprudência, mas também por lhe conceder força normativa.

Nessa fase inicial do texto, procuramos, então, demonstrar que o sistema jurídico brasileiro, embora tenha incorporado uma racionalidade jurídica tradicionalmente associada ao *Common Law*, de "respeito" à jurisprudência, permanece assentado numa estrutura lógica inerente às tradições do *Civil Law*. Destarte, para subsidiar essa conclusão, procuramos fazer um pequeno retrospecto histórico do desenvolvimento das tradições do *Civil Law* e do *Common Law*, este, com foco no direito inglês, para então verificar como essas características se cristalizaram nos países e definiram os seus sistemas jurídicos. Em seguida, passamos a perquirir as feições atuais do sistema jurídico brasileiro e, em especial, o sistema processual, em cotejo com o modelo inglês.

Através das pesquisas realizadas foi possível concluir que o sistema jurídico brasileiro foi estruturado, desde o início da colonização, pela lógica presente no ordenamento ibérico medieval, fortemente influenciado pelo direito canônico e romano-visigodo. Em seguida, demonstrou-se que o país, ao longo da sua história, acrescentou à sua base ibérico-romanística elementos da experiência jurídica dos países da Europa continental que, em sua maioria, adotavam uma filosofia que atribuía à lei o papel de fonte primária do direito, dentro de uma estrutura silógica-dedutiva de aplicação. Da mesma forma, foi destacado que, após a proclamação da república, o Brasil passou a incorporar elementos identificados com as tradições jurídicas consuetudinárias, tais como o modelo federativo e presidencialista de governo, o controle difuso de constitucionalidade, as ações coletivas e a concessão de força normativa à jurisprudência.

Em relação à força normativa da jurisprudência, foi percebido que, diferentemente dos países de *Common Law*, onde essa vinculação decorre da lógica do sistema jurídico construída ao longo dos séculos, no direito brasileiro a vinculação depende de previsão legal e só abarca os padrões decisórios expressamente mencionados, editados pelas instâncias superiores.

Outrossim, foi sublinhado que alguns tipos padrões decisões não se enquadram no conceito de "precedentes judiciais" e que são aplicados de maneira abstrata e desvinculada dos casos que lhe deram origem. De fato, durante a formação do sistema jurisprudencial pátrio, seu conteúdo era basicamente formado pelas teses jurídicas presentes em julgamentos, assentos, prejulgados e súmulas. Com isso, foi possível constatar que a concessão de eficácia vinculativa à jurisprudência no Brasil procurou atender não apenas à preservação da isonomia e da segurança jurídica, mas também à aceleração da prestação da tutela jurisdicional, para fazer frente à inflação processual e, em especial, ao elevado número de recursos dirigidos aos tribunais superiores.

Por todos esses aspectos, concluímos que a adoção da eficácia vinculativa à jurisprudência não foi capaz de fazer com que o direito brasileiro adquirisse feições próprias do *Common Law*. Acreditamos, assim, que o sistema jurídico brasileiro desenvolveu uma modalidade peculiar de jurisdição mista, resultado da convergência entre a jurisdição legal e a jurisdição jurisprudencial, que permite que ele seja chamado de *Brazilian Law*.

Defendemos, também, que o movimento de parcela significativa da doutrina, no sentido de impor um único modelo de aplicação da jurisprudência, dentro da lógica dos precedentes judiciais do *Common Law*, não se coaduna com a nossa tradição jurídica. Entendemos, pois, que é possível aplicar a jurisprudência em diferentes níveis, desde um plano mais abstrato até um plano mais concreto, conforme as características do padrão decisório e da questão jurídica que esteja sendo julgada.

Por outro lado, sustentamos que a aplicação dos padrões decisórios deve ser feita tomando em consideração não apenas pelos seus precedentes, mas também verificando o contexto de sua aplicação em outras decisões, pareceres ou manifestações doutrinárias, por exemplo. Nesse passo, importante esclarecer que não se quer, de maneira alguma, enfraquecer a exigência de fundamentação adequada das decisões judiciais, que, por sinal, é um dos pilares deste estudo, como demonstrado no Capítulo 3. Acreditamos, no entanto, que a fundamentação deve ter uma incidência equilibrada e proporcional aos componentes envolvidos no julgamento.

Depois de traçar as linhas gerais do sistema jurídico brasileiro, para poder relacioná-lo com o objeto da pesquisa, passamos a estudar o modelo de processo civil presente no direito brasileiro. Nesse sentido, verificamos, inicialmente, que a edição do CPC/1939 representou uma mudança na ideologia processual brasileira, até então marcada por uma mistura liberal-privatística, de origem portuguesa e francesa. De fato, influenciado por modelos da Áustria, Itália e Portugal, o CPC/1939 assumiu uma postura formal-publicista do processo, em sintonia com a forma de Estado que estava sendo implantado no Brasil na primeira metade do século passado. Em seguida, verificamos que a vinda de Enrico Tullio Liebman para o país foi decisiva para conferir a cientificidade necessária para que o direito processual pudesse alçar num novo patamar de relevância, que redundou na edição do CPC/1973. Destacamos, ainda, que apesar dos inegáveis avanços científicos promovidos pelo Código de Buzaid, ele aprofundou ainda mais a percepção instrumentalista da jurisdição, caracterizada como uma atividade voltada em primeiro lugar para satisfazer os interesses de pacificação e disciplina social do Estado, por meio de uma estrutura judicial autocentrada e hierarquizada.

Por isso, foi demonstrado que após a edição da Constituição de 1988, tomaram corpo no país diferentes movimentos críticos que, com espeque no direito comparado, pretendiam reposicionar o processo civil em sintonia com as novas linhas democráticas implantadas. Para tanto, em geral, sustentavam a necessidade da colocação do contraditório participativo e democrático como condição necessária para a legitimação da atividade jurisdicional. Além disso, procuravam destacar que a atividade jurisdicional não se voltava apenas para a eliminação dos problemas que os conflitos de interesse geravam para o funcionamento da sociedade, mas também para a proteção efetiva dos direitos e garantias fundamentais envolvidos no processo. Nesse ponto, constatamos que o choque entre as ideologias processuais se fez presente na elaboração do CPC/2015, abrindo caminho para a construção de uma solução intermediária, identificada como uma visão cooperativa de processo.

Na sequência, em consonância com a linha de pesquisa do Programa de Pós-Graduação em Sociologia e Direito da UFF, procuramos assentar o sentido contemporâneo da busca pelo acesso à justiça, para colocá-lo como marco teórico da pesquisa. Nesse passo, foi demonstrado que o acesso à justiça, enquanto direito fundamental constitucional, abarca, além de outras vertentes, o acesso ao Poder Judiciário, em todas as suas instâncias. Foi então ressaltada a importância do acesso aos tribunais, por meio dos recursos e impugnações, como corolário do acesso qualificado à justiça, num Estado Democrático de Direito. Sustentamos que o acesso às instâncias revisoras está materializado no princípio do duplo grau de jurisdição, que tem assento constitucional no art. 5º, LV, da CF. Por isso, definimos que a pesquisa deveria se desenvolver na direção da construção de elementos capazes de promover o funcionamento do julgamento monocrático, enquanto mecanismo de aceleração e otimização da tutela jurisdicional, sem se transformar num obstáculo ilegítimo para o acesso dos jurisdicionados acessar os tribunais.

Na nossa visão, para que o relator possa legitimamente agir em nome do seu colegiado, a sua decisão deve estar, em primeiro lugar, alinhada com os padrões decisórios apontados no art. 932, IV e V, do CPC/2015. Não por outro motivo, o primeiro Capítulo da pesquisa foi dedicado à análise da jurisprudência dotada de eficácia vinculativa, para melhor refletir sobre os padrões decisórios que legitimam o funcionamento do julgamento monocrático do mérito dos recursos. Esse foi, sem sobra de dúvida, o momento de maior desafio dessa pesquisa. Além de ser um tema extremamente complexo, não raras vezes abraçamos posições que se distanciavam dos entendimentos prevalentes na doutrina e jurisprudência. Assim, tivemos que iniciar o estudo apresentando alguns esclarecimentos sobre a terminologia utilizada.

Numa apertada síntese, defendemos o emprego do termo "jurisprudência" para representar o conjunto das manifestações judiciais capazes de influenciar a interpretação de uma questão jurídica deduzida em juízo, como força normativa. Na sequência, assinalamos que a palavra "precedente" não era apropriada para identificar todas as manifestações judiciais que compõe o sistema jurisprudencial brasileiro. Aduzimos, ainda, que a expressão "precedente" só deveria ser usada para tratar de decisões jurisdicionais, quando fossem aplicadas através de um método de comparação entre a sua *ratio decidendi* e o contorno fático-jurídico da questão sob julgamento. Afirmamos, igualmente, que a expressão "padrão decisório" poderia ser empregada para identificar todas as manifestações judiciais dotadas de força normativa, como se verifica do dispositivo contido no art. 966, § 5º, do CPC/2015. Por fim, fechando essa etapa de esclarecimentos, explicamos que preferimos falar em "eficácia vinculativa", enquanto gênero, deixando o termo "eficácia vinculante" exclusivamente para designar a força que foi atribuída para a súmula vinculante (art. 103-A da CF) e para o julgamento de controle de constitucionalidade concentrado realizado pelo STF (art. 102, § 2º, da CF).

Defendemos, também, que a aplicação da jurisprudência deve ser feita a partir da tese jurídica presente não apenas nos padrões decisórios, mas também no conjunto de manifestações judiciais reiteradas e uniformes sobre uma questão, num determinado tribunal. Isso porque o legislador insistiu em manter no CPC/2015 conceitos vagos e abertos, como "jurisprudência dominante", "jurisprudência pacífica" e "orientação do plenário ou do órgão especial". Na nossa visão, o CPC/2015 deveria trabalhar apenas com determinados padrões decisórios dotados de eficácia vinculativa, específicos e bem delineados, enfatizando que eles deveriam ser cotejados com a questão *sub judice* por meio da análise conjunta dos elementos fáticos e jurídicos que lhe deram origem, à luz da legislação, de outras decisões, de pareceres e de estudos doutrinários, sempre que possível e pertinente.

Em seguida, apresentamos uma proposta de classificação dos padrões decisórios como judiciais-administrativos (súmulas e os julgamentos de casos repetitivos desistidos) e jurisdicionais. Para tanto, defendemos que tanto a súmula como o caso repetitivo desistido teria natureza de ato administrativo, porque despidos dos elementos essenciais da jurisdição. Prosseguindo no estudo, assinalamos que a jurisprudência pode ser vista como "fonte do direito", assim como a lei, desde que se compreenda que a norma jurídica não está no texto de nenhuma delas, mas no resultado final da atividade do intérprete. Mais à frente, fizemos um esboço histórico da eficácia vinculativa da jurisprudência no Brasil, ressaltando as diferentes regras que trataram do tema, até chegar ao CPC/2015. Desse diploma, destacamos os vetores ideológicos do sistema jurisprudencial, presentes no art. 926, bem como os padrões decisórios dotados de força vinculativa, contidos no art. 927.

Procuramos também assentar que a força normativa da jurisprudência, considerada apenas no prisma judicial, pode ser persuasiva ou vinculativa, conforme a sua inobservância seja capaz ou não de gerar a aplicação de sanções jurídicas previstas na lei. Prosseguimos afirmando que, por conta das nossas tradições jurídicas, apenas as manifestações proferidas pelos tribunais, em sua formação colegiada, são aptas para formar padrões decisórios, com eficácia vinculativa. Por outro lado, propugnamos que a eficácia vinculativa da jurisprudência, para ser capaz de promover um adequado acesso à justiça, depende não apenas da previsão legal, mas também da adoção de um modelo de processo constitucional-democrático na sua edição, com ampla divulgação, participação de *amicus curiae*, realização de audiências públicas etc.

Outrossim, aduzimos que a eficácia vinculativa da jurisprudência pode ser subdividida em meramente argumentativa, procedimental e condicionante. Nesse sentido, acreditamos que o julgamento monocrático dos recursos, enquanto técnica de abreviação do procedimento, depende da convergência de dois efeitos vinculativos da jurisprudência, o argumentativo, para ser usada na análise do mérito da pretensão recursal, e o procedimental, para permitir a alteração do procedimento recursal.

Enfrentamos também as críticas sobre a concessão de eficácia vinculativa à jurisprudência. Nesse momento, sem se descurar dos efeitos nocivos que a medida pode ter, destacamos que diante das novas funções do Poder Judiciário, a segurança jurídica e a isonomia não poderiam mais ser vistas exclusivamente na lei. Por isso, a coerência, a integridade e a estabilidade da jurisprudência representam fatores essenciais para o correto funcionamento do sistema jurídico e legitimam a imposição do respeito à jurisprudência. Por outro prisma, foi destacado que se o julgador entender que o padrão decisório relativo àquela questão está desajustado, tem o dever de, adotando as técnicas apropriadas (*overruling* ou *overriding*), adaptá-lo ou mesmo afastá-lo do seu julgamento.

Na parte final do Capítulo, tratamos de cada um dos componentes do sistema jurisprudencial dotados de eficácia vinculativa previstos no art. 927 do CPC/2015. Nesse trajeto, destacamos não apenas as características de cada um, mas também a impropriedade de incluir no rol de padrões decisórios a *"orientação do plenário ou do órgão especial"*, bem como a ausência da decisão sobre o incidente de arguição de inconstitucionalidade.

Necessário destacar que, em nossa visão, é preciso que a criação e a aplicação da jurisprudência dotada de eficácia vinculativa respeitem a supremacia da constituição e a primazia das leis, pois são elas que sustentam e legitimam o ordenamento jurídico brasileiro. Nesse sentido, o Poder Judiciário precisa assimilar que a responsabilidade que foi depositada em seus ombros exige uma mudança de postura. O voluntarismo, o subjetivismo e a discricionariedade, devem ser colocados de lado, em favor de um compromisso com a realização das diretrizes do Estado Democrático de Direito. Em decorrência disso, a decisão judicial tem que ser fruto de um diálogo com as partes e a sociedade, para que possa ser considerada como uma manifestação legítima do poder do estatal. A atuação dos magistrados, notadamente nas cortes superiores, deve ser pautada pela boa-fé, dentro de uma concepção de trabalho coletivo e integrado.

No Capítulo 3, dedicado ao estudo dos princípios do contraditório e da fundamentação, destacamos a relevância deles para o desenvolvimento das reflexões referentes ao julgamento monocrático. Assim, na primeira parte, procuramos afirmar a relação do princípio do contraditório com o Estado Democrático de Direito e a sua inserção no leque de princípios da clausula do devido processo legal. Aduzimos também a importância de não se confundir a lógica dogmática do contraditório com o seu exercício. Em seguida, após sublinhar o seu redimensionamento no CPC/2015, apresentamos o nosso conceito para o princípio do contraditório. Na nossa visão, o contraditório pode ser definido como uma garantia fundamental, concebida dentro de um processo constitucional e inserido no âmbito do princípio do devido processo legal, que as partes processuais têm de serem comunicadas dos atos e fatos processuais e de disporem de instrumentos adequados para sobre eles se manifestarem, antes da autoridade judicial competente se pronunciar, visando contribuir na formação do julgamento.

Note-se que não incluímos em nosso conceito de contraditório, como faz abalizada parcela da doutrina, o direito de ver seus fundamentos tomados em consideração na decisão judicial. Isso porque entendemos que esse aspecto faz parte do conceito do princípio da fundamentação. Esse detalhe tem importância na estruturação do estudo, para justificar o tratamento conjunto do contraditório e da fundamentação no embasamento das nossas conclusões sobre o funcionamento do julgamento monocrático.

Mais à frente, tratamos das hipóteses de postergação do contraditório previstas em lei e dos reflexos do princípio do contraditório no procedimento recursal. Nesse passo, apontamos a inconstitucionalidade das modalidades utilitaristas de contraditório que, previstas em lei e aceitas pela doutrina e jurisprudência, agridem o modelo constitucional de processo presente no nosso Estado Democrático de Direito. De fato, não conseguimos compreender como, no atual estágio da ciência processual, ainda é possível condicionar a oitiva das partes ao tipo de decisão que será proferida, como ocorre em relação ao julgamento monocrático (art. 932, IV, do CPC/2015) e aos embargos de declaração (art. 1.023, § 2º, do CPC/2015).

Na segunda parte do Capítulo 3, nos dedicamos ao estudo do princípio da fundamentação. Da mesma forma que observado em relação ao princípio do contraditório, procuramos relacionar a exigência de fundamentação com o Estado Democrático de Direito e o princípio devido processo legal, para sublinhar a sua relevância e o seu caráter constitucional. Em seguida, perquirimos a relação entre a fundamentação e os padrões decisórios. Defendemos, então, que somente padrões decisórios bem fundamentados poderiam ter eficácia vinculativa e que a aplicação desses padrões decisórios deve ser feita por meio de uma fundamentação adequada.

Feitas essas considerações, apresentamos o nosso conceito para o princípio da fundamentação. Na nossa perspectiva, o princípio da fundamentação pode ser definido como uma garantia fundamental processual, de índole constitucional e integrante do leque de elementos que compõem o princípio do devido processo legal, que impõe ao Poder Judiciário, em todas as suas instâncias, sob pena de nulidade, o dever de apresentar a fundamentação adequada das suas decisões, nela articulando de maneira dialógica e substancial as alegações e provas trazidas aos autos, à luz da boa-fé objetiva.

Esse conceito foi desenvolvido especialmente para servir de contraponto às hipóteses de mitigação e de resistência à implementação da fundamentação adequada, observadas nas leis e aceitas pela jurisprudência. Destacamos que a fundamentação adequada faz parte do conceito de duração razoável do processo e que não ofende a separação dos Poderes ou a independência funcional dos magistrados. Reafirmamos também que o emprego da fundamentação *per relationem*, discricionária ou desarticulada compromete a autoridade e legitimidade da decisão judicial.

No caso específico do julgamento monocrático, onde os padrões decisórios exercem uma dupla função, tanto argumentativo como procedimental, a fundamentação adequada ganha um relevo ainda maior. Por isso, sustentamos que o relator deve realizar um cotejo analítico detalhado, para que sua atuação isolada não seja considera como um entrave ao acesso à justiça, no plano do acesso aos tribunais.

Na abertura do Capítulo 4, afirmamos que a colegialidade é uma característica dos tribunais brasileiros e que possui um destacado sentido de aprimoramento e legitimação das decisões judiciais. Analisamos a forma de atuação do colegiado no direito brasileiro e postulamos pela mudança do método de apuração dos votos, através da adoção do modelo *seriatim*, para que as decisões possam cumprir seus escopos no sistema jurídico brasileiro. Por outro lado, defendemos que a colegialidade representa um princípio jurídico assentado nos tribunais e que exige, de um lado, a primazia do colegiado no julgamento dos tribunais, e, de outro, a autocontenção dos julgadores, em face das orientações colegiadas.

Em relação ao julgamento colegiado, procuramos ainda destacar a importância da publicidade das deliberações e do voto vencido. Em seguida, colocamos em evidência as atribuições do relator no órgão colegiado, para melhor enquadrar e classificar a sua atuação isolada.

Após essas análises, concluímos que, por razões de celeridade, efetividade e racionalidade, é possível afastar a primazia do colegiado e permitir ao relator julgar monocraticamente o mérito dos recursos, sem obstruir o acesso aos tribunais, desde que: a) seja respeitado o princípio do contraditório, abrindo a possibilidade das partes se manifestarem antes da prolação da decisão monocrática do relator, em todas as situações, bem como seja respeitado o direito à sustentação oral no julgamento do agravo interno; b) seja respeitado o princípio do devido processo legal, exigindo que o relator somente julgue o recurso monocraticamente nas hipóteses expressamente previstas em lei (art. 932, IV e V, do CPC/2015); c) seja respeitado o princípio da fundamentação adequada, exigindo que o relator demonstre na decisão monocrática a similitude fática e jurídica entre a questão recursal e o padrão decisório invocado; d) seja assegurado às partes que não se conformem com a decisão monocrática o devido o acesso ao colegiado, através do agravo interno (art. 1.021 do CPC/2015).

O Capítulo 5 deste livro foi dedicado ao estudo do julgamento monocrático. Nele, procuramos refazer a trajetória histórica do julgamento monocrático no Brasil, desde os primórdios do período colonial até o CPC/2015. Com isso, buscamos demonstrar que as decisões monocráticas sempre fizeram parte da lógica de funcionamento dos tribunais brasileiros, ainda que em caráter excepcional e intermitente. Com isso, foi possível afastar a percepção sedimentada em parte dos trabalhos doutrinários pesquisados de que o julgamento monocrático teria surgido no país apenas a partir da modificação operada no regimento interno do STF em 1963 e que não faria parte da nossa cultura jurídica. O que efetivamente faz parte da nossa tradição jurídica, conforme demonstrado pela pesquisa, é a falta de regulamentos adequados para o funcionamento da atuação monocrática e do recurso contra a decisão unipessoal. Essa cultura, de fato, somente começou a ser modificada no período final de vigência do CPC/1973 e teve no CPC/2015 um aprimoramento significativo.

Na sequência, passamos a sustentar que o julgamento monocrático representa uma técnica de abreviação do procedimento recursal e, como tal, deve ser aplicada com força cogente pelos tribunais. Reafirmamos que a orientação presente na jurisprudência de que o julgamento monocrático é uma faculdade do relator não se coaduna com a sua natureza e os seus efeitos. Além disso, entendemos que o relator deve agir como um filtro, para otimizar o funcionamento do colegiado, somente levando ao debate com seus pares as questões novas, controvertidas ou que mereçam ser revistas.

Nesse passo, necessário frisar que embora o colegiado seja o juiz natural da causa dirigida aos tribunais, é perfeitamente possível que a lei delegue essa competência para o relator, por questões de gestão processual (eficiência e racionalidade). A delegação legal, assim, faz com que o relator exerça uma competência funcional que lhe é própria, como juiz natural da causa, quando presentes os requisitos legais para a abreviação do procedimento recursal (art. 932, IV e V, do CPC/2015). Refutamos, assim, as orientações doutrinárias e jurisprudenciais que defendem que o julgamento monocrático pode ter lugar diante de uma manifestação jurisprudencial, ainda que não expressamente prevista no art. 932 do CPC/2015. Não havendo um padrão decisório previsto em lei, o relator deverá levar o mérito do recurso a julgamento pelo colegiado, para, assim, tentar promover a uniformização da jurisprudência (art. 926 do CPC/2015).

Note-se que a previsão contida no art. 932, VIII, do CPC/2015 de que o regimento interno pode prever outras atribuições para o relator não pode servir para minar taxatividade do cabimento da abreviação do procedimento recursal, inserindo hipóteses de julgamento monocrático com base na "jurisprudência dominante".

Defendemos, ainda, que o julgamento monocrático deva ser utilizado de forma excepcional, quando não houver divergência sobre a aplicação do padrão decisório à questão. Caso contrário, deve o relator submeter o julgamento ao colegiado (*in dubio pro collegium*).

Na nossa visão, o padrão decisório apto a legitimar o julgamento monocrático deve estar em consonância com o entendimento sufragado não apenas no órgão colegiado ao qual pertence o relator, mas também nos tribunais superiores. Por esses motivos, sustentamos que o relator não pode julgar monocraticamente se o padrão decisório editado pelo seu tribunal estiver em contraste com o entendimento consagrado pelos tribunais superiores. Essa situação, na prática, dificilmente será observada, pois os padrões decisórios que podem ser editados por tribunais inferiores se submetem a controle por meio de recurso aos tribunais superiores. Logo, a presunção é que os padrões decisórios editados por tribunais inferiores devem estar em sintonia com o entendimento dos tribunais superiores. Mas, se isso não estiver ocorrendo, o relator deverá submeter a questão ao órgão colegiado, sublinhando esse dissídio.

Da mesma forma, o relator não pode julgar monocraticamente um recurso, utilizando-se de um padrão decisório editado por um tribunal superior, se a orientação presente no seu órgão não for com ele harmônica. Nesse caso, se o relator julgar individualmente aplicando um padrão decisório que não é observado pelo seu órgão colegiado, estará promovendo a quebra da isonomia, por consequência, atentando contra as diretrizes fundamentais do sistema jurisprudencial (art. 926 do CPC/2015). Isso porque, quando ele for o relator e não houver a interposição do agravo interno, a matéria será julgada de uma forma, ao passo que, se outro julgador for o relator ou a questão for submetida ao colegiado, a matéria será julgada de outra forma.

Por outro lado, defendemos que se o padrão decisório não for capaz de, por si só, resolver a integralidade do mérito do recurso, a questão terá que ser submetida ao colegiado. Isso significa dizer que o relator não pode aproveitar que parte da questão recursal se submete a um padrão decisório para julgar monocraticamente outra, que não esteja na mesma situação. Da mesma forma, o relator não pode julgar sozinho parcela da questão recursal e submeter o restante ao julgamento colegiado.

Ressalte-se, ainda, que o julgamento monocrático deve ser utilizado de maneira ética pelo relator. Para tanto, a técnica não pode ser aplicada quando seu objetivo principal for prestigiar a posição subjetiva, minoritária ou controvertida do prolator.

Sustentamos também que o agravo interno e os embargos de declaração devem ser identificados como ferramentas fundamentais para o aperfeiçoamento e para o controle da aplicação do julgamento monocrático, afastando a visão negativa que os tribunais cotidianamente lhes atribuem.

Nesse passo, o agravo interno pode ser definido como o recurso cabível em face de decisão monocrática proferida nos tribunais, capaz de provocar o seu reexame pelo órgão colegiado competente.[1] O agravo interno tem papel fundamental no sistema jurídico, pois representa o instrumento de preservação não apenas do princípio do colegiado,[2] mas também de outros princípios processuais, tais como a ampla defesa e o duplo grau de jurisdição.[3]

Da mesma forma, propomos que ambos os recursos sejam submetidos a uma leitura diferenciada, para alinhar seu funcionamento com o modelo constitucional de processo. Nesse sentido, entendemos que as partes devem ser ouvidas antes do julgamento, ressalvadas as hipóteses de medidas requeridas em caráter *inaudita altera partes*. Aduzimos, igualmente, que a multa prevista tanto no agravo interno como nos embargos de declaração não pode ser utilizada como instrumento de intimidação e somente deve ser aplicada se ficar demonstrada que a interposição do recurso foi praticada por má-fé.

No caso específico do agravo interno, os levantamentos feitos junto ao Tribunal de Justiça do Rio de Janeiro demonstraram ser urgente a necessidade de adoção de medidas para aprimorar o seu funcionamento, que hoje não lhe permite cumprir o papel de legitimador e controlador do julgamento monocrático. Como visto nos levantamentos realizados junto ao Tribunal de Justiça do Rio de Janeiro, após a entrada em vigor do CPC/2015, o número de decisões monocráticas agravadas ficou abaixo de 15% e o número de agravos

---

1. Afirma Alexandre Freitas Câmara, **O agravo interno no direito processual civil brasileiro**, p. 614: *"Chama-se agravo interno ao remédio processual que permite o controle pelos tribunais (ou seus órgãos fracionários) das decisões monocráticas proferidas pelos relatores ou seus presidentes"*.
2. Nesse sentido, veja-se: *"É possível ao Relator negar seguimento a recurso manifestamente inadmissível, improcedente ou prejudicado não ofendendo, assim, o princípio da colegialidade. Ademais, com a interposição do agravo regimental, fica superada a alegação de nulidade pela violação ao referido princípio, ante a devolução da matéria à apreciação pelo Órgão Julgador"* (STJ – 3ª Turma – AgInt no RESP 1.665.396/MG – Rel. Min. Marco Aurélio Bellizze, j. em 14/11/2017).
3. Pedro Miranda de Oliveira, **Agravo interno e agravo regimental**, p. 129, e Alexandre Freitas Câmara, **O agravo interno no direito processual civil brasileiro**, p. 618.

providos não atingiu 2%. Na nossa visão, a principal razão para essa situação é a atuação do relator no processamento e julgamento do agravo interno.

Destarte, a participação do relator no agravo interno contraria a lógica do princípio do duplo grau de jurisdição, comprometendo o acesso qualificado aos tribunais. O relator tem interesse em defender a sua posição, o que compromete a sua condição de imparcialidade. Por isso, defendemos que o afastamento do relator no julgamento do agravo interno, que já esteve previsto em diversas leis e regimentos editados ao longo da história do direito brasileiro, precisa ser introduzido no CPC/2015, e, no caso do agravo interno, com sustentação oral, quando tal direito for previsto em relação ao recurso cujo procedimento foi abreviado.

Apesar dos dados levantados nas entrevistas realizadas com os desembargadores cíveis do Tribunal de Justiça do Rio de Janeiro, não foi identificado reconhecimento da ineficácia do agravo interno em cumprir sua função de controlar a atividade monocrática. Na visão dos entrevistados, o julgamento monocrático e as regras previstas sobre o tema no CPC/2015 são adequadas. Da mesma forma, apesar dos entrevistados afirmarem que julgavam em sintonia com a jurisprudência dos tribunais superiores, a referência aos padrões decisórios nas decisões monocráticas pesquisadas se mostrou basicamente regional. De modo que, ainda que as decisões monocráticas estejam efetivamente alinhadas com a jurisprudência superior, como alegado, existe um claro déficit na fundamentação desse aspecto.

No bojo das reflexões defendidas, apresentamos algumas propostas de modificação no texto do CPC/2015, com o objetivo de adequá-lo ao princípio da jurisdição equivalente. E encerrando o Capítulo 5, nos debruçamos sobre o regulamento previsto no art. 656 do Código de Processo Civil português para o julgamento monocrático do mérito do recurso. Nele, demonstramos o julgamento monocrático do mérito da apelação, chamada de "decisão sumária definitiva", e da impugnação são similares ao que o direito brasileiro tinha, antes do CPC/2015, e, em alguns aspectos, antes mesmo do CPC/1973. Diferentemente do direito alemão, onde é o órgão colegiado que estabelece quais causas o relator poderá julgar, em verdadeiro ato de delegação (art. 526 do Código de Processo Civil alemão), no direito processual português o cabimento do julgamento monocrático, restrito ao recurso de apelação, é feito de forma subjetiva pelo relator. A simplicidade da questão recursal, preferencialmente demonstrada pela existência de jurisprudência consolidada sobre o tema, ou a manifesta falta de fundamento, são critérios imprecisos e vagos, que não promovem a segurança jurídica necessária para buscar a padronização do procedimento sumário e a uniformização da jurisprudência.

Não por outra razão, a "decisão sumária" é alvo de críticas doutrinárias, sendo apontada como fator de retardo e não de aceleração processual. A impugnação à decisão monocrática, por sua vez, não tem natureza de recurso, mas de mero pedido de rejulgamento da apelação pelo colegiado, que não precisa sequer ser motivado. De modo que é possível concluir que a legislação portuguesa está defasada em relação às regras previstas no Código brasileiro.

Em suma, norteados pela busca da promoção do acesso qualificado à justiça, em especial do acesso aos tribunais, defendemos que o julgamento monocrático é compatível com nosso sistema jurídico, mas deve ser utilizado de maneira excepcional e criteriosa, submetida a um modelo constitucional de processo, quando presentes os pressupostos legais. Concluímos, assim, que não obstante a decisão plurissubjetiva possa se afigurar, em tese, como mais justa, por envolver maior reflexão e debate, que nos casos onde a questão estiver versada num padrão decisório vinculativo, o relator pode legitimamente atuar sozinho, para reservar o julgamento colegiado para as questões novas e controvertidas.

Defendemos também que o relator não deve julgar isoladamente o mérito dos recursos se os padrões decisórios não estiverem em sintonia com o entendimento dos tribunais superiores ou do seu próprio órgão colegiado. Com efeito, entendemos que o relator deve desempenhar um papel de representante do colegiado, prestando uma jurisdição equivalente àquela que provavelmente seria produzida caso o procedimento recursal não tivesse sido abreviado, mas sempre em simetria com o entendimento firmado nos tribunais superiores. Eis o cerne do princípio estudado.

REFERÊNCIAS

ABBAGNANO, Nicola. **Dicionário de filosofia**. São Paulo: Martins Fontes, 2012.

ABBOUD, Georges. **Jogo democrático e processo: as razões pelas quais o processo civil deve ser um jogo limpo**. *In:* STRECK, Lenio Luiz; ALVIM, Eduardo Arruda; LEITE, George Salomão. (coord.). Hermenêutica e jurisprudência no novo Código de Processo Civil: coerência e integridade. São Paulo: Saraiva, 201, p. 125-155.

________. **Precedente judicial versus jurisprudência dotada de efeito vinculante: a ineficácia e os equívocos das reformas legislativas na busca de uma cultura de precedentes**. *In:* WAMBIER, Tereza Arruda Alvim (org.). Direito jurisprudencial. São Paulo: Revista dos Tribunais, 2012, p. 223-258.

AGRA, Walber de Moura. **Curso de direito constitucional**. 9ª ed., Belo Horizonte: Fórum, 2018.

ALARIE, Benjamin; GREEN, Andrew James. ***Commitment and cooperation in high courts: a cross-country examination of institutional constraints on judges***. Oxford: Oxford University Press, 2017.

ALEN, D. C. ***The Impact of the Woolf Reforms in the U.K.*** Site Alen & Overy de 19/02/2009. Disponível em: http://www.allenovery.com/publications/en-gb/Pages/The-Impact-of-the-Woolf-Reforms-in-the-U-K-.aspx. Acessado em 07/10/2017.

ALEXY, Robert. **Teoria dos direitos fundamentais**. São Paulo: Malheiros, 2008.

ALLAN, T. R. S. ***Constitutional justice: a liberal theory of the rule of law***. Oxford: Oxford University Press, 2001.

ALLORIO, Enrico. ***Problemas de derecho procesal***. t. 1, Buenos Aires: Juridicas Europa-América, 1963.

ALMEIDA, Cândido Mendes de. **Codigo Philippino, ou, Ordenações e leis do Reino de Portugal: recopiladas por mandado d'El-Rey D. Philippe I**. 14ª ed., Rio de Janeiro: Typ. do Instituto Philomathico, 1870.

ALMEIDA, Francisco Manuel Lucas Ferreira de. **Direito processual civil**. v. 2. Coimbra: Almedina, 2015.

ALMEIDA, José Maurício Pinto de. **O poder judiciário brasileiro e sua organização**. Curitiba: Juruá, 1996.

ALMEIDA, Marcelo Pereira de. **Precedentes judiciais: análise crítica dos métodos empregados no Brasil para solução de demandas de massa**. Curitiba: Juruá, 2014.

ALVES, Cleber Francisco. **Justiça para todos! Assistência jurídica gratuita nos Estados Unidos, na França e no Brasil**. Rio de Janeiro: Lumen Juris, 2006.

ALVES, José Carlos Moreira. **Estudos de direito romano**. Brasília: Senado Federal, 2009.

ALVIM NETTO, José Manoel de Arruda. **Manual de direito processual civil**. v. 1. 9ª ed., São Paulo: Revista dos Tribunais, 2005.

ALVIM, Eduardo Arruda. **Direito processual civil**. 2ª ed., São Paulo: Revista dos Tribunais, 2008.

AMARAL, Guilherme Rizzo. **Comentários às alterações do novo CPC**. São Paulo: Revista dos Tribunais, 2015.

AMARAL, Jorge Augusto Pais de. **Direito processo civil**. 2ª ed., Coimbra: Almedina, 2001.

ANDOLINA, Ítalo Augusto. ***Il modello costituzionale del processo civile***. *In:* Gênesis: Revista de Direito Processual Civil. v. 4, Curitiba: Gênesis, jan./abr. 1997, p. 142-157.

ANDREWS, Neil. ***Principles of civil procedure***. Londres: Sweet & Maxwell, 1994.

ARAGÃO, Egas Dirceu Moniz. **Do agravo regimental**. *In:* Revista dos Tribunais. v. 315, São Paulo: Revista dos Tribunais, jan. 1962, p. 130-152.

ARAGÃO, Eugênio José Guilherme de. **O princípio da colegialidade e a independência do magistrado**. Revista **Consultor Jurídico** de 15/06/2018. Disponível em: https://www.conjur.com.br/2018-jun-15/aragao-principio-colegialidade-independencia-magistrado. Acessado em 25/10/2018.

ARAÚJO FILHO, Luiz Paulo da Silva. Comentários ao art. 496. *In:* CABRAL, Antonio do Passo; CRAMER, Ronaldo (coord.). **Comentários ao novo Código de Processo Civil**. Rio de Janeiro: Forense, 2016, p. 743-745.

ARAÚJO, Luciano Vianna. Comentários ao art. 1.021. *In:* CABRAL, Antonio do Passo; CRAMER, Ronaldo (coord.). **Comentários ao novo Código de Processo Civil**. Rio de Janeiro: Forense, 2016, p. 1504-1510.

ARAÚJO, Marcelo Cunha. **O novo processo constitucional**. Belo Horizonte: Mandamentos, 2003.

ASSIS, Araken de. **Manual dos recursos**. 9ª ed., São Paulo: Revista dos Tribunais, 2017.

ASSIS, Guilherme Bacelar Patrício de. **A história do precedente vinculante na Inglaterra**. *In*: Revista da Faculdade de Direito da UFMG. nº 67, Belo Horizonte: UFMG, jul./dez. 2015, p. 295-316.

ASSOCIAÇÃO DOS MAGISTRADOS BRASILEIROS. **AMB, Anamatra e Ajufe pedem vetos ao novo CPC**. *In:* Site da Associação dos Magistrados Brasileiros. AMB. Disponível em: http://novo.amb.com.br/?p=20285. Acessado em 23/07/2016.

ÁVILA, Humberto. **Neoconstitucionalismo: entre a ciência do direito e o direito da ciência**. *In:* Revista Eletrônica de Direito de Estado (REDE). nº 17, Salvador: Instituto Brasileiro de Direito Público, jan./mar. 2009. Disponível em: http//:www.direitodoestado.com.br/rede.asp. Acessado em 26/03/2016.

________. **Teoria dos princípios: da definição à aplicação dos princípios jurídicos**. 10ª ed., São Paulo: Malheiros, 2009.

AVRITZER, Leonardo; MARONA, Marjorie; GOMES, Lilian C. B. (org.). **Cartografia da justiça no Brasil: uma análise a partir de atores e territórios**. São Paulo: Saraiva, 2014.

AZEVEDO, Marco Antônio Duarte. **Súmula vinculante: o precedente como fonte do direito**. São Paulo: Centro de Estudos da Procuradoria Geral do Estado de São Paulo, 2009.

BAPTISTA, Bárbara Gomes Lupetti. **A pesquisa empírica no direito: obstáculos e contribuições**. *In:* LIMA, Roberto Kant de; EILBAUM, Lucia; PIRES, Lenin. (org.). Conflitos, Direitos e Moralidades em Perspectiva Comparada. v. 2, Rio de Janeiro: Garamond Universitária, 2010, p. 127-152.

BARACHO, José Alfredo de Oliveira. **Processo constitucional**. Rio de Janeiro: Revista Forense, 1984.

________. **Teoria Geral do Processo Constitucional**. *In:* Revista da Faculdade Mineira de Direito. v. 2, n(s) 3 e 4. Belo Horizonte, 1º e 2º sem. 1999, p. 89-154.

BARCELOS, Ana Paula de. **Ponderação, racionalidade e atividade jurisdicional**. Rio de Janeiro: Renovar, 2005.

BARROSO, Luís Roberto. **Judicialização, ativismo judicial e legitimidade democrática**. *In:* Revista Direito do Estado. nº 13, Salvador: Juspodivm, jan./mar., 2009, p. 71-91.

________. **Neoconstitucionalismo e constitucionalização do direito (o triunfo tardio do direito constitucional no Brasil)**. *In:* Revista de Direito Administrativo. Rio de Janeiro: FGV Direito Rio. v. 240, abr./jun. 2005, p. 1-42.

________. **O controle de constitucionalidade no direito brasileiro: exposição sistemática da doutrina e análise crítica da jurisprudência**. 2ª ed., São Paulo: Saraiva, 2006.

BASTOS, Antonio Adonias. **A duração razoável do processo**. Salvador: Juspodivm, 2009.

BECKER, Rodrigo; PEIXOTO, Marco Aurélio. **A relevância da sustentação oral como garantia de influência na decisão**. *In:* Jota de 30/08/2018. Disponível em: https://www.jota.info/opiniao-e-analise/colunas/coluna-cpc-nos-tribunais/a-relevancia-da-sustentacao-oral-como-garantia-de-influencia-na-decisao-30082018. Acessado em 02/09/2018.

BEDAQUE, José Roberto dos Santos. **Direito e processo: influência do direito material sobre o processo**. 3ª ed., São Paulo: Malheiros, 2003.

BELEZA, Maria dos Prazeres Pizarro. **O dever de motivação das decisões judiciais no novo CPC português**. *In:* SILVA, João Calvão da; *et altri* (org.). Processo civil comparado: análise entre Brasil e Portugal. São Paulo: Forense, 2017, p. 167-181.

BENABENTOS, Omar Abel. ***Teoria general unitária del derecho procesal***. Bogotá: Temis, 2001.

BERMUDES, Sérgio. **A reforma do Código de Processo Civil: observações às leis 8.950, 8.951, 8.952, 8.953 de 13 de dezembro de 1994**. Rio de Janeiro: Freitas Bastos, 1995.

________. **Comentários ao Código de Processo Civil**. v. 7, São Paulo: Revista dos Tribunais, 1975.

________. **Introdução ao processo civil**. 2ª ed., Rio de Janeiro: Forense, 1996.

BOBBIO, Norberto. **A era dos direitos**. Rio de Janeiro: Campus, 1992.

________. **O positivismo jurídico**. São Paulo: Ícone, 2006.

________. **Teoria do ordenamento jurídico**. Brasília: Universidade de Brasília, 1997.

BONAVIDES, Paulo. **Curso de direito constitucional**. 19ª ed., São Paulo: Malheiros, 2006.

BONDIOLI, Luis Guilherme Aidar. **Breves notas sobre o controle das decisões monocráticas na instância recursal.** ***In:*** MEDINA, José Miguel Garcia; CRUZ, Luana Pedrosa de Figueiredo; CERQUEIRA, Luís Otávio Sequeira de; GOMES JUNIOR, Luiz Manoel. (org.). Os poderes do juiz e o controle das decisões judiciais. São Paulo: Revista dos Tribunais, 2008, p. 784-792.

________. **Novidades em matéria de embargos de declaração no CPC de 2015**. *In:* Revista do Advogado. nº 126, São Paulo: AASP, mai. 2015, p. 152-157.

BORGES, Marcos Afonso. **Alterações do Código de Processo Civil oriundas da Lei 9.756, de 17-12-1998**. *In:* Revista de Processo. nº 94, São Paulo: Revista dos Tribunais, abr./jun. 1999, p. 7-24.

BOURDIEU, Pierre. **O poder simbólico**. Rio de Janeiro: Bertrand Brasil, 2003.

BRASIL. CONSELHO NACIONAL DE JUSTIÇA. **Justiça em números 2017: ano-base 2016**. Brasília: CNJ, 2017.

BRASIL. CONSELHO NACIONAL DE JUSTIÇA. **Sistema de estatísticas do Poder Judiciário do Conselho Nacional de Justiça**. Site do CNJ de 01/04/2013. Disponível em: http://www.cnj.jus.br/programas-de-a-a-z/eficiencia-modernizacao-e-transparencia/pj-justica-em-numeros/2013-01-04-19-13-21. Acessado em 01/10/2014.

BRASIL. SENADO FEDERAL. **Exposição de motivos**. *In:* Anteprojeto do novo Código de Processo Civil. Brasília: Senado Federal (Subsecretaria de Edições Técnicas), 2010.

BRASIL. TRIBUNAL DE JUSTIÇA DO ESTADO DO RIO DE JANEIRO. **Estatística do Tribunal de Justiça do Rio de Janeiro**. Site do TJRJ. Disponível em: http://www.tjrj.jus.br/c/document_library/get_file?uuid=a-

01b0ee8-9641-4ca8-a278-ab3eeb7cf931&groupId=10136. Acessado em 01/10/2014.

BRÊTAS, Ronaldo de Carvalho Dias. **Processo constitucional e estado democrático de direito**. 2ª ed., Belo Horizonte: Del Rey, 2012.

BUENO, Cassio Scarpinella. **A nova lei do mandado de segurança**. 2ª ed., São Paulo: Saraiva, 2010.

________. **Curso sistematizado de direito processual civil**. v. 3, 3ª ed., São Paulo: Saraiva, 2012.

________. **Manual de direito processual: volume único**. 2ª ed., São Paulo: Saraiva, 2016.

BULOS, Uadi Lammêgo. **Curso de direito constitucional**. 8ª ed., São Paulo: Saraiva, 2014.

BÜLOW, Oskar Von. **Teoria das exceções e dos pressupostos processuais**. 2ª ed., São Paulo: LZN, 2003.

BUSTAMANTE, Thomas da Rosa de. **Teoria do precedente judicial: a justificação e a aplicação de regras jurisprudenciais**. São Paulo: Noeses, 2012.

BUZAID, Alfredo. **A influência de Liebman no direito processual civil brasileiro**. *In:* Revista da Faculdade de Direito da USP. v. 81, São Paulo: USP, 1986, p. 131-152.

________. **Da uniformização da jurisprudência**. *In:* Boletim da Faculdade de Direito da Universidade de Coimbra. nº 58, t. 2, Coimbra: Coimbra, 1982, p. 127-167.

CABRAL, Antonio do Passo. Comentários aos arts. 976 a 987. *In:* CABRAL, Antonio do Passo; CRAMER, Ronaldo. (org.) **Comentários ao novo Código de Processo Civil**. Rio de Janeiro: Forense, 2015, p. 1415-1454.

CADORE, Márcia Regina Lusa. **Súmula vinculante e uniformização de jurisprudência**. São Paulo: Atlas, 2007.

CALAMANDREI, Piero. **Instituições de direito processual civil**. v. 1, 2ª ed., Campinas: Bookseller, 2003.

CÂMARA, Alexandre Freitas. Comentários aos arts. 1.009 a 1.020. *In:* CABRAL, Antonio do Passo; CRAMER, Ronaldo. (org.) **Comentários ao novo Código de Processo Civil**. Rio de Janeiro: Forense, 2015, p. 1485-1504.

________. **Levando os padrões decisórios a sério: formação e aplicação dos precedentes e enunciados de súmula**. São Paulo: Atlas, 2017.

________. **Novo CPC permite provimento de recurso sem prévia oitiva do recorrido**. Revista **Consultor Jurídico** de 28/02/2016. Disponível em: https://www.conjur.com.br/2016-fev-28/alexandre-camara-cpc-permite-provimento-previa-oitiva. Acessado em 11/10/2018.

________. **O agravo interno no direito processual civil brasileiro.** ***In:*** MEDINA, José Miguel Garcia; CRUZ, Luana Pedrosa de Figueiredo; CERQUEIRA, Luís Otávio Sequeira de; GOMES JUNIOR, Luiz Manoel. (org.). Os poderes do juiz e o controle das decisões judiciais. São Paulo: Revista dos Tribunais, 2008, p. 611-618.

________. **O novo processo civil brasileiro**. 3ª ed., São Paulo: Atlas, 2017.

________. **Relatório influencia na agilidade e qualidade dos julgamentos**. Revista **Consultor Jurídico** de 04/08/2016. Disponível em: https://www.conjur.com.br/2016-ago-04/alexandre-camara-relatorio-influencia-qualidade-julgamento. Acessado em 14/05/2018.

CAMARGO, Margarida Maria Lacombe. **Hermenêutica e argumentação: uma contribuição ao estudo do direito**. Rio de Janeiro: Renovar, 1999.

CAMPOS, José Roberto Monteiro de. **Systema, ou collecção dos regimentos reaes**. t. 4, Lisboa: Officina de Simão Thaddeo Ferreira, 1775, p. 494.

CANADÁ. *DEPARTAMENT OF JUSTICE*. ***Third series of proposals to harmonize federal law with the civil law of the province of Quebec***. Site do Departamento de Justiça Canadense de 15/02/2008. Disponível em: https://www.justice.gc.ca/eng/csj-sjc/harmonization/bijurilex/consul/consult.html. Acessado em 22/10/2017.

CANOTILHO, José Joaquim Gomes. **Direito constitucional e teoria da constituição**. 5ª ed., Coimbra: Almedina, 2002.

CAPELLETTI, Mauro; GARTH, Bryant. **Acesso à justiça**. Porto Alegre: Sergio Antônio Fabris, 1988.

CAPPELLETTI, Mauro. **Acesso à justiça como programa de reforma e como método de pensamento**. *In:* Revista Forense. v. 395, Rio de Janeiro: Forense, jan./fev. 2008, p. 209-224.

________. **Juízes legisladores?** Porto Alegre: Sérgio Antônio Fabris, 1993.

CARDOSO, Antonio Pessoa. *Bahia abrigou o primeiro Tribunal de Justiça do Brasil*. ***In:*** *Revista Conjur Jurídico de* 31/03/2008. Disponível em: https://www.conjur.com.br/2008-mar-31/bahia_abrigou_primeiro_tribunal_justica_brasil. Acessado em 20/10/2018.

CARNEIRO, Athos Gusmão. **Jurisdição e competência**. 17ª ed., São Paulo: Saraiva, 2010.

________. **O novo recurso de agravo**. 4ª ed., Rio de Janeiro: Forense, 1998.

________. **Poderes do relator e agravo interno: artigos 557, 544 e 545 do CPC**. *In:* Revista da AJURIS: Doutrina e jurisprudência. nº 79, Porto Alegre: AJURIS, set. 2000, p. 19-43.

CARNEIRO, Paulo Cezar Pinheiro. **Acesso à justiça: juizados especiais cíveis e ação civil pública: uma nova sistematização da teoria geral do processo**. 2ª ed., Rio de Janeiro: Forense, 2007.

CARNELUTTI, Francesco. **Sistema de direito processual civil**. São Paulo: Classic Book, 2000.

CARPENA, Márcio Louzada. **Os poderes do juiz no *common law***. *In:* Revista de Processo. nº 180, São Paulo: Revista dos Tribunais, fev. 2010, p. 195-220.

CARVALHO, Afrânio de. **Poder legislativo**. *In:* Revista de Direito Administrativo. v. 56, Rio de Janeiro: Fundação Getúlio Vargas, 1959, p. 29-41.

CARVALHO, Fabiano. **Poderes do relator nos recursos: art. 557 do CPC**. São Paulo: Saraiva, 2008.

CARVALHO, Gustavo Marinho de. **Precedentes administrativos no direito brasileiro**. São Paulo: Contracorrente, 2015.

CARVALHO, Kildare Gonçalves. **Direito constitucional**. 14ª ed., Belo Horizonte: Del Rey, 2008.

CASTRO JR., Osvaldo Agripino. **Introdução à história do direito: Brasil X Estados Unidos**. Florianópolis: CESUSC, 2001.

CASTRO, Carlos Roberto de Siqueira. **O Devido processo legal e a razoabilidade das leis na nova constituição do Brasil**. Rio de Janeiro: Forense, 1989.

CASTRO, Flávia de Almeida Viveiros de. **O poder judiciário na virada do século: paradigmas de atuação**. Rio de Janeiro: Lumen Juris, 1998.

CASTRO, Guilherme de Siqueira; FERREIRA, Olavo Augusto Vianna Alves. **Mandado de injunção**. Salvador; Juspodivm, 2016.

CATTONI, Marcelo. **Direito processual constitucional**. Belo Horizonte: Mandamentos, 2001.

CAVALCANTE, Mantovanni Colares. **Os meios de controle das decisões monocráticas do relator em tribunais.** ***In:*** MEDINA, José Miguel Garcia; CRUZ, Luana Pedrosa de Figueiredo; CERQUEIRA, Luís Otávio Sequeira de; GOMES JUNIOR, Luiz Manoel. (org.). Os poderes do juiz e o controle das decisões judiciais. São Paulo: Revista dos Tribunais, 2008, p. 791-802.

CHIOVENDA, Giuseppe. **Instituições de direito processual civil**. v. 1, Campinas: Bookseller, 1998.

________. **Instituições de direito processual civil**. v. 2, Campinas: Bookseller, 1998.

CIANCI, Mirna. **A Lei 9.756/98 (CPC, arts. 544, § 3º, e 557, §§ 1º a 3º) e a ampliação dos poderes do relator, dez anos depois**. *In:* Revista de Processo. nº 157, São Paulo: Revista dos Tribunais, mar. 2008, p. 165-181.

CINTRA, Antônio Carlos de Araújo; GRINOVER, Ada Pellegrini; DINAMARCO, Cândido Rangel. **Teoria geral do processo**. 13ª ed., São Paulo: Malheiros, 1997.

COHENDET, Marie-Anne. ***La collégialité des juridictions: un principe en voie de disparition?*** *In: Revue Française de Droit Constitutionnel.* n° 68, Paris: PUF, out. 2006, p. 713-736.

COMOGLIO, Luigi Paolo. ***Garanzie minime del "giusto processo" civile negli ordinamenti ispano-latinoamericani. Judicium: il processo civile in Italia ed in Europa***. 2002. Disponível em http://judicium.it. Acessado em 21/06/2015.

COSTA, Hélio Rubens Ribeiro. **A inconstitucionalidade da primeira parte do parágrafo 3. do art. 544 do Código de Processo Civil e demais questões referentes ao julgamento monocrático dos recursos constitucionais**. *In:* Revista do Instituto dos Advogados de São Paulo. v. 4, São Paulo: IASP, 1999, p. 113-122.

COSTA, Moacir Lobo da. **Breve notícia histórica do direito processual civil brasileiro e sua literatura**. São Paulo: Revista dos Tribunais, 1970.

COUTURE, Eduardo Juan. **Introdução ao estudo do processo civil**. Rio de Janeiro: Forense, 1995.

CRAMER, Ronaldo. **Conceitos jurídicos indeterminados e discricionariedade judicial no processo civil.** *In:* MEDINA, José Miguel Garcia et altri. Os poderes do juiz e o controle das decisões judiciais: estudos em homenagem à professora Teresa Arruda Alvim Wambier. São Paulo: Revista dos Tribunais, 2008, p. 107-114.

________. **Precedentes judiciais: teoria e dinâmica**. Rio de Janeiro: Forense, 2016.

CRETELLA JÚNIOR, José. **Curso de Direito Romano**. 30ª ed., Rio de Janeiro: Forense, 2007.

CROSS, Rupert. ***Precedent in english law***. Oxford: Clarendon Press, 1977.

CRUZ, Álvaro Ricardo de Souza. **Jurisdição constitucional democrática**. Belo Horizonte: Del Rey, 2004.

CRUZ, José Raimundo Gomes da. **Lei Orgânica da Magistratura Nacional interpretada**. São Paulo: Juarez de Oliveira, 2002.

CUNHA JÚNIOR, Dirley da. **Controle de constitucionalidade: teoria e prática**. Salvador: Juspodivm, 2006.

CUNHA, Leonardo José Carneiro da. **A Fazenda pública em juízo**. 12ª ed., São Paulo: Dialética, 2012.

________. **Inovações no processo civil: comentários às leis 10.352 e 10.358/2001**. São Paulo: Dialética, 2002.

CUNHA, Sérvulo da. **O efeito vinculante e os poderes do juiz**. São Paulo: Saraiva, 1999.

DANTAS, Bruno. **Teoria dos recursos repetitivos: tutela pluri-individual nos recursos dirigidos ao STF e ao STJ (arts. 543-B e 543-C do CPC)**. São Paulo: Revista dos Tribunais, 2015.

DAVID, René. **Os grandes sistemas do direito contemporâneo**. 4ª ed., Rio de Janeiro: Martins Fontes, 2002.

DELLOSSO, Ana Fernanda Ayres; KÖHLER, Domitila. **Julgamento virtual é mais um passo para a "monocratização" dos tribunais**. Revista **Consultor Jurídico** de 05/04/2017. Disponível em: https://www.conjur.com.

br/2017-abr-05/julgamento-virtual-passo-monocratizacao-tribunais. Acessado em 29/10/2018.

DICKSON, Brice. ***Activism and restraint within the UK supreme court***. *European Journal of Currents Legal Issues*. v. 21, Lancaster: University of Lancaster, 2015. Disponível em: http://webjcli.org/article/view/399/515. Acessado em 21/10/2018.

DIDIER JR., Fredie. **Curso de direito processual civil**. v. 1. 19ª ed., Salvador: Juspodivm, 2017.

DIDIER JR., Fredie; CUNHA, Leonardo José Carneiro da. *Curso de direito processual civil.* v. *3,* 13ª ed., Salvador: Juspodivm, 2016.

DIDIER JR., Fredie; OLIVEIRA, Rafael Alexandria de; BRAGA, Paula Sarno. Comentários aos arts. 489 a 495. *In:* CABRAL, Antonio do Passo; CRAMER, Ronaldo (coord.). **Comentários ao novo Código de Processo Civil**. Rio de Janeiro: Forense, 2016, p. 703-742.

DIDIER JÚNIOR, Fredie; BRAGA, Paula Sarno; OLIVEIRA, Rafael. **Curso de direito processual civil**. v. 2, 10ª ed., Salvador: Juspodivm, 2015.

DIEGO, Felipe Clemente de. ***Instituciones de derecho civil español***. Tomo 1, Madri: Librería General de Victoriano Suarez, 1941.

DIMOULIS, Dimitri. **A relevância prática do positivismo jurídico**. *In:* Revista Brasileira de Estudos Políticos. nº 102, Belo Horizonte: UFMG, jan./jun. 2011, p. 215-253.

DINAMARCO, Cândido Rangel. **A instrumentalidade do processo**. 6ª ed., São Paulo: Malheiros, 1998.

________. **A reforma da reforma**. 4ª ed., São Paulo: Malheiros, 2003.

________. **Aspectos Polêmicos e atuais dos recursos cíveis de acordo com a lei 9.756/98**. São Paulo: Revista dos Tribunais, 1999.

________. **Fundamentos do processo civil moderno**. t. 1, 3ª ed., São Paulo: Malheiros, 2000.

________. **Fundamentos do processo civil moderno**. t. 2, 5ª ed., São Paulo: Malheiros, 2002.

________. **Instituições de direito processual civil**. v. 2, 2ª ed., São Paulo: Malheiros, 2002.

________. **Instituições de direito processual civil**. v. 3, 2ª ed., São Paulo: Malheiros, 2002.

________. **Nova era do processo civil**. São Paulo: Malheiros, 2003.

________. **O relator, a jurisprudência e os recursos**. *In:* WAMBIER, Tereza Arruda Alvim; NERY JUNIOR, Nelson. (org.). Aspectos polêmicos e atuais dos recursos cíveis de acordo com a lei 9.756/98. São Paulo: Revista dos Tribunais, 1999, p. 127-144.

DINIZ, Maria Helena. **Compêndio de introdução à ciência do direito**. 19ª ed., São Paulo: Saraiva, 2008.

DUARTE, Antonio Aurelio Abi Ramia. **Os princípios no projeto do novo Código de Processo Civil: visão panorâmica**. *In:* Revista do GEDICON. v. 1, Rio de Janeiro: EMERJ, dez./2013, p. 113-145.

DWORKIN, Ronald. **Levando os direitos a sério**. São Paulo: Martins Fontes, 2002.

________. **O império do direito**. São Paulo: Martins Fontes, 2007.

ECONOMIDES, Kim. **Lendo as ondas do "movimento de acesso à justiça": epistemologia versus metodologia?** *In:* PANDOLFI, Dulce. (org.). Cidadania, justiça e violência. Rio de Janeiro: Fundação Getúlio Vargas, 1999, p. 61-76.

ESTEVES, Diogo; SILVA, Franklyn Roger Alves. **Princípios institucionais da defensoria pública**. Rio de Janeiro: Forense, 2014.

FALCÃO, Joaquim. **Este é o século do Judiciário**. *In:* Revista Veja. nº 2.442, São Paulo: Abril, mar. 2015, p. 15-19.

FALCÃO, Joaquim; LENNERTZ, Marcelo; RANGEL, Tânia Abrão. **O controle da administração judicial**. *In:* Revista de Direito Administrativo. v. 250, Rio de Janeiro: FGV Direito Rio, abr./jun. 2009, p. 103-121.

FAZZALARI, Elio. ***Istituzioni di diritto processuale***. 8ª ed., Padova: Cedam, 1996.

FERRAJOLI, Luigi. **Direito e razão: teoria do garantismo penal**. 3ª ed., São Paulo: Revista dos Tribunais, 2002.

FERRAZ JUNIOR, Tércio Sampaio. **Introdução ao estudo do direito: técnica, decisão, dominação**. 8ª ed., São Paulo: Atlas, 2015.

FERRAZ, Leslie Shérida. **Decisão monocrática e agravo interno: celeridade ou entrave processual?** Rio de Janeiro: Escola de Direito do Rio de Janeiro da Fundação Getúlio Vargas, Centro de Justiça e Cidadania, 2009.

FERRAZ, Taís Schilling. ***Ratio decidendi*** **x tese jurídica: a busca pelo elemento vinculante do precedente brasileiro.** *In:* Revista de Processo. nº 264, São Paulo: Revista dos Tribunais, mar. 2017, p. 419-441.

FERREIRA, Olavo Augusto Vianna Alves. **Controle de constitucionalidade e seus efeitos**. 3ª ed., Salvador; Juspodivm, 2016.

FIGUEIREDO, José Anastácio. **Synopsis chronologica de subsidios ainda os mais raros para a historia e estudo critico da legislação portugueza**. t. 2, Lisboa: Academia Real de Scientias de Lisboa, 1790.

FIX-ZAMUDIO, Héctor. ***El pensamiento de Eduardo J. Couture y el derecho constitucional procesal.*** *In: Boletín Mexicano de Derecho Comparado.* nº 30, México: Universidad Nacional Autónoma de México, 1977, p. 315-348.

FRANÇOLIN, Wanessa de Cássia. **A ampliação dos poderes do relator nos recursos cíveis**. Rio de Janeiro: Forense, 2006.

FRANEK, Mark. ***Judicial activism: a tempest, or a tempest in a teapot?*** Site da Philadelphia Bar Association. Disponível em: http://www.philadelphiabar.org/WebObjects/PBAReadOnly.woa/Contents/WebServerResources/CMSResources/TPL_Summer14_Teapot.pdf. Acessado em 30/10/2018.

FREITAS, José Lebre de. **Estudos sobre direito civil e processo civil: princípios processuais, e limites da jurisdição; declaração, factos e prova; caso julgado; execução**. Coimbra: Coimbra, 2002.

FUX, Luiz. **A reforma do processo civil**. Niterói: Impetus, 2006.

________. **Tutela jurisdicional: finalidade e espécies**. *In:* Informativo Jurídico da Biblioteca Ministro Oscar Saraiva. v. 14, nº 2, Brasília; STJ, jul./dez. 2000, p. 107-231.

GADAMER, Hans-Georg. **Verdade e método: traços fundamentais de uma hermenêutica filosófica**. 3ª ed., Petrópolis: Vozes, 1999.

GAJARDONI, Fernando da Fonseca. **Flexibilização procedimental**. São Paulo: Atlas, 2008.

GAMA NETTO, Fernando de Miranda da. **O ativismo judicial nas decisões do supremo tribunal federal**. *In:* SOUZA, Marcia Cristina Xavier de;

RODRIGUES, Walter dos Santos (coord.). O novo Código de Processo Civil. Rio de Janeiro: Elsevier, 2012, p. 87-99.

GARAPON, Antoine; PAPADOPOULOS, Ioannis. **Julgar nos Estados Unidos e na França: cultura jurídica francesa e *Common Law* em uma perspectiva comparada**. Rio de Janeiro: Lumen Juris, 2008.

GERALDES, António Santos Abrantes. **Recursos no novo Código de Processo Civil**. 4ª ed., Coimbra: Almedina, 2017.

GERHARDT, Michael J. ***The power of precedent***. New York: Oxford University Press, 2008.

GILISSEN, John. **Introdução histórica ao direito**. 2ª ed. Lisboa: Fundação Calouste Gulbenkian, 1995.

GIORDANI, Mário Curtis. **Iniciação ao direito romano**. 2ª ed., Rio de Janeiro: Lumen Juris, 1991.

GOLDSCHIMIDT, James. **Direito processual civil**. Tomo I. Campinas: Bookseller, 2003.

________. **Teoria geral do processo**. Campinas: Minelli, 2003.

GOMES, Alessandra Ramos de Almeida. **O precedente administrativo no ordenamento brasileiro**. Monografia (Especialização em Direito do Estado). Universidade do Estado do Rio de Janeiro. Rio de Janeiro, 2018.

GOMES, Luiz Flávio. **Súmula vinculante e independência judicial**. *In:* Revista dos Tribunais. v. 86, nº 739, São Paulo: Revista dos Tribunais, maio 1997, p. 11-42.

GONÇALVES, Érika Bento. **Tempo morto: processos passam 95% do tempo nos cartórios judiciais**. Revista **Consultor Jurídico**, 17 de novembro de 2007. Disponível em: https://www.conjur.com.br/2007-nov-17/processos_passam_95_tempo_cartorios_judiciais. Acessado em 25/05/2018.

GONÇALVES, Tiago Figueiredo. **Do cabimento de recursos ordinário e especial contra acórdão proferido por turma recursal nos Juizados Especiais**. *In:* NERY JUNIOR, Nelson; WAMBIER, Teresa Arruda Alvim. (org.). Aspectos polêmicos e atuais dos recursos. v. 10, São Paulo: Revista dos Tribunais, 2006, p. 591-606.

________. **Julgamento unipessoal nos tribunais e agravo inominado**. Salvador: Juspodivm, 2010.

________. **O julgamento colegiado dos embargos de declaração interpostos contra decisão unipessoal do relator e o julgamento unipessoal dos embargos de declaração interpostos contra acórdão: o cabimento do agravo inominado.** *In:* Revista de Processo. nº 216, São Paulo: Revista dos Tribunais, fev. 2013, p. 93-107.

GRASSO, Eduardo. ***La collaborazione nel processo civile.*** *In: Rivista di Diritto Processuale.* v. 21, Pádova: CEDAM, 1966, p. 580-609.

GRAU, Eros Roberto. **Ensaio e discurso sobre a interpretação/aplicação do direito.** 4ª ed., São Paulo: Malheiros, 2006.

GRECO, Leonardo. **A Busca da verdade e a paridade de armas na jurisdição administrativa.** Disponível em: http://fdc.br/Arquivos/Mestrado/Revistas/Revista09/Artigos/LeonardoGreco.pdf. Acessado em 24/06/2017.

________. **A falência do sistema de recursos.** *In:* Revista Dialética de Direito Processual. v. 1, abr. 2003, 2003, p. 93-108.

________. **A teoria da ação no processo civil**. São Paulo: Dialética, 2003.

________. **Instituições de processo civil: introdução ao direito processual civil**. v. 1, 4ª ed., Rio de Janeiro: Forense, 2013.

________. **Publicismo e privatismo no processo civil**. *In:* Revista de Processo. nº 164, São Paulo: Revista dos Tribunais, out. 2008, p. 29-56.

________. **Novas perspectivas da efetividade e do garantismo processual.** *In:* SOUZA, Marcia Cristina Xavier de; RODRIGUES, Walter dos Santos. (coord.). O novo Código de Processo Civil: o projeto do CPC e o desafio das garantias fundamentais. Rio de Janeiro: Elsevier, 2012, p. 1-45.

GRINOVER, Ada Pellegrini. **Magistério de Enrico Tullio Liebman no Brasil**. *In:* Revista da Faculdade de Direito da Universidade de São Paulo. v. 81, São Paulo: USP, 1986, p. 98-102.

GUERRA FILHO, Willis Santiago. **Teoria processual da constituição**. 3ª ed., São Paulo: RCS, 2007.

GUERRA FILHO, Willis Santiago. **Processo constitucional e direitos fundamentais**. 3ª ed., São Paulo: Celso Bastos, 2003.

GUERRA, Marcel Vitor Magalhães e; Guerra, Marcia Vitor de Magalhães e. **Princípio constitucional da colegialidade das decisões - garantia da recorribilidade das liminares em mandado de segurança de competência**

originária: análise pretoriana. *In:* XVI CONPEDI (Salvador). v. 26. Curitiba: Fundação Boiteaux, 2008, p. 3019-3038.

GUSMÃO, Paulo Dourado de. **Introdução ao estudo do direito**. 40ª ed., Rio de Janeiro: Forense, 2008.

HÄBERLE, Peter. ***El proceso constitucional en Europa***. *In:* Revista Latino-americana de estudos constitucionais. nº 3, Belo Horizonte: Del Rey, jan./jun. 2004, p. 35-70.

HABERMAS, Jürgen. **Direito e democracia: entre facticidade e validade**. v. 1, 2ª ed., Rio de Janeiro: Tempo Brasileiro, 2003.

HART, Herbert. L.A. **O conceito de Direito**. Lisboa: Calouste Gulbenkian, 1986.

HARTMANN, Guilherme Kronemberg. **Reclamação no âmbito do CPC/2015 e sua faceta de controle da observância de precedentes judiciais vinculantes**. *In:* PORTO, José Roberto Sotero de Mello; RODRIGUES, Roberto de Aragão Ribeiro. (Org.). Direito processual contemporâneo: estudos em homenagem a Humberto Dalla Bernardina de Pinho. Rio de Janeiro: GZ, 2018, p. 253-272.

HASELOF, Fabíola Utzig. **Jurisdições mistas: um novo conceito de jurisdição**. Belo Horizonte: Fórum, 2018.

HERVADA, Javier. **Lições propedêuticas de filosofia do direito**. São Paulo: WMF Martins Fontes, 2008.

HESSE, Konrad. **A força normativa da constituição**. Porto Alegre: Sérgio Antônio Fabris, 1991.

HILL, Flávia Pereira. **O recurso de agravo e a lei nº 11.187/05**. *In:* Revista Eletrônica de Direito Processual. v. 1, Rio de Janeiro: Pós-Graduação *Stricto Sensu* em Direito Processual da UERJ, out./dez. 2007, p. 167-190.

HIRSCHL, Ran. ***Towards juristocracy: the origins and consequences of the new constitutionalism***. Cambridge: Harvard University Press, 2004.

HOBBES, Thomas. **Leviatã ou matéria, forma e poder de um estado eclesiástico e civil**. São Paulo: Nova Cultural, 1997.

IGLESIAS, Juan. **Direito romano**. São Paulo: Revista dos Tribunais, 2012.

JANSEN, Rodrigo. **A Súmula vinculante como norma jurídica**. *In:* Revista dos Tribunais. nº 838, São Paulo: Revista dos Tribunais, ago. 2005, p. 101-132.

JARDIM, Afrânio Silva. **Princípio da colegialidade. Inexistência jurídica.** *In:* Empório do Direito de 20/06/2018. Disponível em: http://emporiododireito.com.br/leitura/principio-da-colegialidade-inexistencia-juridica. Acessado em 18/10/2018.

JOBIM, Nelson. **A revolta do Centrão foi justa. E a saída foi a ambiguidade.** *In:* CARVALHO, Luiz Maklouf (org.). 1988: segredos da constituinte. Rio de Janeiro: Record, 2017.

JONES, Peter. ***Vini, vidi, vici: everything i ever wanted to know about the romans but were afraid to ask.*** London: Atlantic Books, 2013.

JORDÃO, Eduardo. **Controle judicial de uma administração pública complexa: a experiência estrangeira na adaptação da intensidade do controle.** São Paulo: Malheiros, 2016.

JORGE, Flávio Cheim. **Teoria geral dos recursos cíveis**. 5ª ed., São Paulo: Revista dos Tribunais, 2011.

KELLY, John M. ***Storia del pensiero giuridico occidentale.*** Bologna: Il Mulino, 1996.

KELSEN, Hans. **Jurisdição constitucional**. São Paulo: Martins Fontes, 2003.

________. **Teoria pura do direito**. São Paulo: Martins Fontes, 2000.

KMIEC, Keenan D. ***The origin and Current Meanings of Judicial Activism.*** *In: California Law Review.* v. 92, Berkeley: Law School, out. 2004, p. 1441-1478.

KOCHEM, Ronaldo. **Introdução às raízes históricas do princípio da cooperação (*kooperationsmaxime*).** *In:* Revista de Processo. nº 251. São Paulo: Revista dos Tribunais, jan. 2016, p. 75-111.

KOZIKOSKI, Sandro Marcelo. **Embargos de declaração: teoria geral e efeitos infringentes**, São Paulo: Revista dos Tribunais, 2004.

KUHN, S. Thomas. **A estrutura das revoluções científicas.** 5ª ed., São Paulo: Perspectiva, 1997.

LARENZ, Karl. **Metodologia da ciência do direito**. 2ª ed., Lisboa: Fundação Calouste Gulbenkian, 1983.

LEAL, André Cordeiro. **O contraditório e a fundamentação das decisões jurisdicionais no direito processual democrático.** Belo Horizonte: Mandamentos, 2002. p. 87.

LEAL, Rosemiro Pereira. **Teoria geral do processo: primeiros estudos**. 14ª ed., Belo Horizonte: Fórum, 2018.

________. **Teoria processual da decisão jurídica**. São Paulo: Landy, 2002.

LEAL, Victor Nunes. **Passado e futuro da súmula do STF**. *In:* Revista de Direito Administrativo. v. 145, Rio de Janeiro: Fundação Getúlio Vargas, jul./set. 1981, p. 1-20.

LIEBMAN, Enrico Tullio. **Manual de direito processual civil**. v. 1, 2ª ed., Rio de Janeiro: Forense, 1985.

LOPES, Miguel Maria de Serpa. **Curso de Direito Civil**. v. 1, 7ª ed., Rio de Janeiro: Freitas Bastos, 1989.

LORENZETTI, Ricardo Luis. **Teoria da decisão judicial: fundamentos do direito**. 2ª ed., São Paulo: Revista dos Tribunais, 2010.

LOSANO, Mario Giuseppe. **Os grandes sistemas jurídicos**. São Paulo: Martins Fontes, 2007.

LUHMANN, Niklas. **O direito da sociedade**. São Paulo: Martins Fontes, 2016.

LUNARDI, Soraya Gasparetto; DIMOULIS, Dimitri. **Ativismo e autocontenção judicial no controle de constitucionalidade.** *In:* FELLET, André Luiz Fernandes; PAULA, Daniel Giotti de; NOVELINO, Marcelo. (org.). As novas faces do ativismo judicial Salvador: Juspodivm, 2011, p. 459-473.

LUNELLI, Guilherme. **Técnicas procedimentais pautadas em entendimentos jurisprudenciais: há algum impacto sobre o dever de fundamentar?** *In:* NUNES, Dierle; MENDES, Aluisio; JAYME, Fernando Gonzaga. (org.). A nova aplicação da jurisprudência e precedentes no Código de Processo Civil/2015. São Paulo: Revista dos Tribunais, 2017, p. 495-509.

MACCORMICK, Neil. **Argumentação jurídica e teoria do direito**. São Paulo: Martins Fontes, 2009.

MACÊDO, Lucas Buril de. **Precedentes e o direito processual civil**. 2ª ed., Salvador: Juspodivm, 2017.

________. **Reclamação constitucional fundada em precedentes obrigatórios no CPC/2015**. *In:* GAIO JÚNIOR, Antônio Pereira; CÂMARA, Alexandre Freitas (org.). Código de Processo Civil: novas reflexões e perspectivas. Belo Horizonte: Del Rey, 2016. p. 207-234.

MACGREGOR, Eduardo Ferrer. ***Derecho procesal constitucional local en México***. *In:* Revista Latino-americana de estudos constitucionais. Belo Horizonte: Del Rey, nº 3, janeiro-junho 2004, p. 291-313.

MACHADO, António Montalvão; PIMENTA, Paulo. **O novo processo civil**. 4ª ed., Coimbra: Almedina, 1997.

MAIA, Maurilio Casas. **A intervenção de terceiro da defensoria pública nas ações possessórias multitudinárias do NCPC: colisão de interesses (art. 4º-A, V, LC n. 80/1994) e posições processuais dinâmicas.** *In:* DIDIER JR., Fredie; MACÊDO, Lucas Buril de; PEIXOTO, Ravi; FREIRE, Alexandre. (org.). **Coleção novo CPC: doutrina selecionada**. v. 1, 2ª ed., Salvador: Juspodivm, 2016, p. 1255.

MANCUSO, Rodolfo de Camargo. **Divergência jurisprudencial e súmula vinculante**. 4ª ed. São Paulo: Revista dos Tribunais, 2010.

MARINONI, Luiz Guilherme. **A ética dos precedentes: justificativa do novo CPC**. São Paulo: Revista dos Tribunais, 2013.

________. **Incidente de resolução de demandas repetitivas: decisão de questão idêntica x precedente**. São Paulo: Revista dos Tribunais, 2016.

________. **Julgamento nas cortes supremas: precedentes e decisão do recurso diante do novo CPC**. São Paulo: Revista dos Tribunais, 2015.

________. **O STJ enquanto corte de precedentes**. 2ª ed., São Paulo: Revista dos Tribunais, 2014.

________. **Precedentes obrigatórios**. 2ª ed., São Paulo: Revista dos Tribunais, 2010.

________. **Técnica processual e tutela dos direitos**. 4ª ed., São Paulo: Revista dos Tribunais, 2013.

MARINONI, Luiz Guilherme; ARENHART, Sérgio Cruz. **Manual do processo de conhecimento**. 5ª ed. São Paulo: Revista dos Tribunais, 2006.

MARINONI, Luiz Guilherme; ARENHART, Sérgio Cruz; MITIDIERO, Daniel. **Novo curso de processo civil: teoria do processo civil**. v. 1, 3ª ed., São Paulo: Revista dos Tribunais, 2017.

________; ________; ________. **Novo curso de processo civil: teoria do processo civil**. v. 2, 3ª ed., São Paulo: Revista dos Tribunais, 2017.

________; ________; ________. **Novo Código de Processo Civil comentado.** 2ª ed., São Paulo: Revista dos Tribunais, 2016.

MARINONI, Luiz Guilherme; MITIDIERO, Daniel. **O projeto do CPC: crítica e propostas**, São Paulo: Revista dos Tribunais, 2010.

MARQUES, José Frederico. **Elementos de direito processual penal**. v. 1, 2ª ed., Campinas: Milennium, 2003.

________. **Manual de direito processual civil**. v. 1, 9ª ed., Campinas: Millennium, 2003.

MARQUES, Luiz Guilherme. **A justiça da França: um modelo em questão**. 2ª ed., Rio de Janeiro: AMCGuedes, 2016.

MARTINEZ, António Lopo. **Voto de vencido: causas e aversão. Uma análise dos votos de vencidos no tribunal constitucional português.** *In:* Scientia Ivridica. t. 57, nº 347, Braga: Universidade do Minho, 2018, p. 21-46.

MARTINS, Francisco Peçanha. **A reforma do art. 557 do CPC: inconstitucionalidade e ilegalidade.** *In:* Revista do Instituto dos Advogados de São Paulo. v. 3, nº 5, jan./jun. 2000, p. 51-59.

MARTINS-COSTA, Judith. **A boa fé no direito privado: sistema e tópica no processo obrigacional**. São Paulo: Revista dos Tribunais, 2000.

MATTIUZZO, Marcela. **Voto vencido, fundamentação diversa e fundamentação complementar: um estudo sobre deliberação no Supremo Tribunal Federal**. Monografia (Especialização em Direito Público). Escola de Formação da Sociedade Brasileira de Direito Público, São Paulo: SBDP, 2011.

MEDINA, Diego Eduardo Lopez. ***Teoría impura del derecho: la transformación de la cultura jurídica latioamericana***. Bogotá: Legis, 2004.

MEDINA, José Miguel Garcia. **A recentíssima reforma do sistema recursal brasileiro: análise das principais modificações introduzidas pela lei 10.532/2001**. *In:* WAMBIER, Teresa Arruda Alvim; NERY JUNIOR, Nelson. Aspectos polêmicos e atuais dos recursos. v. 6. São Paulo: Revista dos Tribunais, 2002, p. 333-384.

________. **Novo Código de Processo Civil comentado: com remissões e notas comparativas ao CPC/1973**. São Paulo: Revista dos Tribunais, 2015.

________. **Prequestionamento e repercussão geral**. 6ª ed., São Paulo: Revista dos Tribunais, 2012.

MEDINA, Jose Miguel Garcia; WAMBIER, Teresa Arruda Alvim. **Recursos e ações autônomas de impugnação**. v. 2, 3ª ed., São Paulo: Revista dos Tribunais, 2013.

MEDINA, Paulo Roberto Gouvêa. **Direito processual constitucional**. 3 ed. Rio de Janeiro: Forense, 2005.

MELLO, Patrícia Perrone Campos. **Precedentes: o desenvolvimento judicial do direito no constitucionalismo contemporâneo**. Rio de Janeiro: Renovar, 2008.

MENDES, Aluísio Gonçalves de Castro. **Incidente de resolução de demandas repetitivas**. Salvador: Juspodivm, 2017.

________. **Teoria geral do processo**. v. 1. Rio de Janeiro: Lumen Juris, 2009.

MENDES, Gilmar Ferreira; COELHO, Inocêncio Martins; BRANCO, Paulo Gustavo Gonet. **Curso de direito constitucional**. 8ª ed., São Paulo: Saraiva, 2013.

MENDES, Gilmar Ferreira; MARTINS, Ives Gandra da Silva. **Controle concentrado de constitucionalidade**. São Paulo: Saraiva, 2001.

MENDONÇA JUMIOR, Delosmar Domingos de. **Agravo interno**. São Paulo: Revista dos Tribunais, 2009.

MENDONÇA, Henrique Guelber de. **O princípio da colegialidade e o papel do relator no processo civil brasileiro**. *In:* Revista Eletrônica de Direito Processual. v. 1, Rio de Janeiro: Pós-Graduação *Stricto Sensu* em Direito Processual da UERJ, out./dez. 2007, p. 207-225.

MENDONÇA, Manuela. **O regimento da casa da suplicação: o primeiro instrumento regulador da justiça em Portugal**. *In:* História. v. 34, nº 1, São Paulo: UNESP, jan./jun. 2015, p. 35-59.

MESQUITA, Gil Ferreira de. **Princípios do contraditório e da ampla defesa no processo civil brasileiro**. São Paulo: Juarez Oliveira, 2003.

MESQUITA, José Ignácio Botelho de. **Teses, estudos e pareceres de processo civil**. v. 1, São Paulo: Revista dos Tribunais, 2005.

MIRANDA NETTO, Fernando Gama de. **O ativismo judicial nas decisões do Supremo Tribunal Federal.** *In:* SOUZA, Marcia Cristina Xavier de; RODRIGUES, Walter dos Santos (org.). O novo Código de Processo Civil. Rio de Janeiro: Elsevier, 2012, p. 87/98.

________. **Ônus da prova no direito processual público**. Rio de Janeiro: *Lumen Juris*, 2009.

MIRANDA NETTO, Fernando Gama de; LEAL, Stela Tannure. **Tribunal multiportas e crises de identidade: o judiciário como alternativa a si mesmo?** *In:* ORSIN, Adriana Goulart de Sena; MAILLART, Adriana Silva; SANTOS, Nivaldo dos. (org.). Formas consensuais de solução de conflitos. Florianópolis: CONPEDI, 2015, p. 5-33.

MIRANDA, Francisco Cavalcanti Pondes de. **Comentários ao Código de Processo Civil de 1939**. t. 11, 2ª ed., Rio de Janeiro: Forense, 1960.

________. **Comentários ao Código de Processo Civil**. t. 3, Rio de Janeiro: Forense, 1996.

________. **Comentários ao Código de Processo Civil**. t. 7, 3ª ed., Rio de Janeiro: Forense, 1999.

________. **Comentários ao Código de Processo Civil**. t. 8, 2ª ed., Rio de Janeiro: Forense, 2000.

MIRANDA, Jorge. **Contributo para uma teoria da inconstitucionalidade.** 2ª ed., Coimbra: Coimbra, 1996.

________. **Manual de direito constitucional**. t.1, 8ª ed., Coimbra, 2009.

MITIDIERO, Daniel. **Colaboração no processo civil: pressupostos sociais, lógicos e éticos**. 2ª ed., São Paulo: Revista dos Tribunais, 2011.

________. **Fundamentação e precedentes: dois discursos a partir da decisão judicial**. *In:* Revista de Processo. nº 206, São Paulo: Revista dos Tribunais, abr. 2012, p. 61-78

________. **Precedentes: da persuasão à vinculação**. São Paulo: Revista dos Tribunais, 2016.

MOLLICA, Rogério. **O ônus da dialeticidade e a jurisprudência defensiva.** *In:* Informativo Migalhas de 01/03/2018. Disponível em: https://www.migalhas.com.br/CPCnaPratica/116,MI275399,101048-O+onus+da+-dialeticidade+e+a+jurisprudencia+defensiva. Acessado em 12/06/2018.

MONNERAT, Fábio Victor da Fonte. **A jurisprudência uniformizada como estratégia para a aceleração do procedimento**. *In:* WAMBIER, Teresa Arruda Alvim. (Org.). Direito jurisprudencial. São Paulo: Revista dos Tribunais, 2012, p. 341-490.

________. **A Jurisprudência uniformizada como estratégia de aceleração do procedimento.** ***In:*** WAMBIER. Teresa Arruda Alvim (coord.). Direito jurisprudencial. São Paulo: Revista dos Tribunais, 2012, p. 341-490.

MONTESQUIEU (Charles-Louis de Secondat). **Do espírito das leis.** 2ª ed., São Paulo: Abril Cultural, 1979.

MOREIRA, José Carlos Barbosa. **A motivação das decisões judiciais como garantia inerente ao Estado de Direito.** *In:* Temas de Direito Processual. 2ª série. 2ª ed. São Paulo: Saraiva, 1988, p. 83-95.

________. **Algumas inovações da lei 9.756 em matéria de recursos cíveis.** *In:* **Revista de Direito da Procuradoria-Geral do Estado do Rio de Janeiro.** nº 52, Rio de Janeiro: PGE, 1999, p. 25-35.

________. **Comentários ao Código de Processo Civil.** v. 5, 11ª ed., Rio de Janeiro: Forense, 2004.

________. **O futuro da justiça: alguns mitos.** *In:* Revista de Processo. nº 102, São Paulo: Revista dos Tribunais, abr./jun. 2001, p. 228-238.

________. **O juízo de admissibilidade no sistema dos recursos civis**, Rio de Janeiro, Borsoi, 1968.

________. **O novo processo civil brasileiro: exposição sistemática do procedimento.** 25ª ed., Rio de Janeiro: Forense, 2007.

________. **Reformas processuais.** *In:* **Temas de Direito Processual. 7ª série.** São Paulo: Saraiva, 2001, p. 1-6.

________. **Uma novidade: o Código de Processo Civil inglês.** ***In:*** Revista de Processo. nº 99, São Paulo: Revista dos Tribunais, jul./set. 2000, p. 74-83.

MORELO, Augusto M. ***El proceso justo.*** Buenos Aires: Abeledo Perrot, 1994.

MÜLLER, Frederich. **Teoria estruturante do direito.** São Paulo: Revista dos Tribunais, 2004.

NAVES, Candido. **Impulso processual e poderes do juiz.** Belo Horizonte: Santa Maria, 1949.

NERY JUNIOR, Nelson. **Princípios do processo civil na Constituição Federal.** 7ª ed., São Paulo: Revista dos Tribunais, 2002.

________. **Princípios fundamentais: teoria geral dos recursos.** 6ª ed., São Paulo: Revista dos Tribunais, 2004.

NERY JUNIOR, Nelson; NERY, Rosa Maria Andrade. **Código de Processo Civil comentado e legislação extravagante**, 12ª ed., São Paulo: Revista dos Tribunais, 2012.

NEVES, Celso. **Estrutura fundamental do processo civil: tutela jurídica processual, ação, processo e procedimento**. Rio de Janeiro: Forense, 1997.

NEVES, Daniel Amorim Assumpção. **Manual de direito processual civil**. 9ª ed., Salvador: Juspodivm, 2017.

________. **Novo Código de Processo Civil comentado artigo por artigo**. Salvador: Juspodivm, 2016.

NEVES, Edson Alvisi. **Magistrados e negociantes na corte do Império do Brasil: o Tribunal do Comércio**. Rio de Janeiro: Jurídica do Rio de Janeiro (FAPERJ), 2008.

NEVES, Fernando C. Queiroz. **O verdadeiro processo sumaríssimo (CPC, arts. 285-A, 518, § 1º, 527, I, 557, caput)**. *In:* Revista Forense. v. 391, Rio de Janeiro: Forense, mai./jun. 2007, p. 75-88.

NOBRE JÚNIOR, Edilson Pereira. **O direito processual brasileiro e o efeito vinculante das decisões dos tribunais superiores**. *In:* Revista de informação legislativa. nº 148, Brasília: Senado Federal, out./dez. 2000, p. 141-165.

NOGUEIRA, Gustavo Santana. **Precedentes vinculantes no direito comparado e brasileiro**. 2ª ed., Salvador: Juspodivm, 2013.

________. ***Stare decisis et non quieta movere:* a vinculação aos precedentes no direito estrangeiro e brasileiro**. Rio de Janeiro: Lumen Juris, 2011.

NOJIRO, Sérgio. **O dever de fundamentar as decisões judiciais**. 2ª ed., São Paulo: Revista dos Tribunais, 2000.

NUCCI, Guilherme de Souza. **O Princípio da colegialidade**. *In:* Carta Forense de 10/03/2008. Disponível em http://www.cartaforense.com.br/conteudo/colunas/o-principio-da-colegialidade/1148. Acessado em 31/10/2018.

NUNES JUNIOR, Amandino Teixeira. **Judicialização da política no contexto da constituição de 1988**. *In:* ARAÚJO, José Cordeiro de; PEREIRA JÚNIOR, José de Sena; PEREIRA, Lúcio Soares; RODRIGUES, Ricardo José Pereira. (org.) Ensaios sobre impactos da Constituição Federal de 1988 na sociedade brasileira. v. 2, Brasília: Edições Câmara, 2008, p. 739-760.

NÚÑES, Carlos Ramos. ***El Código Napoleónico y su recepción en América Latina***. Lima: *Fondo Editorial de La Pontificia Universidad Católica Del Perú*, 1997.

NUNES, Dierle José Coelho. **Colegialidade corretiva, precedentes e vieses cognitivos: algumas questões do CPC-2015**. *In:* Revista Brasileira de Direito Processual. nº 92, Belo Horizonte: Fórum, out./dez. 2015, p. 61-81.

________. **Colegialidade das decisões dos tribunais: sua visualização como princípio constitucional e do cabimento de interposição de agravo interno em face de todas as decisões monocráticas do relator**. *In:* Revista IOB de Direito Civil e Processo Civil. nº 50, São Paulo: Revista dos Tribunais, 2007, p. 50/61.

________. **Processo jurisdicional democrático**. Curitiba: Juruá, 2009.

NUNES, Dierle José Coelho; TEIXEIRA, Ludmila. **Acesso à justiça democrático**. Brasília: Gazeta Jurídica, 2013.

NUNES, Dierle José Coelho; OLIVEIRA JR., Delio Mota. **Jurisprudência dominante no novo Código de Processo Civil?** Empório do Direito de 04/03/2015. Disponível em: http://emporiododireito.com.br/leitura/jurisprudencia-dominante-no-novo-codigo-de-processo-civil. Acessado em 18/09/2018.

NUNES, Dierle José Coelho; VIANA, Antônio Aurélio de Souza. **Ônus da dialeticidade: nova "jurisprudência defensiva" no STJ?** Revista Consultor Jurídico de 15/05/2017. Disponível em: https://www.conjur.com.br/2017-mai-15/onus-dialeticidade-jurisprudencia-defensiva-stj. Acessado em: 21/06/2018.

NUNES, Marcelo Guedes. **Jurimetria: como a estatística pode reinventar o direito**. São Paulo: Revista dos Tribunais, 2016.

OINEGE, Eduardo. **Você acha que ganhou. O Estado sabe que venceu**. *In:* Revista Veja. nº 2.602, São Paulo: Abril, jun. 2018, p. 83-89.

OLIVEIRA, Carlos Alberto Alvaro de. **Do formalismo no processo civil**. 2ª ed., São Paulo: Saraiva, 2003.

OLIVEIRA, Fabiana Luci de. **O supremo relator: processo decisório e mudanças na composição do STF nos governos FHC e Lula**. *In:* Revista Brasileira de Ciências Sociais. v. 27, São Paulo: **Associação Nacional de Pós-Graduação e Pesquisa em Ciências Sociais**, 2012, p. 89-115.

OLIVEIRA, Pedro Miranda de. **Agravo interno e agravo regimental: hipóteses de incidência e poderes do relator nos tribunais**. São Paulo: Revista dos Tribunais, 2009.

________. **Novíssimo sistema recursal conforme o CPC/2015**. Florianópolis: Empório do Direito, 2016.

OQUENDO, Ángel Ricardo. ***Latin amarican law***. 2ª ed., New York: Foundation Press, 2011.

ORIONE NETO, Luiz. **Recursos cíveis**. 2ª ed., Saraiva: São Paulo, 2006.

PALACIO, Lino Enrique. ***Manual de derecho procesal civil***. 18ª ed., Buenos Aires: Abeledo-Perrot, 2004.

PANTOJA, Fernanda Medina; FERRAZ, Leslie Shérida. **Julgamento singular e agravo interno: uma análise empírica.** *In:* Revista de Processo. nº 211, São Paulo: Revista dos Tribunais, set. 2012, p. 61-100.

PARANHOS, Paulo. **A relação do Rio de Janeiro (1751-1808)**. *In:* Revista da Associação Brasileira de Pesquisadores de História e Genealogia. nº 2, São Paulo: ASBRAP, 1995, p. 25-32.

PARENTE, Eduardo de Albuquerque. **Jurisprudência: da divergência à uniformização**. São Paulo: Atlas, 2006.

PELUSO, Vinicius de Toledo Piza; GONÇALVES, José Wilson. **Comentários à lei orgânica da magistratura nacional**. São Paulo: Revista do Tribunais, 2010.

PERELMAN, Chaïm. **Lógica jurídica**. São Paulo: Martins Fontes, 2000.

PÉREZ, Jesús González. ***El derecho a la tutela jurisdiccional***. 3ª ed. Madri: Civitas, 2001.

PERLINGEIRO, Ricardo. **O devido processo legal administrativo e a tutela judicial efetiva: um novo olhar?** *In:* Revista de Processo. nº 239, São Paulo: Revista dos Tribunais, jan. 2014, p. 293-331.

PERLINGEIRO, Ricardo; GRECO, Leonardo. **A jurisdição administrativa no Brasil**. *In:* Código de jurisdição administrativa (o modelo alemão). PERLINGEIRO, Ricardo; BLANKE, Hermann-Josef; SOMMERMANN, Karl-Peter (coord.). Rio de Janeiro: Renovar, 2009.

PERO, Maria Thereza Gonçalves. **A motivação da sentença civil**. São Paulo: Saraiva, 2001.

PERROT, Roger. **O processo civil francês na véspera do século XXI**. *In:* Revista Forense. nº 342, Rio de Janeiro: Forense, abr./jun.1998, p. 161-169.

PINHEIRO, Aline. **Prateleiras cheias: Itália é a campeã de lentidão judicial na Europa**. Revista Consultor Jurídico de 14/04/2012. Disponível em: http://www.conjur.com.br/2012-abr-14/italia-pais-europeu-acionado-causa-lentidao-justica. Acessado em 14/04/2017.

PINHO, Humberto Dalla Bernardina de. **Direito processual civil contemporâneo: processo de conhecimento, cautelar execução e procedimentos especiais**. v. 2, 2ª ed., São Paulo: Saraiva, 2013.

________. **Jurisdição e pacificação: limites e possibilidades do uso dos meios consensuais de resolução de conflitos na tutela dos direitos transindividuais e pluri-individuais**. Curitiba: CRV, 2017.

PINTO, Nelson Luiz. **Manual dos recursos cíveis**. 3ª ed., São Paulo: Malheiros, 2002.

________. **Recurso especial e recurso extraordinário: a lei 8.038 de 28.5.90 e as alterações no Código de Processo Civil**. *In:* Revista de Processo. nº 57, São Paulo: Revista dos Tribunais, jan./mar. 1990, p. 114-125.

PORTO, José Roberto Sotero de Mello. **Teoria geral dos casos repetitivos**. Rio de Janeiro: GZ, 2018.

POSNER, Richard A. ***How judges think***, Cambridge: Harvard University Press, 2010.

PUOLI, José Carlos Baptista. **Os poderes do juiz e as reformas do processo civil**. São Paulo: Juarez de Oliveira, 2001.

RAGONE, Álvaro J. Pérez; PRADILLO, Juan Carlos Ortiz. ***Código processual civil alemán (ZPO)***. Berlim: Konrad-Adenauer-Stiftung, 2006.

RAMIRES, Maurício. **Crítica à aplicação de precedentes no direito brasileiro**. Porto Alegre: Livraria do Advogado, 2010.

RAMÍREZ, Pablo Raúl Bonorino. ***Teoría del derecho y decisión judicial***. Madri: Bubok, 2008.

RAMOS, Elival da Silva. **Ativismo judicial: parâmetros dogmáticos**. São Paulo: Saraiva, 2010.

RAWLS, John. **Justiça e democracia**. São Paulo: Martins Fontes, 2002.

REALE, Miguel. **Fontes e modelos do direito: para um novo paradigma hermenêutico**. São Paulo: Saraiva, 1994.

________. **Lições preliminares de direito**. 27ª ed., São Paulo: Saraiva, 2002.

RECONDO, Felipe. **Das 11 ilhas aos 11 soberanos**. *In:* Jota de 28/06/2018. Disponível em: https://www.jota.info/stf/do-supremo/das-11-ilhas-aos-11-soberanos-28062018. Acessado em 22/09/2018.

REDONDO, Bruno Garcia. **Precedentes: teoria geral e seus reflexos no projeto do novo Código de Processo Civil**. *In:* SOUZA, Marcia Cristina Xavier de; RODRIGUES, Walter dos Santos (org.). O novo Código de Processo Civil. Rio de Janeiro: Elsevier, 2012, p. 319-336.

REZENDE, Caroline Gaudio. **Semelhanças entre o projeto do novo Código de Processo Civil com o *civil procedure rules* (Código de Processo Civil inglês)**. *In:* Revista Eletrônica de Direito Processual. v. 11, Rio de Janeiro: Rio de Janeiro: Pós-Graduação *Stricto Sensu* em Direito Processual da UERJ, jan./jun. 2013, p. 46-66.

RIBAS, Antonio Joaquim; RIBAS, Julio A. **Consolidação das disposições legislativas e regulamentares concernentes ao processo civil**. Rio de Janeiro: Tipografia Nacional, 1879.

ROCHA, Felippe Borring. **A jurisdição administrativa e o direito jurisprudencial: a utilização de enunciados administrativos como padrões decisórios judiciais no novo Código de Processo Civil**. *In:* Revista da Escola de Magistratura Regional Federal 2ª Região, v. 26, Rio de Janeiro: EMARF, mai./out. 2017, p. 91-111.

________. **Considerações iniciais sobre as últimas alterações no recurso de agravo**. *In:* Revista de Direito da Defensoria Pública do Estado do Rio de Janeiro. nº 21, Rio de Janeiro: DPGE, 2006, p. 123-143.

________. **Manual dos juizados especiais cíveis estaduais: teoria e prática**. 9ª ed., São Paulo: Atlas, 2017.

________. **O contraditório utilitarista.** *In:* Revista de Processo. nº 229, São Paulo: Revista dos Tribunais, mar. 2014, p. 171-198.

________. **O *recurso de inaplicabilidad de la ley*: panorama atual e análise comparativa com institutos do sistema legal brasileiro.** *In: Civil Procedure Review.* v. 1, nº 3, Munique: Civil Procedure Review, set./dez. 2010, p. 103-155.

________. **Teoria geral dos recursos cíveis**. São Paulo: Elsevier, 2008.

RODRIGUES JUNIOR, Otavio Luiz. **Dogmática e crítica da jurisprudência (ou da vocação da doutrina em nosso tempo)**. *In:* **Revista dos Tribunais**. nº 891, São Paulo: Revista dos Tribunais, jan. 2010, p. 65-106.

RODRIGUES, Fernando Pereira. **Noções fundamentais de processo civil**. Coimbra: Almedina, 2017.

RODRIGUES, Walter Piva. **O princípio da colegialidade das decisões nos tribunais**. *In:* Revista Dialética de Direito Processual. v. 153. São Paulo: Oliveira Rocha, abr. 2003, p. 176–178.

RODRIGUEZ, José Rodrigo. **Como decidem as cortes? Para uma crítica do direito (brasileiro)**. Rio de Janeiro: FGV, 2013.

ROSAS, Roberto. **Direito processual constitucional: princípios constitucionais do processo civil**. 3ª ed., São Paulo: Revista dos Tribunais, 2009.

________. **Direito sumular: Comentários às súmulas do Supremo Tribunal Federal e do Superior Tribunal de Justiça**. 12ª ed., São Paulo: Malheiros, 2004.

ROSITO, Francisco. **Teoria dos precedentes judiciais: racionalidade da tutela jurisdicional**. Curitiba: Juruá, 2012.

ROSSI, Júlio César. **Precedente à brasileira: a jurisprudência vinculante no CPC e no novo CPC**. São Paulo: Atlas. 2015

RUY, Affonso. **A relação da Bahia: contribuição para a história judiciária do Brasil**. 2ª ed., Salvador: Centro de Estudos Baianos, 1996.

SÁ, Djanira Maria Radamés de. **Duplo grau de jurisdição: conteúdo e alcance constitucional**. São Paulo: Saraiva, 1999.

SALLES, Tarcísio. **Inconstitucionalidade e inaplicabilidade da súmula vinculante n° 11**. Site JurisWay de 09/03/2010. Disponível em: https://www.jurisway.org.br/v2/dhall.asp?id_dh=3756. Acessado em 16/07/2017

SANDEL, Michael. **Justiça: o que é fazer a coisa certa**. Rio de Janeiro: Civilização brasileira, 2011.

SANTOS, Carlos Vitor Nascimento dos. **A colegialidade nos tribunais: quando uma ideologia vira dogma e o dogma um princípio**. *In:* Revista Estudos Institucionais. v. 3, nº 1, Rio de Janeiro: Faculdade Nacional de Direito da Universidade Federal do Rio de Janeiro, 2017, p. 475-524.

SANTOS, Ernani Fidélis dos. **Manual de direito processual civil**. v. 1, 11ª ed., São Paulo: Saraiva, 2006.

SANTOS, Moacyr Amaral. **Primeiras linhas** de **direito processual civil**. v. 3, 19ª ed., São Paulo: Saraiva, 2000.

SARAIVA, José. **O recurso especial e o STJ**. São Paulo: Revista dos Tribunais, 2002.

SARLET, Ingo Wolfgang. **A eficácia dos direitos fundamentais**. 8ª ed., Porto Alegre: Livraria do Advogado, 2007.

SATO, Priscila Kei. **Jurisprudência (pre)dominante**. *In:* ALVIM, Eduardo Pellegrini de Arruda; NERY JUNIOR, Nelson; WAMBIER, Teresa Arruda Alvim (coord.). Aspectos polêmicos e atuais dos recursos. 2ª série. São Paulo: Revista dos Tribunais, 2000, p. 564-585.

SATTA, Salvatore. **Direito processual civil**. v. 1, São Paulo: LZN, 2003.

SCALIA, Antonin; GARNER, Bryan A. ***Reading law: the interpretation of legal texts***. Eagan: West, 2012.

SCHAUER, Frederick. **Precedente**. *In:* DIDIER JR., Fredie (coord.). Coleção grandes temas do novo CPC: Precedentes. v. 3. Salvador: Juspodivm, 2015.

SCHENK, Leonardo Faria. **Breve relato histórico das reformas processuais na Itália. Um problema constante: a lentidão dos processos cíveis**. *In:* Revista Eletrônica de Direito Processual. v. 2, Rio de Janeiro: Pós-Graduação *Stricto Sensu* em Direito Processual da UERJ, jan./dez. 2008, p. 181-202.

SCHWARTZ, Stuart. **Burocracia e sociedade colonial: a suprema corte da Bahia e seus juízes (1609-1751)**. São Paulo: Perspectiva, 1979.

SHAHABUDDEEN, Mohamed. ***Precedent in the world court***. New York: Cambridge University Press, 2007.

SICHENS, Luiz Recasens. **Tratado de sociologia**. Porto Alegre: Globo, 1970.

SIDOU, José Maria Othon. (org.). **Dicionário jurídico: Academia Brasileira de Letras Jurídicas**. 7ª ed. Rio de Janeiro: Forense Universitária, 2001.

SIFUENTES, Mônica. **Súmula vinculante: um estudo sobre o poder normativo dos tribunais**. São Paulo: Revista dos Tribunais, 2005.

SILVA, Celso de Albuquerque. **Súmula vinculante: teoria e prática da decisão judicial com base em precedentes**. Rio de Janeiro: Lumen juris, 2011.

SILVA, Franklyn Roger Alves. **A construção de um processo penal cooperativo e a instalação do contraditório como direito de influência – aplicabilidade dos arts. 6º e 10 do novo Código de Processo Civil**. *In:* DIDIER JR., Fredie. Coleção repercussões do novo CPC: processo penal. v. 13, Salvador: Juspodivm, 2016.

SILVA, José Justino de Andrade e. **Collecção Chronologica da Legislação Portugueza**. Lisboa: Imprensa de F. X. de Souza, 1856.

SILVA, Mário Teixeira da. **Recursos cíveis & os novos poderes do relator**. Curitiba: Juruá, 2004.

SILVA, Nuno J. Espinosa Gomes da. **História do direito português: fontes de direito**. 4ª ed., Lisboa: Fundação Calouste Gulbenkian, 2006.

SILVA, Ovídio A. Baptista da. **Curso de processo civil: processo de conhecimento**. v. 1, 4ª ed., Rio de Janeiro: Forense, 2006.

________. **Processo e ideologia: o paradigma racionalista**. 4ª ed., Rio de Janeiro: Forense, 2004.

SIMPSON JR., Alex. ***Dissenting opinions***. *In: University of Pennsylvania Law Review*. Pensilvânia: *University of Pennsylvania Law School*. v. 71, nº 3, mar. 1923, p. 205-271.

SIQUEIRA, Julio Pinheiro Faro Homem de. **Natureza do direito comparado**. *In:* Jus Navigandi, Teresina, ano 10, nº 851, nov. 2005. Disponível em: <http://jus.com.br/artigos/23674/natureza-do-direito-comparado#ixzz3qLK6JKxQ>. Acessado em 21/08/2015.

SLAIB FILHO, Nagib. **Notas sobre o art. 557 do CPC (competência do relator de prover e de negar seguimento a recurso)**. *In:* Revista Forense. nº 361, Rio de Janeiro: Forense, mai./jun. 2002, p. 95-107.

SLAPPER, Gary. **O sistema jurídico inglês**. Rio de Janeiro: Forense, 2011.

SOARES, Guido Fernando Silva. ***Common law*: introdução ao direito dos EUA**. São Paulo: Revista dos Tribunais, 1999.

SORMANI, Alexandre; SANTANDER, Nelson Luis. **Súmula vinculante: um estudo à luz da emenda constitucional 45**. Curitiba: Juruá, 2007.

SOTELO, Vásquez José Luis. **A jurisprudência vinculante na 'common law' e na 'civil law'**. *In:* XVI Jornadas Ibero-americanas de Direito Processual (Brasília). Rio de Janeiro: Forense, 1998.

SOUZA, Carlos Aurélio Mota de Souza. **Motivação e Fundamentação das decisões judiciais e o princípio da segurança jurídica.** ***In:*** Revista Brasileira de Direito Constitucional. nº 7, São Paulo: Escola Superior de Direito Constitucional, jan./jun. 2006, p. 354-376.

SOUZA, Marcelo Alves Dias de. **Do precedente judicial à súmula vinculante.** Curitiba: Juruá, 2007.

SOUZA, Marcus Seixas. **A jurisprudência no direito colonial brasileiro: estilos, casos e assentos interpretativos.** *In:* FREIRE, Alexandre; DELFINO, Lucio; OLIVEIRA, Pedro Miranda de Oliveira; RIBEIRO, Sérgio Luiz de Almeida. (org.). Processo Civil nas Tradições Brasileira e Iberoamericana. Florianópolis: Conceito, 2014, p. 298-310.

SOUZA, Rogério de Oliveira. **A relação do Rio de Janeiro (1751-1808).** *In:* Revista da Escola da Magistratura do Estado do Rio de Janeiro. nº 14, Rio de Janeiro: EMERJ, 2001, p. 140-151.

SPECTER, Michael. ***Denialism: how irrational thinking hinders scientific progress, harms the planet, and threatens our lives.*** London: Duckworth Overlook, 2010.

STEINMETZ, Wilson; FREITAS, Riva Sobrado de. **Modelo *seriatim* de deliberação judicial e controlabilidade da ponderação: uma questão institucional e metodológica para o caso brasileiro.** *In:* Revista da Faculdade de Direito do Sul de Minas. v. 30, nº 1, Pouso Alegre: FDSM, jan./jun. 2014, p. 221-236.

STRÄTZ, Murilo. **Novo Código de Processo Civil: incorporação do direito comum ou mero respeito à segurança jurídica?** *In:* PORTO, José Roberto Sotero de Mello; RODRIGUES, Roberto de Aragão Ribeiro. (Org.). Direito processual contemporâneo: estudos em homenagem a Humberto Dalla Bernardina de Pinho. Rio de Janeiro: GZ, 2018, p. 396-426.

STRECK, Lenio Luiz. **Hermenêutica jurídica e(m) crise: uma exploração hermenêutica da construção do direito.** 2ª ed., Porto Alegre: Livraria do Advogado, 2000.

________. **O novo código do processo civil (CPC) e as inovações hermenêuticas: o fim do livre convencimento e a adoção do integracionismo dworkiniano.** *In:* Revista de Informação Legislativa. nº 206, Brasília: Senado Federal, abr./jun. 2015, p. 33-51.

________. **Súmulas no direito brasileiro: eficácia, poder e função.** 2ª ed., Porto Alegre: Livraria do Advogado, 1998.

STRECK, Lenio Luiz; ABBOUD, Georges. **O novo CPC e os precedentes – afinal, do que estamos falando?** *In:* DIDIER JR., Fredie (coord.). Coleção grandes temas do novo CPC: precedentes. v. 3, Salvador: Juspodivm, 2015.

________; ________. **O que é isto: o precedente e as súmulas vinculantes.** 3ª ed., Porto Alegre: Livraria do Advogado, 2015.

SZKLAROWSKY, Leon Frejda, **Cobrança administrativa do crédito da Fazenda Pública.** *In:* Revista do CEJ, nº 13, Brasília: Conselho da Justiça Federal, 2001, p. 59-72.

TALAMINI, Eduardo. **Decisões individualmente proferidas por integrantes dos tribunais: legitimidade e controle (agravo interno).** *In:* NERY JUNIOR, Nelson; WAMBIER, Teresa Arruda Alvim (coord.). Aspectos polêmicos e atuais dos recursos cíveis de acordo com a lei 10.352/2001. São Paulo: Revista dos Tribunais, 2002, p. 179-191.

________. **O que são os "precedentes vinculantes" no CPC/15**. Migalhas de 23/03/2016. Disponível em: https://www.migalhas.com.br/dePeso/16,-MI236392,31047-O+que+sao+os+precedentes+vinculantes+no+CPC15. Acessado em 16/10/2017.

TARUFFO, Michele. **A motivação da sentença civil**. São Paulo: Marcial Pons, 2015.

________. ***Aspetti fondamentali del Proceso Civile di Civil Law e di Common Law***. *In:* Revista da Faculdade de Direito da UFPR. v. 36, Curitiba: UFPR, 2001, p. 27-48.

________. **Precedente e jurisprudência**. *In:* Civilística. ano 3, nº 2, 2014, p. 1-15. Disponível em: http://civilistica.com/wp-content/uploads/2015/02/Taruffo-trad.-civilistica.com-a.3.n.2.2014.pdf. Acessado em 20/05/2017.

________. **Senso comum, experiência e ciência no raciocínio do juiz.** *In:* Revista Forense, v. 355, Rio de Janeiro: Forense, mai./jun. 2001, p. 114-123.

TARZIA, Giuseppe. **O contraditório no processo executivo**. *In:* Revista de Processo. nº 28, São Paulo: Revista dos Tribunais, out./dez de 1982, p. 55-95.

TEIXEIRA, Sálvio de Figueiredo. **A criação e a realização do direito na decisão judicial**. Rio de Janeiro: Forense, 2003.

TESHEINER, José Maria Rosa. **Elementos para uma teoria geral do processo**. São Paulo: Saraiva, 1993.

________. **Provimento de recurso por decisão do relator: o chamado "princípio" da jurisdição equivalente**. Páginas de Direito de abr. 2004. Disponível em: https://www.paginasdedireito.com.br/index.php/artigos/114-artigos-abr-2004/5060-provimento-de-recurso-por-decisao-do-relator--o-chamado-principio-da-jurisdicao-equivalente. Acessado em 21/08/2014.

THEODORO JÚNIOR, Humberto. **Curso de direito processual civil**. v. 1, 56ª ed., Rio de Janeiro: Forense, 2015.

THEODORO JÚNIOR, Humberto; NUNES, Dierle José Coelho; BAHIA, Alexandre. **Breves considerações da politização do judiciário e do panorama de aplicação no direito brasileiro: análise da convergência entre o *civil law* e o *common law* e dos problemas da padronização decisória**. *In:* Revista de Processo. nº 189, São Paulo: Revista dos Tribunais, nov. 2010, p. 3-18.

THEODORO JÚNIOR, Humberto; NUNES, Dierle; BAHIA, Alexandre Mello Franco; PEDRON, Flávio Quinaud. **Novo CPC: fundamentos e sistematização**. 2ª ed., Rio de Janeiro: Forense, 2015.

TUCCI, José Rogério Cruz e (coord.). **Direito processual civil americano contemporâneo**. São Paulo: Lex, 2010.

TUCCI, José Rogério Cruz e. **Lineamentos da nova reforma do CPC**. 2ª ed., São Paulo: Revista dos Tribunais, 2002.

________. **Precedente judicial como fonte do direito**. São Paulo: Revista dos Tribunais, 2004.

VARGAS, Daniel Vianna. **Ferramentas de controle das razões de decidir: os mecanismos de padronização e a vinculação ao dever de fundamentação**. Curitiba: CRV, 2018.

VASCONCELLOS, Marcos de; ROVER, Tadeu. **Novo CPC: Juízes pedem veto a artigo que traz regras para fundamentação de decisões**. Revista Consultor Jurídico de 04/03/2015. Disponível em: https://www.conjur.com.br/2015-mar-04/juizes-pedem-veto-artigo-cpc-exige-fundamentacao. Acessado em 23/07/2016.

VASCONCELOS NETA, Consuêla Félix de. **A dialética idealista de Hegel: uma concepção do Direito**. Âmbito Jurídico de out. 2011. Disponível em: http://www.ambito-juridico.com.br/site/index.php?n_link=revista_artigos_leitura&artigo_id=10433. Acessado em 19/04/2018.

VICENTE, Dário Moura. **O lugar dos sistemas jurídicos lusófonos entre as famílias jurídicas**. *In:* MIRANDA, Jorge. (org.). Estudos em homenagem ao prof. doutor Martim de Albuquerque. v. 1. Coimbra: Universidade de Coimbra, 2010, p. 401-429.

VILLELA, João Baptista. **O problema das lacunas do ordenamento jurídico e os métodos para resolvê-los**. *In:* Revista da Faculdade de Direito da Universidade Federal de Minas Gerais. v. 12, Belo Horizonte: UFMG, out. 1961, p. 221-230.

VIOLIN, Jordão. **Julgamento monocrático pelo relator: o art. 557 do CPC e o reconhecimento dos precedentes pelo direito brasileiro**. *In:* MARINONI, Luiz Guilherme. A força dos precedentes: estudos dos cursos de mestrado e doutorado em direito processual civil da UFPR. 2ª ed., Salvador: Juspodivm, 2012, p. 505-518.

VIVEIROS, Estefânia. **A observância do contraditório na aplicação do art. 557, § 1º-A do CPC, no julgamento do agravo de instrumento (art. 522, CPC)**. *In:* Revista de Processo. nº 196, São Paulo: Revista dos Tribunais, jun. 2011, p. 367-381.

VOJVODIC, Adriana de Moraes; MACHADO, Ana Mara França; CARDOSO, Evorah Lusci Costa. **Escrevendo um romance, primeiro capítulo: precedentes e processo decisório no STF**. *In:* Revista Direito GV São Paulo. v. 5, nº 1, São Paulo: Fundação Getúlio Vargas, 2009, p. 21-44.

WALKER, JR., John M. ***The role of precedent in the United States: how do precedents lose their binding effect?*** Site da Stanford Law School de 29/02/2016. Disponível em: https://cgc.law.stanford.edu/commentaries/15-john-walker/. Acessado em 16/10/2017.

WALTON, F. P. ***The legal system of Quebec***. *In:* Columbia Law Review. v. 13, Nova Iorque: Columbia Law Review Association, mar. 1913, p. 213-231.

WAMBIER, Luiz Rodrigues *et altri*. **Curso avançado de processual civil**. v. 3, 7ª ed., São Paulo: Revista dos Tribunais, 2007.

WAMBIER, Luiz Rodrigues. **Notas sobre algumas tendências que concretizaram no projeto do Código de Processo Civil**. *In:* FREIRE, Alexandre; *et altri*. (org.). Novas tendências do processo civil: estudos sobre o projeto do Novo CPC. Salvador: Juspodivm, 2013.

________. **Uma proposta em torno do conceito de jurisprudência dominante**. *In:* Revista de Processo. nº 100, São Paulo: Revista dos Tribunais, out./dez. 2000, p. 81-87.

WAMBIER, Luiz Rodrigues; WAMBIER, Teresa Arruda Alvim. **Breves comentários à 2ª fase da reforma do Código de Processo Civil**. São Paulo: Revista dos Tribunais, 2002.

WAMBIER, Luiz Rodrigues; WAMBIER, Teresa Arruda Alvim; MEDINA, José Miguel Garcia. **Breves comentários à nova sistemática processual civil**. 3ª ed., São Paulo: Revista dos Tribunais, 2005.

WAMBIER, Teresa Arruda Alvim. **A uniformidade e a estabilidade da jurisprudência e o estado de direito: *civil law* e *common Law***. *In:* Revista de Processo. nº 172, São Paulo: Revista dos Tribunais, jun. 2009, p. 121-130.

________. **Os agravos no CPC brasileiro**. 4ª ed., São Paulo: Revista dos Tribunais, 2006.

________. **Precedentes e evolução do direito**. *In:* WAMBIER, Teresa Arruda Alvim (coord.). Direito jurisprudencial. São Paulo: Revista dos Tribunais, 2012, p. 11-95.

WATANABE, Kazuo. **Acesso à justiça e sociedade moderna**. *In*: GRINOVER, Ada Pellegrini; DINAMARCO, Cândido Rangel. (org.). Participação e processo. São Paulo: Revista dos Tribunais, 1988.

________. **Da cognição no processo civil**. 3ª ed., São Paulo: Perfil, 2005.

YAGÜE, Francisco Lledó; LUIS, Pablo Sesma de; MORENO, Jose Ramón San Román; RUIZ, Manuel María Zorrilla. ***Comentarios a la nueva ley de enjuiciamiento civil***. Madrid: Dykinson, 2000.

ZANETI JR., Hermes. Comentários aos arts. 926 a 946. *In:* CABRAL, Antonio do Passo; CRAMER, Ronaldo (coord.). **Comentários ao novo Código de Processo Civil**. Rio de Janeiro: Forense, 2016, p. 1307-1378.

________. **O valor vinculante dos precedentes: teoria dos precedentes normativos formalmente vinculantes**. 3ª ed., Salvador: Juspodivm, 2017.

________. **Poderes do relator e precedentes no CPC/2015**. *In:* NUNES, Dierle; MENDES, Aluisio; JAYME, Fernando Gonzaga. (org.). A nova aplicação da jurisprudência e precedentes no Código de Processo Civil/2015. São Paulo: Revista dos Tribunais, 2017, p. 525-544.

________. **Processo constitucional: o modelo constitucional de processo civil brasileiro**. Rio de Janeiro: Lumen Juris, 2007.

ZAVASCKI, Teori Albino. **Antecipação de tutela**. São Paulo: Saraiva, 1997.

ANEXOS

Carta de apresentação, formulário de pesquisa e formulário de entrevista com os desembargadores cíveis do TJRJ.

CARTA DE APRESENTAÇÃO

Exmo. Sr. Desembargador,

Tenho a honra de cumprimentá-lo e convidá-lo para participar de uma pesquisa empírica que estou conduzindo como parte do meu projeto de tese de doutoramento junto ao Programa de Pós-graduação em Sociologia e Direito da Universidade Federal Fluminense – PPGSD/UFF (docs. em anexo).

O objetivo da pesquisa é o de buscar, através de entrevistas semi-diretivas, levantar dados qualitativos sobre o tema de minha tese de doutorado: a jurisprudência e o julgamento monocrático nos tribunais. A proposta, portanto, é tentar aproximar os saberes jurídicos e antropológicos, colhendo elementos daqueles que são responsáveis diretos pelos julgamentos.

A pesquisa será feita apenas entre os Desembargadores Cíveis do Tribunal de Justiça do Rio de Janeiro, por amostragem. A pesquisa possui duas etapas. Na primeira etapa, serão colhidas informações pessoais e profissionais sobre o Desembargador participante (formulário em anexo). Nesse formulário, o Desembargador deverá manifestar seu interesse em participar também da segunda etapa da pesquisa, compreendida por uma entrevista pessoal, presencial ou por mídia eletrônica com transmissão de imagens (Facetime, Skype, Vimo etc).

As entrevistas serão gravadas ou transcritas, conforme prefira o entrevistado. Todos os dados colhidos serão transformados em estatísticas e desindentificados, antes de se incorporarem à tese. Apenas frases colhidas nas pesquisas poderão ser utilizadas, sem a identificação do entrevistado que as proferiu. Somente eu e meus orientadores, Prof. Fernando Gama de Miranda Neto e Prof. Cleber Francisco Alves, teremos acesso aos dados colhidos, que não serão divulgados na tese ou através de qualquer outro meio de comunicação.

Se Vossa Excelência não tiver interesse ou disponibilidade para participar da pesquisa, peço a gentileza de avisar por telefone (21999887897) ou por e-mail (fborring@gmail.com), sendo que, nesse último caso, com o título "NÃO PARTICIPAR DA PESQUISA" e seu nome. Se o interesse se limitar à primeira fase da pesquisa, favor escanear ou fotografar o formulário preenchido e remetê-lo por e-mail (fborring@gmail.com), com o título "NÃO PARTICIPAR DA ENTREVISTA" e seu nome. Finalmente, se houver interesse em participar das duas etapas, favor escanear ou fotografar o formulário preenchido e remetê-lo por e-mail (fborring@gmail.com), com o título "PARTICIPAR DA ENTREVISTA" e seu nome. As entrevistas serão feitas conforme os critérios de amostragem e mediante prévio agendamento. A entrevista não deve durar mais do que 15 minutos, embora não exista qualquer tipo de limitação prévia.

Agradecendo a atenção, coloco-me à disposição para maiores esclarecimentos.

Felippe Borring Rocha
Doutorando do PPGSD/UFF

FORMULÁRIO

Desembargador: ____

Órgão: ____Câmera_____________ Caso seja titular, há quanto tempo está no Órgão: _________

Como chegou ao Tribunal: ( ) promoção ( ) nomeação/OAB ( ) nomeação/MP

Em que ano: _____ Se chegou ao tribunal por promoção, há quanto tempo é magistrado: _______

Ocupou outros cargos jurídicos antes de se tornar magistrado: _________

____

Possui pós-graduação:____

____

Onde se formou em Direito:____________________________________

____

Possui outra formação: _______________________________________

____

Possui livros, artigos ou pesquisas jurídicas publicadas:_________________

____

____

Exerce o magistério em Direito: ________________________________

____

Participa de atividade de pesquisa junto ao Tribunal: _______________

____

Costuma realizar pesquisa jurisprudencial. Em caso positivo, quais são os parâmetros utilizados para a pesquisa: ___________________________

____

____

____

Em suas pesquisas, o foco é a jurisprudência de seu órgão, de seu tribunal ou de tribunais superiores: ____________________________________

____

____

Em suas decisões, costuma citar jurisprudência. Em caso positivo, com que frequência e em quais circunstâncias:________________________________

____

____

Costuma julgar monocraticamente. Em caso positivo, com que frequência e em quais circunstâncias: ____________________________________

____

____

Aceita ser entrevistado:

( ) não ( ) sim Em caso positivo, ( ) presencial ( ) por meio eletrônico

Dados para agendamento:

Tel.:______________________________ Secretário:________________

E-mail:____

Local da entrevista: ______________________________

QUESTIONÁRIO

a) Qual a sua percepção sobre a importância do julgamento monocrático para o Poder Judiciário?

b) A estrutura do julgamento monocrática no CPC/1973 era adequada?

c) O CPC/2015 teria reduzido o alcance dos poderes do relator para julgar monocraticamente os recursos?

d) Quais os impactos dessas modificações para a tramitação dos recursos?

e) Os relatores têm aplicado os padrões das decisões das cortes superiores?

f) O agravo interno tem cumprindo sua função de controlar a aplicação do julgamento monocrático?

EDITORA JusPODIVM
www.editorajuspodivm.com.br